大学赤本シリーズ

178

防衛大学校

教学社

は　し　が　き

　おかげさまで，大学入試の「赤本」は，今年で創刊70周年を迎えました。

　これまで，入試問題や資料をご提供いただいた大学関係者各位，掲載許可をいただいた著作権者の皆様，各科目の解答や対策の執筆にあたられた先生方，そして，赤本を使用してくださったすべての読者の皆様に，厚く御礼を申し上げます。

　以下に，創刊初期の「赤本」のはしがきを引用します。これからも引き続き，受験生の目標の達成や，夢の実現を応援してまいります。

　本書を活用して，入試本番では持てる力を存分に発揮されることを心より願っています。

編者しるす

＊　　　＊　　　＊

　学問の塔にあこがれのまなざしをもって，それぞれの志望する大学の門をたたかんとしている受験生諸君！　人間として生まれてきた私たちは，自己の欲するままに，美しく，強く，そして何よりも人間らしく生きることをねがっている。しかし，一朝一夕にして，この純粋なのぞみが達せられることはない。私たちの行く手には，絶えずさまざまな試練がまちかまえている。この試練を克服していくところに，私たちのねがう真に人間的な世界がはじめて開かれてくるのである。

　人生最初の最大の試練として，諸君の眼前に大学入試がある。この大学入試は，精神的にも身体的にも，大きな苦痛を感ぜしめるであろう。あるスポーツに熟達するには，たゆみなき，はげしい練習を積み重ねることが必要であるように，私たちは，計画的・持続的な努力を払うことによって，この試練を克服し，次の一歩を踏みだすことができる。厳しい試練を経たのちに，はじめて満足すべき成果を獲得できるのである。

　本書は最近の入学試験の問題に，それぞれ解答を付し，さらに問題をふかく分析することによって，その大学独特の傾向や対策をさぐろうとした。本書を一般の参考書とあわせて使用し，まとはずれのない，効果的な受験勉強をされるよう期待したい。

（昭和35年版「赤本」はしがきより）

挑む人の、いちばんの味方

赤本創刊70周年

1954年に大学入試の過去問題集を刊行してから70年。赤本は大学に入りたいと思う受験生を応援しつづけてきました。これからも，苦しいとき落ち込むときにそばで支える存在でいたいと思います。

そして，勉強をすること，自分で道を決めること，努力が実ること，これらの喜びを読者の皆さんが感じることができるよう，伴走をつづけます。

そもそも赤本とは…

受験生のための大学入試の過去問題集！

70年の歴史を誇る赤本は，500点を超える刊行点数で全都道府県の370大学以上を網羅しており，過去問の代名詞として受験生の必須アイテムとなっています。

………… なぜ受験に過去問が必要なのか？ …………

大学入試は大学によって問題形式や頻出分野が大きく異なるからです。

赤本の掲載内容

傾向と対策

これまでの出題内容から，問題の「**傾向**」を分析し，来年度の入試に向けて具体的な「**対策**」の方法を紹介しています。

問題編・解答編

✓ 年度ごとに問題とその解答を掲載しています。

✓ 「**問題編**」ではその年度の試験概要を確認したうえで，実際に出題された過去問に取り組むことができます。

✓ 「**解答編**」には高校・予備校の先生方による解答が載っています。

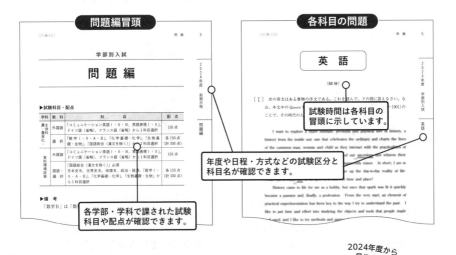

他にも，大学の基本情報や，先輩受験生の合格体験記，在学生からのメッセージなどが載っていることがあります。

2024年度から
見やすい
デザインに！
NEW

● 掲載内容について ●

著作権上の理由やその他編集上の都合により問題や解答の一部を割愛している場合があります。
なお，指定校推薦入試，社会人入試，編入学試験，帰国生入試などの特別入試，英語以外の外国語科目，商業・工業科目は，原則として掲載しておりません。また試験科目は変更される場合がありますので，あらかじめご了承ください。

受験勉強は 過去問に始まり,

STEP 1
なにはともあれ

まずは
解いてみる

しずかに…
今,自分の心と
向き合ってるんだから

ムーン

それは
問題を解いて
からだホン!

過去問は,**できるだけ早いうちに解くのがオススメ!**
実際に解くことで,**出題の傾向,問題のレベル,今の自分の実力が**つかめます。

STEP 2
じっくり具体的に

弱点を
分析する

分析の結果だけど
英・数・国が苦手みたい

スリー

必須科目だホン
頑張るホン

間違いは自分の弱点を教えてくれ**る貴重な情報源。**
弱点から自己分析することで,**今の自分に足りない力や苦手な分野**が見えてくるはず!

合格者があかす
赤本の使い方

傾向と対策を熟読
(Fさん／国立大合格)

大学の出題傾向を調べるために,赤本に載っている「傾向と対策」を熟読しました。

繰り返し解く
(Tさん／国立大合格)

1周目は問題のレベル確認,2周目は苦手や頻出分野の確認に,3周目は合格点を目指して,と過去問は繰り返し解くことが大切です。

過去問に終わる。

STEP 3
志望校に
あわせて

苦手分野の
重点対策

明日からはみんなで頑張るよ！
参考書も！ 問題集も！
よろしくね！

呼んだ？

なにを!?
どこから!?

グッ グッ

参考書や問題集を活用して，苦手
分野の**重点対策**をしていきます。
過去問を指針に，合格へ向けた具
体的な学習計画を立てましょう！

STEP 1 ▶ 2 ▶ 3

サイクル
が大事！

実践を
繰り返す

やるのは
ボクだよ～

STEP 1　解く!!

対策!!　　　　分析!!

STEP 3　　　　STEP 2

STEP 1～3を繰り返し，実力ア
ップにつなげましょう！
出題形式に慣れることや，**時間配
分を考える**ことも大切です。

目標点を決める
（Yさん／私立大合格）

赤本によっては合格者最低
点が載っているので，それ
を見て目標点を決めるのも
よいです。

時間配分を確認
（Kさん／私立大学合格）

赤本は時間配分や解く
順番を決めるために使
いました。

添削してもらう
（Sさん／私立大学合格）

記述式の問題は先生に添削し
てもらうことで自分の弱点に
気づけると思います。

新課程も赤本で
ばっちり！

新課程入試 Q & A

2022年度から新しい学習指導要領（新課程）での授業が始まり，2025年度の入試は，新課程に基づいて行われる最初の入試となります。ここでは，赤本での新課程入試の対策について，よくある疑問にお答えします。

使える？

Q1. 赤本は新課程入試の対策に使えますか？

A. もちろん使えます！

OK

旧課程入試の過去問が新課程入試の対策に役に立つのか疑問に思う人もいるかもしれませんが，心配することはありません。旧課程入試の過去問が役立つのには次のような理由があります。

● 学習する内容はそれほど変わらない

新課程は旧課程と比べて科目名を中心とした変更はありますが，学習する内容そのものはそれほど大きく変わっていません。また，多くの大学で，既卒生が不利にならないよう「経過措置」がとられます（Q3参照）。したがって，出題内容が大きく変更されることは少ないとみられます。

● 大学ごとに出題の特徴がある

これまでに課程が変わったときも，各大学の出題の特徴は大きく変わらないことがほとんどでした。入試問題は各大学のアドミッション・ポリシーに沿って出題されており，過去問にはその特徴がよく表れています。過去問を研究してその大学に特有の傾向をつかめば，最適な対策をとることができます。

出題の特徴の例	・英作文問題の出題の有無 ・論述問題の出題（字数制限の有無や長さ） ・計算過程の記述の有無

新課程入試の対策も，赤本で過去問に取り組むところから始めましょう。

Q2. 赤本を使う上での注意点はありますか？

A. 志望大学の入試科目を確認しましょう。

　過去問を解く前に，過去の出題科目（問題編冒頭の表）と 2025 年度の募集要項とを比べて，課される内容に変更がないかを確認しましょう。ポイントは以下のとおりです。科目名が変わっていても，実際は旧課程の内容とほとんど同様のものもあります。

英語・国語	科目名は変更されているが，実質的には変更なし。 ▶▶ ただし，リスニングや古文・漢文の有無は要確認。
地歴	科目名が変更され，「歴史総合」「地理総合」が新設。 ▶▶ 新設科目の有無に注意。ただし，「経過措置」(Q3参照) により内容は大きく変わらないことも多い。
公民	「現代社会」が廃止され，「公共」が新設。 ▶▶ 「公共」は実質的には「現代社会」と大きく変わらない。
数学	科目が再編され，「数学 C」が新設。 ▶▶ 「数学」全体としての内容は大きく変わらないが，出 題科目と単元の変更に注意。
理科	科目名も学習内容も大きな変更なし。

　数学については，科目名だけでなく，どの単元が含まれているかも確認が必要です。例えば，出題科目が次のように変わったとします。

旧課程	「数学 I・数学 II・数学 A・数学 B（数列・ベクトル）」
新課程	「数学 I・数学 II・数学 A・**数学 B（数列）・数学 C（ベクトル）**」

　この場合，新課程では「数学 C」が増えていますが，単元は「ベクトル」のみのため，実質的には旧課程とほぼ同じであり，過去問をそのまま役立てることができます。

Q3. 「経過措置」とは何ですか?

A. 既卒の旧課程履修者への対応です。

　多くの大学では，既卒の旧課程履修者が不利にならないように，出題において「経過措置」が実施されます。措置の有無や内容は大学によって異なるので，募集要項や大学のウェブサイトなどで確認しておきましょう。

○旧課程履修者への経過措置の例

- ●旧課程履修者にも配慮した出題を行う。
- ●新・旧課程の共通の範囲から出題する。
- ●新課程と旧課程の共通の内容を出題し，共通範囲のみでの出題が困難な場合は，旧課程の範囲からの問題を用意し，選択解答とする。

　例えば，地歴の出題科目が次のように変わったとします。

旧課程	「日本史B」「世界史B」から1科目選択
新課程	「歴史総合，日本史探究」「歴史総合，世界史探究」から1科目選択※ ※旧課程履修者に不利益が生じることのないように配慮する。

　「歴史総合」は新課程で新設された科目で，旧課程履修者には見慣れないものですが，上記のような経過措置がとられた場合，新課程入試でも旧課程と同様の学習内容で受験することができます。

要チェックだホン

新課程の情報はWEBもチェック!
より詳しい解説が赤本ウェブサイトで見られます。
https://akahon.net/shinkatei/

科目名が変更される教科・科目

	旧 課 程	新 課 程
国語	国語総合 国語表現 現代文A 現代文B 古典A 古典B	現代の国語 言語文化 論理国語 文学国語 国語表現 古典探究
地歴	日本史A 日本史B 世界史A 世界史B 地理A 地理B	歴史総合 日本史探究 世界史探究 地理総合 地理探究
公民	現代社会 倫理 政治・経済	公共 倫理 政治・経済
数学	数学Ⅰ 数学Ⅱ 数学Ⅲ 数学A 数学B 数学活用	数学Ⅰ 数学Ⅱ 数学Ⅲ 数学A 数学B 数学C
外国語	コミュニケーション英語基礎 コミュニケーション英語Ⅰ コミュニケーション英語Ⅱ コミュニケーション英語Ⅲ 英語表現Ⅰ 英語表現Ⅱ 英語会話	英語コミュニケーションⅠ 英語コミュニケーションⅡ 英語コミュニケーションⅢ 論理・表現Ⅰ 論理・表現Ⅱ 論理・表現Ⅲ
情報	社会と情報 情報の科学	情報Ⅰ 情報Ⅱ

大学のサイトも見よう

目 次

2023 年度
問題 と 解答

基本情報

 ## 専攻・学科の構成

本科

●**人文・社会科学専攻**
　人間文化学科
　公共政策学科
　国際関係学科
●**理工学専攻**
　応用物理学科
　応用化学科
　地球海洋学科
　電気電子工学科
　通信工学科
　情報工学科
　機能材料工学科
　機械工学科

機械システム工学科

航空宇宙工学科

建設環境工学科

（備考）各学科には 2 年進級時に分かれる。

理工学研究科 / 総合安全保障研究科

所在地

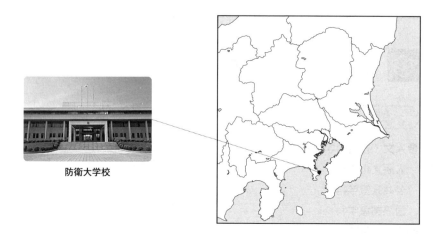

防衛大学校

〒239-8686　神奈川県横須賀市走水 1 丁目 10 番 20 号

入 試 デ ー タ

 入試状況（受験者数・競争率など）

○各入試のデータは，以下の時点で発表されたものを掲載しています。

2024 年度：2024 年 3 月 25 日現在

2023 年度：2023 年 1 月 20 日現在

○競争率は受験者数÷合格者数で算出。

一般採用試験入試状況

（　　）内は女子内数

年度	区　　　分	募集人員	受験者数	合格者数	競争率
2024	人 文 ・ 社 会 科 学	約 45（約10）	3,615（1,701）	168（ 49）	21.5
	理　　工　　学	約195（約30）	5,135（1,199）	942（201）	5.5
2023	人 文 ・ 社 会 科 学	約 55（約15）	3,510（1,484）	184（ 58）	19.1
	理　　工　　学	約225（約35）	5,037（1,126）	979（205）	5.1

推薦採用試験入試状況

（　　）内は女子内数

年度	区　　　分	募集人員	受験者数	合格者数	競争率
2024	人 文 ・ 社 会 科 学	約 45（約20）	166（57）	53（21）	3.1
	理　　工　　学	約145（約30）	290（44）	169（31）	1.7
2023	人 文 ・ 社 会 科 学	約 35（約15）	139（46）	45（16）	3.1
	理　　工　　学	約115（約25）	277（48）	139（25）	2.0

総合選抜採用試験入試状況

（　　）内は女子内数

年度	区　　分	募集人員	受験者数	合格者数	競争率
2024	人 文 ・ 社 会 科 学	約 50（約10）	69(13)	16(4)	4.3
	理　　工　　学		104(13)	42(6)	2.5
2023	人 文 ・ 社 会 科 学	約 50（約10）	71(14)	17(5)	4.2
	理　　工　　学		120(15)	44(7)	2.7

募集要項（出願書類）の入手方法

　出願書類は各都道府県に所在する自衛隊地方協力本部において取り扱っています。受験についての詳細は，最寄りの自衛隊地方協力本部に問い合わせてください。防衛大学校では，出願書類の請求及び受付業務は行っていません。出願書類は自衛官募集ホームページ（https://www.mod.go.jp/gsdf/jieikanbosyu/）からダウンロードすることもできます。

自衛隊地方協力本部一覧

志願書類の請求・提出先（受付機関）			
地方協力本部	郵便番号	所　在　地	電話番号
札　幌	060-8542	札幌市中央区北 4 条西 15 丁目 1	011(631)5472
函　館	042-0934	函館市広野町 6 ―25	0138(53)6241
旭　川	070-0902	旭川市春光町国有無番地	0166(51)6055
帯　広	080-0024	帯広市西 14 条南 14 丁目 4	0155(23)5882
青　森	030-0861	青森市長島 1 丁目 3 ― 5 青森第 2 合同庁舎 2F	017(776)1594
岩　手	020-0023	盛岡市内丸 7 番 25 号　盛岡合同庁舎 2F	019(623)3236
宮　城	983-0842	仙台市宮城野区五輪 1 丁目 3 ―15 仙台第 3 合同庁舎 1F	022(295)2612
秋　田	010-0951	秋田市山王 4 丁目 3 ―34	018(823)5404
山　形	990-0041	山形市緑町 1 ― 5 ―48 山形地方合同庁舎 1・2F	023(622)0712
福　島	960-8112	福島市花園町 5 番 46 号 福島第 2 地方合同庁舎 2F	024(531)2351
茨　城	310-0061	水戸市北見町 1―11　水戸地方合同庁舎 4F	029(231)3315
栃　木	320-0043	宇都宮市桜 5 丁目 1 ―13 宇都宮地方合同庁舎 2F	028(634)3385
群　馬	371-0805	前橋市南町 3 丁目 64―12	027(221)4471
埼　玉	330-0061	さいたま市浦和区常盤 4 丁目 11―15 浦和地方合同庁舎 3F	048(831)6043
千　葉	263-0021	千葉市稲毛区轟町 1 丁目 1 ―17	043(251)7151
東　京	162-8850	新宿区市谷本村町 10 番 1 号	03(3260)0543
神奈川	231-0023	横浜市中区山下町 253―2	045(662)9429

（表つづく）

地方協力本部	郵便番号	所　　　在　　　地	電話番号
新　潟	950-0954	新潟市中央区美咲町 1 丁目 1 ― 1 新潟美咲合同庁舎 1 号館 7F	025（285）0515
山　梨	400-0031	甲府市丸の内 1 丁目 1 番 18 号 甲府合同庁舎 2F	055（253）1591
長　野	380-0846	長野市旭町 1108　長野第 2 合同庁舎 1F	026（233）2108
静　岡	420-0821	静岡市葵区柚木 366	054（261）3151
富　山	930-0856	富山市牛島新町 6 ―24	076（441）3271
石　川	921-8506	金沢市新神田 4 丁目 3 ―10 金沢新神田合同庁舎 3F	076（291）6250
福　井	910-0019	福井市春山 1 丁目 1 ―54 福井春山合同庁舎 10F	0776（23）1910
岐　阜	502-0817	岐阜市長良福光 2675― 3	058（232）3127
愛　知	454-0003	名古屋市中川区松重町 3 ―41	052（331）6266
三　重	514-0003	津市桜橋 1 丁目 91	059（225）0531
滋　賀	520-0044	大津市京町 3 ― 1 ― 1 大津びわ湖合同庁舎 5F	077（524）6446
京　都	604-8482	京都市中京区西ノ京笠殿町 38 京都地方合同庁舎 3F	075（803）0820
大　阪	540-0008	大阪市中央区大手前 4 ― 1 ―67 大阪合同庁舎第 2 号館 3F	06（6942）0715
兵　庫	651-0073	神戸市中央区脇浜海岸通 1 ― 4 ― 3 神戸防災合同庁舎 4F	078（261）8600
奈　良	630-8301	奈良市高畑町 552 奈良第 2 地方合同庁舎 1F	0742（23）7001
和歌山	640-8287	和歌山市築港 1 丁目 14― 6	073（422）5116
鳥　取	680-0845	鳥取市富安 2 ―89― 4 鳥取第 1 地方合同庁舎 6F	0857（23）2251
島　根	690-0841	松江市向島町 134―10 松江地方合同庁舎 4F	0852（21）0015
岡　山	700-8517	岡山市北区下石井 1 ― 4 ― 1 岡山第 2 合同庁舎 2F	086（226）0361
広　島	730-0012	広島市中区上八丁堀 6 ―30 広島合同庁舎 4 号館 6F	082（221）2957
山　口	753-0092	山口市八幡馬場 814	083（922）2325
徳　島	770-0941	徳島市万代町 3 ― 5 徳島第 2 地方合同庁舎 5F	088（623）2220
香　川	760-0019	高松市サンポート 3 ―33 高松サンポート合同庁舎南館 2F	087（823）9206
愛　媛	790-0003	松山市三番町 8 丁目 352― 1	089（941）8381
高　知	780-0061	高知市栄田町 2 ― 2 ―10 高知よさこい咲都合同庁舎 8F	088（822）6128
福　岡	812-0878	福岡市博多区竹丘町 1 丁目 12 番	092（584）1881
佐　賀	840-0047	佐賀市与賀町 2 ―18	0952（24）2291
長　崎	850-0862	長崎市出島町 2 ―25　防衛省長崎合同庁舎	095（826）8844

志 願 書 類 の 請 求・提 出 先（受付機関）

（表つづく）

志 願 書 類 の 請 求・提 出 先（受付機関）			
地方協力本部	郵便番号	所　　在　　地	電話番号
大　　分	870-0016	大分市新川町 2 丁目 1 番 36 号 大分合同庁舎 5F	097（536）6271
熊　　本	860-0047	熊本市西区春日 2 丁目 10─ 1 熊本地方合同庁舎 B 棟 3F	096（297）2051
宮　　崎	880-0901	宮崎市東大淀 2 丁目 1 ─39	0985（53）2643
鹿児島	890-8541	鹿児島市東郡元町 4 番 1 号 鹿児島第 2 地方合同庁舎 1F	099（253）8920
沖　　縄	900-0016	那覇市前島 3 丁目 24─ 3 ─ 1	098（866）5457

問い合わせ先

防衛大学校 HP

https://www.mod.go.jp/nda/

合格体験記 募集

　2025年春に入学される方を対象に，本大学の「合格体験記」を募集します。お寄せいただいた合格体験記は，編集部で選考の上，小社刊行物やウェブサイト等に掲載いたします。お寄せいただいた方には小社規定の謝礼を進呈いたしますので，ふるってご応募ください。

・応募方法・

下記 URL または QR コードより応募サイトにアクセスできます。
ウェブフォームに必要事項をご記入の上，ご応募ください。
折り返し執筆要領をメールにてお送りします。
※入学が決まっている一大学のみ応募できます。

 http://akahon.net/exp/

・応募の締め切り・

総合型選抜・学校推薦型選抜	2025年2月23日
私立大学の一般選抜	2025年3月10日
国公立大学の一般選抜	2025年3月24日

受験にまつわる川柳を募集します。
入選者には賞品を進呈！
ふるってご応募ください。

応募方法　http://akahon.net/senryu/ にアクセス！

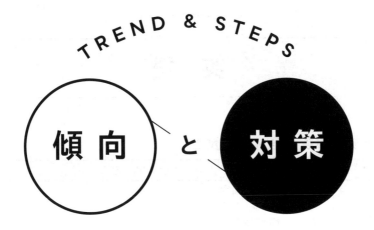

　科目ごとに問題の「傾向」を分析し，具体的にどのような「対策」をすればよいか紹介しています。まずは出題内容をまとめた分析表を見て，試験の概要を把握しましょう。

注　意

　「傾向と対策」で示している，出題科目・出題範囲・試験時間等については，2024 年度までに実施された入試の内容に基づいています。2025 年度入試の選抜方法については，各大学が発表する学生募集要項を必ずご確認ください。

英　語

▶推薦採用試験，総合選抜採用試験

年度	番号	項　目	内　容
2024 ●	〔1〕	文法・語彙	空所補充
	〔2〕	文法・語彙	語句整序
	〔3〕	読　　解	空所補充
	〔4〕	読　　解	内容説明
	〔5〕	読　　解	同意表現，空所補充，内容真偽
2023 ●	〔1〕	文法・語彙	空所補充
	〔2〕	文法・語彙	語句整序
	〔3〕	読　　解	空所補充
	〔4〕	読　　解	同意表現，内容説明

（注）　●印は全問，◐印は一部マークセンス方式採用であることを表す。

▶一般採用試験

年度	番号	項　目	内　容
2024 ●	〔1〕	文法・語彙	空所補充
	〔2〕	文法・語彙	語句整序
	〔3〕	読　　解	空所補充
	〔4〕	読　　解	内容説明，内容真偽
	〔5〕	読　　解	同意表現，空所補充，欠文挿入箇所，内容真偽
2023 ●	〔1〕	文法・語彙	空所補充
	〔2〕	文法・語彙	語句整序
	〔3〕	読　　解	空所補充
	〔4〕	読　　解	内容説明，内容真偽
	〔5〕	読　　解	同意表現，内容説明，空所補充，内容真偽

（注）　●印は全問，◐印は一部マークセンス方式採用であることを表す。

読解英文の主題

年度	種別	番号	主　題
2024	推薦・総合選抜	〔3〕	[ア] 人口縮小へと向かう少子高齢化社会の日本 [イ] 運動量の不平等がもたらす世界的諸相
		〔4〕	家事の自動化が及ぼす影響について
		〔5〕	進歩へと至る失敗と改善の過程
	一般	〔3〕	[ア] 日本の会議と西洋のミーティングの違いとは [イ] エジソンを照明開発へ向かわせたもの
		〔4〕	米国野球と日系アメリカ人野球チーム
		〔5〕	運動する気持ちを誘発する腸内細菌類
2023	推薦・総合選抜	〔3〕	[ア] バイリンガルの定義について [イ] 合衆国の公教育：多様な生徒に平等な教育を
		〔4〕	藻が引き起こす海水の色の変化
	一般	〔3〕	[ア] 新興国や発展途上国への支援をめぐって [イ] 年齢によって変化する脳が同調する対象の声
		〔4〕	移民と教授のアイデンティティの融合まで
		〔5〕	時間貧困がもたらす負の諸相

 総合力が問われる多彩な設問

01 出題形式は？

　推薦・総合選抜採用試験：2023 年度は大問 4 題であったが，2024 年度は 5 題となった。ただし，例年どおり解答個数は 20 個で，全問マークセンス方式。試験時間は 50 分。

　一般採用試験：2024 年度は，2023 年度と同様に大問 5 題であった。解答個数も変わらず 50 個で，全問マークセンス方式。試験時間は 100 分。

02 出題内容はどうか？

　推薦・総合選抜採用試験：年度により構成が異なり，2023 年度は文法・語彙問題 2 題，読解問題 2 題が出題されていたが，2024 年度は文法・語彙問題 2 題，読解問題 3 題という構成となった。文法・語彙問題は空所

補充，語句整序が，読解問題は空所補充，内容説明などが問われている。

　一般採用試験：文法・語彙問題2題，読解問題3題，という構成になっている。会話文問題は，2023年度，2024年度共に〔1〕の文法・語彙問題の中の小問として2〜4問出題されたのみであった。文法・語彙問題は，空所補充，語句整序が出題されている。難度の高い慣用表現などが出題されることもあるが，その場合は英文の内容から選択肢を絞ることができる場合も多い。読解問題は，空所補充，内容説明，内容真偽，欠文挿入箇所，同意表現といったオーソドックスな設問が出題されている。

03 　難易度は？

　文法・語彙問題では，難度の高い語句も見受けられるが，基本事項をさまざまな角度から問う良問である。読解問題は，文や段落の前後関係に着目し，必要な情報を読み取るという総合的な英語力が試されている。会話文問題は標準的である。

対 策

01 　文法・語彙

　難度の高い語句を使った問題が出題されることもあるが，標準的な内容の問題がほとんどである。ただし，動詞の用法など慎重な検討を要する出題が多いので，知識があやふやなまま臨むのは危険である。受験生が間違えやすいポイントを網羅した総合英文法書『大学入試 すぐわかる英文法』（教学社）などを手元に置いて，調べながら学習すると効率的であろう。また，単元別にまとめられた問題集を1冊決めて，演習を繰り返し，自分の知識が確実でない分野をなくしていきたい。さらに，語彙力の強化も徹底しよう。

02　読　解

　まず第一に，正攻法で，確実な読解力を地道に身につけていくことが大切である。一文一文の正確な理解とともに，パラグラフごとの概要を押さえながら，長文の全体像を把握する練習などを日頃から心がけよう。代名詞の指示内容，文中に出てくる語句の言い換え表現，文脈の流れを決定する要素の一つである接続詞などのつなぎ表現など，文中から得られる手がかりを大切にして，英文の内容を把握・確認していく習慣を身につけること。このような着実な読解練習を重ねるとともに，意識的に，速読力の養成もめざそう。速読力の養成には，一度解いた読解問題をしっかり復習した後で本文を繰り返し音読すること。音読は英文を英文のまま理解し，速読へつなげることができる最良の方法である。

　以上のような平素の学習とともに，空所補充や内容真偽の設問に対応するために，問題演習を並行して行うこと。難語句の多くには語注がついているので，見逃さないようにしたい。また，自分の興味のある記事でよいから，英字新聞や雑誌に掲載された英文などにも，ときにはチャレンジしてみよう。

　防衛大学校の英語の問題の特徴は読解問題の手強さにある。確かな文法・語彙の力を土台に，高度な読解力を身につけることが求められている。日頃から新聞やニュースに親しみ，幅広く自分を磨く知識や教養を深める学習を進めていってほしい。

03　会話文

　まず，教科書レベルの定型的な表現を徹底的に頭に入れておこう。会話特有の表現などに，十分に慣れておくこと。時間の余裕があれば会話文の問題集にもあたっておきたい。

日　本　史

▶一般採用試験

年度	番号	内　　容	形　式
2024 ●	〔1〕	奈良・平安時代の政治・外交・文化，鎌倉時代の外交・文化　　　　　　　　　　　　　　　　☑視覚資料	正誤・配列・選択
	〔2〕	江戸時代の文化，明治維新の諸政策，初期議会	選択・正誤
	〔3〕	幣原喜重郎の人物史	配列・正誤・選択
2023 ●	〔1〕	原始・古代社会，藤原氏，キリスト教の伝来　☑史料	選択・正誤・配列
	〔2〕	江戸時代後期の対外関係，大正期の出来事　☑年表	選択・正誤
	〔3〕	第二次世界大戦	選　　択

（注）　●印は全問，◖印は一部マークセンス方式採用であることを表す。

標準的な問題中心

01　出題形式は？

　全問マークセンス方式で，大問 3 題の出題である。設問数は 60 問で，試験時間は 90 分。正文（誤文）を選択する問題や歴史用語などの空所補充問題を中心に，文章の正誤の組み合わせを選ぶ問題や，出来事を年代順に並べる配列問題が出題されている。また，年度によって史料問題や視覚資料を用いた問題も出題されている。

　なお，2025 年度は出題科目が「歴史総合，日本史探究」となる予定である（本書編集時点）。

02　出題内容はどうか？

時代別では，例年，古代から近現代まで幅広く出題されている。原始からの出題は 2023 年度に出題がみられたが，2024 年度は出題されなかった。

分野別では，政治史・外交史・社会経済史を中心に文化史も出題されている。各分野バランスのとれた学習を心がけよう。

史料問題では，2023 年度には史料が示す人物が誰かを問う問題，2024 年度には史料の条文を選択させる問題が出題された。また，過去には，史料の空所補充や，文書の一部を選択させる問題，史料の法律が公布された時期を選択させる問題などが出題されている。

03　難易度は？

難度の高い設問もあるが，全体的には教科書記載の用語を中心とした標準的な問題が多いので，ここでの正答率を上げておくことが合格へのカギとなる。試験では問題の難易を見極め，標準的な問題から手早く的確に解答していこう。

対　策

01　徹底的な教科書学習を

一部の難問を除けば教科書記載の基本的事項を問う問題が多いため，まずは教科書に太字で記されている重要事項を，歴史の流れを追いながら確実に理解することを心がけよう。その際には教科書を反復精読していくことが望ましい。テーマごとにまとめられている図説中の年表などを併用すると理解が深まり，知識も定着する。因果関係や背景・影響などを押さえながら，関連事項の流れを理解していく学習を心がけよう。

02　用語集・史料集での補強を

　近代の政治・外交・軍事などを中心に，教科書記載の内容よりも踏み込んだ事柄が問われることもあるので，用語集を利用して，年号などの細部や関連する事項も理解しておく必要がある。『日本史用語集』（山川出版社）などを併用して教科書の内容を補強し，理解を深めよう。また，教科書掲載の基本史料や入試頻出史料にも目を通しておくこと。その際には，史料中の人物や地名などの歴史用語に注意しながら，あわせて教科書の内容をあらためてしっかり確認しておくことが大切である。対訳や脚注，解説を利用して，歴史に対する理解を深めておきたい。

03　過去問の研究を

　過去数年で内容が一部重なっているような出題もみられるので，本書で過去問を十分に研究し，頻出事項についてしっかり学習しておこう。

世 界 史

▶一般採用試験

年度	番号	内　　容	形　式
2024 ●	〔1〕	中国・朝鮮・日本・ベトナムに関する総合問題	選　択
	〔2〕	イブン=バットゥータ関連史	選　択
	〔3〕	18世紀以降の欧米関係史	選　択
2023 ●	〔1〕	ユダヤ教とキリスト教関係史	選　択
	〔2〕	イスラーム帝国の成立	選　択
	〔3〕	北宋と周辺民族	選　択
	〔4〕	15〜17世紀のヨーロッパとアジアの関係	選　択
	〔5〕	19世紀のオスマン帝国関連史	選　択

(注)　●印は全問，◑印は一部マークセンス方式採用であることを表す。

 戦争・外交・国際関係に注意！

01　出題形式は？

　2023年度は大問5題であったが，2024年度は大問3題となった。ただし，設問数60問，全問マークセンス方式で，試験時間90分に変わりはない。ここ数年は，語句選択，正文・誤文選択が主体となっている。

　なお，2025年度は出題科目が「歴史総合，世界史探究」となる予定である（本書編集時点）。

02　出題内容はどうか？

　地域別では，2023年度は〔2〕〔3〕〔4〕が，2024年度は〔1〕〔2〕がアジア地域から出題されており，やや多めである。

　時代別では，古代から現代まで幅広く出題されている。比較的長い時代を問う通史問題の大問が多いのが特徴となっている。

　分野別では，政治史が大半を占めているが，2023年度〔1〕でユダヤ教・キリスト教関連史，〔2〕でイスラーム帝国史が，2024年度も〔2〕でイブン＝バットゥータに関する歴史が出題されるなど，近年は政治史以外の出題も増えている。政治史については各時代における戦争・軍事とそれに関連する外交・国際関係からの出題が多く，また，国家間の戦争や国土に関する地名など，地理的要素の強い設問が目につくことが大きな特徴といえる。

03 難易度は？

　標準的な設問が中心だが，難度の高い問題も散見され，用語集の説明文の詳細な点まで正確に把握していないと答えられない設問もみられるため，注意が必要である。試験時間は90分と長めだが，正誤の判定が求められる問題が多いため，時間をとられやすい。各大問にかける時間を決めておいて見直しの時間を確保するようにしたい。

対 策

01 教科書中心に基礎を徹底

　多くの設問は教科書の知識で十分解答可能なため，何よりも教科書を使用した学習の徹底が重要である。学習する際に語句・年代を把握しておくことはもちろん，戦争・外交・国際関係を中心に，各時代・国家における経済や社会，文化・宗教などについても説明部分・注まで徹底的に熟読しておこう。現代史についても，過去には大問でソ連崩壊後の東欧諸国，旧ソ連の共和国が取り上げられていることから，今後もしっかりとした対策が望まれる。

02　用語集・参考書で知識の補完を行う

　教科書レベルでは対応できない難問も出題されているため，用語集や受験参考書を教科書と並行して使用し，知識を補完しておく必要がある。教科書に記載されていない語句にも注目して学習しておこう。経済史や宗教史に関する語句にも留意すること。また，文化史では，問われている語句は教科書レベルであっても，用語集や参考書の説明部分をよく読んでおかないと，問題文と正解の語句を結びつけられないこともあるので，説明文を熟読しておきたい。

03　戦争・外交などを中心に地理的知識の整理を

　戦争や軍事・外交（条約名やその内容）および国際関係に関する設問が頻出している。戦争の名称と関係する王朝・国家名はもちろんのこと，それぞれの国家の君主名（国王が第何代であるかも）や戦争を指揮した指導者名，その講和条約の内容と各国の領土の変化などについては，教科書のみならず用語集・参考書・図説を併用して，各時代・地域ごとに必ず整理しておこう。また，地図を用いた問題はみられないものの，主たる国家間の国境となった河川や各王朝・国家の都と支配領域，さらには戦場となった場所がどの地域に存在するか（現在の国家名を含む）など，地理的要素の強い設問も目立つので，参考書・図説の地図に注目した学習を心がけよう。

04　大国と周辺諸民族との関係，大国に支配された地域に注目

　大国と周辺民族との関係をテーマとした設問もみられる。また，大国どうしが覇権を争う舞台となった特定の地域を扱った問題も出題されている。そのような地域として，地中海地域のほか，西アジア・東南アジア・インド・中東・アフリカ・ラテンアメリカについても注意しておきたい。

05 過去問の研究

　戦争・外交・国際関係を内容とする設問が多いこと，大国の歴史が交差する中世〜近代からの出題が多いことなど，過去問で傾向を確認することは非常に重要である。また，連続して出題されている地域・時代や語句もあるので，前年度の内容は続けて出題されることはないといった先入観をもつことなく，本書を活用しながら過去問の徹底理解を図っておこう。

数　学

▶推薦採用試験，総合選抜採用試験

年度	項　目	内　容
2024 ●	小 問 7 問	(1)放物線と直線で囲まれた部分の面積　(2)2 次方程式が異なる 2 つの実数解をもつ条件　(3)数列の和　(4)位置ベクトル　(5)放物線の法線の方程式　(6)第 3 次導関数　(7)階差が与えられた数列の一般項
2023 ●	小 問 7 問	(1)微分法と積分法　(2)階差が与えられた数列の一般項　(3)極限計算　(4)空間ベクトル　(5)三角関数の相互関係　(6)第 3 次導関数　(7)1 の 3 乗根の性質

(注)　●印は全問，◑印は一部マークセンス方式採用であることを表す。

▶一般採用試験

年　度	番号	項　目	内　容
2024 ●		理工学	
	〔1〕	小 問 8 問	(1)ベクトルの内積　(2)微分係数　(3)定積分　(4)ド・モアブルの定理　(5)関数の極限　(6)2 つの放物線に接する直線　(7)対数関数の最小値　(8)三角関数の式の値
	〔2〕	ベ ク ト ル	正四面体と空間ベクトル
	〔3〕	微・積分法	分数関数の極値・変曲点・定積分
	〔4〕	数　　列	漸化式で表された数列の和
		人文・社会科学	
	〔1〕	小 問 8 問	(1)空間における三角形の面積　(2)2 円が接する条件　(3)三角比の値　(4)導関数　(5)放物線と直線で囲まれた部分の面積　(6)式の値　(7)対数関数と方程式　(8)放物線の式の決定
	〔2〕	ベ ク ト ル	三角形における 2 直線の交点の位置ベクトル
2023 ●		理工学	
	〔1〕	小 問 8 問	(1)微分係数　(2)平面ベクトル　(3)定積分の計算　(4)複素数平面上の軌跡　(5)定積分で表せる関数の最小値　(6)2 次関数の最小値　(7)2 つの放物線が囲む面積　(8)加法定理
	〔2〕	ベ ク ト ル	正三角形の内部に作られる三角形
	〔3〕	極限, 微分法	極大となる x の値の列
	〔4〕	数　　列	様々な数列とその和
	〔5〕	対 数 関 数	対数を係数にもつ 2 次方程式

人文・社会科学	〔1〕	小問 6 問	(1)複素数の計算　(2) 2 次関数の最小値　(3)加法定理　(4)整式の除法　(5)対数の計算　(6) 2 つの放物線が囲む面積
	〔2〕	〈理工学専攻〉〔2〕に同じ	
	〔3〕	〈理工学専攻〉〔4〕に同じ	

(注)　●印は全問，◑印は一部マークセンス方式採用であることを表す。

出題範囲の変更

　2025 年度入試より，数学は新教育課程での実施となります。詳細については，大学から発表される募集要項等で必ずご確認ください（以下は本書編集時点の情報）。

区　分		2024 年度（旧教育課程）	2025 年度（新教育課程）
推薦・総合選抜	理　工　学	数学Ⅰ・Ⅱ・Ⅲ・A・B（数列，ベクトル）	数学Ⅰ・Ⅱ・Ⅲ・A・B（数列）・C（ベクトル，平面上の曲線と複素数平面）
一般	理　工　学	数学Ⅰ・Ⅱ・Ⅲ・A・B（数列，ベクトル）	数学Ⅰ・Ⅱ・Ⅲ・A・B（数列）・C（ベクトル，平面上の曲線と複素数平面）
	人文・社会科学	数学Ⅰ・Ⅱ・A・B（数列，ベクトル）	数学Ⅰ・Ⅱ・A・B（数列）・C（ベクトル）

旧教育課程履修者への経過措置

　出題にあたっては，新旧学習指導要領履修者のいずれかに不利にならないことを基本とする。

 迅速で正確な計算力が不可欠

01　出題形式は？

　推薦・総合選抜採用試験：大問 1 題の出題で，小問集合形式の全問マークセンス方式である。試験時間は，物理・化学どちらか選択した 1 科目とをあわせて 60 分。

　一般採用試験：理工学専攻は 2023 年度までは大問 5 題，2024 年度は大問 4 題で，全問マークセンス方式である。例年，〔1〕は小問集合となっている。試験時間は 120 分。

　人文・社会科学専攻は，2023 年度は大問 3 題，2024 年度は大問 2 題の出題で，全問マークセンス方式。例年，〔1〕は小問集合となっている。

試験時間は 90 分。

02　出題内容はどうか？

推薦・総合選抜採用試験：小問集合の出題で，ベクトル，微・積分法，数列などがよく出題されている。

一般採用試験：微・積分法中心の出題ではあるが，〔1〕が小問集合であることもあり，幅広い分野からの出題となっている。

03　難易度は？

推薦・総合選抜採用試験：基礎的な問題が出題されているが，時間配分には注意が必要である。

一般採用試験：基礎から標準的な問題が中心だが，やや難しい問題も含まれている。試験時間に対して問題量が多いので，迅速な判断力と正確な計算力が必要で，高い実力が要求される。

対　策

01　基礎学力の充実

　思考力を問う問題や図形的直観力を必要とする問題もあるが，中心となるのは基本から標準的な問題である。また，発展的な問題は，基礎学力が安定していなければ解くことができない。したがって，基礎学力の充実が何より大切である。教科書の例題や章末問題のほか，受験参考書の重要例題などを完全に習得しておくことが不可欠である。

02　過去問の徹底研究

　一般採用試験では，微・積分法は頻出である。ほかに数列や関数とグラフに関する問題もよく出題される。これらの頻出分野については，徹底的

に練習を積んでおく必要がある。さらに，思考力を要する問題もある。本書を用いた過去問の研究は不可欠である。

03 実戦練習を積む

　一般採用試験では問題量が多く，かなりのスピードと実力が必要である。ただし，実際は解く順番や，わからない問題を後回しにするかどうかなども得点に大きく影響してくる。時間を決め，得意な分野から問題を解いていくという実戦練習を積んでおくこと。その際，「いかに計算を効率化し，手早く，正確に解くか」ということも意識したい。実戦練習を通じて，解法のパターンやテクニックを知っておくことも重要である。

物　理

▶推薦採用試験，総合選抜採用試験

年度	番号	項　目	内　容
2024 ●	〔1〕	力　　学	斜面から摩擦力を受ける小物体の運動
	〔2〕	電　磁　気	電気力線，電場と電位
2023	〔1〕	力　　学	斜方投射した物体の最高点における分裂
	〔2〕	電　磁　気	コンデンサーを含む直流回路

（注）　●印は全問，◐印は一部マークセンス方式採用であることを表す。

▶一般採用試験

年度	番号	項　目	内　容
2024 ●	〔1〕	力　　学	万有引力を受ける物体の運動，ケプラーの法則
	〔2〕	熱　力　学	比熱と熱容量，融解熱，熱量保存則
	〔3〕	電　磁　気	交流発電機
2023 ●	〔1〕	力　　学	摩擦のある斜面をすべり落ちた物体が斜面下部にとりつけたばねによって跳ね返されたときの運動
	〔2〕	電　磁　気	コンデンサーのつなぎかえ
	〔3〕	熱　力　学	ばねにつながれたピストンをもつシリンダーに閉じ込められた単原子分子理想気体の状態変化

（注）　●印は全問，◐印は一部マークセンス方式採用であることを表す。

 傾　向　**物理現象の基本的な理解を問う出題**

01 | 出題形式は？

　推薦・総合選抜採用試験：大問2題の出題。2024年度から解答方式が全問マークセンス方式に変更された。2023年度は結果のみを記入する記述式であった。試験時間は，数学と物理・化学どちらか選択した1科目と

をあわせて 60 分。

　一般採用試験：2022 年度以降大問 3 題の出題が続いている。全問マークセンス方式である。試験時間は 90 分。

02　出題内容はどうか？

　推薦・総合選抜採用試験，一般採用試験とも，出題範囲は「物理基礎・物理（原子を除く）」である。

　推薦・総合選抜採用試験：例年，力学と電磁気からの出題となっている。

　一般採用試験：力学，電磁気と，熱力学または波動からの出題である。

03　難易度は？

　推薦・総合選抜採用試験：基本事項からの出題であり，確実に解答したい。ただし，結果のみが求められているとはいえ，計算能力，思考力を必要とする小問もあるので，全体的にみると易しいとは言い切れない。

　一般採用試験：基本から標準レベルの問題がほとんどであるが，難度の高い問題もみられる。条件を見逃さないよう問題文をよく読み，試験時間を十分に使ってしっかりと取り組みたい。

対　策

01　教科書をしっかりと勉強する

　ほとんどが基本から標準レベルの問題であるが，単なる公式の丸暗記では十分に対応できない。まず教科書で基本事項をしっかりと把握し，物理現象がどのようにして説明されるのかを理解しておくことが必要である。また，出題範囲から偏りなく出題されているので，苦手分野をなくすようにしておくことも大切である。『大学入試 ちゃんと身につく物理』（教学社）など，解説の詳しい参考書を用いて基本事項の理解を固めるとよいだろう。

02 問題集で理解を十分に深める

　問題集としては，『体系物理［第7版］』（教学社）をすすめたい。物理現象の根本的な理解にたどり着くように構成されているので，教科書と併用し，繰り返し解いてほしい。その際，正確な計算とスピードを意識するとよいであろう。

化　学

▶推薦採用試験，総合選抜採用試験

年度	番号	項　目	内　容	
2024 ●	〔1〕	構　　造	結合と結晶，同素体，原子，分子，モル質量	⊘計算
	〔2〕	変　　化	アンモニアの工業的製法，反応速度と平衡移動	
	〔3〕	無　　機	金属イオンの系統分離	
	〔4〕	有　　機	脂肪族炭化水素	
2023	総　　合		結晶の分類，熱量，鉄の反応，ヘンリーの法則，ジアゾ化	⊘計算

（注）　●印は全問，◑印は一部マークセンス方式採用であることを表す。

▶一般採用試験

年度	番号	項　目	内　容	
2024 ●	〔1〕	理論・無機	原子・イオン，原子量，金属結晶の結晶格子，身の回りの金属，金属酸化物の組成式，濃度，分離，混合物，状態変化，無極性分子，空気の組成，反応と量的関係	⊘計算
	〔2〕	無機・変化	アルカリ金属・アルカリ土類金属，ケイ素・リン・硫黄，金属の反応と性質，無機化合物の工業的製法，溶融塩電解，中和反応，身近な無機物質，一酸化炭素・二酸化炭素，沈殿滴定	⊘計算
	〔3〕	状態・変化	固体の溶解度，沸点上昇，熱量，逆浸透法，反応速度	⊘計算
	〔4〕	有機・高分子	有機化合物の元素分析，アルコールの反応，ジアゾカップリング，フェノール樹脂	⊘計算
2023 ●	〔1〕	理論・無機	陽子の質量，分子量，電子配置，結合と極性，酸化数，イオン化エネルギー，水に関する総合問題，金属と酸の反応と量的関係	⊘計算
	〔2〕	理論・無機	金属イオンの沈殿・錯イオン，酸素，アルミニウム，金属の反応，溶解度と溶解平衡，中和，浸透圧，鉄の結晶格子	⊘計算
	〔3〕	理　　論	コロイド，化学反応と反応速度，溶液の濃度，反応速度と平衡移動，単分子膜法，蒸気圧，ヘスの法則，熱量	⊘計算
	〔4〕	有機・高分子	エステルの加水分解，油脂，芳香族の反応，PET，セルロース，核酸，医薬品の合成	⊘計算

（注）　●印は全問，◑印は一部マークセンス方式採用であることを表す。

推薦・総合選抜：基礎力の充実を
一般：基礎の理解度を軸に応用力も試される

01 出題形式は？

推薦・総合選抜採用試験：2024年度から，大問4題構成で，解答方式は全問マークセンス方式に変更された。なお，2023年度までは，大問1題の出題で記述式と選択式の併用であった。試験時間は，数学と物理・化学どちらか選択した1科目とをあわせて60分。

一般採用試験：大問4題の出題で，全問マークセンス方式である。試験時間は90分。

02 出題内容はどうか？

推薦・総合選抜採用試験，一般採用試験とも，出題範囲は「化学基礎・化学」である。

推薦・総合選抜採用試験：小問集合の形で出題されることが多い。

一般採用試験：理論の出題が多いのは大学入試の化学全体の傾向である。防衛大学校においても，理論が最も多く，無機や有機も理論と絡めて出題されることが多い。化学の基本的な考え方が重要視され，原理・法則の理解度と応用力を試す問題が多い。出題内容の大部分は基本問題からの出題であるが，ときには教科書に記載されていない，やや高度な問題が出題されることもある。

03 難易度は？

推薦・総合選抜採用試験：基本事項からの出題であるが，時間配分には注意が必要である。

一般採用試験：ほとんどが標準レベルであり，よく検討され吟味された良問が多い。少し難しい問題も基礎的学力があれば十分に対応できるので，基礎を確実に習得した受験生なら高得点が得られるであろう。

対 策

01 総 括

　基本問題からの出題が多いので，教科書を中心として，原理・法則を基本から徹底的にマスターすることが対策の出発点である。教科書の本文はもとより，実験・グラフ・写真・脚注・化学史など，学習もれのないように隅々にまで目を通し，特に弱点部分を丁寧に学習しよう。

02 理 論

　理論は化学の基本であり，最も出題頻度の高い分野であるから，ここに重点をおいて学習するのが効率のよい受験対策といえよう。計算問題については，教科書だけでは演習問題数が足りないので，化学の計算問題の解き方の参考書または問題集を使って多くの問題を解くようにすると実力が身につくであろう。特に，電気分解の量的関係，中和滴定，酸化還元滴定，弱酸の電離平衡，混合気体の全圧と分圧，希薄溶液の性質には重点をおきたい。

03 有 機

　有機では暗記しなければならない物質名と構造式が多く，まずこれらを覚えることが先決である。物質名と構造式を一致させて覚えるだけでなく，同じ分子式どうしで構造が異なる異性体でまとめて覚えることも重要である。また，官能基の性質・反応を系統立てて理解することも重要である。有機化合物の構造決定は十分に演習しておきたい。また，糖，アミノ酸，油脂，核酸などの天然有機化合物や合成高分子化合物の確認も怠らないようにしよう。

04 無　機

　無機は理論と絡めて出題されることが多い。過去には連続して周期表に基づく出題がみられたこともある。周期表は無機の原点となる重要な表であり，元素の性質はこの表をもとに理解しておかねばならない。ほかには，錯イオン・両性元素・陽イオンの沈殿・気体発生法・実験法・工業的製法などが頻出であるので要注意。化学反応式がよく出題されているので，教科書に記載のある反応式は書けるようにしておこう。

国　語

▶一般採用試験

年度	番号	種　類	類別	内　容	出　典
2024 ●	〔1～4〕	現代文	評論	空所補充，内容説明，内容真偽	「国家にモラルはあるか？」ジョセフ・S・ナイ
	〔5～8〕	現代文	評論	語意，内容説明，内容真偽	「あぶない法哲学」　住吉雅美
	〔9～12〕	現代文	評論	空所補充，内容説明，文法（口語）	「ことばと国家」田中克彦
	〔13～18〕	古　文	浮世草子	語意，文学史，文法，古典常識，内容説明	「万の文反古」井原西鶴
	〔19～30〕	漢古融合	漢詩和歌	空所補充，口語訳	「楽府詩集」「文華秀麗集」「和漢朗詠集」「後拾遺和歌集」「為忠家初度百首」
2023 ●	〔1～6〕	現代文	評論	空所補充，主旨	「『ロシア的価値』と侵略」佐伯啓思
	〔7～9〕	現代文	評論	空所補充，内容説明，内容真偽	「平らな鏡で世界を見れば」辰井聡子
	〔10～13〕	現代文	評論	空所補充，内容説明，主旨	「喪失とノスタルジア」磯前順一
	〔14～17〕	文語文	歌論	語意，空所補充，内容真偽，文法	「恋歌につきて」佐佐木信綱
	〔18～21〕	漢　文	類書	空所補充，内容説明	「世俗諺文」源為憲

（注）　●印は全問，◖印は一部マークセンス方式採用であることを表す。

全問マークセンス方式で，全体としてやや難 与えられた材料から総合的な判断が必要

01 出題形式は？

　現代文 3 題，古文（または文語文）・漢文各 1 題，計 5 題の出題で，全問マークセンス方式である。2024 年度については，漢文は漢古融合形式で出題された。試験時間は 120 分。

02 出題内容はどうか？

　現代文：評論が中心。哲学的で抽象度の高いものが多い。国際関係論や哲学，社会学の文章も出題されている。また，引用文を織り込むなど比較的長い文章が出題される傾向があるので，長文対策が必要である。

　設問は，空所補充，内容説明が必出である。内容説明や内容真偽の設問は，4 つまたは 5 つの選択肢から内容的に適切もしくは不適切な文を選択するものであり，注釈などもおろそかにせず慎重に吟味する必要がある。このパターンの設問に確実に対応するには，長い文章の要旨を正確に読み取る訓練を積んで，的確な判断力を養っておくことが求められる。

　古文（文語文）：2023 年度は文語文である佐佐木信綱の「恋歌につきて」が出典となった。2024 年度は，古文の井原西鶴『万の文反古』のほか，漢古融合形式で，『後拾遺和歌集』『為忠家初度百首』から和歌が出題されている。設問は，語意，空所補充，内容説明などが網羅的に出題されており，読解力とともに文法や文学史など総合力が要求される。

　漢　文：2023 年度は日本漢文の『世俗諺文』，2024 年度は『楽府詩集』のほか 2023 年度と同じく日本漢詩の『文華秀麗集』『和漢朗詠集』が出典となった。設問内容は，内容に関するもののほか，漢文の基礎力を問うものが出題されている。

03 難易度は？

　現代文の難度がやや高く，語彙力や読解力に一定以上のレベルが要求さ

れる場合がある。また，選択肢の判別には慎重さが要求される。時間配分としては，古文（文語文）・漢文をそれぞれ 20 分以内，特に漢文は設問も少ないので，できるだけ速く解き終わりたい。そして残りの時間で現代文をじっくり解いて，見直しの時間も確保したい。

01　現代文

　評論を中心に読み，的確な読解を心がけよう。そのためには段落ごとに要旨をまとめ，全体の論理的関係を図式化してまとめるような平素の学習が重要である。引用文がある場合は，引用の意見と筆者の意見とを丁寧に区別しながら，論の展開を追う力も求められている。実戦的な対策としては，『大学入試 全レベル問題集 現代文〈4 私大上位レベル〉』（旺文社）などで問題演習を行うとよいだろう。内容説明，内容真偽の設問を解く際に，先に選択肢を読んでから本文を読む方法も試してみるとよい。語彙力を身につける学習も必要である。

02　古文（文語文）

　2023 年度は文語文が出題されたが，基本的な対策は他の分野の作品と同じである。日頃から教科書レベルの文章を正確な口語訳をつけながら丁寧に読み，解釈の力を高めていくことが大切である。古文単語や文法も高校のテキストや問題集などを使って，幅広く身につけておくとよい。問題集は標準レベルのものを最低 2 冊はしっかりこなそう。古典常識も便覧を使って確認しておこう。

03　漢　文

　高校の学習範囲での基礎力の徹底がまず求められる。句法の演習とともに，漢文重要語句の用法についても，高校で使用した副教材などで繰り返

し徹底して学習しておくことが肝要である。問題数をこなすよりも，一つの文章を徹底して学習することのほうが有効である。訓点を施し書き下し文にする練習を何度も繰り返すことによって，自然と漢文を読む際の，古典文法に則った助詞や助動詞の用法が身につく。また，漢文の文章構造を理解して読むようにすると，漢文学習は容易になる。文の構造の基本を覚え，それを常に意識して文章を読むようにするとよい。古文・漢文を学ぶ延長線上で，近代文語文にも注意を払っておきたい。

2024
年度

問題と解答

推薦採用試験，総合選抜採用試験

問　題　編

【推薦採用試験】

▶試験科目

○人文・社会科学専攻

	教　科	科　　　　　　　　目	区　分
学力試験	外国語	コミュニケーション英語Ⅰ・Ⅱ・Ⅲ，英語表現Ⅰ・Ⅱ	マークセンス
	小論文		記　述
		口述試験（集団討議および個別面接）	
		身　体　検　査	

○理工学専攻

	教　科	科　　　　　　　　目	区　分
学力試験	外国語	コミュニケーション英語Ⅰ・Ⅱ・Ⅲ，英語表現Ⅰ・Ⅱ	マークセンス
	数　学	数学Ⅰ・Ⅱ・Ⅲ・Ａ・Ｂ	
	理　科	「物理基礎・物理」，「化学基礎・化学」から１科目選択	
		口述試験（集団討議および個別面接）	
		身　体　検　査	

▶備　考

・各科目の配点および総合点は非公表。

・数学Ｂは「数列」「ベクトル」のみ。

・物理基礎および物理は「原子」を除く。

【総合選抜採用試験】

▶試験科目

○人文・社会科学専攻

	教　科	科　　　　　目	区　分
第1次	外国語	コミュニケーション英語Ⅰ・Ⅱ・Ⅲ，英語表現Ⅰ・Ⅱ	マークセンス
	小論文		記　述
第2次		適 応 能 力 試 験	
		問 題 解 決 能 力 試 験	
		基 礎 体 力 試 験	
		口 述 試 験 （個別面接）	
		身 体 検 査	

○理工学専攻

	教　科	科　　　　　目	区　分
第1次	外国語	コミュニケーション英語Ⅰ・Ⅱ・Ⅲ，英語表現Ⅰ・Ⅱ	マークセンス
	数　学	数学Ⅰ・Ⅱ・Ⅲ・A・B	
	理　科	「物理基礎・物理」，「化学基礎・化学」から1科目選択	
第2次		適 応 能 力 試 験	
		問 題 解 決 能 力 試 験	
		基 礎 体 力 試 験	
		口 述 試 験 （個別面接）	
		身 体 検 査	

▶備　考

- 各科目の配点および総合点は非公表。
- 数学Bは「数列」「ベクトル」のみ。
- 物理基礎および物理は「原子」を除く。

英　語

（50分）

❶ 　1 ～ 4 の（　　　　）内に入れるのに最も適切なものを，それぞれ(A)～(D)の中から

選びなさい。（ただし，大文字で始まるべき語も小文字で示してある。）

1 　The doctor advised her patient, "You should stop (　　　　　) for your health."

(A) smoke　　　　　　　　(B) smoked

(C) smoking　　　　　　　(D) to smoke

2 　(　　　　　) he is still alive or not is something no one can affirm.

(A) although　　　　　　(B) whether

(C) when　　　　　　　　(D) what

3 　A： I like your hairstyle, Bob. Where do you have your hair (　　　　)?

　　B： At the barber next to the shopping mall.　They do a good job.

(A) cut　　　　　　　　　(B) be cut

(C) cutting　　　　　　　(D) to cut

4 　A： What have you done with your smartphone?

　　B： I had some battery trouble yesterday, so it is (　　　　　) at the moment.

(A) repaired　　　　　　　　　(B) having repaired

(C) being repaired　　　　　　(D) having been repaired

❷　[ア]，[イ]のそれぞれの意味が通るように，与えられているすべての語句を並べ替えて
　　完成させ，⑤ と ⑥ に入る語句の記号を選びなさい。（ただし，文頭にくる語も小文字
　　になっている。）

[ア]　Many people (　　　　) (　　　　) (　　　　) (　⑤　) (　　　　)
　　　(　　　　) to participate in elections.

　　　(A) are　　　　　(B) important　　　　(C) convinced

　　　(D) it　　　　　　(E) that　　　　　　(F) is

[イ]　(　　　　) (　⑥　) (　　　　) (　　　　) (　　　　) (　　　　) day,
　　　we'll dine out this weekend.

　　　(A) food　　　　　(B) same　　　　　(C) every

　　　(D) tired　　　　　(E) the　　　　　　(F) of having

❸　次の[ア], [イ] の英文を読んで, $\boxed{7}$ ～ $\boxed{12}$ の (　　　　　) 内に入れるのに最も適

切なものを, それぞれ(A)～(D)の中から選びなさい。

[ア]

　　Japan's population shrank by 556,000 in 2022 from a year earlier to 124.9 million, marking the 12th straight year of decrease, government data showed Wednesday, as the number of Japanese nationals saw its largest drop on record.

　　(　$\boxed{7}$　) Oct. 1, the population, including foreign residents, stood at 124,947,000, with the number of Japanese nationals down 750,000 to 122,031,000—the largest margin of decline since comparable data was made available in 1950, the data said.

　　The trend indicates an urgent need for Japan (　$\boxed{8}$　) the dual challenge of a declining birthrate and a graying population.

　　Chief Cabinet Secretary Hirokazu Matsuno said at a news conference that the government will address the country's falling birthrate "with the highest priority."

　　All of Japan's 47 prefectures except Tokyo posted a fall in the number of residents in the year to October last year, according to the Ministry of Internal Affairs and Communications.

　　The growing number of foreign nationals living in Japan, however, has in recent years helped offset the country's overall population decline.

　　The foreign population rose by 194,000 to 2,916,000 in the reporting year following the relaxation of strict border controls (　$\boxed{9}$　) to decrease imported coronavirus cases, the data showed.

　　Okinawa Prefecture's population shrank by 0.01 %, the first time it has fallen since its return to Japanese rule in 1972.

　　Tokyo (　$\boxed{10}$　) by 0.20%, rebounding from the first drop in 26 years last year caused by the COVID-19 pandemic that slowed the traditional influx of people to the capital region.

　　The working population, or people between the ages of 15 and 64, dropped by 296,000 to 74,208,000, accounting for 59.4% of the overall population. The percentage was on par with the record low from a year earlier.

　　Those 14 and below accounted for a new all-time low of the total population, while people 65 and over made up a record high of 29%.

[Adapted from "Japan's population falls below 125 million, shrinking for 12th straight year," *The Japan Times Weekend* (Kyodo), April 16, 2023]

$\boxed{7}$

(A) As of　　　　　　　　　　　　(B) In

(C) With　　　　　　　　　　　　(D) From on

8

(A) to make a plan to carry out
(B) to establish a social system to cope with
(C) improving the environment of
(D) managing the situation forward

9

(A) that makes it
(B) which prohibit
(C) put in place
(D) keeping under

10

(A) was less populated
(B) became the most popular place
(C) lost its popularity
(D) saw its population increase

[イ]

　　The rate of obesity in a particular country is not determined by the average number of steps its people walk. Rather, the research found that the key ingredient was "activity inequality"—it's like wealth inequality, but instead of the difference between rich and poor, it's the difference between the fittest and the laziest.

　　The bigger the activity inequality, the higher the rates of obesity.

　　Tim Althoff, one of the researchers, said: "For instance, Sweden had one of the smallest gaps between activity rich and activity poor. (　　11　　)."

　　The United States and Mexico both have similar average number of steps, but the US has higher activity inequality and obesity levels.

　　The researchers were surprised that activity inequality was largely driven by differences between men and women.

　　In countries like Japan—with low obesity and low inequality—men and women exercised to similar degrees.

　　But in countries with high inequality, like the US and Saudi Arabia, it was women spending less time being active.

　　Jure Leskovec, also part of the research team, said: "(　　12　　)."

[Adapted from James Gallagher, "Do you live in the world's least active country?",
BBC News, July 12, 2017]

注)　obesity　肥満

11
(A) It also had one of the highest rates of obesity
(B) There was no difference between men and women in the number
　　of obese individual
(C) There was a gap between men and women in the rates of obesity
(D) It also had one of the lowest rates of obesity

12
(A) When activity inequality is greatest, men's activity is reduced much more
　　dramatically than women's activity, and thus the negative connections to
　　obesity can affect men more greatly
(B) When activity inequality is greatest, women's activity is reduced much more
　　dramatically than men's activity, and thus the negative connections to obesity
　　can affect women more greatly
(C) When activity inequality is smallest, women's activity is reduced
　　much more dramatically than men's activity, and thus the negative
　　connections to obesity can affect women more greatly
(D) When activity inequality is smallest, men's activity is reduced much more
　　dramatically than women's activity, and thus the negative connections to
　　obesity can affect men more greatly

次の英文を読み，あとの設問に答えなさい。

A group of researchers has found that 4 in 10 hours allocated to domestic tasks today may be automated within the decade.

Researchers from Ochanomizu University and the University of Oxford found that an average of around 40% of domestic work involving unpaid housework or caring for family members could become automated in the next 10 years.

Grocery shopping was the household task that is most likely to become automated, with 59% of such work considered possible to automate in the coming decade. The study found that 52% of tasks involving the use of services such as banking transactions would be likely headed for automation, while 50% of shopping for nongrocery items could be automated in the next 10 years.

The researchers also estimated that 44% of tasks involving cleaning and cooking are expected to become automated.

On the other hand, tasks involving caring for family members, such as teaching children and looking after them or elderly relatives, were found to be the more difficult to automate, with an average of only 28% of care work expected to be readily automated in the next 10 years.

Among these tasks, hands-on child care was believed to be the least automatable at 21%.

The findings are based on data collected from 65 artificial intelligence experts in Japan and the U.K. who assessed the probability of 17 types of domestic tasks becoming automated.

The study showed that experts from the U.K. were most likely to believe that automation could reduce the amount of unpaid domestic work time by 42%, while the figure for Japan-based experts was 36%. The authors explained that this may be because in the U.K., technology is thought of as a means for labor replacement, but in Japan, technology is seen as working along with people.

The study suggests that automation of domestic tasks would likely have a bigger effect on women than men, as working-age men in the U.K. spend only around half as much time on such tasks as working-age women. Japanese men spend just 18% of the time spent by women on domestic tasks.

[Adapted from Kathleen Benoza, "Around 40% of domestic tasks could be automated in 10 years, study finds," *The Japan Times*, April 13, 2023]

|13| Which task is the least likely to be automated?

   (A) grocery shopping

   (B) banking

   (C) care work

   (D) cleaning

|14| According to the study cited in the text, which is the correct opinion concerning technology?

   (A) Japanese tend to regard technology as a sort of helper in work.

   (B) Technology is not regarded as a substitute for labor in the U.K.

   (C) Technology made automation more possible in Japan than in the U.K.

   (D) Elderly people no longer need to do unpaid jobs thanks to technology both in Japan and in the U.K.

|15| Which one of the following might happen if domestic work is automated?

   (A) Men in Japan would be impacted more than men in the U.K.

   (B) Men would do more work than woman.

   (C) Women would be affected more than men.

   (D) Women would spend more time on domestic work.

次の英文を読み，あとの設問に答えなさい。

Unilever had a problem. They were manufacturing detergent at their factory near Liverpool, in the northwest of England, in the usual way—indeed, the way detergent is still made today. Boiling hot chemicals are forced through a nozzle at super-high levels of pressure and speed out of the other side; as the pressure drops they disperse into vapor and powder.

The vapor is siphoned away while the powder is collected in a vat, where collagen and various other ingredients are added. Then it is packed into boxes, branded with names like Daz and Bold, and sold at a hefty markup. It is a neat business concept, and has become a huge industry. Annual sales of detergent are over $3 billion in the United States alone.

But the problem for Unilever was that the nozzle didn't work smoothly. To quote Steve Jones, who briefly worked at the Liverpool soap factory in the 1970s before going on to become one of the world's most influential evolutionary biologists, they kept clogging up. "The nozzles were a damn 16 nuisance," he has said. "They were inefficient, kept blocking and made detergent grains of different sizes."

This was a major problem for the company, not just because of maintenance and lost time, but also in terms of the quality of the product. They needed to come up with a superior nozzle.

And so they turned to their 17 crack team of mathematicians. Unilever, even back then, was a rich company, so it could afford the brightest and best. These were not just ordinary mathematicians, but experts in high-pressure systems, fluid dynamics, and other aspects of chemical analysis. They had special grounding in the physics of "phase transition": the processes governing the transformation of matter from one state (liquid) to another (gas or solid).

These mathematicians were what we today might call "intelligent designers." These are the kind of people we generally turn to when we need to solve problems, whether business, technical, or political: get the right people, with the right training, to come up with the 18 optimal plan.

They delved ever deeper into the problems of phase transition, and derived sophisticated equations. They held meetings and seminars. And, after a long period of study, they came up with a new design.

You have probably guessed what is coming: it didn't work. It kept blocking. The powder granularity remained inconsistent. It was inefficient.

Almost in desperation, Unilever turned to its team of biologists. These people had (19a) understanding of fluid dynamics. They would not have known a phase transition if it had jumped up and bitten them. But they had something (　19b　) valuable: a profound understanding of the relationship between failure and success.

They took ten copies of the nozzle and applied small changes to each one, and then subjected them to failure by testing them. "Some nozzles were longer, some shorter, some had a bigger or smaller hole, maybe a few grooves on the inside," Jones says. "But one of them improved a very small amount on the original, perhaps by just one or two percent."

They then took the "winning" nozzle and created ten slightly different copies, and repeated the process. They then repeated it again, and again. After 45 generations and 449 'failures,' they had a nozzle that was outstanding. It worked "many times better than the original."

Progress had been delivered not through a beautifully constructed master plan (*there was no plan*), but by rapid interaction with the world. A single, outstanding nozzle was discovered as a consequence of testing, and discarding, 449 failures.

[Adapted from Matthew Syed, *Black Box Thinking*, Portfolio, 2015]

注) Unilever　ユニリーバ (一般消費財メーカー)　　detergent 洗剤　　　disperse 分散
　　vapor 霧　　　　siphon 吸い上げる　　　vat タンク　　　　　　hefty 高額の
　　markup 利幅　　　clog 詰まる　　　　　grain 結晶粒
　　fluid dynamics 流体力学　　　　　　delve 徹底的に調べる
　　sophisticated 高度で複雑な　　equation 方程式　　granularity 粒状, 粒度
　　in desperation 死に物狂いで　　　　groove 溝

16 Which of the following is closest in meaning to the word "nuisance" in the context of this passage?

　　(A) access　　　　　　(B) bother
　　(C) success　　　　　　(D) vacuum

17 Which of the following is closest in meaning to the word "crack" in the context of this passage?

　　(A) ordinary　　　　　　(B) split
　　(C) excellent　　　　　　(D) terrible

2024年度

推薦 総合選抜

英語

18 Which of the following is closest in meaning to the word "optimal" in the context of this passage?

(A) ideal   (B) offensive

(C) primitive   (D) wrong

19 Choose the best pair of words to complete the sentences.

(A) 19a deep   19b more

(B) 19a entire   19b less

(C) 19a narrow   19b less

(D) 19a little   19b more

20 Which of the following is true?

(A) At first, the team of mathematicians couldn't create a better nozzle, but in the end, these mathematicians managed to make an outstanding nozzle much better than the original one.

(B) Although Unilever relied on the leading mathematicians, these mathematicians could not solve the problem caused by the nozzle.

(C) Improving the quality of the nozzle was important for Unilever, and they created a high-quality nozzle on the first try.

(D) Due to the negative influence of the nozzle, it wasn't profitable to manufacture detergent at their factory during the 1970s.

$$\boxed{\textbf{数\quad 学}}$$

（物理または化学ともで 60 分）

【1】　以下の $\boxed{\ \text{ア}\ } \sim \boxed{\ \text{キ}\ }$ にあてはまるものを，問題文に続く選択肢 (a)〜(f) より選び，解答欄にマークせよ。あてはまるものが選択肢にないときは，解答欄の (g) にマークせよ。

（1）放物線 $y = 2x^2 + x - 5$ と直線 $y = -x + 7$ で囲まれた図形の面積は $\boxed{\ \text{ア}\ }$ である。

(a) $2\sqrt{6}$　　(b) $\dfrac{5}{2}$　　(c) $\dfrac{25}{2}$　　(d) $\dfrac{70}{3}$　　(e) $\dfrac{95}{3}$　　(f) $\dfrac{125}{3}$

（2）2 次方程式 $3x^2 + 2(m-1)x - m + 1 = 0$ が異なる 2 つの実数解をもつとき，定数 m の値の範囲は $\boxed{\ \text{イ}\ }$ である。

(a) $m < 1,\ \dfrac{7}{4} < m$　　　　(b) $1 < m < \dfrac{7}{4}$　　　　(c) $m < -2,\ 1 < m$

(d) $-2 < m < 1$　　　　(e) $m < 1,\ 4 < m$　　　　(f) $1 < m < 4$

（3）$\displaystyle\sum_{n=1}^{30} \dfrac{1}{(3n-2)(3n+1)} = \boxed{\ \text{ウ}\ }$ である。

(a) $\dfrac{10}{91}$　　(b) $\dfrac{20}{91}$　　(c) $\dfrac{30}{91}$　　(d) $\dfrac{40}{91}$　　(e) $\dfrac{50}{91}$　　(f) $\dfrac{60}{91}$

（4）$\triangle$ABC の重心を G とする。$\overrightarrow{\text{AB}} = \vec{b}$，$\overrightarrow{\text{AC}} = \vec{c}$ とするとき，$\overrightarrow{\text{BG}}$ を $\vec{b}$，$\vec{c}$ を用いて表すと，$\overrightarrow{\text{BG}} = \boxed{\ \text{エ}\ }$ である。

(a) $\dfrac{-2\vec{b} + \vec{c}}{3}$　　　　(b) $\dfrac{-4\vec{b} + 2\vec{c}}{3}$　　　　(c) $\dfrac{\vec{b} - 2\vec{c}}{3}$

(d) $\dfrac{2\vec{b} - 4\vec{c}}{3}$　　　　(e) $\dfrac{\vec{b} + \vec{c}}{3}$　　　　(f) $\dfrac{2\vec{b} + 2\vec{c}}{3}$

2
0
2
4
年
度

推薦　総合選抜

数学

（5）関数 $y = x^2 + 2x + 3$ のグラフについて，直線 $-x + 2y = 0$ と垂直である接線の
y 切片は オ である。

　ⓐ -2　　　ⓑ 2　　　ⓒ $-\dfrac{1}{2}$　　　ⓓ $\dfrac{1}{2}$　　　ⓔ -1　　　ⓕ 1

（6）関数 $y = xe^{-x}$ の第 3 次導関数 y''' は カ である。

　ⓐ $(1 + x)e^{-x}$　　　　　　　ⓑ $(1 - x)e^{-x}$　　　　　　　ⓒ $(2 + x)e^{-x}$

　ⓓ $(2 - x)e^{-x}$　　　　　　　ⓔ $(3 + x)e^{-x}$　　　　　　　ⓕ $(3 - x)e^{-x}$

（7）条件 $a_1 = 1$, $a_{n+1} = a_n + \dfrac{1}{4^n}$ $(n = 1, 2, 3, \cdots)$ によって定められる数列 $\{a_n\}$ の
極限は キ である。

　ⓐ $\dfrac{1}{3}$　　　ⓑ $\dfrac{2}{3}$　　　ⓒ 1　　　ⓓ $\dfrac{4}{3}$　　　ⓔ $\dfrac{5}{3}$　　　ⓕ 2

物　理

（数学ともで 60 分）

【1】　図のように水平な床面に対して傾きが θ $(0<\theta<90°)$ である粗い斜面がある。斜面の最下点から質量 m の小物体に，斜面に沿って上向きに速さ v_0 の初速度を与えたところ，小物体は距離 l だけ斜面を上って最高点に達し，その後折り返して斜面をすべり下りた。なお，小物体と斜面との間の動摩擦係数と静止摩擦係数をそれぞれ μ，μ_0 とする。重力加速度を g とし，空気抵抗は無視できるものとして，以下に答えよ。

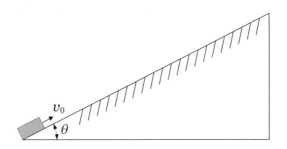

（1）　打ち出してから最高点まで上がる時間として，最も適当なものを以下の選択肢から 1 つ選べ。

ⓐ $\dfrac{v_0}{(\cos\theta+\mu\sin\theta)g}$　ⓑ $\dfrac{v_0{}^2}{2(1+\mu\cos\theta)g}$　ⓒ $\dfrac{v_0}{g}$　ⓓ $\dfrac{v_0}{(\sin\theta+\mu\cos\theta)g}$

ⓔ $\dfrac{v_0}{(1+\mu\tan\theta)g}$　ⓕ $\dfrac{v_0}{(\sin\theta-\mu\cos\theta)g}$　ⓖ $\dfrac{v_0}{(\sin\theta+\mu\tan\theta)g}$

（2）　その距離 l はいくらか。最も適当なものを以下の選択肢から 1 つ選べ。

ⓐ $\dfrac{v_0{}^2}{2(1+\mu\tan\theta)g}$　ⓑ $\dfrac{v_0{}^2}{2(\sin\theta+\mu\cos\theta)g}$　ⓒ $\dfrac{v_0{}^2}{2(\cos\theta+\mu\sin\theta)g}$

ⓓ $\dfrac{v_0{}^2}{2(1+\mu\cos\theta)g}$　ⓔ $\dfrac{v_0{}^2}{2(\sin\theta-\mu\cos\theta)g}$　ⓕ $\dfrac{v_0{}^2}{2g}$　ⓖ $\dfrac{v_0{}^2}{2(\sin\theta+\mu\tan\theta)g}$

（3） 最高点で折り返すための静止摩擦係数μ_0の満たすべき条件として最も適当なものを，以下の選択肢から1つ選べ。

ⓐ $\mu_0 > \sin\theta$ ⓑ $\mu_0 < \sin\theta$ ⓒ $\mu_0 > \cos\theta$ ⓓ $\mu_0 < \cos\theta$

ⓔ $\mu_0 > \tan\theta$ ⓕ $\mu_0 < \tan\theta$

（4） 最高点からもとの打ち出した位置まですべり下りたときの速さv'はいくらか。最も適当なものを以下の選択肢から1つ選べ。

ⓐ $\sqrt{2gl(\sin\theta - \mu\cos\theta)}$ ⓑ $\sqrt{2gl(\sin\theta + \mu\cos\theta)}$ ⓒ $\sqrt{2gl(\cos\theta - \mu\sin\theta)}$

ⓓ $\sqrt{2gl(\cos\theta + \mu\sin\theta)}$ ⓔ $\sqrt{2gl(1 - \mu\tan\theta)}$ ⓕ $\sqrt{2gl(1 + \mu\tan\theta)}$

【2】下の図に示すように，真空中にある半径 a の薄い導体球殻の表面に正の電荷が一様に分布しており，その電荷量の総和を Q とする。この球の中心 O からの距離を r とし，真空中のクーロンの法則の比例定数を k とする。なお，物体が正の電荷 q を持っているとき，この物体から出る電気力線の総数は $4\pi kq$ である。また，電場の強さ E は電場に垂直な面を貫く単位面積あたりの電気力線の本数に等しい。これらを踏まえて，以下の問いに答えよ。

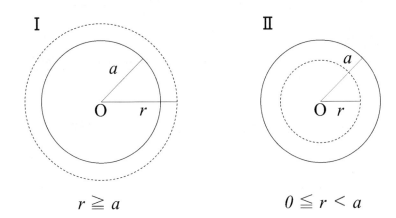

$$r \geqq a \qquad\qquad 0 \leqq r < a$$

(1) 導体球殻から出ていく電気力線の総数は アであるため，図 I のような球殻の外側（$r \geqq a$）での電場の強さ E は イとなる。
ア，イとして最も適当なものを，以下のそれぞれの選択肢から 1 つずつ選べ。

アの選択肢：

ⓐ 0 　　ⓑ πk 　　ⓒ πkQ 　　ⓓ $4\pi k$ 　　ⓔ $4\pi kQ$ 　　ⓕ $8\pi kQ$ 　　ⓖ $\dfrac{4\pi kQr^2}{a^2}$

イの選択肢：

ⓐ 0 　　ⓑ $\dfrac{kQ}{a^2}$ 　　ⓒ $\dfrac{4\pi kQ}{r}$ 　　ⓓ $\dfrac{kQ}{r}$ 　　ⓔ $\dfrac{kQr}{a^3}$ 　　ⓕ $\dfrac{4\pi kQ}{r^2}$ 　　ⓖ $\dfrac{kQ}{r^2}$

(2)　導体球殻内の電荷量は　ウ　であるため, 図 II のような球殻の内側 ($0 \leq r < a$)
　　　での電気力線の本数は　エ　となる。従って, 球殻の内側での電場の強さ E は
　　　オ　となる。　ウ , エ , オ　として最も適当なものを, 以下のそれ
　　　ぞれの選択肢から 1 つずつ選べ。

　　　ウ　の選択肢：

ⓐ 0　ⓑ Q　ⓒ $4\pi Q$　ⓓ $4\pi kQ$　ⓔ $\dfrac{rQ}{a}$　ⓕ $\dfrac{(a-r)Q}{a}$　ⓖ $\dfrac{r^2 Q}{a^2}$

　　　エ　の選択肢：

ⓐ 0　ⓑ πkQ　ⓒ $4\pi k$　ⓓ $4\pi kQ$　ⓔ $\dfrac{4\pi kQr}{a}$　ⓕ $\dfrac{4\pi kQ(a-r)}{a}$　ⓖ $\dfrac{4\pi kQr^2}{a^2}$

　　　オ　の選択肢：

ⓐ 0　ⓑ $\dfrac{kQ}{a}$　ⓒ kQa　ⓓ $\dfrac{kQr}{a^3}$　ⓔ $\dfrac{4\pi kQr}{a^3}$　ⓕ $\dfrac{kQ}{r^2}$　ⓖ $\dfrac{kQ}{a^2}$

(3)　距離 r と電場の強さ E との関係を図示した E-r グラフとして, 最も適当なもの
　　　を, 以下の選択肢から 1 つ選べ。

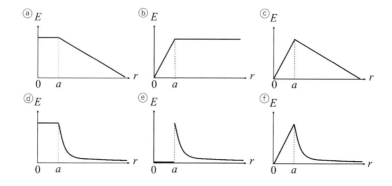

(4) この球殻の外側 $(r \geqq a)$ と内側 $(0 \leqq r < a)$ の電位 V をそれぞれ カ ，
キ とする。 カ ， キ として最も適当なものを，以下の選択肢
からそれぞれ 1 つずつ選べ。ただし，無限遠の電位を 0 とする。

カ ， キ の選択肢：

ⓐ 0 ⓑ $\dfrac{4\pi kQ}{r}$ ⓒ $\dfrac{kQ}{r}$ ⓓ $\dfrac{4\pi kQ}{a}$ ⓔ $\dfrac{kQ(4a-r)}{a^2}$ ⓕ $\dfrac{kQ}{a}$ ⓖ $\dfrac{kQr}{a^2}$

(5) 距離 r と電位 V との関係を図示した V-r グラフとして最も適切なものを，以下
の選択肢から 1 つ選べ。

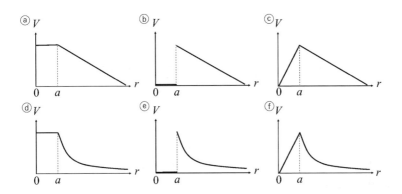

(6) 導体球殻がもつ静電容量として最も適当なものを，以下の選択肢から 1 つ選べ。

ⓐ 0 ⓑ $\dfrac{a}{k}$ ⓒ $\dfrac{a}{4\pi k}$ ⓓ $\dfrac{a}{4\pi kQ}$ ⓔ $\dfrac{k}{a}$ ⓕ $\dfrac{4\pi k}{a}$ ⓖ $\dfrac{4\pi kQ}{a}$

化 学

(数学ともで 60 分)

【1】 以下の問い（1）および（2）に答えよ。

（1） 次のア〜エに当てはまるものを，それぞれの解答群の ⓐ〜ⓔ のうちから一つずつ選べ。

ア．固体が分子結晶のもの ☐ 1

ⓐ 黒鉛 ⓑ ケイ素 ⓒ ミョウバン ⓓ ヨウ素 ⓔ 白金

イ．同素体である組合せ ☐ 2

ⓐ ヘリウムとネオン ⓑ ^{35}Cl と ^{37}Cl
ⓒ 塩化鉄（II）と塩化鉄（III） ⓓ 黄リンと赤リン
ⓔ 一酸化窒素と二酸化窒素

ウ．中性子の数が最も多いもの ☐ 3

ⓐ ^{38}Ar ⓑ ^{40}Ar ⓒ ^{40}Ca ⓓ ^{37}Cl ⓔ ^{39}K

エ．単結合のみからなるもの ☐ 4

ⓐ N_2 ⓑ O_2 ⓒ H_2O ⓓ C_2H_2 ⓔ C_2H_4

（2） 原子AおよびBからなり，化学式が A_2B_3 で表される物質がある。AおよびBのモル質量がそれぞれ $X(g/mol)$ および $Y(g/mol)$ であるとき，物質 A_2B_3 5 g に含まれているAの質量を求める式として正しいものを次の ⓐ 〜 ⓕ のうちから一つ選べ。 ☐ 5

ⓐ $\dfrac{2X}{2X+3Y}$　　ⓑ $\dfrac{5X}{2X+3Y}$　　ⓒ $\dfrac{10X}{2X+3Y}$

ⓓ $\dfrac{2X}{3X+2Y}$　　ⓔ $\dfrac{5X}{3X+2Y}$　　ⓕ $\dfrac{10X}{3X+2Y}$

【2】　次の文章を読み，下記の問い（1）および（2）に答えよ。

　　　アンモニアの工業的製法は，四酸化三鉄を主成分とする鉄触媒を用いて窒素と水素を高温・高圧で直接反応させて合成する。この反応は可逆反応であり，その熱化学方程式は次の式で表される。

$$N_2（気）＋3H_2（気）＝2NH_3（気）＋92kJ$$

（1）　文中の下線部について，この製法は何とよばれるか。次のⓐ〜ⓔのうちから最も適当なものを選べ。　　6

　　ⓐ オストワルト法　　ⓑ ハーバー・ボッシュ法　　ⓒ アンモニアソーダ法
　　ⓓ テルミット法　　ⓔ クメン法

（2）　一定の温度と圧力において窒素と水素を物質量比1：3で混合した気体を鉄触媒の存在下で反応させたときの，アンモニアの生成量の時間変化を図1（破線）に示す。次のページに示した問いに答えよ。

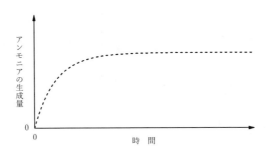

縦軸：アンモニアの生成量　横軸：時　間

図　1

　　　この実験の反応条件を，"　ア　"および"　イ　"に変えて同様の実験を行い，アンモニアの生成量の時間変化を測定した。その結果を図1に重ねて実線で示したものとして最も適当なものを，下の@〜fのうちから，それぞれ一つずつ選べ。

　　　ア．他の条件は同じにして，反応中の温度を低くする。　　⎡ 7 ⎤

　　　イ．他の条件は同じにして，反応中の圧力を高くする。　　⎡ 8 ⎤

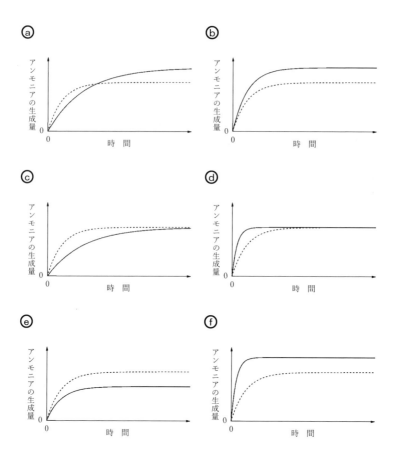

【3】Ag^+，Al^{3+}，Pb^{2+}，Zn^{2+}の4種類の金属イオンを含む水溶液Xから，図2に示す操作Ⅰ・Ⅱにより各イオンをそれぞれ分離することができた。この実験に関して，次ページの問い（1）〜（3）に答えよ。

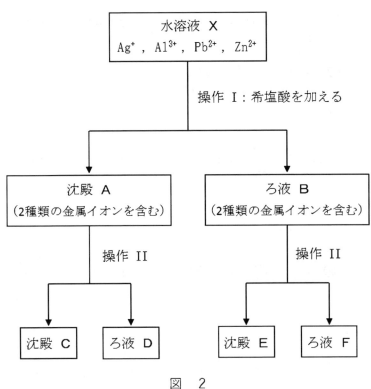

図　2

（1）　沈殿Aに含まれる2種類の金属イオンの組合せとして最も適切なものを，次の ⓐ～ⓕ のうちから一つ選べ。　　9

ⓐ　Ag^+, Al^{3+}　　　ⓑ　Ag^+, Pb^{2+}　　　ⓒ　Ag^+, Zn^{2+}
ⓓ　Al^{3+}, Pb^{2+}　　ⓔ　Al^{3+}, Zn^{2+}　　ⓕ　Pb^{2+}, Zn^{2+}

（2）　操作Ⅱとして最も適切なものはどれか。次の ⓐ～ⓓ のうちから一つ選べ。
　　10

ⓐ　過剰のアンモニア水を加える
ⓑ　過剰の水酸化ナトリウム水溶液を加える
ⓒ　希硫酸を加える
ⓓ　希硝酸を加える

（3）　図2の沈殿Eとろ液Fとして分離される金属イオンはどれか。それぞれについて，下の ⓐ～ⓓ のうちから一つずつ選べ。

　　沈殿　E：　　11
　　ろ液　F：　　12

ⓐ　Ag^+　　ⓑ　Al^{3+}　　ⓒ　Pb^{2+}　　ⓓ　Zn^{2+}

【4】　次の文章を読み，下記の問い（1）および（2）に答えよ。

　炭素と水素だけでできている化合物は炭化水素と呼ばれる。アルカンは炭素原子間の結合がすべて単結合の鎖式炭化水素であり，その一般式は（　ア　）で表される。アルケンは炭素原子間の二重結合を 1 個もつ鎖式炭化水素であり，その一般式は（　イ　）で表される。アルキンは炭素原子間の三重結合を 1 個もつ鎖式炭化水素であり，その一般式は（　ウ　）で表される。炭化水素にはこれらの他に炭素原子間の結合がすべて単結合の環式炭化水素であるシクロアルカンやベンゼン環をもつ炭化水素である芳香族炭化水素などがある。

（1）　文中の（　ア　）～（　ウ　）にあてはまるものを，下の ⓐ～ⓔ から一つずつ選べ。　（　ア　）：13　（　イ　）：14　（　ウ　）：15

　ⓐ　C_nH_n　　ⓑ　C_nH_{n+2}　　ⓒ　C_nH_{2n-2}

　ⓓ　C_nH_{2n}　　ⓔ　C_nH_{2n+2}

（2）　次のア～ウに当てはまるものを，下の ⓐ～ⓕ のうちから一つずつ選べ。

　　ア．炭素数 3 のアルケン　　　　16
　　イ．炭素数 5 のシクロアルカン　　17
　　ウ．炭素数 6 のアルカン　　　　18

　　　ⓐ　シクロヘキサン　　ⓑ　ヘキサン　　ⓒ　シクロペンタン

　　　ⓓ　ペンタン　　ⓔ　プロペン（プロピレン）　　ⓕ　ベンゼン

2024年度　総合選抜　推薦　小論文

　子どもにとっての遊び、大人の旅、そして極限状況に直面すること。読書に加えて、こういう体験をすることによって

も、情報編集力は強化されるのである。

藤原和博『本を読む人だけが手にするもの』（筑摩書房、二〇二〇年）より抜粋

問一　著者の見解を要約しなさい。

（一八〇〜二二〇字以内。句読点や記号なども一字として数える。アルファベットを書く場合は二文字を一マスに記入す

る。解答用紙の一マス目から書き始め、段落設定はしない。）

問二　傍線部について、あなた自身はどう考えるか。あなたの考えを述べなさい。

（三八〇〜四二〇字以内。句読点や記号なども一字として数える。アルファベットを書く場合は二文字を一マスに記入す

る。解答用紙の一マス目から書き始め、段落設定はしない。）

バッグを盗まれた状況を説明すると、大使館の人はそう言った。

そのときは何も知らなかったが、当時のローマは非常に危険な街で、殺人事件まで起こるような中央駅で寝るなど自殺行為に等しかったようだ。

日本から遠く離れた海外で、どうにもならない状況のなか、警察や大使館や旅行会社の駐在員や英語も通じないホテルのスタッフと破れかぶれで宿や帰国便の交渉をした。当時は地獄だと思ったし、神様を恨んだが、そんな事件を体験できたことは、あとから考えれば、自分の成長につながったと思う。

命を奪われてしまっては元も子もないが、そうでなければ、ある程度の極限状況や未知との遭遇、そしてその結果としての「予期せぬ出合い」を体験することで、変化する状況に対処する技術を磨くことができる。危機に際して人間は、アタマのなかのあらゆる知識と経験を結びつけて編集し、最善の対策を考えようとするからだ。

極限状況を体験するということに関しては、メディアファクトリーにいたころ、評論家の西部邁先生から面白い話を教えていただいたことがある。

「男が正気になるためには、病気になって死ぬ目に遭うか、独房に入って沈思黙考して哲学するか、戦争に行くしかない」

西部先生が言おうとしたのは、人間がひと皮剝けるためには、それぐらい強いショックが必要だということ。少しぐらいの仕事のきつさや「地獄の研修」に参加する程度のことでは、人間の価値観は激変しない。半日もしたら元の状態に戻ってしまうだろう。

いっぽう、死というのは生物である人間にとって、究極の極限状況である。癌を告知された人の体験談を読んでいても、死を間近に意識することで世の中がまったく違って見えるという。もちろん恐怖はあるが、運よくそこから立ち戻ることができたなら、おそらくそれまで自分が持っていた知識体系とはまったく異なる編集が脳内で起こるのだろう。

2024年度　総合選抜　推薦　小論文

旅に出た。はじめて飛行機に乗る体験でもあった。友人との二人旅だったが、ほとんどの旅程を私がコーディネートし、ユーレイルパスでヨーロッパ中を回った。

そして、あと1週間で旅も終わるころ、予期しない事件が起こった。

ローマで鉄道のストライキに遭遇してしまい、移動に使うはずだった寝台車がホームに停まったまま動かなくなったのだ。ストライキで動いていないのだから、寝台車はガラ空きだった。

私と友人は疲れきっていた。その日はもう動く気になれず、停車していた寝台車で一夜を明かすことにした。そして、せっかくだから豪勢に寝ようといって、一人一部屋で寝ることにしたのだ。その寝台車には、私たちのほかにアメリカ人のカップルが一組いた。

疲れていたためにすぐに熟睡してしまったのだが、翌朝、目覚めたら、2つあったはずの私のバッグがすべて盗まれていた。当然、バッグのなかに入れておいたパスポートとトラベラーズチェックもない。

旅を始めてからその日まで、私はパスポートとトラベラーズチェックを母がつくってくれた巾着のような袋に入れ、念には念を入れて腹巻のなかに入れて持ち歩いていた。だが、寝台車ではぐっすり寝たいと思い、その日に限ってバッグに入れ直してしまったのが仇になった。完全に油断していたのだ。

隣のコンパートメントで寝ていた友人もバッグを盗まれたが、身につけていたパスポートだけは残っていた。アメリカ人のカップルに至っては、履いていたジーンズを切られてポケットに入っていたお金を持っていかれたという。もし4人で1つのコンパートメントに寝ていれば、事無きをえたのかもしれないが、あとの祭りである。

すぐに、パスポートの再発行をしてもらうために日本大使館に行った。

「よかったね、きみたち。もし起きていたら、殺されていたと思うよ」

2024年度　総合選抜
推薦　　小論文

小論文

（六〇分）
（解答例省略）

（注）　解答用紙は縦書き。一行二〇字詰。

次の文章を読み、後の問いに答えなさい。

それでは、いまさら「ごっこ遊び」に興ずることができなくなった大人はどうすればよいのか。もちろん、大人になってからでも、情報編集力を鍛える方法はある。そのひとつは「旅」に出ることだ。

ただし、観光地を巡るお仕着せの「パックツアー」ではダメ。スケジュールと宿泊先、交通手段などをすべて自分で組み立てる「旅」にしなければ意味がない。

ある程度の期間、自分で旅を「編集」して体験すれば、危険な目に遭うこともふくめ、あらゆる事態に遭遇する。そうした予定調和でない事態に、あえて自分を追い込むこと。

自力で対処することで、子どもにとっての遊びに代わる体験ができるはずだ。

私は、学生のころにヨーロッパ旅行に出かけたことがある。アルバイトをしてお金を貯め、大学2年のときに47日間の

解 答 編

①　**解答**　　1—(C)　2—(B)　3—(A)　4—(C)

解説

1　「その医師は担当の患者に助言を与えた。『あなたは健康のために喫煙をやめるべきだ』」

　他動詞 stop は目的語に動名詞を取り「～することをやめる」という意味になる。自動詞 stop と不定詞の副詞的用法目的 stop to *do*「～するために立ち止まる〔手を止める〕」と区別すること。

2　「彼が今でも生きているのかいないのかということは誰も断言できない事柄だ」

　名詞節を導く whether 節は「～かどうか」という意味であり，この文では not までの部分で主部を形成している。or の後の省略（he is）not (alive) も見抜きたい。補語の something の後に省略されている関係代名詞 that は affirm「～を断言する」の目的語から派生したものである。

3　「A：あなたの髪型が好きよ，ボブ。どこで髪を切ってもらっているの？」「B：ショッピングモールの隣の理髪店でだよ。そこの理容師さんたちは腕がいいんだ」

　使役動詞 have の構文 You(S) have(V) your hair(O) (　　　)(C) を成立させるとよい。O と C は主部と述部の関係であり，ここでは〈「髪」＝「切られる」〉の受動の意味が成立するので，空所には過去分詞の cut が入る。

4　「A：君のスマートフォンはどうしたんだい？」「B：昨日何かバッテリーのトラブルがあったんだ。だから，今のところ修理されている最中だ

よ」

　他動詞 repair「〜を修理する」は能動態の形だと目的語が必要となるが，文尾は at the moment「現時点では」という副詞句が来ているので，目的語が不要な受動態を形成する(C)being repaired が適している。it is repaired という元の形から現在進行形となったと考えるとよい。(D)の現在完了は過去から現在に至るまでの幅のある時間帯を示すので it has been repaired since then「そのときからずっと修理されている」のような形にすると可。

 **② 解答** ⑤—(D)　⑥—(F)

━━━━━━━━━ 解 説 ━━━━━━━━━

⑤　(Many people) are convinced that it is important (to participate in elections.)「多くの人々は，選挙に参加することは重要だと確信している」

　「be convinced that＋完全文」で「〜を確信して」という構文である。接続詞 that 以下は，形式主語構文の it(S) is(V) important(C) の後に，真主語である不定詞名詞的用法が置かれている形である。

⑥　Tired of having the same food every (day, we'll dine out this weekend.)「毎日同じ食事を摂ることにうんざりしてしまったので，私たちは今週末外食する予定です」

　前半は，元は As we have been tired of 〜 という形であったが，分詞構文の法則①接続詞を省略，②主節と従属節の主語が同じなら従属節の主語を省略，③主節と従属節の動詞の時制が同じなら従属節の動詞を現在分詞に変える，④be動詞の現在分詞 being は状況に応じて省略可能，に従って省略を繰り返した結果残った形だと考えるとわかりやすい。

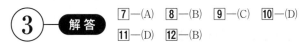 **③ 解答** ⑦—(A)　⑧—(B)　⑨—(C)　⑩—(D)
⑪—(D)　⑫—(B)

…………………………… 全 訳 ……………………………

［ア］《人口縮小へと向かう少子高齢化社会の日本》

〈1〉　2022 年の日本の人口は前年から 55 万 6000 人縮小して，1 億 2490 万人

となり，12年連続の減少を記録していると，政府のデータが水曜日に示したのだが，そのとき日本国民の数が記録上最大の下げ幅を記すこととなった。

〈2〉 10月1日付で，日本の人口は在留外国人を含み，1億2494万7000人を記録しており，日本国民の数は75万人減じて，1億2203万1000人という，1950年に比較可能なデータが入手できるようになったとき以来最大の下げ幅である，とデータは示した。

〈3〉 減少する出生率と高齢化する人口という二重の難題に対処するために日本が社会制度を設立する緊急の必要性をその時流は示している。

〈4〉 内閣官房長官である松野博一は記者会見で，政府は国の低下する出生率について「最優先で」取り組む所存だと述べた。

〈5〉 総務省によると，日本の47都道府県のうち，東京を除くすべてが，昨年10月までで住民の数の低下を記録したということだ。

〈6〉 数を増加させている日本在住の外国国籍の人々は，しかしながら，近年日本の全体的な人口減少を帳消しにする助けをしてくれている。

〈7〉 海外から持ちこまれるコロナウイルスの患者数を減少させるために実施された厳しい国境管理の緩和のあった翌年の報告年には，外国人の人口は19万4000人上昇して291万6000人となった，とデータは示した。

〈8〉 沖縄県の人口は，1972年の日本施政への返還以降初めて0.01%縮小した。

〈9〉 東京では0.2%人口が増加しており，従来の首都圏への人々の流入を遅らせたコロナ禍によって，昨年26年間で初めて引き起こされた減少から回復した。

〈10〉 労働人口，つまり15歳から64歳の間の年齢の人々は，29万6000人減少して7420万8000人となり，全人口の59.4%を占めている。その割合は，前年の最低記録と同率であった。

〈11〉 14歳以下の人々は全人口の中で史上最低値を新たに記録したが，その一方で65歳以上の人々は過去最高の29%を占めた。

［イ］《運動量の不平等がもたらす世界的諸相》

〈1〉 ある特定の国における肥満率はその国民が歩く平均歩数によって決定されるのではない。むしろ調査によると，重要な要素は「運動量の不平等」であるとのことだった。つまり，「富の不平等」のようなものであるのだ

が，富める者と貧しい者の間の違いではなく，最も運動をする人と最も怠惰な人の間の違いなのである。

〈2〉　運動量の不平等の差が大きくなればなるほど，肥満率は高くなる。

〈3〉　ティム＝アルトホフは研究者の一人であるのだが，このように言っている。「例えば，スウェーデンでは運動量の豊かな者と運動量の貧しい者の間の差は最小だった。そこはまた肥満率の割合が最小である国の中の1国であった」

〈4〉　合衆国とメキシコは両国ともに似たような平均歩数を持つが，しかしながら，合衆国の方がより高い運動量の不平等と肥満率を持っていた。

〈5〉　研究者は，運動量の不平等は男女間の差異によって大きく操られると知って驚いた。

〈6〉　日本のような国々においては，つまり低い肥満率と低い不平等を持つ国では，男性と女性は類似した程度まで運動をしていた。

〈7〉　しかし，合衆国やサウジアラビアのような高い（運動量の）不平等を持つ国々においては，活動的であることに費やす時間がより少ないのは女性だったのである。

〈8〉　ジュール＝レスコベックもまたその調査チームの一員であるのだが「運動量の不平等が最大になると，女性の運動量は男性の運動量よりも劇的に減ぜられ，そしてそれゆえに肥満に対する負の連鎖が女性の方により大きく影響を及ぼしていくのである」と言った。

=== 解説 ===

⑦　as of＋具体的な日付は「〜付で」の意味になるので(A)が最適である。

⑧　文全体の構造は The trend(S) indicates(V) an urgent need(O) で，その後に意味上の主語 for Japan を伴った不定詞形容詞的用法が続く形である。(C)・(D)は動名詞の意味上の主語は所有格か目的格なので不可。急速に進む人口減少という時流の中で，日本が少子化と高齢化という二重の難題に対して何をすることが緊急に必要とされているのかと考えると，(B)「〜に対処するために社会制度を設立する」が文脈として最適である。(A)「〜を実行するために計画を立てる」では漠然としすぎて緊迫性が足りない。

⑨　put A in place「Aを制定する」の受動態 A is put in place の補語の部分が strict border controls「厳しい国境管理」を後置修飾する形容

詞句になる(C)を選択するとよい。(A)that makes it は it が何を指すのか不明である。(B)which prohibit は主語と目的語の 2 つが欠けており，関係代名詞の用法として非文となる。(D)keeping under は前置詞の目的語が欠けて文として成立しない。

10 　本文に頻出の〈場所・時代など＋saw ～〉は歴史や時事問題で用いられる「その場所・時代などで～が発生した」という意味の表現。直後の分詞構文「コロナ禍による 26 年ぶりの人口減少から回復した」より，反対の状況を示す「人口増加」を含む(D)が適しているだろう。

11 　前段で「運動量の不平等の差が大きくなればなるほど，肥満率は高くなる」とある法則にあてはめて考えるとよい。次文はその一例としてスウェーデンの現状が紹介されており，前半は運動量の不平等が最小だとあるので，後半の内容は also が含まれていることからも，肥満率の低さを示すと考えられ，(D)が適切と判断できる。

12 　研究者が驚いたことの内容は第 5 段（The researchers …）にあるように，男女の性別の差異によって運動量の不平等が形成されるというもの。第 6 段（In countries …）では日本を第 3 段（Tim Althoff, …）のスウェーデンと同様に例に挙げて，男女間の運動量に差はなく，肥満率も低いとある。その後の第 7 段（But in countries …）は逆接の接続詞 But の後に続くので，合衆国やサウジアラビアは日本とは逆，つまり研究者が驚いた第 5 段の内容に添って展開されると推測できる。それに従い，運動量の不平等が最大であると女性の運動量が減り，肥満率が高くなるという(B)が合致していると考えられる。(A)は「男性の運動量が削減される」の部分が不可。(C)は「運動量の不平等さが最小であると女性により悪影響を与える」のつながりが不可。(D)は「運動量の不平等さが最小であると男性の運動量が削減され男性に悪影響を与える」の部分が不可。

④ **解　答** 　**13**—(C)　**14**—(A)　**15**—(C)

‥‥‥‥‥‥‥‥‥‥‥‥‥‥‥‥‥‥ **全 訳** ‥‥‥‥‥‥‥‥‥‥‥‥‥‥‥‥‥

《家事の自動化が及ぼす影響について》

〈1〉　今日家事に割り振られている 10 時間のうち 4 時間は 10 年以内に自動化されるかもしれない，と研究者の一集団は発見した。

〈2〉　お茶の水女子大学とオックスフォード大学の研究者が発見したところによると，平均およそ 40% の無報酬の家庭内の仕事または家族の世話を含む家事は，今後 10 年もすれば自動化される可能性があるということだ。

〈3〉　日用品の買い物は，自動化される見込みが非常に高い家事であり，そのような仕事の 59% は，この来たる 10 年間で自動化が可能であると見なされていた。その研究によると，銀行取引というようなサービスの利用を含む仕事のうち 52% は自動化へ突き進む見込みがあるだろうし，一方で，非日用品に対する買い物の 50% は来たる 10 年間で自動化される可能性があるということだ。

〈4〉　研究者たちはまた，掃除や料理を含む仕事のうち 44% は自動化が期待されていると見込まれているとも概算した。

〈5〉　他方で，子供の勉強を見たり，子供や年老いた身内の世話をしたりというような，家族に対する世話を含む仕事は自動化するのがさらに難しく，育児や介護は平均してわずか 28% しか次の 10 年以内に容易に自動化されることはないと見出された。

〈6〉　これらの仕事のうち実地保育は最も自動化しにくい 21% であると考えられていた。

〈7〉　その所見は，日本と英国における 65 人の人工知能専門家から集められたデータに基づいている。彼らは 17 種類の家事が自動化される可能性を概算した。

〈8〉　その研究が示すことは，英国出身のその専門家たちは，自動化は無報酬の家事の時間数を 42% 削減することができると信じている見込みが非常に高かった。その一方で日本を基盤とする専門家たちは 36% 削減できる見込みがあると信じているということであった。このことは，英国においては科学技術が労働の代替物に相当する手段として考えられるが，日本においては科学技術が人々とともに働くものとして見なされているということがあるのかもしれない，と研究の執筆者たちは説明した。

〈9〉　その研究が示唆することとは，家事の自動化は男性よりも女性に対してより大きな影響を与える見込みがあるだろうということである。というのも，英国在住の就労年齢の男性は，就労年齢の女性の半分程度の時間しかそのような仕事に費やさないからだ。日本人男性は女性によって費やされる時間のわずか 18% しか家事に費やしていなかった。

=======　**解　説**　=======

13　「自動化される見込みが最も低いのはどの仕事であるか？」

　第5段（On the other …）に，子供の勉強を見たり子供や老齢の身内の世話をしたりすることが今後10年間で自動化される見込みがわずか平均28％であると記載されていることから，(C)「（育児・介護など）世話をする仕事」が正解となる。(A)「日用品の買い物」は第3段第1文（Grocery shopping …）に59％，(B)「銀行取引」は第3段第2文（The study found …）に52％，(D)「清掃」は第4段（The researchers …）に「掃除と料理」として44％と記載されている。

14　「本文中に述べられている研究によると，科学技術に関してはどれが正しい意見であるか？」

　自動化が無報酬の家事の量を削減する割合について，第8段（The study showed …）では，英国出身の専門家は42％と答えたのに対して日本出身の専門家は36％と答えている。この数字の差異に対する説明として，英国は科学技術を「労働の代替物」と考え，日本では「人々とともに働くもの」と考えているとある。この日本での捉え方と合致している(A)「日本人は科学技術を仕事における一種の助手だと考えている」が正解。

(B)「英国では科学技術は労働の代替として考えられていない」　英国では代替として考えられている。

(C)「科学技術は英国よりも日本において自動化をより可能にした」　第2〜7段（Researchers from … becoming automated.）までの具体例には，国別による家事の削減率については言及されていない。第8段での日英研究者間の数字は，今後の自動化による無報酬の家事削減率の見込みの相違である。

(D)「科学技術のおかげで，日本と英国においては，老齢の人々はもはや無報酬の仕事をする必要はない」　家事にかかる労働時間については，本文では就労年齢にある男女に対して言及されており，唯一の老齢者に対する記述は第5段第1文（On the other …）「年老いた身内を世話すること」とあるのが，家事時間の削減の見込みが最も低い例として挙げられているだけなので，この年代の人々は家事をする対象に含まれていないということがわかる。

15　「家事が自動化されると次のうちどのことが起こりそうだろうか？」

最終段（The study suggests …）に，家事の自動化は男性よりも女性の方により多くの影響が及ぶとあることより，(C)「女性は男性よりも多くの影響を受ける」が正解となる。最終段では，就労年齢の英国男性は英国女性の約半分の時間，家事に関わるが，就労年齢の日本の男性は18％しか関わらないとの記載に留まり，自動化によって男性の家事労働時間が増えるとの記述はないことより，(A)「日本の男性は英国の男性よりも大きく影響を受けることだろう」，(B)「男性は女性よりも多く労働するだろう」は不適となる。(D)「女性は家事にもっと多くの時間を費やすだろう」は，本文では家事の自動化によって家事に費やす時間が削減されることについて言及されているので不一致となる。

⑤　解答　16—(B)　17—(C)　18—(A)　19—(D)　20—(B)

·· **全訳** ··

《進歩へと至る失敗と改善の過程》

〈1〉　ユニリーバは一つの問題を抱えていた。その会社は英国の北西部にあるリバプール近くの自社工場で，通常の方法で——実に，洗剤が今日でも依然として作られている方法で——洗剤を製造していた。熱く沸騰した化学品は超高水準の圧力と速度でノズルを強制的に通され，もう一方の側へと噴出していく。そして圧力が下がっていくにつれて，蒸気と粉末へと分散していくのである。

〈2〉　霧は吸い上げられてしまうその一方で，粉末がタンク，つまりコラーゲンやさまざまな他の原料が加えられる容器に集められる。それからそれは箱に詰められ Daz や Bold というような名前で商標化され，高い利幅で販売されるのだ。それは巧妙な事業概念であり，巨大産業となった。洗剤の年間販売額は合衆国内だけでも30億ドルを超えている。

〈3〉　しかしユニリーバにとっての問題は，ノズルが円滑に作動してくれないということだった。スティーブ＝ジョーンズは世界で最も影響力のある進化生物学者のうちの一人になるまで上り詰める前の1970年代にリバプールの石鹸工場で短期間働いたことがあるのだが，彼の言葉を引用すれば，ノズルは詰まり続けたということだ。「ノズルはうんざりするほどやっかいだったよ」と彼は言った。「やつらは非効率的で，詰まり続けて，いろ

んな大きさの洗剤の結晶粒を作ったんだ」

〈4〉　これはその会社（＝ユニリーバ）にとっては大きな問題であった。単に
　　　メンテナンスや失われた時間という理由だけではなく，製品の質という観
　　　点においてという理由もあるからだった。彼らはより優れたノズルを作り
　　　出す必要があった。

〈5〉　そこで彼らは会社お抱えの一流の数学者集団に頼った。ユニリーバは当
　　　時においてさえ資本の豊かな企業であったので，最も聡明で最も優秀な者
　　　を雇う資金の余裕があったのである。これらの人々は単なる普通の数学者
　　　ではなく，高圧体系や流体力学や他の化学分析の分野における専門家たち
　　　であったのだ。彼らは「相転移」という物理学における特別な基礎知識を
　　　持っていた。つまり，ある状態の物質（液体）から他の状態の物質（気体
　　　または固体）への物質の変異を司る工程である。

〈6〉　これらの数学者たちは，私たちが今日「知的設計者」と呼ぶであろう
　　　人々であった。これらは私たちが問題を解決することが必要なときには，
　　　それが事業であれ，技術的であれ，政治的であれ，一般的に頼っていく部
　　　類の人々のことである。つまり，正しい訓練を受け，最適な計画を思いつ
　　　くことができる，適切な人々を手に入れるということである。

〈7〉　彼らは相転移の問題をより徹底的に調べ，そして高度で複雑な方程式を
　　　推論した。彼らは会議や研究会を開催した。そして，長期間にわたる研究
　　　の後に，新しいデザインを思いついたのである。

〈8〉　あなたはおそらくどのような事態になろうとしているのかを推測してし
　　　まっているだろう。その通り，それはうまく作動しなかったのである。そ
　　　れは詰まり続けた。粉の粒状性は不安定であり続けた。それは非効率的だ
　　　ったのだ。

〈9〉　ほとんど死に物狂いで，ユニリーバは自社の生物学者のチームに頼って
　　　いった。これらの人々は，流体力学についての理解はほとんど持ち合わせ
　　　ていなかった。もし相転移が飛び跳ねたり噛みついてきたりしていても，
　　　彼らはそれを理解していなかっただろう。しかし彼らはもっと価値のある
　　　ものを備えていた。つまり失敗と成功の間の関係性についての深淵なる理
　　　解である。

〈10〉　彼らはノズルの10本の複製を用意し，それぞれ1本ずつに小さな変化
　　　を施した。そしてそれから，それらを試験することによって失敗すること

を条件付けたのである。「あるノズルはより長く，あるノズルはより短く，あるノズルはより大きかったり小さかったりする穴を持ち，おそらく内部に何個かの溝を持つものもあったよ」とジョーンズは言う。「けれどもそれらのうちの一つは，原型からするとほんの少しだけ向上していたんだ。おそらく本当に1，2％だけだろうがね」

〈11〉　彼らはそれから「勝利の」ノズルを取り出し，10本の少しだけ違う複製を作り出した。そしてその工程を繰り返したのだ。彼らはそれからそれを何度も何度も繰り返した。45世代と449本の「失敗作」を経た後，彼らは傑出したノズルを手に入れたのだった。それは「原型よりも何倍もよく」作動したのだった。

〈12〉　美しく構築された基本計画（計画がないということ）を通じてではなく，世の中との迅速な相互作用を通じて進歩はもたらされた。一つの傑出したノズルは，449本の失敗作を検査し廃棄した結果として発見されたのである。

━━━━━━ 解説 ━━━━━━

16　第3段（But the problem …）は逆接の接続詞 But から始まり，1970年代のユニリーバの洗剤の輝かしい側面から一転して洗剤製造工程でノズルが詰まり続けるという負の部分を述べている。その頃の従業員であったスティーブ＝ジョーンズが当時のノズルの状態を説明するセリフの内部であり，後に「非効率的で，詰まり続けて，さまざまな大きさの洗剤の粒を作った」と続くことと，形容詞 damn「うんざりするほどの」で修飾されていることをあわせて考察すると，下線部 nuisance は否定的な意味の名詞だと判断でき，(B) bother「やっかいなもの」が適切だとわかる。(A) access「接近方法」，(C) success「成功」，(D) vacuum「真空」には否定的な意味はない。

17　第5段（And so they …）は詰まりを発生させない改良ノズルを開発するチームを立ち上げる内容である。チームの構成員はユニリーバが潤沢な資金にものを言わせて集めた「最も聡明で最も優秀」で「単なる普通の数学者ではない専門家」であることから，この数学者のチームを形容するのにふさわしい語は (C) excellent「優秀な」しかない。(B) split「裂け目」は crack の意味の一つだが，この文脈には合わない。

18　第6段（These mathematicians …）では，集められた数学者たちは

現代で言うところの「知的設計者」だと定義し，その説明をしている。分野を問わず，問題解決のために頼りにされた人々がどのような計画を思い浮かべるのかと考えると，(A)ideal「理想的な」が適切だとわかる。(B)offensive「攻撃的な」，(C)primitive「初期の，未開発の」，(D)wrong「間違った」は，文脈をつかんでいればすぐに違和感を覚えるはずである。

19 第9段（Almost in …）では，物理学のさまざまな分野に精通した優秀な数学者で構成されたチームではノズルの改良を行うことができなかったので，ユニリーバが生物学者のチームに頼っていく経緯を説明している。依頼当時「ほとんど死に物狂いで」とあることと，第3文（They would not …）で生物学者の物理学に対する関心の低さを冗談めかして仮定法過去完了の比喩表現で述べていることから，生物学者たちの流体力学に対する理解力は，負のイメージを持つ形容詞（　19a　）で修飾されると予想できる。（　19b　）を含む文は逆接の But で始まり，博識な数学者チームよりも物理学的知識に劣る生物学者チームは「失敗と成功の間の関係性についての深淵なる理解」を持っていると，一転して肯定的な説明に入る。これより（　19b　）には valuable「価値のある」を生かす正のイメージの形容詞が入ると予想できる。この組み合わせになっているのは (D)の little と more である。

20 (B)「ユニリーバは第一人者である数学者たちに頼っていたが，これらの数学者たちはノズルによって引き起こされる問題を解決することができなかった」 第5〜8段（And so they … It was inefficient.）と一致。

(A)「最初のうち数学者のチームはよりよいノズルを作り出すことはできなかった。しかし最終的にこれらの数学者たちは何とか原型よりもずっとよい傑出したノズルを作り出した」 後半が第8段（You have probably …）と第11段（They then took …）の内容と不一致。改良したノズルを作り出したのは生物学者のチームである。

(C)「ノズルの品質を改良することはユニリーバにとって重要なことであり，そして最初の試みで高品質なノズルを作り出したのである」 第5〜8段の数学者たちの失敗と，第9〜最終段（Almost in … 449 failures.）の生物学者たちの試行錯誤の様子と不一致。第11段第3文（After 45…）には，45世代に及ぶ449の失敗作を経て改良品が生み出されたと記されている。

(D)「ノズルの負の影響のため，1970 年代はユニリーバの工場では洗剤を
製造することは利益が出るものではなかった」 第 4 段 (This was a …)
に，ノズル詰まりが問題である理由としてメンテナンス，失われた時間，
商品の品質が挙げられているが，利益が減ずることについては何も述べら
れていない。また第 5 段第 2 文 (Unilever, even …) にユニリーバは優秀
な数学者を数多く雇えるほど「資本の豊かな会社」だったとあるので，当
時も利益は多く出していたと考えられる。

数　学

① 解答　(1)—ⓕ　(2)—ⓒ　(3)—ⓒ　(4)—ⓐ　(5)—ⓔ　(6)—ⓕ
(7)—ⓓ

=== 解説 ===

《小問7問》

(1) 放物線 $y=2x^2+x-5$ と直線 $y=-x+7$ の交点の x 座標は

$$2x^2+x-5=-x+7$$
$$2x^2+2x-12=0$$
$$2(x-2)(x+3)=0$$
$$x=-3,\ 2$$

よって，求める面積は

$$\int_{-3}^{2}\{(-x+7)-(2x^2+x-5)\}dx$$

$$=\int_{-3}^{2}(-2x^2-2x+12)dx$$

$$=\left[-\frac{2}{3}x^3-x^2+12x\right]_{-3}^{2}$$

$$=-\frac{2}{3}\{2^3-(-3)^3\}-\{2^2-(-3)^2\}+12\{2-(-3)\}$$

$$=-\frac{70}{3}+5+60$$

$$=\frac{125}{3}$$

別解　$\displaystyle\int_{-3}^{2}(-2x^2-2x+12)\mathrm{d}x$

$$=-2\int_{-3}^{2}(x+3)(x-2)dx$$

$$=-2\times\left[-\frac{1}{6}\{2-(-3)\}^3\right]$$

$$=\frac{125}{3}$$

(2)　2次方程式 $3x^2+2(m-1)x-m+1=0$ の判別式を D とすると，求める条件は

$$\frac{D}{4}>0$$

$$(m-1)^2-3(-m+1)>0$$

$$(m-1)^2+3(m-1)>0$$

$$(m-1)\{(m-1)+3\}>0$$

$$(m-1)(m+2)>0$$

$$m<-2,\ m>1$$

(3)　自然数 n に対して

$$\frac{1}{(3n-2)(3n+1)}=\frac{1}{3}\left(\frac{1}{3n-2}-\frac{1}{3n+1}\right)$$

なので

$$\sum_{n=1}^{30}\frac{1}{(3n-2)(3n+1)}=\sum_{n=1}^{30}\frac{1}{3}\left(\frac{1}{3n-2}-\frac{1}{3n+1}\right)$$

$$=\frac{1}{3}\left\{\left(1-\frac{1}{4}\right)+\left(\frac{1}{4}-\frac{1}{7}\right)+\left(\frac{1}{7}-\frac{1}{10}\right)+\cdots+\left(\frac{1}{88}-\frac{1}{91}\right)\right\}$$

$$=\frac{1}{3}\left(1-\frac{1}{91}\right)$$

$$=\frac{30}{91}$$

(4)　$\triangle ABC$ の重心が G であることより

$$\overrightarrow{AG}=\frac{\overrightarrow{AB}+\overrightarrow{AC}}{3}=\frac{\vec{b}+\vec{c}}{3}$$

よって

$$\overrightarrow{BG}=\overrightarrow{AG}-\overrightarrow{AB}=\frac{\vec{b}+\vec{c}}{3}-\vec{b}=\frac{-2\vec{b}+\vec{c}}{3}$$

(5)　関数 $y=x^2+2x+3$ 上の点 $(t,\ t^2+2t+3)$ における接線の方程式は

$$y=(2t+2)(x-t)+t^2+2t+3$$

$$=(2t+2)x-t^2+3\quad\cdots\cdots①$$

この接線が直線 $-x+2y=0$ と垂直となるとき

$$2t+2=-2\qquad t=-2$$

①に $t=-2$ を代入して

$$y=-2x-1$$

よって，直線 $-x+2y=0$ と垂直である接線の y 切片は -1 である。

(6) $y'=1\cdot e^{-x}+x\cdot(-e^{-x})=(1-x)e^{-x}$

$y''=-1\cdot e^{-x}+(1-x)\cdot(-e^{-x})=(x-2)e^{-x}$

$y'''=1\cdot e^{-x}+(x-2)\cdot(-e^{-x})=(3-x)e^{-x}$

(7) $n\geqq2$ において

$$a_n=a_1+\sum_{k=1}^{n-1}\frac{1}{4^k}=1+\frac{\frac{1}{4}\left\{1-\left(\frac{1}{4}\right)^{n-1}\right\}}{1-\frac{1}{4}}$$

$$=1+\frac{1}{3}\left\{1-\left(\frac{1}{4}\right)^{n-1}\right\}$$

$$=\frac{4}{3}-\frac{1}{3}\cdot\left(\frac{1}{4}\right)^{n-1}$$

よって

$$\lim_{n\to\infty}a_n=\lim_{n\to\infty}\left\{\frac{4}{3}-\frac{1}{3}\cdot\left(\frac{1}{4}\right)^{n-1}\right\}=\frac{4}{3}$$

$$\boxed{\text{物 理}}$$

① 解答 (1)—ⓓ (2)—ⓑ (3)—ⓕ (4)—ⓐ

―――――――― 解説 ――――――――

《斜面から摩擦力を受ける小物体の運動》

(1)　小物体が斜面から受ける垂直抗力の大きさを N として，斜面に垂直な方向の力のつりあいの式を立てると

$N=mg\cos\theta$　……①

斜面に沿って上向きの加速度を a_1 とすると，運動方程式より

$ma_1=-mg\sin\theta-\mu N$

①より

$a_1=-(\sin\theta+\mu\cos\theta)g$　……②

求める時間を t とすると，等加速度運動の式より

$0=v_0+a_1 t$

②より　　$t=\dfrac{v_0}{(\sin\theta+\mu\cos\theta)g}$

(2)　等加速度運動の式より

$-v_0^2=2a_1 l$　　∴　$l=\dfrac{v_0^2}{2(\sin\theta+\mu\cos\theta)g}$

(3)　最高点で静止したと仮定したとき，静止摩擦力の大きさを f として，斜面に平行な方向の力のつりあいの式を立てると

$f=mg\sin\theta$　……③

最高点で静止した後にすべり出す条件は

$f>\mu_0 N$

①，③より

$\mu_0<\tan\theta$

(4)　斜面に沿って下向きの加速度を a_2 とすると，運動方程式より

$ma_2=mg\sin\theta-\mu N$

①より

$$a_2 = (\sin\theta - \mu\cos\theta)g \quad \cdots\cdots ④$$

等加速度運動の式より

$$v'^2 = 2a_2 l$$

④より $v' = \sqrt{2gl(\sin\theta - \mu\cos\theta)}$

② 解答 (1)ア—ⓔ イ—ⓖ (2)ウ—ⓐ エ—ⓐ オ—ⓐ

(3)—ⓔ

(4)カ—ⓒ キ—ⓕ (5)—ⓓ (6)—ⓑ

===== 解説 =====

《電気力線，電場と電位》

(1) 導体球殻の電荷量が Q であるから，導体球殻から出ていく電気力線の本数は $4\pi kQ$ 本。

半径 r の球の表面積が $4\pi r^2$ だから，電場の強さ E は

$$E = \frac{4\pi kQ}{4\pi r^2} = \frac{kQ}{r^2}$$

(2) 導体球殻内の電荷量は 0 であるため，球殻の内側での電気力線の本数は 0 となる。このとき，電荷は半径 a の球より外にあり，その外の電荷による電気力線は，点 O に対称的な位置にある電荷による電気力線どうしが逆向きで打ち消されるために考えなくてよい。これより，電気力線の本数が 0 であるから，電場の強さ E は

$$E = 0$$

(3) (1)と(2)の結果より，E-r グラフはⓔとなる。

(4) 球殻の外側では，電気力線の様子が，点電荷の作る電気力線の様子に等しいので，電位の式より

$$V = \frac{kQ}{r} \quad \cdots\cdots ①$$

また，電場の強さは，電位の傾きの大きさである。したがって，球殻の内側は電場が 0 であるから等電位となり，その電位は，球殻の電位に等しく，①において $r=a$ として

$$V = \frac{kQ}{a}$$

(5) (4)の結果より，V-r グラフはⓓとなる。

(6) 点 O から無限遠の位置での電位は 0 であり，球殻との電位差は $\dfrac{kQ}{a}$ である。静電容量を C とすると，静電容量は電位に対する蓄えられる電荷量の比であるから

$$C = \frac{Q}{\dfrac{kQ}{a}} = \frac{a}{k}$$

化　学

① 解答　(1)ア―ⓓ　イ―ⓓ　ウ―ⓑ　エ―ⓒ
(2)―ⓒ

======= 解説 =======

《結合と結晶，同素体，原子，分子，モル質量》

(1)　**ア.** 非金属元素の原子どうしが結びついてできた分子が，分子間力によって結晶化したものを分子結晶という。ⓓヨウ素 I_2 が分子結晶に該当する。ⓐ黒鉛 C は１つの層の炭素原子はすべて共有結合で結びついているが，層間はファンデルワールス力で結びついているため，厳密には共有結合結晶といえない。ⓑケイ素 Si は共有結合により結晶化した共有結合の結晶，ⓒミョウバン $AlK(SO_4)_2 \cdot 12H_2O$ はイオン結晶，ⓔ白金 Pt は金属結晶である。

イ. 同じ元素からなる単体で，原子の配列や結合の仕方が異なり，性質の異なる単体どうしを互いに同素体といい，硫黄 S，炭素 C，酸素 O，リン P がある。黄リン P_4 と赤リン P_x は互いに同素体である。

ウ. 中性子の数は，質量数から原子番号（＝陽子の数）を差し引いた値である。中性子の数は，ⓑが 22 で，それ以外のⓐ・ⓒ・ⓓ・ⓔは 20 となる。

エ. ⓐN_2 は三重結合，ⓑO_2 は二重結合，ⓓC_2H_2 は三重結合，ⓔC_2H_4 は二重結合をそれぞれもつ。よって，単結合のみからなるのはⓒH_2O である。

(2)　原子 A および B のモル質量 X〔g/mol〕，Y〔g/mol〕を用いて，A_2B_3 のモル質量は $2X+3Y$〔g/mol〕と表される。A_2B_3 5 g に含まれる A の質量は，A_2B_3 に対する 2A のモル質量の割合を質量 5 g にかけて

$$5 \times \frac{2X}{2X+3Y} = \frac{10X}{2X+3Y}$$

② ＝**解答**＝ (1)—ⓑ
(2)ア—ⓐ　イ—ⓕ

＝＝＝＝＝ 解説 ＝＝＝＝＝

《アンモニアの工業的製法，反応速度と平衡移動》

(1)　アンモニアは，四酸化三鉄 Fe_3O_4 を主成分とする触媒を用いて，高温・高圧下で窒素と水素から合成される。この製法を，ハーバー・ボッシュ法という。

(2)　**ア.** 反応速度は，濃度を大きくする・温度を高くする・反応の正触媒を加えることで，大きくなる。アンモニア合成の反応において，いま他の条件は同じにして反応中の温度を低くすると，反応速度は小さくなる。また，アンモニア合成の正反応は発熱反応で，温度を低くするとその刺激をやわらげるよう，周りの温度を上げる発熱方向（右方向）へ平衡が移動する。よって，条件を変化させる前と比べて，平衡に達するまでの直線の傾きが緩やかでかつ平衡時のアンモニア生成量が多くなっているグラフⓐが正解。

イ. 他の条件は同じにして，反応中の圧力を高くすると，反応速度は大きくなり，平衡は圧力を小さくする右方向へ移動する。よって，前と比べて平衡に達するまでの直線の傾きが急で平衡に達するまでの時間が早く，アンモニア生成量が多くなっているグラフⓕが正解。

③ ＝**解答**＝ (1)—ⓑ　(2)—ⓐ
(3)沈殿 **E**：ⓑ　ろ液 **F**：ⓓ

＝＝＝＝＝ 解説 ＝＝＝＝＝

《金属イオンの系統分離》

(1)　水溶液 **X** に希塩酸を加えると，塩化物イオン Cl^- と金属イオン Ag^+ と Pb^{2+} による沈殿 **A**（$AgCl$，$PbCl_2$）が生じる。

(2)　沈殿 **A** からそれぞれの金属イオンを分離する操作Ⅱとして適当なのは，ⓐ「過剰のアンモニア水を加える」である。これにより，次の反応が起こり Ag^+ はろ液 **D** へ，$PbCl_2$ はそのまま沈殿 **C** として分離される。

$$AgCl + 2NH_3 \longrightarrow [Ag(NH_3)_2]^+ + Cl^-$$

(3)　Al^{3+}，Zn^{2+} を含むろ液 **B** に過剰のアンモニア水を加える（操作Ⅱ）と，次の反応がそれぞれ起こる。

$$Al^{3+} + 3OH^- \longrightarrow Al(OH)_3$$
$$Zn^{2+} + 4NH_3 \longrightarrow [Zn(NH_3)_4]^{2+}$$

よって，沈殿 **E** には Al^{3+}，ろ液 **F** には Zn^{2+} がそれぞれ含まれる。

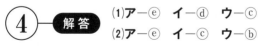

④ **解答** (1)**ア**—ⓔ　**イ**—ⓓ　**ウ**—ⓒ
(2)**ア**—ⓔ　**イ**—ⓒ　**ウ**—ⓑ

━━━━━ 解説 ━━━━━

《脂肪族炭化水素》

(1) 炭素原子間がすべて単結合の鎖式飽和炭化水素をアルカンといい，C_nH_{2n+2} で表される。炭素原子間に二重結合を1個もつ鎖式不飽和炭化水素はアルケンといい，C_nH_{2n} で表される。炭素原子間に三重結合を1個もつ鎖式不飽和炭化水素をアルキンといい，C_nH_{2n-2} で表される。

(2) **ア．** 炭素数3のアルケン C_3H_6 は，プロペン（プロピレン）。

イ． シクロアルカンはアルケンの構造異性体で，一般式で C_nH_{2n} で表され，環式で炭素間の結合はすべて単結合である。炭素数5のシクロアルカン C_5H_{10} は，シクロペンタンである。

ウ． 炭素数6のアルカン C_6H_{14} は，ヘキサン。

一 般 採 用 試 験

問 題 編

▶試験科目

○人文・社会科学専攻

	教 科	科　　　目	区　分
第1次	外国語	コミュニケーション英語Ⅰ・Ⅱ・Ⅲ，英語表現Ⅰ・Ⅱ	マークセンス
	数学・社　会	「数学Ⅰ・Ⅱ・Ａ・Ｂ」，「日本史Ｂ」，「世界史Ｂ」から1科目選択	
	国　語	国語総合，現代文Ａ・Ｂ，古典Ａ・Ｂ	
	小 論 文 試 験		
第2次	口述試験（個別面接）		
	身 体 検 査		

○理工学専攻

	教 科	科　　　目	区　分
第1次	外国語	コミュニケーション英語Ⅰ・Ⅱ・Ⅲ，英語表現Ⅰ・Ⅱ	マークセンス
	数　学	数学Ⅰ・Ⅱ・Ⅲ・Ａ・Ｂ	
	理　科	「物理基礎・物理」，「化学基礎・化学」から1科目選択	
	小 論 文 試 験		
第2次	口述試験（個別面接）		
	身 体 検 査		

▶備　考

• 各科目の配点および総合点は非公表。

• 小論文については，第2次試験受験者について採点し，第2次試験の結果とあわせて最終合格の決定に用いる。ただし，小論文を受験しない場合，1次試験自体を棄権したものとみなされる。

- 数学Bは「数列」「ベクトル」のみ。
- 物理基礎および物理は「原子」を除く。

英　語

（100 分）

❶ 1 ～ 17 の（　　　　　　　）内に入れるのに最も適切なものを，それぞれ(A)～(D)の中から選びなさい。

1 You can use margarine in（　　　　　）of butter in this recipe.

(A) case
(B) place
(C) spite
(D) charge

2 On investigation some curious facts came to（　　　　　）.

(A) birth
(B) flow
(C) light
(D) earth

3 It's pretty hard to live on his（　　　　　）salary.

(A) cheap
(B) fragile
(C) plentiful
(D) small

4 I've（　　　　　）a bad cold and have a high fever.

(A) come down with
(B) caught up with
(C) occurred to
(D) fallen to

5 In the women's marathon, Naoko and Hanako finished first and second（　　　　　）.

(A) assembly
(B) abundantly
(C) redundantly
(D) respectively

6 Each day in our academy starts at 6:00 in the morning. You'll have a hard time until you（　　　　　）up early.

(A) will get used to getting
(B) get used to getting
(C) will get used to get
(D) get used to get

7 (   ) time, Taro could not complete his assignment.

(A) Having little   (B) Giving a few
(C) To give little   (D) On a few

8 (   ) playing the guitar, he is second to none.

(A) Where he comes to   (B) Where it comes to
(C) When he comes to   (D) When it comes to

9 Like most young children, my son resists (   ) what to do.

(A) to be told   (B) being told
(C) to be said   (D) being said

10 This ticket is valid for one entry only and (   ) the expiration date.

(A) objects to   (B) is obedient to
(C) is subject to   (D) subscribes to

11 The sales manager proposed that the plan (   ) put into practice at once.

(A) should   (B) be
(C) being   (D) had

12 Vatican City State is (   ) in the world in terms of area and population.

(A) smaller than any other independent state
(B) the smallest as any independent state
(C) the smallest as no other independent state
(D) smaller of every independent state

13 When the sign on the door of a rest room says "(   )," it means someone is using it.

(A) VACANT   (B) OCCUPIED
(C) LIMITED   (D) KEEP OFF

14　A : Has he been to Tokyo before?
　　　B : He told me he has.
　　　A : Then he must know where Harajuku is.
　　　B : (　　　　　　　)

(A)　What's wrong?　　　　　　(B)　I haven't, either.
(C)　I'm sure he does.　　　　　(D)　I'll see what I can do.

15　A : Hi, Andy, sorry I'm late.
　　　B : (　　　　　　) I just got here myself.

(A)　That's all right.　　　　　(B)　That's too bad.
(C)　Neither will I.　　　　　(D)　Where can I pick you up?

16　A : Excuse me, is this seat taken?
　　　B : No. (　　　　　　)
　　　A : Thank you.

(A)　Let me move my bag.　　　(B)　What do you have?
(C)　I beg your pardon?　　　　(D)　It's none of your business.

17　A : I'd like to make a reservation for a ticket to Fukuoka from Tokyo.
　　　B : All right. One way or (　　　　　)?

(A)　around way　　　　　　(B)　round trip
(C)　dual way　　　　　　　(D)　both trip

2　[ア]〜[キ]のそれぞれの意味が通るように語句を並べ替えて完成させ，3番目と5番目に来る|18|〜|31|に入る語句の記号を選びなさい。（ただし，大文字で始まるべき語も小文字で示してある。また，同じ語句を二度以上使うことはできない。）

[ア] I think we (　　) (　　) (|18|) (　　) (|19|) (　　) (　　) is one of the most dependable colleagues we have.

(A) Lucy	(B) since	(C) do	(D) the job
(E) have	(F) she	(G) should	

[イ] They're (　　) (　　) (|20|) (　　) (|21|) (　　) (　　) .

(A) the board	(B) to	(C) decision	(D) follow
(E) makes	(F) whatever	(G) obliged	

[ウ] I want to get a self-driving electric car (　　) (　　) (|22|) (　　) (|23|) (　　) (　　) every morning.

(A) riding	(B) I	(C) stand	(D) crowded
(E) can hardly	(F) trains	(G) because	

[エ] You must immediately (　　) (　　) (|24|) (　　) (|25|) (　　) (　　) their instructions.

(A) obey	(B) of	(C) and	(D) the police
(E) the explosion	(F) notify	(G) the location of	

[オ] The ship turned upside down and many passengers were thrown into the sea. They were (　　) (　　) (|26|) (　　) (|27|) (　　) (　　) .

(A) away	(B) to	(C) from	(D) the
(E) swim	(F) warned	(G) sinking ship	

[カ] A century ago a Swedish industrialist (　　) (　　) (|28|) (　　) (|29|) (　　) (　　) intended to recognize important creative spirits.

(A) establish	(B) of awards	(C) money	(D) to
(E) set	(F) a	(G) left	

[キ] Finland is in many ways a (　　) (　　) (|30|) (　　) (|31|) (　　) (　　)
—a tolerant, peaceful, and multicultural society built on democratic values.

(A)　for　　　　　　(B)　example　　　　(C)　what　　　　　(D)　vivid

(E)　of　　　　　　　(F)　stands　　　　(G)　the United Nations

3　次の［ア］，［イ］の英文を読んで，32 ～ 37 の（　　　　　　）内に入れるのに最も適切なものを，それぞれ(A)～(D)の中から選びなさい。

［ア］

　　　Kaigi in Japanese business organizations outwardly appears to be similar to a business meeting or conference in Western business organizations. However, it is quite different from a typical Western-style meeting in its purpose, procedure, content of discussion, and participation of attendees. Generally speaking, the purpose of a Western-style business meeting is to help decision making in face-to-face situations. (　　32　　), the Japanese business meeting is an occasion to formally confirm what has been already decided informally through intensive *nemawashi*. In many instances, Japanese participants go through the ritual of asking questions and debating certain points. But in fact, they are (　　33　　) saying what has been discussed and agreed upon beforehand. And they do not want surprise questions or strong objections from any one of the participants during the actual meeting.

　　　In the Western cultural context, it is acceptable to change one's mind about what has been informally agreed upon prior to the meeting, if a much better idea or new compelling evidence is presented. In the Japanese cultural context, however, (　　34　　) is a serious social infraction and betrayal of interpersonal trust. Any agreement that has been reached during informal consultations is considered a firm commitment. It is different from a tentative commitment or personal opinion that Western businesspeople usually try to obtain when going through the process of "touching base" with participants.

　　　　　　　　　[Adapted from Kazuo Nishiyama, "Japanese Style of Decision Making in
　　　　　　　　　Business Organizations," *Intercultural Communication: A Reader*, 2015]

注）compelling 説得力のある　　　　　　tentative 暫定的な
　　touch base with ～に連絡を取る

32　(A)　Similarly

　　(B)　In contrast

　　(C)　Therefore

　　(D)　For example

33　(A)　merely

　　(B)　prematurely

　　(C)　scarcely

　　(D)　slightly

出典追記：Doing Business with Japan : Successful Strategies for Intercultural Communication by Kazuo Nishiyama, University of Hawaii Press

34 (A) such changing of one's mind

(B) such a ritual of asking questions

(C) such a brief report presented in advance

(D) such an informal consultation

[イ]

　　　　Thomas Edison did not invent electric lighting. In 1806, fully four decades before the inventor was born, the distinguished British-scientist Sir Humphry Davy demonstrated to the Royal Society an electric arc light. It consisted of two charcoal rods wired to banks of sulfuric acid batteries. When the rods were drawn close to one another, a spark bridged the gap between them, creating a dazzling arc of light.

　　　　This may have been the earliest electric light. It failed, (　**35**　), to be of commercial value. The batteries were unwieldy and dangerous, and the charcoal rods rapidly burned away. Yet, as practical electric generators began to appear in the 1860s and 1870s, several inventors patented their own arc lamps. Even these, however, had a limited market. While their brilliant light made them useful as searchlights and for other outdoor applications, they were useless indoors, where lighting was needed most. Nevertheless, (　**36**　). Among this modest crowd was Thomas Edison, who, one day in 1878, visited the workshop of William Wallace. A brass and copper founder, by vocation, Wallace was also a part-time inventor. Assisted by an electrical innovator, Moses Farmer, Wallace had been working on an electric arc lamp system. Edison called on Wallace and Farmer not because they had a breakthrough version of the arc lamp—they had no such thing—but because their generator system was capable of powering many such lamps simultaneously.

　　　　Indeed, (　**37**　). The generator lit eight lamps. As he explained to a reporter for the *New York Sun* a month later, "I saw for the first time everything in practical operation. It was all before me. I saw the thing had not gone so far but that I had a chance. I saw that what had been done had never been made practically useful. The intense light had not been subdivided so that it could be brought into private houses." With this insight, Edison started working on a system of subdividing light.

[Adapted from Alan Axelrod, *100 Turning Points in American History*,
Lyons Press, 2019]

注）arc light アーク灯　　　rod 棒　　　　　　　sulfuric acid battery 硫酸電池

　　 unwieldy 扱いにくい　　founder 鋳物師　　　vocation 職業

35 (A) excitedly

(B) however

(C) hence

(D) fortunately

36	(A)	because of these patented arc lamps, the development of electric lighting was in decline
	(B)	most people used arc lamps to illuminate indoors on a cloudy day and at night
	(C)	numerous inventors continued to envision a commercial future for electric lighting
	(D)	people worked mostly outdoors in those days, so the absence of lights was no problem

37	(A)	Edison was impressed by what he saw
	(B)	Edison was little interested in their methods
	(C)	this was how Edison surprised the public
	(D)	this was the moment when the first electric light was invented

4 次の英文を読み，あとの設問に答えなさい。

Baseball, it is said, is the sport which mirrors our nation's soul. It is our hallowed "national pastime," the game which represents the best that America has to offer: democracy, fair play, and equal opportunity. In fact, baseball and America are so intertwined that 38 many believe we cannot know one without the other. "Whoever wants to know the heart and mind of America," so the saying goes, "had better learn baseball."

For many who have taken the challenge to understand the "heart and mind of America," baseball has indeed proven to be fertile ground. Within the microcosm of baseball, we discover stories far more compelling than the box scores reveal. We can see into the far corners of our nation's past and witness the deeds of heroes, villains, and everyday people. We learn of the struggles of war and building a nation, and of the extremes of economic depression and fabulous wealth. Through baseball, we learn of our aspirations and triumphs, our shortcomings and fears, our hopes and our dreams.

Baseball is the game which gave us Babe Ruth, the quintessential 'rags to riches' hero who embodies the enduring myth that baseball—and by extension, America—gives all who try the chance to succeed. The legend of Babe Ruth, we are told, proves that in America, it doesn't matter where you're from or what you look like or how much money you have, as long as you can play the game.

But no matter how compelling 39 the myth, America is, and has always been, a complex place where success is not guaranteed to all who play by the rules. After all, as Ken Burns observes, "the story of baseball is also the story of race in America." Despite its promise, baseball (and America) do take into account where you're from and what you look like.

Japanese American baseball, therefore, is more than a story full of great players and epic games. It has a history that encompasses the cycles of discrimination and acceptance that have defined the Japanese experience in America. At its core, Japanese American baseball makes an eloquent statement of pride and possibility and is truly a reflection of the "heart and mind" of a community which has sought to fulfill the promise of America for one hundred years.

When Japanese immigrants made the voyage across the Pacific to America during the last decades of the nineteenth century, they not only brought with them dreams of success, they brought a knowledge and appreciation for baseball back to the land of its origins. This knowledge made them stand out among other immigrants at the time, as most countries in the world had no prior exposure to America's national game.

Japan, in contrast, had adopted baseball in the 1870s during the ambitious years of the Meiji era, when the Japanese were recreating a national identity to fit the needs of the modern times. Baseball was seen as a bridge between two cultures, as it embodied Japanese values such as harmony, perseverance, and self-restraint while simultaneously reflecting the ideals and spirit of the rising West.

Coming from a country with such a strong interest in baseball, it is not surprising that the Issei (Japanese immigrants) started their own teams shortly after settling in the US. In 1899, the first known Japanese American team—the Excelsiors—was organized in Honolulu. Within a decade, many more teams were formed across the islands and highly competitive leagues developed. Mirroring the ethnic divisions in Hawaiian society, these leagues formed along ethnic lines, with Japanese American teams competing against Chinese American, Portuguese, Hawaiian, and haole teams.

The earliest known mainland Japanese American baseball team is the San Francisco Fujii club, a team of Issei players which formed in 1903, the first year of the modern World Series. Other cities across the US with large Japanese American populations also developed Issei teams around this time. Seattle, Los Angeles, and Honolulu, for instance, all had teams by 1905 and organized leagues by 1910.

These first teams were primarily organized for the enjoyment of the players wishing for some much needed recreation. But there were other motives as well. Many Issei were aware that baseball could provide a common bond between the Japanese immigrant community and the dominant white society. Through a shared love of baseball, it was hoped communication and perhaps even respect could be established. However, except in isolated instances, these diplomatic goals were not always achieved through baseball. Despite playing baseball with All-American fervor and ability, Japanese immigrants continued to face hostility from the general public that could not readily be overcome.

[Adapted from Gary T. Otake, "A Century of Japanese American Baseball,"
National Japanese American Historical Society]

注) hallowed　神聖な　　　　intertwine　からみ合う　　　　fertile　肥沃な
box score　両チームの全選手名とポジション，打撃・守備内容を略語で示した表
quintessential　典型的な，真髄の
haole　ハオリー（ハワイの非原住民，特に白人）
fervor　熱烈さ，真剣さ

|38| What does |38| mean?

(A) Many believe we cannot know anything about a person without the existence of another person.

(B) Many believe we cannot know the heart without knowing the mind of America.

(C) Many believe we cannot know American democracy without knowing the significance of fair play and equal opportunity.

(D) Many believe we cannot know America without knowing baseball, nor can we know baseball without knowing America.

39 What does the phrase "the myth" refer to?

(A) If you learn baseball, you will know the heart and mind of America.

(B) Babe Ruth set numerous records for both pitching and hitting.

(C) Success is not guaranteed to all who play by the rules.

(D) Baseball—and by extension, America—gives all who try the chance to succeed.

40 Japanese adopted baseball in the 1870s when they were recreating national identity to fit the needs of the modern era because

(A) Japanese people at the time believed that baseball would be able to provide them with a physical and mental strength to compete with the Westerners.

(B) Japanese immigrants brought baseball back to Japan believing that it was truly a reflection of the "heart of mind" as well as the promise of America.

(C) baseball was regarded as a bridge between two cultures in that it embodied Japanese values while reflecting the Western spirit and ideals at the same time.

(D) baseball was believed to give all who try the chance to succeed in America.

41 Japanese immigrants in the last decades of the nineteenth century stood out among other immigrants because

(A) Japanese American baseball team, the San Francisco Fujii club, participated in the World Series.

(B) Japanese immigrants were favorably accepted by the American society for their diligence and obedience.

(C) Japanese immigrants were able to overcome discrimination by playing baseball with All-American fervor and ability.

(D) Japanese immigrants were already familiar with baseball while other immigrants from most countries were not.

42 Which of the following statements is true?

(A) The earliest known mainland Japanese American baseball team, the San Francisco Fujii club, was organized in 1903 followed by the Excelsiors and other teams in Hawaii.

(B) Thanks to the Issei who brought the American culture of baseball back to Japan, Japan adopted baseball as early as the 1870s.

(C) Following the organization of the Excelsiors in 1899, many more baseball teams were formed across the Hawaiian Islands and highly competitive leagues developed along ethnic lines.

(D) Through a shared love of baseball, many Issei built a common bond between the Japanese immigrant community and the dominant white society and overcame hostility from the general public.

5 次の英文を読み，あとの設問に答えなさい。

Some mice are more inclined to run on an exercise wheel than others. That's because, according to a recent study, these mice have bacterial species in their guts that send signals to their brains helping increase their desire to exercise. Could the same be true for humans?
〔　A　〕

It's long been known that regular exercise is good for health and decreases the risk of many diseases. Yet more than 80 percent of adults don't manage the recommended 150-minutes per week even though lack of physical activity causes between 6 and 10 percent of premature deaths, coronary heart disease, type 2 diabetes, breast cancer, and colon cancer globally. In fact, 43 sedentary lifestyle is considered to be the fourth leading cause of death worldwide.

But the factors that motivate some to exercise more than others are not well understood. Exercise affects the gut microbiome, but how the microbiome directly affects exercise behavior is not clear. There have been hints that the two are linked. A study published in 2019 found that after the Boston Marathon, runners had more of a particular bacterial species in their stool than sedentary volunteers; these species of bacteria could trigger better athletic performance when transplanted into mice. Building on such studies, new research published in the journal *Nature*, shows that at least in mice, some species of bacteria that 44 dwell in the gut can drive the production of dopamine, the feel-good neurotransmitter, to reward exercising for a longer time.
〔　B　〕

"The study shows very conclusively that in mice, the desire to exercise is influenced by the microbiome," says Anthony Komaroff, a professor of medicine at Harvard Medical School. "[This study] provides a mechanistic explanation about how the microbiome could influence the desire of the animals to exercise."

Christoph Thaiss, a microbiologist at the University of Pennsylvania, who led the new study wanted to know what prevents most people from wanting to exercise. Since it's not easy to do experiments in humans, his team gathered eight types of genetically diverse mice.

"We took a very 45 unbiased look by studying mice, because there is a lot of natural variability among how much mice exercise," says Thaiss.

Some of this variability in motivation or ability to do hard exercise is related to genetics. For example, Theodore Garland, Jr., an evolution biologist at the University of California, Irvine, wanted to understand how complex traits—like marathon running—evolve at multiple levels of organization, ranging from behavior to DNA. He has shown in an ongoing experiment started in 1993 that a type of super-runner mice—bred over more than one hundred generations—evolved specific changes in their DNA and ran over three times longer than average. These mice also have different microbiomes than their less active counterparts.

To test whether removing the gut microbiome would affect the motivation to exercise Garland gave the athletic mice antibiotics. It drastically and irreversibly reduced the voluntary exercise behavior of super runners. The mice with 46 depleted gut bacteria ran about 21 percent less every day, even though they continued to eat well and were otherwise unaffected.

"The gut microbiome is obviously one of the factors that can influence ability to run and exercise," says Garland, but his study did not directly explain how gut bacteria could affect motivation for physical activity. [　C　]

Thaiss' new study in *Nature* explored the connection between the gut and brain of mice. Thaiss' team measured how long 199 untrained mice would voluntarily run on exercise wheels and how long they could sustain a particular speed. Not knowing what specific factors might explain their desire to exercise, the scientists also collected 10,500 other data points such as the complete genome sequences for all 199 mice, gut bacterial species, and metabolites present in the bloodstream of each mouse. This resulted in nearly 2.1 million total data points.

"It's a huge amount of data," says Matthew Raymond Olm, a computational microbiologist at Stanford University.

Rather than trying to understand the effect of variables one by one, the scientists used a machine learning approach in which they plugged all the data into a computer program and let it identify the most critical factors that explained the endurance of high performing mice.

"This study is a really great example of big data working well to focus on something important and fundamental about the microbiome," says Olm.

What Thaiss found surprised him because (　I　) accounted for only a small portion of the performance differences between mice, whereas differences in (　II　) appeared to be substantially more important.

"We do see certain inherited traits of exercise performance," says Thaiss. "But it's just relatively small."

To confirm that gut bacteria was indeed responsible for the observed difference, the researchers removed the gut bacteria of mice by giving a wide variety of antibiotics. This reduced the running endurance of high performing mice by about half. Conversely, when scientists transplanted the microbiome from a top performing mouse, it increased the exercise capacity of the recipient mouse. [　D　]

In a years-long scientific investigation in a dozen laboratories in the United States and Germany, Thaiss' team identified two bacterial species *Eubacterium rectale* and *Coprococcus eutactus*, which were responsible for helping increase the motivation to exercise in high-performing mice.

"This study in animals raises the question whether humans who love to exercise and humans who avoid exercise are being influenced by their microbiomes," says Komaroff.

But the new study cannot yet directly draw conclusions for humans, warns Thaiss.

However, similar pathways are active in humans. The bacterial species identified in the gut flora that drive exercise capacity in mice are also present in the human microbiome. Similarly, the fatty acid amides found to drive exercise performance in mice and trigger the gut brain pathway that drives motivation for exercise are also found in the human gut.

　　"Does this mean that the pathway will look one to one the same? We don't know," says Thaiss. "There are many differences between mice and human physiology. But we're starting a human study that will answer this question."

　　[Adapted from Sanjay Mishra, "Why do some love to exercise? It might be their microbiome.",
National Geographic, March 25, 2023]

注) gut　腸

type 2 diabetes　2型糖尿病

microbiome　細菌叢, 微生物叢

neurotransmitter　神経伝達物質

antibiotics　抗生物質

metabolite　代謝物

recipient　移植を受ける人

fatty acid amide　脂肪酸アミド

coronary heart disease　冠動脈性心疾患

colon cancer　結腸癌

stool　糞便

microbiologist　微生物学者

genome sequence　ゲノム配列

variable　変数

gut flora　腸内細菌叢

physiology　生理機能

43, **44**, **45**, **46** Choose the correct meaning for each of the four underlined words **43** ～ **46** from options (A) to (D).

(A)　reduced

(B)　impartial

(C)　inactive

(D)　live

47 Fill each of the blanks （ I ） and （ II ） with the choices (ア)～(ウ). Choose the best combination and answer with symbols (A)～(F).

(ア)　the amount of exercise

(イ)　gut bacterial populations

(ウ)　genetics

(A)　I : ア - II : イ　　(B)　I : ア - II : ウ　　(C)　I : イ - II : ウ

(D)　I : イ - II : ア　　(E)　I : ウ - II : ア　　(F)　I : ウ - II : イ

48 Which of the blanks 〔　　A　　〕 to 〔　　D　　〕 is the most appropriate place to insert the following sentence? Answer with symbols (A)〜(D).

A large increase in dopamine is just one of many neurochemical changes that happen both in human and mouse brains after exercise.

49 Choose one that does not match the content of the text and answer with symbols (A)〜(D).

(A) Anthony Komaroff recognizes that in mice, the desire to exercise is influenced by the gut microbiome.

(B) Theodore Garland, Jr. clearly denies the gut microbiome is one of the factors that can influence ability to run and exercise.

(C) Matthew Raymond Olm sees this study as a good example of new computational methods helping to enhance our knowledge of gut microbiomes.

(D) Christoph Thaiss is not confident yet that the results of this study of mice will be true for humans.

50 Choose one that does not match the content of the text and answer with symbols (A)〜(D).

(A) Most adults are not able to exercise as much as is recommended.

(B) *Eubacterium rectale* and *Coprococcus eutactus* are present in the human body.

(C) Transplantation of gut bacteria from other mice can alter physical activity in mice.

(D) Applying antibiotics to mice increases exercise performance due to the release of dopamine.

日 本 史

（90分）

[1]　以下の［A］［B］の問に答えなさい。

［A］奈良・平安時代に関する次の文章を読み、以下の問に答えなさい。

　奈良時代には、中央集権的な国家体制が整い、平城京を中心として貴族文化が花開いた。当時の(a)僧侶は宗教者であるとともに最新の文明を身につけた知識人でもあったことから、天皇に信任されて政界で活躍した僧侶もいた。仏教保護政策下における大寺院の壮大な伽藍や広大な寺領は、国家財政への大きな負担ともなった。蝦夷地域へは(b)城柵を拠点に支配の浸透が進められた。(c)780年に蝦夷の豪族が乱をおこし、大規模な反乱に発展した。こののち、東北地方では三十数年にわたって戦争があいついだ。

　行財政の簡素化や公民の負担軽減などの政治再建政策につとめた光仁天皇の政策を受け継いだ桓武天皇は、平城京から長岡京に遷都した。しかし、794年には平安京に再遷都された。東北地方での戦いと平安京の造営は民衆にとって大きな負担となり、9世紀には停止された。8世紀後半から9世紀になると、班田収授の実施は困難になっていった。(d)桓武天皇は班田収授の維持をめざしたが、国家財政の維持は難しかった。

　平安京においては貴族を中心として(e)唐風の文化が発展した。仏教では新たに伝えられた(f)密教がさかんになった。907年に唐が滅んだのち中国を再統一した(g)宋（北宋）と、日本は正式な国交を開こうとしなかった。しかし商人を通じて交易が行われた。中国東北部では、10世紀前半に(h)渤海が滅ぼされた。

問1　下線部(a)に関連する以下の文X・Yについて、その正誤の組み合わせとして正しいものをひとつ選びなさい。
　　X　法相宗の義淵は玄昉、行基ら多くの門下を育て、華厳宗の良弁は東大寺建立に活躍した。
　　Y　日本に戒律を伝えた鑑真は、孝謙天皇に戒を授け、唐招提寺を開いた。
　　①　X　正　　Y　正　　　　　②　X　正　　Y　誤
　　③　X　誤　　Y　正　　　　　④　X　誤　　Y　誤

問2　下線部(b)に関連する以下の文Ⅰ～Ⅲについて、古いものから順に正しく配列したものをひとつ選びなさい。
　　Ⅰ　陸奥国の桃生城と出羽国の雄勝城が築かれた。
　　Ⅱ　水害にあった志波城を移転して徳丹城が築かれた。
　　Ⅲ　多賀城の鎮守府機能が胆沢城に移された。

① Ⅰ－Ⅱ－Ⅲ　　　② Ⅱ－Ⅲ－Ⅰ　　　③ Ⅰ－Ⅲ－Ⅱ　　　④ Ⅲ－Ⅱ－Ⅰ

問3　下線部(c)の反乱をおこした人物の名をひとつ選びなさい。

① 坂上田村麻呂　　② 伊治呰麻呂　　③ 文室綿麻呂　　④ 紀古佐美

問4　下線部(d)に関連して、桓武天皇が行った事がらを述べた文として誤っているものをひとつ選びなさい。

① 班田の期間を12年1班に改めた。
② 雑徭の期間を年間60日から30日に半減した。
③ 大宰府に元慶官田を設けて直営方式を採用した。
④ 公出挙の利息を利率5割から3割に減らした。

問5　下線部(e)に関連して、平安時代の唐風文化について述べた文として誤っているものをひとつ選びなさい。

① 平安遷都から9世紀末頃までの文化を年号から弘仁・貞観文化と呼ぶ。
② 文芸を中心として国家の隆盛をめざす文章経国の思想が広まった。
③ 嵯峨天皇は唐風を重んじ、平安宮の殿舎に唐風の名称をつけた。
④ 大学での教育が重んじられ、大学別曹は庶民に対しても門戸を開いた。

問6　下線部(e)に関連して、この時期の勅撰漢詩文集にあてはまらないものをひとつ選びなさい。

① 『性霊集』　　② 『凌雲集』　　③ 『経国集』　　④ 『文華秀麗集』

問7　下線部(f)に関連して、密教の僧と著書の組み合わせとして正しいものをひとつ選びなさい。

① 最澄 ―『三教指帰』　　② 円仁 ―『入唐求法巡礼行記』
③ 空海 ―『顕戒論』　　④ 円珍 ―『山家学生式』

問8　下線部(f)に関連する文化について述べた文として誤っているものをひとつ選びなさい。

① 山岳の地に伽藍を営み、山中を修行の場とする修験道の源流となった。
② 一木造で神秘的な表現をもつ仏像がつくられた。
③ 密教の世界観を表わした教王護国寺の両界曼荼羅が伝えられている。
④ 神仏習合を反映した薬師寺の金堂薬師三尊像が代表的である。

問9　下線部(g)に関連して、10世紀頃の日本と宋の関わりとして正しいものをひとつ選びなさい。

① 日本からの主な輸出品は、陶磁器や書籍であった。
② 宋からの主な輸入品は、金や硫黄であった。
③ 日本人の渡航は律により禁止されていた。
④ 成尋は釈迦如来像を清凉寺に持ち帰った。

問10　下線部(h)に関連して、日本と渤海の関わりとして正しいものをひとつ選びなさい。

① 渤海は、高句麗や新羅との対抗関係から日本と通交した。

② 渤海の都城跡からは和同開珎が発見されている。

③ 日本で渤海系の遺物が出土しているのは大宰府のみである。

④ 日本と渤海とのあいだでは使節の往来はなかった。

〔B〕　鎌倉時代に関する次の文章を読み、以下の問に答えなさい。

　　鎌倉幕府のもとで日宋間の正式な国交は開かれなかったが、(a)平氏政権の海外通交後、日本は東アジア通商圏に組み入れられていった。13世紀初め、モンゴル諸民族を統合してユーラシア大陸の東西にまたがる大帝国が建設される。帝国の東アジア部分の国号は(b)元と定められた。元は(c)東アジアの国々を支配下に入れることを意図し、日本にも軍勢を派遣した。戦いは火器を武具とする元側が有利であったが、結局元側は撤退した。そののち、(d)幕府は元の二度目の襲来に備えた。幕府の支配権が全国的に強化されていく中で、(e)北条氏の権力はさらに拡大した。しかし(f)悪党の蜂起が頻発した。

　　鎌倉時代には、公家が(g)伝統文化を受け継ぎながらも、一方では武士や庶民に支持された(h)新しい文化が生み出された。

問11　下線部(a)に関連して、平清盛について述べた文として誤っているものをひとつ選びなさい。

① 清盛は後白河上皇の信任を得て蓮華王院を造営した。

② 清盛の屋敷があった場所をもとに、平氏政権は六波羅政権とも呼ばれる。

③ 清盛は大輪田泊を修築し、瀬戸内海航路の安全をはかった。

④ 日宋貿易は清盛が神埼荘の管理を委ねられたのを機に開始された。

問12　下線部(b)に関連して述べた文として正しいものをひとつ選びなさい。

① 朝鮮半島では、元の支配に抵抗した三別抄が鎮圧された。

② 国号を元とした時の皇帝はチンギス＝ハンであった。

③ 元が都とした「大都」は、現在の上海に当たる。

④ 1268年の元からの国書に対応した執権は、北条泰時であった。

問13　下線部(c)に関連する以下の文Ⅰ～Ⅲについて、古いものから順に正しく配列したものをひとつ選びなさい。

Ⅰ　中国大陸南部を支配していた南宋が滅亡した。

Ⅱ　女真族が中国東北部に建てた金が滅亡した。

Ⅲ　文永の役で元は約3万の兵で博多に上陸した。

①　Ⅰ－Ⅱ－Ⅲ　　　　②　Ⅱ－Ⅲ－Ⅰ　　　　③　Ⅰ－Ⅲ－Ⅱ　　　　④　Ⅲ－Ⅱ－Ⅰ

問14　下線部(d)に関連して、この時に鎌倉幕府がとった対策でないものをひとつ選びなさい。

① 長門探題の設置　　　　② 異国警固番役の強化

③ 肥前名護屋城の建設　　④ 石築地の構築

問15　下線部(e)に関連して、1247年に三浦泰村一族を滅ぼして北条氏の地位を不動にした人物の名と出来事の組み合わせとして正しいものをひとつ選びなさい。

① 北条貞時 ― 霜月騒動　　　② 北条時頼 ― 宝治合戦

③ 北条貞時 ― 宝治合戦　　　④ 北条時頼 ― 霜月騒動

問16　下線部(e)に関連して述べた以下の文X・Yについて、その正誤の組み合わせとして正しいものをひとつ選びなさい。

　　X　初代執権の北条時政以降、北条氏の嫡流の家を得宗家と呼んだ。

　　Y　得宗への権力集中が強まり、御内人が実権をにぎった政治を得宗専制政治と呼ぶ。

① X　正　　Y　正　　　② X　正　　Y　誤

③ X　誤　　Y　正　　　④ X　誤　　Y　誤

問17　下線部(f)に関連して述べた文として正しいものをひとつ選びなさい。

① 悪党は流通を掌握した新興の武士で、荘園年貢を多くおさめた。

② 悪党は旧来の統治・秩序維持を目的に城にこもって合戦することもあった。

③ とくに畿内やその周辺では荘園へ討ち入り、ものを奪い取ることもあった。

④ 幕府は朝廷や荘園領主に取り締まりを要請し対策は成功した。

問18　下線部(g)に関連して、この時代に編まれた和歌集とその編者の組み合わせとして誤っているものをひとつ選びなさい。

① 『山家集』 ― 西行　　　　　② 『拾遺愚草』 ― 藤原公任

③ 『新古今和歌集』 ― 藤原定家　④ 『金槐和歌集』 ― 源実朝

問19　下線部(h)に関連して、鎌倉時代に武士や庶民に広がった新仏教について述べた文として誤っているものをひとつ選びなさい。

① 新仏教に共通する特色は、旧仏教の腐敗を批判し、武士や庶民にも門戸を開いた点にある。

② 新仏教は旧仏教側に影響を与え、律宗の忍性は貧しい人びとに対する社会事業に力を尽くした。

③ 信心の有無を問わず、踊念仏によって民衆に広められた教えは時宗と呼ばれた。

④ 禅宗の厳しい修業は武士の気風にあい、坐禅に徹せよと説いた明恵は法相宗を広めた。

問20　下線部(h)に関連して、重源が戦乱で焼失した奈良の諸寺を再建する際に採用された建築様式でつくられた建築物を下の写真①〜④からひとつ選びなさい。

①

②

©01097AA
著作権の都合により，類似の写真と差し替えています。

③

④

2　以下の〔A〕～〔C〕の問に答えなさい。

〔A〕江戸時代の文化に関する次の文章を読み、以下の問に答えなさい。

　化政文化は(a)11代将軍家斉の治世を中心とする時期の文化である。
　文学では大衆向けの小説が多く出された。ジャンルも様々で、人情本、滑稽本や(b)読本が人気を博した。俳諧では（　A　）の『おらが春』が刊行され、和歌では京都の香川景樹が（　B　）派をおこした。
　絵画では風景画が流行し、（　C　）の『富嶽三十六景』などが生まれた。文人や学者が中国の影響をうけて描いた文人画では、江戸の（　D　）やその門下が活躍した。
　学問・思想の分野では、商品経済が発展するなかで、現実的な経世思想が活発になった。たとえば、『稽古談』を著した（　E　）は、商工業による藩財政の再建を主張した。(c)国学では平田篤胤が復古神道をとなえた。

問21　下線部(a)の時期に起きた出来事ではないものを、ひとつ選びなさい。
　①　ロシアのレザノフが長崎に来航して、通商を要求した。
　②　異国船打払令が出され、日本の沿岸に近づく外国船を撃退するよう命じられた。
　③　黄表紙や洒落本が取り締まられ、出版業者の蔦屋重三郎が処分された。
　④　江戸へ流入した貧民の帰郷を命じる人返しの法が出された。

問22　下線部(b)のジャンルに含まれる作品をひとつ選びなさい。
　①　東海道中膝栗毛　　　②　春色梅児誉美　　　③　南総里見八犬伝　　　④　夢の代

問23　空欄（　A　）と（　B　）に入る用語の組み合わせとして正しいものをひとつ選びなさい。
　①　A　与謝蕪村　　B　桂園　　　②　A　与謝蕪村　　B　四条
　③　A　小林一茶　　B　桂園　　　④　A　小林一茶　　B　四条

問24　空欄（　C　）と（　D　）に入る人物の名の組み合わせとして正しいものをひとつ選びなさい。
　①　C　葛飾北斎　　D　谷文晁　　　②　C　葛飾北斎　　D　東洲斎写楽
　③　C　歌川広重　　D　谷文晁　　　④　C　歌川広重　　D　東洲斎写楽

問25　空欄（　E　）に入る人物の名として正しいものをひとつ選びなさい。
　①　太宰春台　　②　海保青陵　　③　荻生徂徠　　④　本多利明

問26　下線部(c)に関連して述べた文X・Yのうち、その正誤の組み合わせとして正しいものを
　　　ひとつ選びなさい。

　　　X　本居宣長は『古事記伝』を著し、日本古来の精神にたち返ることを主張した。

　　　Y　平田篤胤の教えは、各地の神官や豪農に受け入れられていった。

　　　①　X　正　　Y　正　　　　　②　X　正　　Y　誤

　　　③　X　誤　　Y　正　　　　　④　X　誤　　Y　誤

[B]　明治維新に関する次の文章を読み、以下の問に答えなさい。

　　(a)大政奉還で政権を返上した徳川慶喜が京都から大坂に退いたのち、1868年1月旧幕府軍と
新政府軍とのあいだで鳥羽・伏見の戦いが起こった。戦闘は新政府軍の勝利となり、慶喜は江戸
に逃れた。このあと、新政府と旧幕府による内戦(b)(戊辰戦争)は1年半近くにわたった。

　　戊辰戦争が戦われている中、新政府は1868年3月に(c)五箇条の誓文を出して、国の方針を示
した。ついで閏4月には(d)政体書を出し、政府の組織を整備した。新政府は中央集権をめざし
ていたが、成立当初は各大名が諸藩を統治する体制が残っていた。そこで1869年1月、薩長土肥
4藩に(e)版籍奉還を上表させると、多くの藩がこれにならった。しかし、中央集権化が十分で
はなかったため、新政府は1871年7月(f)廃藩置県を断行した。廃藩置県のあと新政府は、(g)条
約改正の予備交渉と諸国の視察を目的とした使節団を欧米に派遣した。

問27　下線部(a)に関連して述べた以下の文のうち、正しいものをひとつ選びなさい。

　　　①　大政奉還のあと、新しい世の中の到来を感じた庶民のあいだで「ええじゃないか」の集
　　　　　団乱舞が始まった。

　　　②　後藤象二郎と坂本龍馬とが、徳川慶喜に直接会って大政奉還を勧めた。

　　　③　薩摩藩と長州藩は武力倒幕をめざし、岩倉具視らと結んで討幕の密勅を手に入れた。

　　　④　大政奉還によって将軍のほか、朝廷の摂政・関白も廃止された。

問28　下線部(b)に関連して述べた以下の文ア〜エについて、正しいものの組み合わせをひとつ
　　　選びなさい。

　　　ア　相楽総三は赤報隊を結成して旧幕府軍に参加し、年貢半減を掲げて農民の支持を得た。

　　　イ　江戸城無血開城のあと、新政府に従わなかった幕府側の一部は上野で抵抗を続けた。

　　　ウ　新政府に従わない東北諸藩は、奥羽越列藩同盟を結成して新政府軍と戦った。

　　　エ　旧幕府陸軍の榎本武揚らに率いられた軍は五稜郭に立てこもったが、最終的に降伏した。

　　　①　ア・ウ　　　　②　ア・エ　　　　③　イ・ウ　　　　④　イ・エ

問29　下線部(c)の条文ではないものをひとつ選びなさい。

　　　①　智識ヲ世界ニ求メ大ニ皇基ヲ振起スベシ

　　　②　上下心ヲ一ニシテ盛ニ経綸ヲ行フベシ

　　　③　官武一途庶民ニ至ル迄各其志ヲ遂ゲ人心ヲシテ倦ザラシメン事ヲ要ス

　　　④　人タルモノ五倫ノ道ヲ正シクスベキ事

問30　下線部(d)によって定められた政府の組織に関して述べた以下の文のうち、正しいものを
　　　ひとつ選びなさい。
　　①　アメリカ合衆国憲法にならって三権分立の制が取り入れられた。
　　②　議政官のうち下局は、各府県・各藩から選ばれる徴士で構成された。
　　③　高級官吏は互選制が導入されたが、一度も実施されなかった。
　　④　参議や各省の卿が新設され、新政府の樹立に尽力した者が任命された。

問31　下線部(e)について述べた文X・Yのうち、その正誤の組み合わせとして正しいものをひ
　　　とつ選びなさい。
　　　X　大名が領地と領民を返上したことで、大名がもっていた徴税権は新政府に接収された。
　　　Y　旧大名は知藩事に任命され、それまでの年貢収入の10分の1にあたる家禄が与えられた。
　　①　X　正　　Y　正　　　　　②　X　正　　Y　誤
　　③　X　誤　　Y　正　　　　　④　X　誤　　Y　誤

問32　下線部(f)に関連して述べた以下の文のうち、誤っているものをひとつ選びなさい。
　　①　新政府は、薩摩・長州・土佐の3藩から募った御親兵の軍事力を背景に廃藩置県を行っ
　　　　た。
　　②　旧大名は東京への移住が命じられ、府・県にはそれぞれ府知事・県知事が新政府から派
　　　　遣された。
　　③　廃藩置県のあと府県は3府302県となったが、その後3府72県に整理された。
　　④　廃藩置県のあと神祇官は廃止され、正院の下に属する神祇省となった。

問33　下線部(g)の使節団とともに留学生としてアメリカに渡った人物の名をひとつ選びなさい。
　　①　樋口一葉　　　　②　山川捨松　　　　③　与謝野晶子　　　　④　平塚らいてう

［C］初期議会に関する次の文章を読み、以下の問に答えなさい。

　大日本帝国憲法が発布されたあと、（　A　）首相は「政党ノ（　B　）ニ立チ至正至中ノ道
ニ居ラザル可ラズ」と演説した。しかし初の衆議院議員総選挙の結果、第一議会では(a)立憲自
由党（のち自由党と改称）と立憲改進党の民党が過半数を占め、多額の軍事費をもりこんだ予算
案をめぐって政府と対立した。第二議会でもこの対立は続き、（　C　）首相は衆議院を解散し
て激しい選挙干渉を行ったが、民党が再び衆議院の過半数を占めた。
　（　D　）が首相となり元勲総出で組閣して臨んだ第四議会でも、政府と衆議院の対立はおさ
まらなかった。結局（　E　）こともあって、ようやく予算が成立した。このあと自由党は政府
との接近姿勢を強めたため立憲改進党との連携は崩れ、立憲改進党は（　F　）と連合して条約
改正問題で政府を攻撃した。政府と衆議院の対立がおさまらない中、第六議会の召集直前に朝鮮
で甲午農民戦争が起こった。清国は（　G　）条約に従って日本に出兵を通知すると、日本は対
抗して朝鮮への出兵を決定した。その後(b)日清が開戦すると衆議院は政府批判をやめ、戦争関
係の予算は満場一致で可決された。

問34　空欄（　A　）にあてはまる人物に関する説明ア、イと、空欄（　B　）にあてはまる語句P、Qとの組合せとして正しいものをひとつ選びなさい。

　　ア　北海道開拓使の官有物を不当な安価で同郷の政商に払い下げようとしたとして民権派から批判された。

　　イ　ドイツ人顧問モッセの助言を得て、市制・町村制、府県制・郡制制定の中心となった。

　　P　内

　　Q　外

　　①　ア ― P　　　　②　イ ― P　　　　③　ア ― Q　　　　④　イ ― Q

問35　下線部(a)の政党に関連して述べた以下の文のうち、正しいものをひとつ選びなさい。

　　①　1881年に結成された自由党は、イギリス流の議院内閣制をめざした。

　　②　旧自由党員の大井憲太郎らは、朝鮮の政権を打倒する計画を立てたが、事前に発覚し検挙された。

　　③　秩父事件のあと、動揺した自由党から党首の板垣退助が脱党し、解党同然となった。

　　④　自由党と進歩党が合併して成立した立憲政友会では、初代総裁に伊藤博文が就任した。

問36　空欄（　C　）と（　D　）に入る人物の名の組み合わせとして正しいものをひとつ選びなさい。

　　①　C　山県有朋　　D　伊藤博文　　　②　C　山県有朋　　D　桂太郎

　　③　C　松方正義　　D　伊藤博文　　　④　C　松方正義　　D　桂太郎

問37　空欄（　E　）にあてはまる文として適切なものをひとつ選びなさい。

　　①　内閣が総辞職を選んだ

　　②　衆議院を解散し総選挙の結果民党の議席が減った

　　③　政府が自由党の一部を切り崩した

　　④　天皇が詔書を出した

問38　空欄（　F　）にあてはまる用語として正しいものをひとつ選びなさい。

　　①　国民協会　　　　②　立憲帝政党　　　　③　立憲同志会　　　　④　憲政本党

問39　空欄（　G　）にあてはまる用語として正しいものをひとつ選びなさい。

　　①　北京　　　②　天津　　　③　南京　　　④　済物浦

問40　下線部(b)に関連して述べた文X・Yのうち、その正誤の組み合わせとして正しいものをひとつ選びなさい。

　　X　日清開戦の直前に、日本の税権の完全回復を内容とする日英通商航海条約が締結された。

　　Y　日本は旅順要塞を陥落させたあと、清国の北洋艦隊を日本海海戦で破った。

　　①　X　正　　Y　正　　　　②　X　正　　Y　誤

　　③　X　誤　　Y　正　　　　④　X　誤　　Y　誤

3　大正・昭和期の外交官である幣原喜重郎に関する次の文章を読み、以下の問に答えなさい。

　　幣原は1872年に大阪で生まれた。東京帝国大学卒業後、外務省に入省し、1915年に第 2 次大隈重信内閣の石井菊次郎外務大臣のもと外務次官に就任した。 4 年間の次官在任中、(a)第 1 次世界大戦下の外交、(b)シベリア出兵、(c)パリ講和会議などの難問に対処した。1919年駐米大使に転じ、1921年に(d)ワシントン会議が開催されると、（　A　）海軍大臣、徳川家達貴族院議長とともに全権委員として出席した。

　　1924年幣原は(e)加藤高明内閣の外相に就任し、続く第 1 次若槻礼次郎内閣にも留任した。外相在任中、幣原は(f)欧米との協調、中国への不干渉主義を掲げた。中国市場を重視していた幣原は経済問題をめぐりしばしば中国に非妥協的な態度をとったが、軍部や野党の（　B　）からは「軟弱外交」と批判された。折しも台湾銀行救済の緊急勅令案を（　C　）で否決されたこともあり、若槻内閣は総辞職した。

　　1929年(g)田中義一内閣が(h)張作霖爆殺事件により総辞職し、(i)浜口雄幸内閣が成立すると、幣原は再び外相に就いた。幣原は(j)田中前内閣で悪化した対中国関係の改善に乗り出すとともに、(k)ロンドン海軍軍縮条約の調印に踏み切った。続く第 2 次若槻内閣にも留任した。1931年に勃発した(l)満州事変では事態不拡大に努めるも、軍事行動の拡大を抑えることはできなかった。同年の若槻内閣総辞職以後、政府中枢からしばらく遠ざかり、貴族院議員として(m)日中戦争・太平洋戦争の時期を過ごした。

　　太平洋戦争終結後、幣原は協調外交の実績を買われ、（　D　）内閣の後を襲い組閣した。幣原内閣はマッカーサー連合国軍最高司令官の指示を受けて、(n)民主的改革や公職追放などの政策を打ち出すとともに、憲法改正の準備を進めた。1946年、戦後初の総選挙実施後、内閣は総辞職した。幣原はその後、日本進歩党総裁、(o)第 1 次吉田茂内閣の国務大臣、(p)民主自由党最高顧問、衆議院議長などをつとめ1951年に死去した。

問41　下線部(a)に関連して、第 1 次世界大戦中の日本の対外行動として、時系列的に正しく並んでいるものをひとつ選びなさい。

①　山東省のドイツ権益の接収　→　21カ条の要求　→　第 4 次日露協約調印　→　西原借款

②　山東省のドイツ権益の接収　→　西原借款　→　21カ条の要求　→　第 4 次日露協約調印

③　山東省のドイツ権益の接収　→　21カ条の要求　→　西原借款　→　第 4 次日露協約調印

④　山東省のドイツ権益の接収　→　第 4 次日露協約調印　→　21カ条の要求　→　西原借款

問42　下線部(b)に関連する以下の文 X・Y について、その正誤の組み合わせとして正しいものをひとつ選びなさい。

　　X　ソヴィエト政権は全交戦国に無併合・無償金・経済的障壁の除去・国際平和機構の創設を呼びかけた。

　　Y　第 2 次大隈内閣は、イギリスの共同出兵提案を受けてシベリア・北満州への派兵を行った。

①　X　正　　Y　正　　　　　②　X　正　　Y　誤

③　X　誤　　Y　正　　　　　④　X　誤　　Y　誤

問43　下線部(c)に関して述べた文のうち、正しいものをひとつ選びなさい。
　①　日本政府は西園寺公望、新渡戸稲造らを全権委員として派遣した。
　②　ヴェルサイユ条約の結果、東南アジアに多数の独立国家が誕生した。
　③　ヴェルサイユ条約により、日本は山東省の旧ドイツ権益の継承を認められた。
　④　ヴェルサイユ条約を受けて発足した国際連盟に日本は英米仏とともに常任理事国として参加した。

問44　下線部(d)への参加を決めた内閣をひとつ選びなさい。
　①　寺内正毅内閣　　　　　②　原敬内閣
　③　高橋是清内閣　　　　　④　第2次大隈重信内閣

問45　（　A　）にあてはまる人物の名をひとつ選びなさい。
　①　東郷平八郎　　②　米内光政　　③　加藤友三郎　　④　斎藤実

問46　下線部(e)に関する以下の文X・Yについて、その正誤の組み合わせとして正しいものをひとつ選びなさい。
　X　第2次山本権兵衛内閣の総辞職を受けて、憲政会総裁の加藤高明が憲政会・政友本党・革新倶楽部の3党連立内閣を組織した。
　Y　衆議院議員選挙法の改正により納税資格制限を撤廃し、満25歳以上の男性に衆議院議員の選挙権を与えた。
　①　X　正　　Y　正　　　②　X　正　　Y　誤
　③　X　誤　　Y　正　　　④　X　誤　　Y　誤

問47　下線部(f)の一環として日ソ基本条約が締結された。同条約に関連する以下の文X・Yについて、その正誤の組み合わせとして正しいものをひとつ選びなさい。
　X　日ソ国交樹立に際して、日本は北樺太からの撤兵と引き換えに同地方の油田の半分の開発権を獲得した。
　Y　いわゆる普通選挙法の成立と日ソ国交樹立による労働者階級の政治的影響力や共産主義思想の拡大を防ぐために、治安維持法が成立した。
　①　X　正　　Y　正　　　②　X　正　　Y　誤
　③　X　誤　　Y　正　　　④　X　誤　　Y　誤

問48　（　B　）にあてはまる政党名をひとつ選びなさい。
　①　帝国党　　②　立憲同志会　　③　立憲政友会　　④　東方会

問49　（　C　）にあてはまる用語をひとつ選びなさい。
　①　衆議院　　②　貴族院　　③　大審院　　④　枢密院

問50　下線部(g)の時期に起きた出来事ではないものをひとつ選びなさい。
① パリ不戦条約への調印　　　　　② 治安維持法の改正
③ 済南事件　　　　　　　　　　　④ 世界恐慌

問51　下線部(h)を北京から敗走させた中国の政治家をひとつ選びなさい。
① 毛沢東　　　② 溥儀　　　③ 蒋介石　　　④ 周恩来

問52　下線部(i)に関して述べた文のうち、正しいものをひとつ選びなさい。
① 蔵相に高橋是清を据え、財政の緊縮化と物価引き下げをはかり産業合理化を進めた。
② 金輸出解禁を実施し、為替相場の安定と貿易の拡大をはかった。
③ 重要産業統制法を制定し、カルテルの結成を禁じた。
④ 主力艦制限を検討するジュネーブ海軍軍縮会議に斎藤実らを全権として派遣した。

問53　下線部(j)に関する以下の文X・Yについて、その正誤の組み合わせとして正しいものを
ひとつ選びなさい。
X　1927年に東方会議を開き、満州における日本権益を実力で守る方針を決めた。
Y　中国共産党軍の北伐に対抗するため、4度山東に出兵した。
① X 正　Y 正　　　　② X 正　Y 誤
③ X 誤　Y 正　　　　④ X 誤　Y 誤

問54　下線部(k)の説明として正しいものをひとつ選びなさい。
① 英・米・日・仏・独の5か国が参加し、日本からは山本権兵衛が首席全権として派遣された。
② 補助艦の総保有比率を英・米・日で、10：10：6.975と決定するとともに、主力艦の建造停止を1936年まで延長した。
③ 野党の立憲民政党や海軍軍令部は、海軍軍令部長の反対を押し切って政府が兵力量を決定したのは編制権の干犯であると激しく攻撃した。
④ 条約の批准には元老の承認が必要であったが、元老がなかなか同意せず、政府はその説得に時間を費やした。

問55　下線部(l)のきっかけとなった事件はどこの郊外で発生したか、ひとつ選びなさい。
① 北京　　② 長春　　③ 奉天　　④ 錦州

問56　下線部(m)に関連して、第1次近衛文麿内閣の時に起きた出来事ではないものをひとつ選びなさい。
① 北部仏印進駐　　　　② 東亜新秩序声明
③ 汪兆銘の重慶脱出　　④ 企画院の設置

問57　（　D　）にあてはまる人物の名をひとつ選びなさい。

① 芦田均　　　　② 鈴木貫太郎　　　　③ 小磯国昭　　　　④ 東久邇宮稔彦

問58　下線部(n)に関する以下の文X・Yについて、その正誤の組み合わせとして正しいものを
ひとつ選びなさい。

X　労働組合法が制定され、労働者の団結権・団体交渉権・争議権が保障された。

Y　教科書の不適当な記述の削除が行われるとともに、修身・日本歴史・地理の授業が一時
禁止された。

① X　正　　Y　正　　　　② X　正　　Y　誤

③ X　誤　　Y　正　　　　④ X　誤　　Y　誤

問59　下線部(o)の説明として正しいものをひとつ選びなさい。

① 日本社会党の協力を得た、日本進歩党内閣である。

② 旧円の流通を禁止し、新円の引出しを制限することで貨幣流通量を減らそうとした。

③ 政令201号を公布して国家公務員のストライキを禁じた。

④ 復興金融金庫を設立して電力や海運などの基幹産業への資金供給を開始した。

問60　下線部(p)は1950年に党名を変更するが、変更後の党名とその初代総裁の組み合わせとし
て正しいものをひとつ選びなさい。

① 日本自由党 ― 鳩山一郎　　　② 自由民主党 ― 石橋湛山

③ 自由党 ― 吉田茂　　　　　　④ 民主党 ― 芦田均

世界史

（90分）

1 以下の問題文を読み，それぞれの設問の指示にしたがって解答しなさい。

　あるクラスで，A・B・Cの3つのグループに分かれ，東アジアの特定の時代・テーマを選び発表をすることになった。以下はその発表内容の一部である。

［グループA］
　私たちは日本・朝鮮半島・中国・ベトナムそれぞれの古代・中世の女性権力者についてまとめました。

〔日本〕日本で女王といえば，弥生時代の卑弥呼が有名です。その後，推古天皇から孝謙（称徳）天皇まで，日本史上8人10代の女性天皇のうち6人8代が，7〜8世紀に出現しました。同時期の男性天皇は7人でほぼ同数です。国家形成の途上にあったヤマト政権の指導者には男性であることは必須ではありませんでした。近親結婚が多かった古代の日本では，先王の血筋であり，また皇后として統治経験もある熟達した年長女性が天皇としてふさわしいと考えられたのではないかと言われています。

〔朝鮮半島〕新羅では，真平王の娘であった善徳女王（位632-647），その娘の真徳女王（位647-654）が続けて即位し，[ア]三国統一に功績があった英主として称えられました。善徳女王は韓国ドラマの題材ともなり，日本でもよく知られています。少し後の真聖女王（位887-897）と合わせて，朝鮮半島の歴史上，女王はこの3人しかいません。

〔中国〕中国の歴史においては，　イ　が唯一の女性皇帝です。彼女は唐の皇帝の皇后・皇太后として30年間権力をふるった後に自ら皇帝として即位しました。後の歴史家から女禍（女性の災い）と称される一方で，家柄にとらわれず能力のある科挙官僚を積極的に登用し，善政を行った有能な君主としての評価もあります。彼女はまた，文化の面では，[ウ]アジア東部で流行していた仏教を保護したほか，独自の文字を制定しました。

〔ベトナム〕ベトナム古代史で女性というと，後漢中国の支配に対して反乱を起こし，徴王を名乗った徴（チュン）姉妹が有名です。また，中国から独立して最初の長期王朝となった李朝の最後の皇帝は女性の昭皇（李仏金）です。外戚の陳氏が一族の男性と彼女を結婚させ，夫に禅譲させたことで陳朝が成立しました。李朝の前の前黎朝の成立過程をみても，前王朝丁朝の皇太后楊

氏が夫亡き後，幼子を連れて黎氏の有力男性を新たな伴侶に選んだことが王朝交代につながりました。このように，この時期のベトナムの王朝交代には女性が重要な役割を果たしていたようです。

設問01　下線部［ア］の三国とは新羅・百済ともう一つはどこか。適切な国名を以下のA～Dの中から選択しなさい。

A　渤海

B　弁韓

C　加耶（加羅）

D　高句麗

設問02　[　イ　]に入る語を，以下のA～Dの中から選択しなさい。

A　楊貴妃

B　則天武后

C　韋后

D　西太后

設問03　下線部［ウ］について，唐代の中国及び周辺地域の仏教・文字に関する説明として不適切なものを，以下のA～Dの中から選択しなさい。

A　玄奘がインドに行って仏教を学んだ。

B　インド仏教とチベットの民間信仰が融合したチベット仏教（ラマ教）が生まれた。

C　ベトナムで漢字を応用した字喃（チュノム）と呼ばれる文字が作られた。

D　突厥が騎馬遊牧民ではじめて自分たちの文字を使用した。

設問04　［グループA］の発表内容から導くことができる説明として適切なものを，以下のA～Dの中から選択しなさい。

A　いずれの地域でも王家の血を引かない女性が君主となることはなかった。

B　日本と中国では君主の妻として政治実績のある女性が君主となった。

C　日本とベトナムでは王族の母であることが女性の権力の基盤であった。

D　いずれの地域でも7～9世紀に女性君主が出現した。

［グループB］

　私たちは16世紀～17世紀の東アジアの国際環境の変化についてまとめました。

生徒A：16世紀には，経済成長をした中国で[エ]銀流通が拡大し，それに伴い，海上貿易によって外国から大量の銀が流入するようになりました。当時アジア最大の銀生産国であった日本と中国との間の正規の貿易が途絶したため，[オ]密貿易が急速に広がり，中国沿岸部も含めた海賊活動が激化しました。これが後期倭寇と呼ばれるものです。実際には中国や朝鮮半島の沿海民も含まれていましたが，日本を倭寇の根拠地と考えた明朝は，海禁を緩和する際も日本との通商は許可しないなど強硬な姿勢を見せました。朝鮮王朝も，倭寇を禁圧できない日本との通商に消極的になっていきました。倭寇の存在は，日本に対する周辺諸国の不信を生み，豊臣秀吉の朝鮮出兵はそうした不信を決定的なものにしました。[カ]こうして日本は東アジアにおいて外交的に孤立

してゆくことになります。

　ヨーロッパ勢力の動向も重要です。スペインがマニラを拠点に対アジア貿易を開始したことで，[キ]日本銀に劣らない量の銀がアメリカ大陸から流入するようになりました。それ以前からアジアに進出していたポルトガル人の存在もあり，ヨーロッパとアジアの経済関係は強まりました。また，[ク]宣教師たちがキリスト教とともに西洋の技術や文化を伝えました。ポルトガル人は倭寇と結びつき，東シナ海域にも進出しました。その結果，もたらされたものの一つが火縄銃です。新式火器の登場により[ケ]東・東南アジアでは海上交易から利益を得ていた国家の軍事強国化が進みました。

　17世紀には東アジアの国際環境が大きく変化しました。明朝が滅亡し，代わって中国を支配したのは清朝でした。清朝は朝鮮・琉球とは冊封・朝貢関係を結びましたが，日本とは公式の外交関係を持ちませんでした。また，徳川幕府は治安維持の観点から，カトリック諸国との断交や日本人の渡航禁止，貿易管理強化など，対外統制政策を打ち出すようになりました。こうした統制の下でも当初対アジア貿易は活発に行われていましたが，銀が枯渇してくると貿易量の制限を行い，結果としてアジアの域内貿易は停滞しました。

　文化面では，[コ]東アジアの多くの政権で朱子学が採用され，儒教を中心とする中国文化の体系が各国エリート共通の知的基盤となりました。

教師：ありがとうございました。今の発表について質問はありませんか？
生徒B：ベトナムも文化的には東アジアの一部と言われているけど，今の発表には出てきませんでした。[サ]当時のベトナムはどのような状況だったのでしょうか？
生徒C：[シ]17世紀になると倭寇の話は出てこなくなりますよね。活動が沈静化したのだと思いますが，その理由は何でしょうか？

設問05　下線部［エ］を受けて，明朝下でとられた政策を，以下のA〜Dの中から選択しなさい。
　　　　A　銀と兌換可能な紙幣を発行した。
　　　　B　租税と徭役を銀に換算し，一括で納入させた。
　　　　C　人頭税を土地税に繰り込み銀で納入させた。
　　　　D　銅銭の使用を禁じ，銀を公式貨幣とした。
設問06　下線部［オ］について，日本銀を代価として中国から輸入された主な商品を，以下のA〜Dの中から選択しなさい。
　　　　A　生糸
　　　　B　硫黄
　　　　C　扇
　　　　D　刀剣
設問07　下線部［カ］について，15世紀以降，朝鮮と日本との間の通商の仲立ちをし，後に両者の国交回復を実現した勢力の拠点を，以下のA〜Dの中から選択しなさい。
　　　　A　琉球
　　　　B　対馬

　　　　　C　松前

　　　　　D　台湾

設問08　下線部［キ］の銀は，大半が円形の貨幣であった。この貨幣を鋳造した国を，以下のA〜Dの中から選択しなさい。

　　　　　A　メキシコ

　　　　　B　アメリカ

　　　　　C　スペイン

　　　　　D　ポルトガル

設問09　下線部［ク］について，明朝下の中国を訪れた宣教師を，以下のA〜Dの中から選択しなさい。

　　　　　A　フェルビースト（南懐仁）

　　　　　B　マテオ＝リッチ（利瑪竇）

　　　　　C　カスティリオーネ（郎世寧）

　　　　　D　ブーヴェ（白進）

設問10　下線部［ケ］に該当しない国を，以下のA〜Dの中から選択しなさい。

　　　　　A　タウングー（トゥングー）朝

　　　　　B　アユタヤ朝

　　　　　C　大越国

　　　　　D　マラッカ（ムラカ）王国

設問11　下線部［コ］について述べた説明として不適切なものを，以下のA〜Dの中から選択しなさい。

　　　　　A　朝鮮では，満州（洲）人が立てた清朝よりも自分達が正統な中華文明を保っているとする意識が強まった。

　　　　　B　清朝では，儒教の古典文献による実証を重視する考証学が発展した。

　　　　　C　朝鮮・日本・ベトナムで，朱子学が官学とされた。

　　　　　D　清朝では，満州（洲）人が重用され，郷紳の勢力は没落した。

設問12　下線部［サ］について，17世紀のベトナムに関する説明として適切なものを，以下のA〜Dの中から選択しなさい。

　　　　　A　満州（洲）人の王朝である清への朝貢を拒否した。

　　　　　B　南北に分かれて内戦が起こったことで，フランスの介入を招いた。

　　　　　C　日本から多くの朱印船が訪れ，活発な貿易が行われた。

　　　　　D　バタヴィアがオランダ東インド会社の拠点となった。

設問13　下線部［シ］に対する答えとして明らかに不適切なものを，以下のA〜Dの中から選択しなさい。

　　　　　A　東シナ海の貿易量が減少したから。

　　　　　B　日本で国家による住民把握と身分の固定化が進んだから。

　　　　　C　清朝が一貫して朝貢貿易以外を認めない政策をとったから。

　　　　　D　オランダ東インド会社がアジア間の貿易を積極的に進めたから。

[グループC]

私たちは19世紀末〜20世紀初頭の日本に亡命してきた中国・朝鮮・ベトナムの知識人のプロフィールを調べ，次のような文章にまとめました。そこからわかることを話し合います。

〔梁啓超，1873-1929年〕　※名前の後の年は生没年

中国，清末民初期の政治家・啓蒙思想家。広東省新会県の生まれ。1896年，上海で『時務報』を主宰し「変法通議」を発表し，『西政叢書』を編纂してヨーロッパ学芸の紹介に努めた。翌1897年に長沙の時務学堂で講義し，変法自強運動を積極的に鼓吹した。1898年北京に行き，[ス]戊戌の変法に参加。保守派のクーデターで失脚し，日本に亡命した。日本では『清議報』，続いて『新民叢報』を編集し，立憲保皇の立場をとり，民主革命派からは批判された。しかし，ヨーロッパの社会・政治・経済学説を紹介し，当時の知識階級にかなり大きな影響を与えた。辛亥革命後の1912年10月に帰国し，北京政府で要職をつとめた。五・四運動の時期には儒教打倒のスローガンに反対した。

〔兪吉濬，1856-1914年〕

朝鮮末期の政治家・啓蒙思想家。漢城（現在のソウル）の生まれ。1881年，日本に留学し，慶應義塾で福沢諭吉に学んだ。1883年にはアメリカに留学し，エドワード＝モースの下で学んだ。甲申政変後の1885年に帰国するが，開化派の一員とみなされて逮捕され，幽閉生活を送る。日清戦争の過程で成立した金弘集内閣に入閣して改革の中心人物となるが，高宗がロシア公使館に避難し，ロシアの影響力が強まると日本に亡命した。日本の意図が日韓併合にあると悟った彼は1907年に帰国して愛国啓蒙運動を進め，[セ]訓民正音（ハングル）の普及を進めるなど，韓国近代化と独立の維持を唱えた。日韓併合後に朝鮮貴族の一員として男爵を授与されることになったが，これを恥じ，爵位を返上した。

〔ファン＝ボイ＝チャウ，1867-1940年〕

ベトナムの民族運動指導者。1904年，フランスの植民地支配に対しベトナム皇族のクオンデを盟主とする　ソ　を結成し抵抗運動を開始する。また人材育成のため青年を日本に留学させるドンズー（東遊）運動を組織，自らも渡日するが，[タ]1907年に日仏協約を結んだ日本政府により日本を追われた。その後，革命が起こった中国・広東に渡った。中国を拠点に，ベトナム国内での反仏武装蜂起を準備したが成功せず，1925年に上海でフランス官憲により逮捕，フエで軟禁生活を送った。彼の逮捕・拘束に際し釈放を求める学生運動がベトナムで高揚し，後の共産党幹部など独立運動を支える人材を輩出した。

生徒D：そもそも，この時期に東アジアから多くの人たちが日本に亡命してきているのはなぜでしょうか？

生徒E：　チ　からですかね。

生徒F：でもどうして日本を亡命先に選んだのでしょうか？

生徒G：近いからというのもあるだろうけど，当時の日本は近代化に成功した国でお手本にしたいと周辺国の人たちに思われていたんじゃないですかね。

生徒H：ちなみに梁啓超とファン=ボイ=チャウは日本で出会って盟友になったらしいですよ。彼らは最初筆談でコミュニケーションをとっていたみたいです。日本も含め同じ文化圏で価値観を共有していることも大きかったんじゃないでしょうか。

生徒 I ：でも最終的にはファン=ボイ=チャウは中国に行ってしまいましたよね。どうしてでしょうか？

生徒 J ：　ツ　ことが背景にあるんだと思います。

設問14　下線部［ス］の内容として不適切なものを，以下のA～Dの中から選択しなさい。

  A　共和政の確立

  B　西洋式工場の設置

  C　国会の開設

  D　大学の創設

設問15　兪吉濬の日本留学中に朝鮮と日本との間で起きた事件を，以下のA～Dの中から選択しなさい。

  A　甲午農民戦争

  B　江華島事件

  C　壬午軍乱

  D　洪景来の乱

設問16　下線部［セ］を制定した朝鮮の国王を，以下のA～Dの中から選択しなさい。

  A　太宗

  B　高宗

  C　聖宗

  D　世宗

設問17　　ソ　に入る語を，以下のA～Dの中から選択しなさい。

  A　維新会

  B　東学党

  C　国民党

  D　光復会

設問18　下線部［タ］の時のフランスの政治体制を，以下のA～Dの中から選択しなさい。

  A　第二共和政

  B　第三共和政

  C　第一帝政

  D　第二帝政

設問19　　チ　に入る文として明らかに不適切なものを，以下のA～Dの中から選択しなさい。

  A　交通革命のおかげで，外国に行くことが容易になった

  B　アジア各地で民族紛争が起こっていた

  C　西洋列強の進出でアジア諸国の政治状況が不安定になった

  D　出版メディアが普及し，価値観の対立が激しくなった

設問20　　ツ　　に入る文として明らかに不適切なものを，以下のA〜Dの中から選択しなさい。

    A　日本政府が朝鮮の保護国化政策を進めるなど帝国主義の動きを見せた

    B　日本政府がアジアの民族の独立より西洋列強との関係を重視した

    C　ベトナムと中国との間で交流が盛んであった

    D　中国で共産主義革命が成功しつつあった

2　以下の問題文を読み，それぞれの設問の指示にしたがって解答しなさい。

　[ア]イスラーム諸学をおさめた知識人であるイブン=バットゥータは，[イ]メッカ巡礼を志して故郷を出発した。その後，彼は約30年間旅を続け，帰国後にモロッコのマリーン朝君主の求めに応じて彼が見聞した内容を口述筆記した『旅行記』（『三大陸周遊記』）を残した。

　『旅行記』にそってイブン=バットゥータの旅程の概要を見てみると，彼はまずチュニスを目指し，[ウ]アレクサンドリアから[エ]ダマスクスに入った。その途中で，立ち寄ったある都市について下記のように記録されている。

　　　次に　　オ　　に着いた。二つの聖なる殿堂につぐ聖地で，　　カ　　はある夜の夢にここから天に昇りたもうたのである。市街は大規模で美しく，石造りであるが，かの名君　　キ　　が十字軍士の手からここを攻め取ったとき，城壁の一部を破壊した。その後，マムルーク朝のザーヒル=バイバルス王がさらに徹底的にとりこわした。それは[ク]十字軍がここを回復して拠点とするおそれをなくすためであった。

　その後，[ケ]メッカ巡礼を行ったイブン=バットゥータは[コ]バグダードを目指した。その道中では，下記のように記されている。

　　　むかし，ここでメッカ巡礼に赴く途中，スンナ派の人々により投石で殺された[サ]シーア派の者がいた。今もその墓のほとりには石の堆積があり，その側を通る者は石を投げつけている。

　そしてイブン=バットゥータは，ペルシア湾交易圏の交易路をたどって[シ]イル=ハン国のタブリーズまで足をのばした。それから彼は，紅海にもどり，モンスーンを利用して[ス]ダウ船で東アフリカのキルワなどを訪れ，形成されつつあったスワヒリ文化にも触れた。

　その後，イブン=バットゥータは，[セ]アナトリアへ行く。彼は，ビザンツ帝国（東ローマ帝国）に入国し，[ソ]コンスタンティノープルの宮殿の門では入門を阻まれたが，王妃のとりなしで入門を許可された。

　それからイブン=バットゥータは，[タ]キプチャク=ハン国で君主に謁見した。その国から東はモンゴル人が広大なユーラシア交易圏を確立していた。その交易路にそい，彼は[チ]チャガタイ=ハン国を訪れ，ブハラが攻撃後，復興されていないのを見た。

　そして彼は，インドに入り，約 8 年間[ッ]デリーで法官として奉職し，滞在した。さらに彼は海路でスマトラ島を経由して，中国の泉州，福州，杭州をへて[テ]大都に行った。帰国後，[ト]イベリア半島やサハラ砂漠以南も訪ねたといわれている。彼がたどった道では，イスラーム化が各地で見られたのである。

設問21　下線部［ア］を示す語を，以下のA～Dの中から選択しなさい。

　　　A　アミール

　　　B　ウラマー

　　　C　カリフ

　　　D　マワーリー

設問22　下線部［イ］は，ムスリムに義務付けられている五行の一つであるが，その五行に含まれない項目を，以下のA～Dの中から選択しなさい。

　　　A　告解

　　　B　信仰告白

　　　C　礼拝

　　　D　断食

設問23　下線部［ウ］に関する説明として不適切なものを，以下のA～Dの中から選択しなさい。

　　　A　古代ローマ時代にキリスト教の五本山の一つとなった。

　　　B　ヘレニズム文明の一大中心地となった。

　　　C　セレウコスが建てた王朝があった。

　　　D　自然科学や人文科学を研究するムセイオンが建設された。

設問24　下線部［エ］に関して，イブン＝バットゥータが通った巡礼道は，ヒジャーズ鉄道とほぼ一致する。1900年にこの鉄道の建設を開始した際，スルタンであった人物を，以下のA～Dの中から選択しなさい。

　　　A　アブデュルハミト 2 世

　　　B　アブデュルメジト 1 世

　　　C　ムスタファ＝レシト＝パシャ

　　　D　ミドハト＝パシャ

設問25　　　オ　　に入る語を，以下のA～Dの中から選択しなさい。

　　　A　イェルサレム

　　　B　カイロ

　　　C　ベツレヘム

　　　D　アレッポ

設問26　　　カ　　に入る預言者を，以下のA～Dの中から選択しなさい。

　　　A　アッラー

　　　B　ムハンマド

　　　C　モーセ

　　　D　ノア

設問27　　　キ　　に入る語を，以下のA～Dの中から選択しなさい。

A　アブド＝アッラフマーン３世

B　アブー＝バクル

C　サラディン（サラーフ＝アッディーン）

D　ハールーン＝アッラシード

設問28　下線部［ク］に関する説明として不適切なものを，以下のA〜Dの中から選択しなさい。

A　教皇による東西教会統一の企てが背景にあった。

B　キリスト教徒にとって聖地回復の戦いであった。

C　社会の安定に伴う民衆の巡礼熱も影響を及ぼした。

D　セルジューク朝の侵攻により神聖ローマ皇帝が救援を要請した。

設問29　下線部［ケ］に関する説明として不適切なものを，以下のA〜Dの中から選択しなさい。

A　世界遺産であるイマームのモスクがある。

B　セリム１世がオスマン帝国の保護下においた。

C　フセイン（フサイン）がヒジャーズ王国を建国し，その首都をおいた。

D　マリ王国のマンサ・ムーサ王が1324年に巡礼した。

設問30　下線部［コ］を支配していたアッバース朝に関する説明として不適切なものを，以下の
A〜Dの中から選択しなさい。

A　軍事・経済上の重要な地方に通じる４つの門をもつ円形都市を建設した。

B　イスラーム法の整備がすすんだ。

C　民族を問わず，ムスリムにジズヤが課された。

D　アッバース朝の樹立に協力したシーア派を弾圧した。

設問31　下線部［サ］に関する説明として不適切なものを，以下のA〜Dの中から選択しなさい。

A　アイユーブ朝以降は，アズハル学院がこの派の最高学府となった。

B　この派は，アリーとその子孫をイスラーム共同体の指導者として認める。

C　サファヴィー朝が，この派を国教とした。

D　この派の法学者であるホメイニを最高指導者とするイラン＝イスラーム共和国が
成立した。

設問32　下線部［シ］の国教がイスラーム教になったとき君主であった人物を，以下のA〜Dの
中から選択しなさい。

A　ガザン＝ハン

B　アルタン＝ハン

C　フラグ

D　モンケ

設問33　下線部［ス］に関する説明として適切なものを，以下のA〜Dの中から選択しなさい。

A　船底をしきる隔壁を特徴とする大型船である。

B　折り畳み式の帆を持つ木造船である。

C　三角型の帆を持つ木造船である。

D　両舷にそなえられた多数の櫂（かい）を特徴とする大型船である。

設問34　下線部［セ］の西北部で1300年頃に発展し拡大していった国に関する説明として不適切
なものを，以下のA〜Dの中から選択しなさい。

　　　A　1529年にウィーンを包囲してヨーロッパ諸国に脅威を与えた。

　　　B　帝国内のキリスト教やユダヤ教などの宗教共同体に自治を認めた。

　　　C　16世紀にスペインの商人に領内での安全保障や治外法権などの特権を与えた。

　　　D　アンカラ（アンゴラ）の戦いに敗北し，一時打撃を受けたが，後に再建された。

設問35　下線部［ソ］に関する説明として不適切なものを，以下のA〜Dの中から選択しなさい。

　　　A　アジアとヨーロッパを結ぶ貿易都市として栄えた。

　　　B　旧名ビザンティウム，現在はイスタンブルと呼ばれている。

　　　C　第3回十字軍が占拠した。

　　　D　代表的な建築はハギア（セント）＝ソフィア聖堂である。

設問36　下線部［タ］に関する説明として不適切なものを，以下のA〜Dの中から選択しなさい。

　　　A　14世紀前半に全盛期を迎え，イスラーム文化が盛んになった。

　　　B　モンゴルの歴史を中心とした『集史』がつくられた。

　　　C　バトゥがサライを都にして国をたてた。

　　　D　モスクワ大公国の自立後，分裂・解体した。

設問37　下線部［チ］に関する説明として不適切なものを，以下のA〜Dの中から選択しなさい。

　　　A　アルマリクを中心に交易で栄えた。

　　　B　ティムールが勢力をのばし，サマルカンドを滅ぼした。

　　　C　チンギス＝ハンの次男とその子孫を君主とした。

　　　D　14世紀半ばに東西に分裂した。

設問38　下線部［ツ］を都として，インドでは13世紀から16世紀まで5つのイスラーム系の王朝が成立した。その王朝に含まれないものを，以下のA〜Dの中から選択しなさい。

　　　A　ガズナ朝

　　　B　ハルジー朝

　　　C　トゥグルク朝

　　　D　ロディー朝

設問39　下線部［テ］に，ローマ教皇によってカトリック布教のために派遣されたフランチェスコ会修道士を，以下のA〜Dの中から選択しなさい。

　　　A　プラノ＝カルピニ

　　　B　マルコ＝ポーロ

　　　C　モンテ＝コルヴィノ

　　　D　ルブルック

設問40　下線部［ト］に関連した説明として不適切なものを，以下のA〜Dの中から選択しなさい。

　　　A　古代ローマ文化の代表的建築物アルハンブラ宮殿がある。

　　　B　セルバンテスが社会の矛盾を風刺して『ドン＝キホーテ』を書いた。

　　　C　「女官たち」の絵画で知られるベラスケスが宮廷画家として活躍した。

　　　D　ヘミングウェーが国際義勇軍の従軍経験をもとに『誰がために鐘は鳴る』を著した。

3　以下の問題文を読み，それぞれの設問の指示にしたがって解答しなさい。

[問題文A]

　北アメリカ大陸の大西洋岸にあったイギリスの13の植民地の人々は，[ア]当時のイギリス本国による弾圧政策に反発し，1774年に大陸会議を開催して自治を要求した。その後，イギリス本国との和解の試みは成功せず，翌年には武力衝突が発生し，独立戦争が勃発した。1776年7月4日に13の植民地の代表者は，[イ]独立宣言を発表した。この戦争に際しては，イギリスと対立関係にあったフランスや同国の側に立ったスペインの参戦，また，ロシアが主導した武装中立同盟が独立軍の優勢に寄与し，1783年の　ウ　条約によってアメリカ合衆国の独立が承認された。

設問41　下線部［ア］の具体例を，以下のA～Dの中から選択しなさい。

　　　A　工場法
　　　B　カトリック教徒の弾圧
　　　C　ボストン港閉鎖
　　　D　ローラット法

設問42　下線部［イ］に関する説明として不適切なものを，以下のA～Dの中から選択しなさい。

　　　A　フィラデルフィアで発表された。
　　　B　トマス＝ジェファソンらが起草した。
　　　C　自由および平等を人の生まれながらの権利としていた。
　　　D　ジョン＝ステュアート＝ミルの思想の影響を受けていた。

設問43　　ウ　に入る語を，以下のA～Dの中から選択しなさい。

　　　A　ウィーン
　　　B　ワシントン
　　　C　マドリード
　　　D　パリ

設問44　[問題文A]の戦争に引き続いて制定されたアメリカ合衆国憲法に関する説明として適切なものを，以下のA～Dの中から選択しなさい。

　　　A　この憲法を支持する反連邦派とこれに批判的な連邦派の対立が発生し，後に政党の対立へと発展した。
　　　B　この憲法の制定と同時に，黒人奴隷制は廃止された。
　　　C　中央政府の権限を強化することが独立を維持するために必要であったので，各州の自治権は保障されなかった。
　　　D　この憲法は，人民主権を基礎として共和政を採用した。

［問題文Ｂ］

　　[エ]フランス革命期の戦争において台頭したナポレオンは，対外的な拡大へと乗り出した。これに対抗して，1805年にイギリス，ロシア，オーストリアなどは，第3回対仏大同盟を結成し，また，同年10月には，ネルソン提督率いるイギリス海軍が　　オ　　の海戦でフランス海軍を破った。しかし，その後，ナポレオンは，[カ]いくつかの戦いで勝利を重ね，ヨーロッパ大陸をほぼその支配下においた。封建的圧政からの解放を理念として掲げたナポレオンの征服によって被征服地では改革が促進されたが，同時に，その支配に対して民族意識が高揚することになった。さらに，1812年に，ナポレオンは，ロシアに遠征したが失敗に終わり，翌年には，諸国が解放戦争としてライプツィヒの戦いでナポレオンを破った。1815年には，ナポレオンは，皇帝に復位し再起を図るも，ワーテルローの戦いで大敗を喫した。その後，[キ]ウィーン会議で新たな国際秩序が形成されていくことになる。

　設問45　下線部［エ］に関する説明として不適切なものを，以下のＡ～Ｄの中から選択しなさい。
　　　　　Ａ　人権宣言は，所有権が不可侵の権利であることを否定していた。
　　　　　Ｂ　バスティーユ牢獄襲撃が革命の発端となった。
　　　　　Ｃ　国民議会は，1791年に立憲君主政を定めた憲法を制定した。
　　　　　Ｄ　ルイ16世は，革命の過程で処刑された。
　設問46　　　オ　　　に入る語を，以下のＡ～Ｄの中から選択しなさい。
　　　　　Ａ　サラミス
　　　　　Ｂ　セントヘレナ
　　　　　Ｃ　マゼラン
　　　　　Ｄ　トラファルガー
　設問47　下線部［カ］の具体例を，以下のＡ～Ｄの中から選択しなさい。
　　　　　Ａ　ファルツの戦い
　　　　　Ｂ　ヴァルミーの戦い
　　　　　Ｃ　アウステルリッツの戦い（三帝会戦）
　　　　　Ｄ　レキシントンの戦い
　設問48　下線部［キ］に関する説明として不適切なものを，以下のＡ～Ｄの中から選択しなさい。
　　　　　Ａ　この会議では，列強間の合意に基づいて国際秩序の再建が図られた。
　　　　　Ｂ　この会議は，「会議は踊る，されど進まず」ということばで風刺された。
　　　　　Ｃ　この会議で調印された議定書では，スイスの永世中立が承認された。
　　　　　Ｄ　この会議の結果，自由主義とナショナリズムを基本とする体制が確立した。

［問題文C］

　シュレスヴィヒ・ホルシュタイン両州の管理をめぐってプロイセンとオーストリアの間で紛争が起き，1866年に両国の間でプロイセン＝オーストリア戦争が勃発した。プロイセンが勝利し，翌年には，プロイセンを盟主とする［　ク　］連邦が結成された。フランスのナポレオン3世は，プロイセンが強大化することをおそれ，［　ケ　］問題でプロイセンの影響力を阻止した。しかし，[コ]ビスマルクの挑発に乗って，1870年7月に宣戦布告した。このプロイセン＝フランス戦争は，プロイセンの勝利に終わった。戦争中の1871年1月には，[サ]ドイツ帝国の成立が宣言された。

設問49　［　ク　］に入る語を，以下のA～Dの中から選択しなさい。
　　A　プロイセン
　　B　北ドイツ
　　C　ゲルマン
　　D　ザクセン
設問50　［　ケ　］に入る語を，以下のA～Dの中から選択しなさい。
　　A　スペイン王位継承
　　B　アイルランド
　　C　ギリシア独立
　　D　ベルギー独立
設問51　下線部［コ］がプロイセン首相およびドイツ帝国宰相に在任中に実施した政策に関する説明として不適切なものを，以下のA～Dの中から選択しなさい。
　　A　軍備拡張を実施した。
　　B　文化闘争によってプロテスタントを弾圧した。
　　C　保護関税政策を実施した。
　　D　社会保険制度を整備した。
設問52　下線部［サ］に関する説明として不適切なものを，以下のA～Dの中から選択しなさい。
　　A　帝国議会の議員は，25歳以上の男性普通選挙によって選出された。
　　B　帝国を構成する各君主国と都市国家の代表からなる連邦参議院が設置された。
　　C　プロイセン国王がドイツ皇帝を兼ねた。
　　D　帝国宰相は，帝国議会のみに対して責任を負っていた。

［問題文D］

　1914年6月にオーストリア帝位継承者の夫妻がボスニアの州都であった　シ　においてセルビア人民族主義者に暗殺された。オーストリアは，スラヴ系民族運動をおさえる好機とみて，ドイツの支持を得て同年7月末にセルビアに宣戦すると，ロシアはセルビア支持を表明した。同年8月初め以降，他の列強諸国も参戦し，同盟国側と[ス]協商国側（連合国側）に分かれた大戦となった。この戦争は，新兵器によって多くの犠牲者を出し，国民全体を動員する総力戦となった。同盟国側が敗北したこの戦争の後，[セ]ヴェルサイユ体制が形成されていくことになった。

設問53　　シ　に入る語を，以下のA～Dの中から選択しなさい。
　　　A　ブカレスト
　　　B　サライェヴォ
　　　C　プラハ
　　　D　ベオグラード

設問54　下線部［ス］に属する国を，以下のA～Dの中から選択しなさい。
　　　A　ブルガリア
　　　B　オーストリア
　　　C　フランス
　　　D　オスマン帝国

設問55　下線部［セ］に関する説明として不適切なものを，以下のA～Dの中から選択しなさい。
　　　A　講和の基礎となる民族自決の原則は，アジアやアフリカにも等しく適用された。
　　　B　ドイツは，軍備を制限され，徴兵制も禁止された。
　　　C　ドイツは，アルザス・ロレーヌをフランスに返還することになった。
　　　D　アメリカは国際連盟に参加しなかった。

設問56　［問題文D］の戦中・戦後において生じた事象として不適切なものを，以下のA～Dの中から選択しなさい。
　　　A　参戦各国政府は，戦争遂行のため，強力な権限の下で，国民に負担や義務を課した。
　　　B　イギリスやフランスでは，戦争遂行のため，反対政党も政権に加えた挙国一致体制が成立することがあった。
　　　C　ドイツでは，即時講和を求める水兵がキール軍港で反乱を起こし，革命運動が全国に拡大した。
　　　D　ドイツでは，戦後，ヴァイマル憲法が制定され，君主制が復活した。

［問題文E］

　　[ソ]国民社会主義のイデオロギーを掲げて独裁的権力を掌握したナチスの下で，ドイツは，
1939年9月に　　タ　　侵攻を開始した。これに対して，イギリスとフランスは，ドイツに宣戦
布告した。1940年6月には，枢軸国側のイタリアが，イギリスとフランスに宣戦布告した。また，
日本は，1941年12月に真珠湾にあるアメリカ海軍基地を攻撃し，アメリカ，イギリスなどに宣戦
布告して太平洋戦争に突入していく。ドイツとイタリアも，アメリカに宣戦布告し，枢軸国と連
合国の間の世界大戦へと発展した。開戦の当初，ドイツ軍は，[チ]ヨーロッパ全土を軍事的に席
巻したが，1942年後半より，連合国側の総反撃が開始され，また，1943年初めにソ連軍が
　　　ツ　　でドイツ軍を投降させた。日本は，太平洋地域で攻勢に出たが，1942年6月にミッド
ウェー海戦で，また，1943年2月にガダルカナル島の戦いで敗れて戦争の主導権を失い，その後，
敗色が濃厚になっていった。枢軸国側は，1943年9月にイタリア，1945年5月にドイツ，8月に
日本が降伏し，連合国側の主導の下，戦後の国際秩序が形成されていくことになる。

　設問57　下線部［ソ］に関してその政権下で実施された政策として不適切なものを，以下のA
　　　　　～Dの中から選択しなさい。
　　　　A　全権委任法の制定
　　　　B　国際連盟からの脱退
　　　　C　高速道路（アウトバーン）の建設
　　　　D　カトリック教会との間の政教条約の廃止
　設問58　　　タ　　に入る語を，以下のA～Dの中から選択しなさい。
　　　　A　スウェーデン
　　　　B　ユーゴスラヴィア
　　　　C　ポーランド
　　　　D　スイス
　設問59　下線部［チ］に関する説明として不適切なものを，以下のA～Dの中から選択しなさ
　　　　　い。
　　　　A　デンマークとノルウェーに侵攻した。
　　　　B　オランダとベルギーに侵攻した。
　　　　C　フランス南部において，ドイツに協力するド＝ゴールが率いる政府が統治した。
　　　　D　バルカン半島に侵攻し，ユーゴスラヴィアとギリシアを占領した。
　設問60　　　ツ　　に入る語を，以下のA～Dの中から選択しなさい。
　　　　A　モスクワ
　　　　B　ワルシャワ
　　　　C　ヤルタ
　　　　D　スターリングラード

2024年度　一般　数学

数　学

◀理工学専攻▶

（120 分）

1　次の問に答えよ。

(1) 2 つのベクトル $\vec{a}$, $\vec{b}$ が，

$$|\vec{a}| = \sqrt{3}, \quad |\vec{b}| = 1, \quad |\vec{a} - 2\vec{b}| = \sqrt{13}$$

を満たすとき，$\vec{a}$, $\vec{b}$ のなす角 θ は次のどれか。

ⓐ 30°　　ⓑ 45°　　ⓒ 60°　　ⓓ 90°　　ⓔ 120°　　ⓕ 135°

ⓖ 150°　　ⓗ 以上のどれでもない。

(2) 関数 $f(x) = \dfrac{x}{\log x} + \dfrac{\log x}{x}$ の $x = \dfrac{1}{e}$ における微分係数 $f'\left(\dfrac{1}{e}\right)$ の値は次のどれか。

ⓐ 0　　ⓑ -2　　ⓒ 2　　ⓓ $-2e^2$　　ⓔ $2e^2$

ⓕ $2(e^2 - 1)$　　ⓖ $2(e^2 + 1)$　　ⓗ 以上のどれでもない。

(3) 定積分 $\displaystyle\int_4^5 \dfrac{dx}{x^2 - 4x + 3}$ の値は次のどれか。

ⓐ $\dfrac{1}{3}\log\dfrac{3}{2}$　　ⓑ $\dfrac{1}{3}\log\dfrac{4}{3}$　　ⓒ $\dfrac{1}{3}\log\dfrac{5}{4}$　　ⓓ $\dfrac{1}{2}\log\dfrac{3}{2}$

ⓔ $\dfrac{1}{2}\log\dfrac{4}{3}$　　ⓕ $\dfrac{1}{2}\log\dfrac{5}{4}$　　ⓖ 1　　ⓗ 以上のどれでもない。

(4) 複素数

$$\left(\frac{\cos\frac{3}{20}\pi + i\sin\frac{3}{20}\pi}{\cos\frac{\pi}{15} + i\sin\frac{\pi}{15}} \right)^2$$

の値は次のどれか。

   ⓐ $\frac{1}{2} + \frac{\sqrt{3}}{2}i$　　ⓑ $\frac{1}{2} - \frac{\sqrt{3}}{2}i$　　ⓒ $\frac{\sqrt{3}}{2} + \frac{1}{2}i$　　ⓓ $\frac{\sqrt{3}}{2} - \frac{1}{2}i$

   ⓔ $\frac{\sqrt{2}}{2} + \frac{\sqrt{2}}{2}i$　　ⓕ $\frac{\sqrt{2}}{2} - \frac{\sqrt{2}}{2}i$　　ⓖ 1　　ⓗ 以上のどれでもない。

(5) 極限 $\displaystyle\lim_{x \to 0} \frac{(1+x)\sqrt{1+4x} - (1+3x)}{x^3}$ は次のどれか。

   ⓐ 0　　ⓑ 1　　ⓒ -1　　ⓓ 2　　ⓔ -2　　ⓕ 4　　ⓖ -4

   ⓗ 以上のどれでもない。

(6) 2つの放物線 $y = x^2$ と $y = x^2 - 2x$ の両方に接する直線の方程式は次のどれか。

   ⓐ $y = x - 2$　　ⓑ $y = -2x - 8$　　ⓒ $y = -\frac{1}{2}x - \frac{1}{2}$　　ⓓ $y = -x - \frac{1}{4}$

   ⓔ $y = 0$　　ⓕ $y = -4x - 1$　　ⓖ $y = 2x - 4$　　ⓗ 以上のどれでもない。

(7) 関数 $y = \log_{0.5} x + \log_{0.5}(4 - x)$ の最小値を a とするとき，8^a の値は次のどれか。

   ⓐ $\frac{1}{64}$　　ⓑ $\frac{1}{32}$　　ⓒ $\frac{1}{16}$　　ⓓ 4　　ⓔ 16　　ⓕ 32　　ⓖ 64

   ⓗ 以上のどれでもない。

(8) $0 < \theta < \frac{\pi}{2}$ とする。

$$\tan\theta - \frac{1}{\tan\theta} = \frac{48}{7}$$

のとき，$\tan 2\theta$ の値は次のどれか。

   ⓐ $\frac{1}{4}$　　ⓑ $\frac{7}{24}$　　ⓒ 1　　ⓓ $-\frac{1}{4}$　　ⓔ $-\frac{7}{24}$　　ⓕ -1

   ⓖ $\frac{1}{\sqrt{3}}$　　ⓗ 以上のどれでもない。

2 1辺の長さが 3 の正四面体 OABC において，線分 AB を 2 : 1 に内分する点を P とする。$\overrightarrow{\mathrm{OA}} = \vec{a}$，$\overrightarrow{\mathrm{OB}} = \vec{b}$ とするとき，次の問に答えよ。

(1) $\overrightarrow{\mathrm{OP}}$ を表す式は次のどれか。

  ⓐ $\dfrac{2\vec{a} + \vec{b}}{3}$　　ⓑ $\dfrac{\vec{a} + 2\vec{b}}{3}$　　ⓒ $\dfrac{3\vec{a} + \vec{b}}{3}$　　ⓓ $\dfrac{\vec{a} + 3\vec{b}}{3}$

  ⓔ $\dfrac{\vec{a} + \vec{b}}{2}$　　ⓕ $\dfrac{\vec{a} + \vec{b}}{3}$　　ⓖ $\vec{a} + \vec{b}$　　ⓗ 以上のどれでもない。

(2) $|\overrightarrow{\mathrm{OP}}|$ の値は次のどれか。

  ⓐ 1　　ⓑ $\sqrt{2}$　　ⓒ $\sqrt{3}$　　ⓓ 2　　ⓔ $\sqrt{5}$　　ⓕ $\sqrt{6}$　　ⓖ $\sqrt{7}$
  ⓗ 以上のどれでもない。

(3) 線分 CP を $t : (1 - t)$ に内分する点を Q とする。CP ⊥ OQ となる t の値は次のどれか。ただし，$0 < t < 1$ とする。

  ⓐ $\dfrac{1}{3}$　　ⓑ $\dfrac{2}{5}$　　ⓒ $\dfrac{7}{9}$　　ⓓ $\dfrac{5}{12}$　　ⓔ $\dfrac{8}{13}$　　ⓕ $\dfrac{9}{14}$

  ⓖ $\dfrac{2}{63}$　　ⓗ 以上のどれでもない。

3 関数 $f(x) = \dfrac{x}{x^2 + 1}$ について，次の問に答えよ。

(1) $f(x)$ が極大となる x の値は次のどれか。

  ⓐ -3　　ⓑ -2　　ⓒ -1　　ⓓ 0　　ⓔ 1　　ⓕ 2　　ⓖ 3
  ⓗ 以上のどれでもない。

(2) 曲線 $y = f(x)$ の変曲点の個数は次のどれか。

  ⓐ 0 個　　ⓑ 1 個　　ⓒ 2 個　　ⓓ 3 個　　ⓔ 4 個　　ⓕ 5 個

  ⓖ 6 個　　ⓗ 以上のどれでもない。

(3) 定積分 $\displaystyle\int_0^{2\sqrt{2}} f(x)\,dx$ の値は次のどれか。

  ⓐ $\dfrac{1}{2}$　　ⓑ $\dfrac{1}{\log 3}$　　ⓒ 1　　ⓓ $\dfrac{1}{\log 2}$　　ⓔ $\log 2$　　ⓕ $\log 3$

  ⓖ 2　　ⓗ 以上のどれでもない。

4 $a_1 = 5$ で，初項から第 n 項までの和 S_n が

$$a_{n+1} = \frac{2n+7}{2n+3} S_n \quad (n = 1, 2, 3, \cdots\cdots)$$

を満たす数列 $\{a_n\}$ について，次の問に答えよ。

(1) $\dfrac{S_{n+1}}{S_n}$ を表す式は次のどれか。

   ⓐ $\dfrac{2n+12}{2n+3}$　　　ⓑ $\dfrac{3n+11}{2n+3}$　　　ⓒ $\dfrac{4n+10}{2n+3}$　　　ⓓ $\dfrac{5n+9}{2n+3}$

   ⓔ $\dfrac{6n+8}{2n+3}$　　　ⓕ $\dfrac{7n+7}{2n+3}$　　　ⓖ $\dfrac{8n+6}{2n+3}$　　　ⓗ 以上のどれでもない。

(2) 和 $\displaystyle\sum_{n=1}^{10} \dfrac{S_n}{2n+3}$ は次のどれか。

   ⓐ 1021　　　ⓑ 1023　　　ⓒ 1025　　　ⓓ 1027　　　ⓔ 1029　　　ⓕ 1031

   ⓖ 1033　　　ⓗ 以上のどれでもない。

(3) $\left(\dfrac{10}{21}\right)^n S_n$ が最大となる n の値は次のどれか。

   ⓐ 15　　ⓑ 16　　ⓒ 17　　ⓓ 18　　ⓔ 19　　ⓕ 20　　ⓖ 21

   ⓗ 以上のどれでもない。

◀人文・社会科学専攻▶

（90分）

2
0
2
4
年
度

一
般

数
学

$\boxed{1}$ 次の問に答えよ。

(1) 3点 O(0, 0, 0), A(1, −2, 2), B(1, 1, −1) を頂点とする三角形の面積は次のどれか。

    ⓐ $\dfrac{\sqrt{2}}{2}$ ⓑ $\sqrt{2}$ ⓒ $\dfrac{3\sqrt{2}}{2}$ ⓓ $2\sqrt{2}$ ⓔ $\dfrac{5\sqrt{2}}{2}$ ⓕ $3\sqrt{2}$

    ⓖ $\dfrac{7\sqrt{2}}{2}$ ⓗ 以上のどれでもない。

(2) 2つの円 $(x-1)^2 + (y+2)^2 = 5$, $x^2 + y^2 = r^2$ が接するとき，定数 r の値は次のどれか。ただし，$r > 0$ とする。

    ⓐ $\dfrac{\sqrt{5}}{2}$ ⓑ $\sqrt{5}$ ⓒ $\dfrac{3\sqrt{5}}{2}$ ⓓ $2\sqrt{5}$ ⓔ $\dfrac{5\sqrt{5}}{2}$ ⓕ $3\sqrt{5}$

    ⓖ $4\sqrt{5}$ ⓗ 以上のどれでもない。

(3) $0° \leqq \theta < 90°$ とする。$\sin\theta - \cos\theta = \dfrac{1}{\sqrt{3}}$ のとき，$\tan\theta$ の値は次のどれか。

    ⓐ $\dfrac{1+\sqrt{3}}{2}$ ⓑ $\dfrac{1+\sqrt{5}}{2}$ ⓒ $\dfrac{3+\sqrt{3}}{2}$ ⓓ $\dfrac{3+\sqrt{5}}{2}$

    ⓔ $\dfrac{1+\sqrt{3}}{3}$ ⓕ $\dfrac{2+\sqrt{3}}{3}$ ⓖ $\dfrac{3+\sqrt{3}}{3}$ ⓗ 以上のどれでもない。

(4) 関数 $y = x(x+3)(x-1)$ の導関数は次のどれか。

    ⓐ $3x^2 - 4x - 3$ ⓑ $3x^2 - 4x + 3$ ⓒ $3x^2 + 4x - 3$

    ⓓ $3x^2 + 4x + 3$ ⓔ $3x^2 - 4x$ ⓕ $3x^2 + 4x$

    ⓖ $3x^3 + 4x^2 - 3$ ⓗ 以上のどれでもない。

(5) 放物線 $y = x^2 - 1$ と直線 $y = -x + 1$ で囲まれた図形の面積は次のどれか。

    ⓐ $\dfrac{7}{2}$ ⓑ $\dfrac{9}{2}$ ⓒ $\dfrac{11}{2}$ ⓓ $\dfrac{5}{3}$ ⓔ $\dfrac{7}{3}$ ⓕ 4

    ⓖ 5 ⓗ 以上のどれでもない。

(6) $x^{\frac{1}{3}} + x^{-\frac{1}{3}} = 3$ のとき，$x + x^{-1}$ の値は次のどれか。

ⓐ 12　　ⓑ 13　　ⓒ 14　　ⓓ 15　　ⓔ 16　　ⓕ 17　　ⓖ 18

ⓗ 以上のどれでもない。

(7) 方程式 $\log_5(x-1) + \log_5(x-3) = 1$ の解は次のどれか。

ⓐ $2+\sqrt{2}$　　ⓑ $2+\sqrt{3}$　　ⓒ 4　　ⓓ $2+\sqrt{5}$　　ⓔ $2+\sqrt{6}$

ⓕ $2+\sqrt{7}$　　ⓖ $2+2\sqrt{2}$　　ⓗ 以上のどれでもない。

(8) a, b は定数とする。放物線 $y = 2x^2 + 2ax - a + 3b$ の頂点が点 $(1,\,6)$ であるとき，b の値は次のどれか。

ⓐ -2　　ⓑ -1　　ⓒ 1　　ⓓ 2　　ⓔ 3　　ⓕ $-\dfrac{10}{3}$　　ⓖ $\dfrac{10}{3}$

ⓗ 以上のどれでもない。

2　△OAB において，辺 OA を $1:2$ に内分する点を C，辺 OB の中点を D とし，線分 AD と線分 BC の交点を P とする。$\overrightarrow{OA} = \vec{a}$, $\overrightarrow{OB} = \vec{b}$ とするとき，次の問に答えよ。

(1) $\overrightarrow{AD}$ を表す式は次のどれか。

ⓐ $\dfrac{\vec{a}+\vec{b}}{2}$　　ⓑ $\dfrac{2\vec{a}+\vec{b}}{2}$　　ⓒ $\dfrac{\vec{a}+2\vec{b}}{2}$　　ⓓ $\dfrac{\vec{a}-2\vec{b}}{2}$

ⓔ $\dfrac{-2\vec{a}+\vec{b}}{2}$　　ⓕ $\dfrac{\vec{a}-\vec{b}}{2}$　　ⓖ $\dfrac{-\vec{a}+\vec{b}}{2}$　　ⓗ 以上のどれでもない。

(2) 線分 AD を $t:(1-t)$ に内分する点を Q とするとき，$\overrightarrow{OQ}$ を表す式は次のどれか。ただし，$0 < t < 1$ とする。

ⓐ $(1-t)\vec{a}+t\vec{b}$　　ⓑ $t\vec{a}+(1-t)\vec{b}$　　ⓒ $(1-t)\vec{a}+\dfrac{t}{2}\vec{b}$

ⓓ $t\vec{a}+\dfrac{1-t}{2}\vec{b}$　　ⓔ $\dfrac{1-t}{2}\vec{a}+t\vec{b}$　　ⓕ $\dfrac{t}{2}\vec{a}+(1-t)\vec{b}$

ⓖ $t\vec{a}+\dfrac{t}{2}\vec{b}$　　ⓗ 以上のどれでもない。

(3) $\overrightarrow{OP}$ を表す式は次のどれか。

ⓐ $\dfrac{\vec{a}+\vec{b}}{2}$　　ⓑ $\dfrac{2\vec{a}+\vec{b}}{4}$　　ⓒ $\dfrac{\vec{a}+2\vec{b}}{4}$　　ⓓ $\dfrac{\vec{a}+\vec{b}}{4}$

ⓔ $\dfrac{\vec{a}+2\vec{b}}{5}$　　ⓕ $\dfrac{2\vec{a}+\vec{b}}{5}$　　ⓖ $\dfrac{\vec{a}+\vec{b}}{5}$　　ⓗ 以上のどれでもない。

物　理

（90分）

1

　　図1のように，質量 m〔kg〕の人工衛星 A が半径 R〔m〕の円軌道を描いて地球の周りを一定の速さ v_0〔m/s〕で運動している。地球を質量 M〔kg〕，半径 r〔m〕の一様な球とし，万有引力定数を G〔N·m²/kg²〕として以下の問いに答えよ。ただし，地球の自転や公転，他の天体の及ぼす影響は無視できるものとする。また，人工衛星 A は地球に比べて大きさも質量も十分小さく，空気抵抗はないものとする。

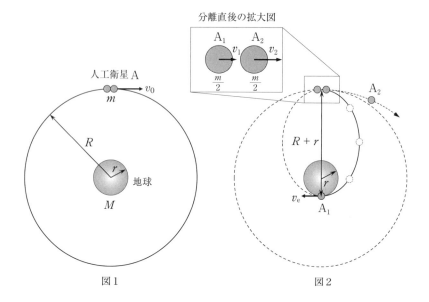

図1　　　　　　　　　　　　　　　　　　図2

(1) 人工衛星 A の速さ v_0 を表す式として最も適切なものを次の①〜⑧のうちから一つ選び，解答欄にマークせよ。

① $\sqrt{\dfrac{Gm}{R+r}}$ 　② $\sqrt{\dfrac{GM}{R+r}}$ 　③ $\sqrt{\dfrac{Gm}{R}}$ 　④ $\sqrt{\dfrac{GM}{R}}$

⑤ $\sqrt{\dfrac{Gm}{2R}}$ 　⑥ $\sqrt{\dfrac{GM}{2R}}$ 　⑦ $\sqrt{\dfrac{2Gm}{R}}$ 　⑧ $\sqrt{\dfrac{2GM}{R}}$

(2) 人工衛星 A が地球を周回する周期 T_0〔s〕を表す式として最も適切なものを次の①〜⑧のうちから一つ選び，解答欄にマークせよ。

① $2\pi\sqrt{\dfrac{(R+r)^3}{Gm}}$ 　② $2\pi\sqrt{\dfrac{(R+r)^3}{GM}}$ 　③ $2\pi\sqrt{\dfrac{R^3}{Gm}}$ 　④ $2\pi\sqrt{\dfrac{R^3}{GM}}$

⑤ $2\pi\sqrt{\dfrac{2R^3}{Gm}}$ 　⑥ $2\pi\sqrt{\dfrac{2R^3}{GM}}$ 　⑦ $2\pi\sqrt{\dfrac{R^3}{2Gm}}$ 　⑧ $2\pi\sqrt{\dfrac{R^3}{2GM}}$

　周回中の人工衛星 A の後方部分 A_1（質量 $\dfrac{m}{2}$）が，ある瞬間に前方部分 A_2（質量 $\dfrac{m}{2}$）を進行方向に打ち出して減速する。A_1 はその後，図2の実線のように楕円軌道をちょうど半周し，地球に速さ v_e〔m/s〕で帰還する。分離直後の A_1，A_2 は分離前と同じ向きに運動し，速さはそれぞれ v_1〔m/s〕，v_2〔m/s〕になるとする。なお，A_1 と A_2 との間に作用する万有引力は無視できるものとする。

(3) v_1 と v_e との間には面積速度一定の法則に基づく関係が成り立つ。v_1/v_e を表す式として最も適切なものを次の①〜⑧のうちから一つ選び，解答欄にマークせよ。

① $\dfrac{r}{R+r}$ 　② $\dfrac{R}{R+r}$ 　③ $\dfrac{r}{2R}$ 　④ $\dfrac{R}{2r}$

⑤ $\dfrac{r}{R}$ 　⑥ $\dfrac{R}{r}$ 　⑦ $\dfrac{2r}{R}$ 　⑧ $\dfrac{2R}{r}$

(4) v_1 を表す式として最も適切なものを次の①～⑨のうちから一つ選び，解答欄にマークせよ。

① $\sqrt{\dfrac{2r}{R+r}}\,v_0$ ② $\sqrt{\dfrac{2R}{R+r}}\,v_0$ ③ $\sqrt{\dfrac{2r^2}{R(R+r)}}\,v_0$

④ $\sqrt{\dfrac{2R^2}{r(R+r)}}\,v_0$ ⑤ $\left(1-\sqrt{\dfrac{2r}{R+r}}\right)v_0$ ⑥ $\left(1+\sqrt{\dfrac{2R}{R+r}}\right)v_0$

⑦ $\left\{1-\sqrt{\dfrac{2r^2}{R(R+r)}}\right\}v_0$ ⑧ $\left\{1+\sqrt{\dfrac{2r^2}{R(R+r)}}\right\}v_0$ ⑨ $\left\{1+\sqrt{\dfrac{2R^2}{r(R+r)}}\right\}v_0$

(5) v_2 を表す式として最も適切なものを次の①～⑨のうちから一つ選び，解答欄にマークせよ。

① $\left(2-\sqrt{\dfrac{2r}{R+r}}\right)v_0$ ② $\left(2+\sqrt{\dfrac{2R}{R+r}}\right)v_0$ ③ $\left\{2-\sqrt{\dfrac{2r^2}{R(R+r)}}\right\}v_0$

④ $\left\{2+\sqrt{\dfrac{2R^2}{r(R+r)}}\right\}v_0$ ⑤ $\left(1-\sqrt{\dfrac{2r}{R+r}}\right)v_0$ ⑥ $\left(1+\sqrt{\dfrac{2R}{R+r}}\right)v_0$

⑦ $\left\{1-\sqrt{\dfrac{2r^2}{R(R+r)}}\right\}v_0$ ⑧ $\left\{1+\sqrt{\dfrac{2r^2}{R(R+r)}}\right\}v_0$ ⑨ $\left\{1+\sqrt{\dfrac{2R^2}{r(R+r)}}\right\}v_0$

(6) v_e を表す式として最も適切なものを次の①～⑧のうちから一つ選び，解答欄にマークせよ。

① $\sqrt{\dfrac{2r^2}{R(R+r)}}\,v_0$ ② $\sqrt{\dfrac{2R^2}{r(R+r)}}\,v_0$ ③ $\sqrt{\dfrac{r^2}{R(R+r)}}\,v_0$ ④ $\sqrt{\dfrac{R^2}{r(R+r)}}\,v_0$

⑤ $\sqrt{\dfrac{2r}{R+r}}\,v_0$ ⑥ $\sqrt{\dfrac{2R}{R+r}}\,v_0$ ⑦ $\sqrt{\dfrac{r}{R+r}}\,v_0$ ⑧ $\sqrt{\dfrac{R}{R+r}}\,v_0$

(7) A_1 と A_2 が分離してから，A_1 が地球に帰還するまでの時間を表す式として最も適切な
ものを次の①～⑨のうちから一つ選び，解答欄にマークせよ。

① $\dfrac{\pi}{4}\sqrt{\dfrac{(R+r)^3}{Gm}}$

② $\dfrac{\pi}{4}\sqrt{\dfrac{(R+r)^3}{GM}}$

③ $\dfrac{\sqrt{2}\,\pi}{4}\sqrt{\dfrac{(R+r)^3}{Gm}}$

④ $\dfrac{\sqrt{2}\,\pi}{4}\sqrt{\dfrac{(R+r)^3}{GM}}$

⑤ $\dfrac{\pi}{2}\sqrt{\dfrac{(R+r)^3}{Gm}}$

⑥ $\dfrac{\pi}{2}\sqrt{\dfrac{(R+r)^3}{GM}}$

⑦ $\dfrac{\sqrt{2}\,\pi}{2}\sqrt{\dfrac{(R+r)^3}{Gm}}$

⑧ $\dfrac{\sqrt{2}\,\pi}{2}\sqrt{\dfrac{(R+r)^3}{GM}}$

⑨ $\dfrac{3\sqrt{2}\,\pi}{4}\sqrt{\dfrac{(R+r)^3}{GM}}$

(8) A_2 が無限の遠方に飛んで行くための，R が従うべき条件として最も適切なものを次の
①～⑨のうちから一つ選び，解答欄にマークせよ。

① $R \geq (-1+\sqrt{2})r$

② $R \geq (1+\sqrt{2})r$

③ $R \geq (2-\sqrt{2})r$

④ $R \geq (2+\sqrt{2})r$

⑤ $R \geq (-1+2\sqrt{2})r$

⑥ $R \geq (1+2\sqrt{2})r$

⑦ $R \geq (-2+2\sqrt{2})r$

⑧ $R \geq (2+2\sqrt{2})r$

⑨ $R \geq (3+\sqrt{2})r$

2

　図1のように，ヒーターと温度計を内蔵した金属容器が断熱箱に納められている。この
金属容器に200gの氷を入れたところ，氷と金属容器全体の温度は一様に−19℃になった。
この状態を初期状態と呼ぶことにする。ヒーターのスイッチを入れて，一定の電力10W
でゆっくり加熱したところ，金属容器内の温度は図2のA→B→C→Dのように変化した。
金属容器内の圧力は1気圧に保たれており，また水の蒸発の影響や金属容器内の空気，ヒー
ター，温度計，および断熱箱の熱容量は無視できるものとする。水の比熱を4.2J/(g·K)
とし，氷や水，金属容器や実験に用いる球体の比熱は，実験した温度範囲でそれぞれ一定
であるとして以下の問いに答えよ。

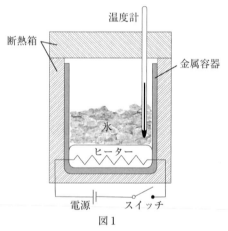

図1

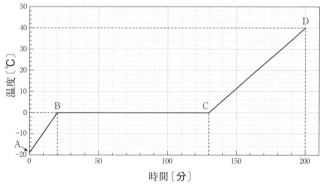

図2

(1) 比熱の説明として最も適切なものを次の①〜⑤のうちから一つ選び，解答欄にマークせよ。

　① 物質の温度を 1 K 上昇させるのに必要な熱量

　② 物質の内部エネルギーを 1 J 増加させるのに必要な熱量

　③ 物質 1 g の温度を 1 K 上昇させるのに必要な熱量

　④ 物質 1 g の内部エネルギーを 1 J 増加させるのに必要な熱量

　⑤ 水 1 g の温度を 1 K 上昇させる熱量と物質 1 g の温度を 1 K 上昇させる熱量の比

(2) 高温の物体と低温の物体を接触させておくと，やがて両者の温度は等しくなる。この状態を何と言うか。最も適切なものを次の①〜⑤のうちから一つ選び，解答欄にマークせよ。

　① 放熱　　　　② 熱運動　　　　③ 熱効率　　　　④ 熱平衡　　　　⑤ 熱量の保存

(3) 200 g の氷が 0℃ になってから完全に融解するまでに加えられた熱量として最も適切なものを次の①〜⑤のうちから一つ選び，解答欄にマークせよ。

　① 1.2×10^4 J　② 4.2×10^4 J　③ 6.6×10^4 J　④ 7.8×10^4 J　⑤ 1.2×10^5 J

(4) 氷の融解熱として最も適切なものを次の①〜⑤のうちから一つ選び，解答欄にマークせよ。

　① 60 J/g　　　② 210 J/g　　　③ 330 J/g　　　④ 390 J/g　　　⑤ 600 J/g

(5) 金属容器の熱容量として最も適切なものを次の①〜⑤のうちから一つ選び，解答欄にマークせよ。

　① 210 J/K　　　② 230 J/K　　　③ 250 J/K　　　④ 270 J/K　　　⑤ 290 J/K

(6) 氷の比熱として最も適切なものを次の①〜⑤のうちから一つ選び，解答欄にマークせよ。

　① 1.8 J/(g·K)　② 1.9 J/(g·K)　③ 2.0 J/(g·K)　④ 2.1 J/(g·K)　⑤ 2.2 J/(g·K)

　　次に，水と金属容器の温度が40℃になったところでヒーターのスイッチを切り，その中に表1のいずれかの物質からなる温度2℃，質量100gの球体を入れた。十分に時間が経過した後，全体の温度は37℃になった。

表1　物質の比熱 注)

物質	比熱〔J/(g·K)〕
金	0.13
銀	0.24
亜鉛	0.39
鉄	0.45
アルミニウム	0.90

注) 理科年表2023（丸善出版）に基づく。
　　25℃，1気圧での値。

(7) 金属容器に入れた球体の素材は何と推定されるか。最も適切なものを次の①〜⑤のうちから一つ選び，解答欄にマークせよ。

　　① 金　　　　　② 銀　　　　　③ 亜鉛　　　　　④ 鉄　　　　　⑤ アルミニウム

　　球体を取り出して系を初期状態に戻し，問(7)の素材からなる質量200gの球体を80℃に加熱して金属容器に入れた。十分に時間が経過した後，氷の一部が融解していた。

(8) 融解した氷の質量として最も適切なものを次の①〜⑤のうちから一つ選び，解答欄にマークせよ。

　　① 5.8g　　　② 6.3g　　　③ 6.8g　　　④ 7.3g　　　⑤ 7.8g

3

　図1のように，磁石のN極とS極の間に一辺の長さ l〔m〕の正方形コイルabcdがある。二つの磁極の間には，x軸の正の向きで磁束密度の大きさ B〔T〕の一様な磁場があるものとする。コイルは辺adの中点および辺bcの中点で z 軸上に固定され，z 軸のまわりに滑らかに回転できる。また，コイルの両端はリング状の電極e，fを通じて抵抗値 R〔Ω〕の抵抗，起電力 E〔V〕の直流電源およびスイッチからなる回路に接続されている。図2はコイルを電極e，fの側から眺めた図である。

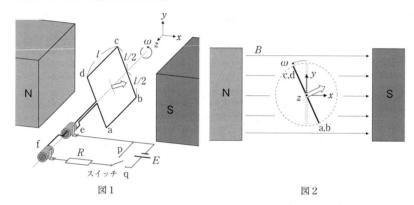

図1　　　　　　　　　　　　　　　　　　図2

　スイッチをp側に入れ，コイルに外力を加えて図1の矢印（⟲）の向きに一定の角速度 ω〔rad/s〕で回転させる。時刻 $t=0\,\mathrm{s}$ においてコイル面に垂直な矢印 ⟹ は x 軸の正の向きであったとして，以下の問いに答えよ。ただしコイルの電気抵抗，コイルを流れる電流のつくる磁場は無視できるものとする。また，必要なら $\Delta\alpha$ が微小なときに成り立つ以下の近似式を用いてよい。

$$\sin(\alpha+\Delta\alpha) \fallingdotseq \sin\alpha + \Delta\alpha\cos\alpha$$
$$\cos(\alpha+\Delta\alpha) \fallingdotseq \cos\alpha - \Delta\alpha\sin\alpha$$

(1) コイルに生じる誘導起電力は次の(a)，(b)の二通りの方法で求められる。文中の空欄（ア）〜（オ）および（ⅰ）〜（ⅲ）に入る式として最も適切なものを，下のそれぞれの解答群から一つずつ選び，解答欄にマークせよ。

(a) コイルの辺が磁場を横切って運動するとき，その辺に沿って誘導起電力が生じる。時刻 t において，辺 ab の速さ v_0〔m/s〕は $v_0 =$ （ア），辺 ab の速度の y 成分 v_y〔m/s〕は

$$v_y = v_0 \times \boxed{（i）}$$

である。辺 ab に生じる誘導起電力 V_{ab}〔V〕は，a から b へ電流を流そうとする向きを正として $V_{ab} = \boxed{（イ）}$ で与えられる。コイルに生じる誘導起電力（電極 e に対する電極 f の電位）V〔V〕はその2倍であり，次のように表される。

$$V = \boxed{（ウ）} \times \boxed{（ii）}$$

(b) コイルを貫く磁束の最大値 Φ_0〔Wb〕は $\Phi_0 = \boxed{（エ）}$ であり，時刻 t にコイルを貫く磁束 Φ〔Wb〕はコイル面に垂直な矢印 ⟹ と同じ向きの磁束を正として

$$\Phi = \Phi_0 \times \boxed{（iii）}$$

で与えられる。微小時間 Δt〔s〕の間の V と Φ の変化量をそれぞれ ΔV〔V〕，$\Delta\Phi$〔Wb〕とすると，（オ）の関係が成り立つため，V は次のように表される。

$$V = \boxed{（ウ）} \times \boxed{（ii）}$$

（ア）の解答群：	① $l\omega$	② $\dfrac{l\omega}{2}$	③ $\dfrac{l\omega}{\pi}$	④ $\dfrac{l\omega}{2\pi}$

（イ）の解答群：
① $v_y B$　② $v_y Bl$　③ $v_y B\omega$　④ $v_y Bl\omega$
⑤ $-v_y B$　⑥ $-v_y Bl$　⑦ $-v_y B\omega$　⑧ $-v_y Bl\omega$

（ウ）の解答群：
① $Bl\omega$　② $Bl\omega^2$　③ $Bl^2\omega$　④ $Bl^2\omega^2$
⑤ $\dfrac{Bl\omega}{\pi}$　⑥ $\dfrac{Bl\omega^2}{\pi}$　⑦ $\dfrac{Bl^2\omega}{\pi}$　⑧ $\dfrac{Bl^2\omega^2}{\pi}$

（エ）の解答群：
① Bl　② $\dfrac{Bl}{2}$　③ $\dfrac{Bl}{\pi}$　④ $\dfrac{Bl}{2\pi}$
⑤ Bl^2　⑥ $\dfrac{Bl^2}{2}$　⑦ $\dfrac{Bl^2}{\pi}$　⑧ $\dfrac{Bl^2}{2\pi}$

（オ）の解答群：　① $\Phi = \dfrac{\Delta V}{\Delta t}$　② $\Phi = -\dfrac{\Delta V}{\Delta t}$　③ $V = \dfrac{\Delta\Phi}{\Delta t}$　④ $V = -\dfrac{\Delta\Phi}{\Delta t}$

（i）～（iii）の解答群：　① $\sin\omega t$　② $\cos\omega t$　③ $(-\sin\omega t)$　④ $(-\cos\omega t)$

(2) コイルに流れる電流の最大値 I_0〔A〕として最も適切なものを次の①〜⑩のうちから一つ選び，解答欄にマークせよ。

① $\dfrac{Bl^2\omega}{R}$　　② $\dfrac{Bl^3\omega}{R}$　　③ $\dfrac{B^2l^3\omega}{R}$　　④ $\dfrac{B^2l^4\omega}{R}$　　⑤ $\dfrac{B^2l^4\omega^2}{R}$

⑥ $\dfrac{Bl^2\omega}{2R}$　　⑦ $\dfrac{Bl^3\omega}{2R}$　　⑧ $\dfrac{B^2l^3\omega}{2R}$　　⑨ $\dfrac{B^2l^4\omega}{2R}$　　⑩ $\dfrac{B^2l^4\omega^2}{2R}$

(3) コイルが図1のような向きであるとき，コイルの各辺が磁場から受ける力の向きを最も適切に表した図を次の①〜⑥から一つ選び，解答欄にマークせよ。ただし，図中の「+y」などの記号は「y軸の正の向き」などを表すものとする。

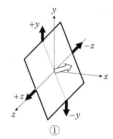
①

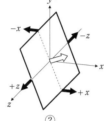
②

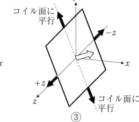
③

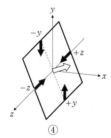
④

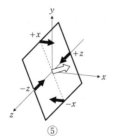
⑤

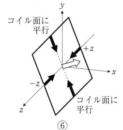
⑥

２０２４年度　一般　物理

(4) 次の文中の空欄(カ), (キ)に入る式として最も適切なものを下のそれぞれの解答群から一つずつ選び, 解答欄にマークせよ。

　　コイルの角速度ωを一定に保つには適切な外力を加え, コイルに働く力のモーメントをつり合わせる必要がある。この外力によるz軸周りの力のモーメントをM〔N·m〕とすると, その大きさの最大値M_0〔N·m〕は$M_0 = \boxed{\text{(カ)}}$と表され, 時刻tにおける値は

$$M = M_0 \times \boxed{\text{(キ)}}$$

で与えられる。ただし, z軸周りの力のモーメントはコイルの回転と同じ向きを正とする。

(カ) の解答群:

① $\dfrac{B^2 l^3 \omega}{R}$　② $\dfrac{B^2 l^4 \omega}{R}$　③ $\dfrac{B^2 l^3 \omega^2}{R}$　④ $\dfrac{B^2 l^4 \omega^2}{R}$

⑤ $\dfrac{B^2 l^3 \omega}{2R}$　⑥ $\dfrac{B^2 l^4 \omega}{2R}$　⑦ $\dfrac{B^2 l^3 \omega^2}{2R}$　⑧ $\dfrac{B^2 l^4 \omega^2}{2R}$

(キ) の解答群:　① $\sin 2\omega t$　② $\cos 2\omega t$　③ $\sin^2 \omega t$　④ $\cos^2 \omega t$

(5) 外力がコイルにする仕事率の1周期にわたる時間平均を表す式として最も適切なものを次の①〜⑨のうちから一つ選び, 解答欄にマークせよ。

① $\dfrac{B^2 l^4 \omega^2}{R}$　② $\dfrac{B^2 l^4 \omega^3}{R}$　③ $-\dfrac{B^2 l^4 \omega^2}{R}$　④ $-\dfrac{B^2 l^4 \omega^3}{R}$　⑤ 0

⑥ $\dfrac{B^2 l^4 \omega^2}{2R}$　⑦ $\dfrac{B^2 l^4 \omega^3}{2R}$　⑧ $-\dfrac{B^2 l^4 \omega^2}{2R}$　⑨ $-\dfrac{B^2 l^4 \omega^3}{2R}$

　次に，スイッチを q 側に切り替え，コイルに外力を加えて一定の角速度 ω で回転させると，回転角 $\theta = \omega t$〔rad〕が増すにつれてコイルを流れる電流 I〔A〕は図3のように変化し，回転角が θ_1, θ_2〔rad〕のとき $I = 0$ A となった。ただし，コイルを a → b → c → d の向きに流れる電流を正とする。また，$t = 0$ s においてコイル面に垂直な矢印 ⟹ は x 軸の正の向きであったとする。

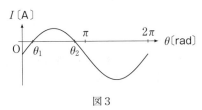

図3

(6) 直流電源の起電力 E とコイルの起電力の関係を表す式として最も適切なものを次の①～⑥のうちから一つ選び，解答欄にマークせよ。

① $E = Bl^2 \sin \theta_1$　　　　② $E = Bl^2 \omega \sin \theta_1$　　　　③ $E = Bl^2 \omega^2 \sin \theta_1$

④ $E = Bl^2 \cos \theta_1$　　　　⑤ $E = Bl^2 \omega \cos \theta_1$　　　　⑥ $E = Bl^2 \omega^2 \cos \theta_1$

(7) コイルの角速度 ω を一定に保つには，外力による z 軸周りの力のモーメント M を適切に調節する必要がある。コイルの回転角 θ と M の関係を模式的に表した次の①～④のグラフのうち，M の向きが最も適切に描かれているものを一つ選び，解答欄にマークせよ。ただし，z 軸周りの力のモーメントはコイルの回転と同じ向きを正とする。また，M の大きさについては必ずしも正確に描かれてはいない。

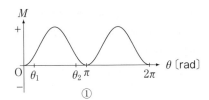

①

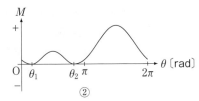

②

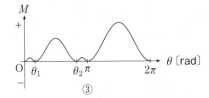

③

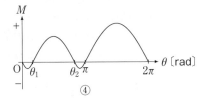

④

化　学

（90分）

必要であれば，以下の値を用いよ。

原子量：H = 1.0，C = 12.0，N = 14.0，O = 16.0，Na = 23.0，Cl = 35.5，K = 39.0

気体定数：$R = 8.31 \times 10^3$ Pa・L/(K・mol)，0 ℃ = 273 K

1

Ⅰ　次の設問 1 ～ 8 に答えよ。

問1　原子・イオンの構造に関する記述として**誤りを含むもの**を，下の①～⑤のうちから一つ選び，解答欄 **[1]** にマークせよ。

　① ^{1}H の原子核には中性子が含まれていない。

　② ^{12}C の原子核には陽子と中性子が同じ数ずつ含まれている。

　③ ^{14}N と ^{15}N の原子核には同じ数の陽子が含まれている。

　④ ^{14}C と ^{16}O の原子核には同じ数の中性子が含まれている。

　⑤ Na^{+} と Cl^{-} のイオンには同じ数の電子が含まれている。

問2　天然に存在する銅は ^{63}Cu と ^{65}Cu からなり，これらの相対質量はそれぞれ 62.93 および 64.93 である。銅の原子量を 63.55 とすると，^{63}Cu の存在比として最も近い値を，下の①～⑥のうちから一つ選び，解答欄 **[2]** にマークせよ。

　①　31 %　　②　45 %　　③　55 %　　④　62 %　　⑤　69 %　　⑥　71 %

問3　金属アルミニウムの結晶構造は面心立方格子である。アルミニウムの密度〔g/cm³〕を表す最も適切な式を，下の①～⑧のうちから一つ選び，解答欄 **[3]** にマークせよ。ただし，アルミニウムの面心立方格子の一辺の長さを a〔cm〕，アルミニウムのモル質量を M〔g/mol〕，アボガドロ定数を N_A〔/mol〕とする。

　①　$\dfrac{2M}{a^3 N_A}$　　　　②　$\dfrac{4M}{a^3 N_A}$　　　　③　$\dfrac{2N_A M}{a^3}$　　　　④　$\dfrac{4N_A M}{a^3}$

⑤ $\dfrac{2N_A}{a^3M}$ ⑥ $\dfrac{4N_A}{a^3M}$ ⑦ $\dfrac{a^3N_AM}{2}$ ⑧ $\dfrac{a^3N_AM}{4}$

問4 身の回りの金属および合金に関する記述として**誤りを含むもの**を，下の①〜⑤のうちから一つ選び，解答欄 **[4]** にマークせよ。

① ジュラルミンはアルミニウムを主成分とする合金で，軽くて丈夫である。

② ニクロムはニッケルとクロムの合金で，電気抵抗が大きい。

③ 鋼は銑鉄から炭素含有量を増やすことにより得られ，硬くて丈夫である。

④ 銀はすべての金属のうちで，電気と熱の伝導性が最大である。

⑤ 青銅は銅とスズの合金で，硬くてさびにくい。

問5 ある金属 M の酸化物 8.3 g を分析したところ，金属 M が 5.9 g 含まれていることがわかった。この金属酸化物の組成式を M_xO_y と表したとき，x と y の比として最も適切な組み合わせを，下の①〜⑥のうちから一つ選び，解答欄 **[5]** にマークせよ。ただし，金属 M の原子量を 59 とする。

	x	y
①	1	1
②	1	2
③	2	1
④	2	3
⑤	3	1
⑥	3	2

問6 次の記述ア〜ウで示される水の質量を，多い順に並べたものはどれか。最も適切なものを，下の①〜⑥のうちから一つ選び，解答欄 **[6]** にマークせよ。

ア モル濃度 0.20 mol/L の塩化ナトリウム水溶液 0.10 L に含まれる水の質量。ただし，塩化ナトリウム水溶液の密度を 1.01 g/cm³ とする。

イ 5.0 g の塩化カリウムを溶かし，質量パーセント濃度 5.0 % の塩化カリウム水溶液を調製するのに必要な水の質量。

ウ 1.62 g のグルコース（分子量 180）を溶かし，質量モル濃度 0.10 mol/kg のグルコース水溶液を調製するのに必要な水の質量。

① ア＞イ＞ウ ② ア＞ウ＞イ ③ イ＞ア＞ウ

④ イ＞ウ＞ア ⑤ ウ＞ア＞イ ⑥ ウ＞イ＞ア

問7　次の分離操作ア～ウの名称として適切な組み合わせを，下の①～⑧のうちから一
　　　つ選び，解答欄 **[7]** にマークせよ。

　　ア　溶媒に対する物質の溶けやすさの違いを利用して，混合物から目的の物質のみ
　　　　を溶媒に溶かし出す。

　　イ　液体の混合物を加熱して，発生した蒸気を冷却することにより，目的とする液
　　　　体を取り出す。

　　ウ　固体が液体にならずに直接気体になる変化を利用して，混合物から目的の物質
　　　　を取り出す。

	ア	イ	ウ
①	再結晶	蒸留	分留
②	再結晶	蒸留	昇華法
③	再結晶	ろ過	分留
④	再結晶	ろ過	昇華法
⑤	抽出	蒸留	分留
⑥	抽出	蒸留	昇華法
⑦	抽出	ろ過	分留
⑧	抽出	ろ過	昇華法

問8　下の①～⑤のうちから混合物を一つ選び，解答欄 **[8]** にマークせよ。

　　①　石油

　　②　純水

　　③　^{12}C と ^{13}C とを含むダイヤモンド

　　④　白金

　　⑤　塩化ナトリウム

II　次の設問1～4に答えよ。ただし，0 ℃，1.013×10^5 Pa における気体は理想気体とし，
　　理想気体 1 mol の体積は 22.4 L とする。

問1　以下の文章をよみ，記述ア～ウについて正誤の適切な組み合わせを，下の①～⑧の
　　　うちから一つ選び，解答欄 **[9]** にマークせよ。

　　　　空気を加圧状態で冷却していくと，わずかに青色を帯びた液体空気が得られる。
　　　1.013×10^5 Pa において，液体窒素の沸点は –196 ℃，液体酸素の沸点は –183 ℃であり，
　　　この沸点の差を利用して液体空気から窒素や酸素の工業的製造が行われている。

ア　気体が液体になることを凝縮という。

イ　1.013×10^5 Pa における液体窒素の沸点を絶対温度で表すと 106 K となる。

ウ　–200 ℃ の液体空気を徐々に温めていくと，液体空気中の窒素の濃度が高くなる。

	ア	イ	ウ
①	正	正	正
②	正	正	誤
③	正	誤	正
④	正	誤	誤
⑤	誤	正	正
⑥	誤	正	誤
⑦	誤	誤	正
⑧	誤	誤	誤

問2　無極性分子に分類される化合物を，下の①〜⑤のうちから一つ選び，解答欄 **[10]** にマークせよ。

①　水　　②　アンモニア　　③　メタン　　④　硫化水素　　⑤　塩化水素

問3　0 ℃，1.013×10^5 Pa における空気 1.0 L 中に含まれる酸素の質量は何 g か。最も近い値を，下の①〜⑤のうちから一つ選び，解答欄 **[11]** にマークせよ。ただし，空気の体積組成は窒素 80 %，酸素 20 % とする。

①　0.11　　②　0.29　　③　1.1　　④　2.2　　⑤　2.9

問4　0 ℃，1.013×10^5 Pa において，メタンが 3.0 L ある。これを完全燃焼させるのに必要な酸素は，0 ℃，1.013×10^5 Pa において何 L か。最も近い値を，次の①〜⑥のうちから一つ選び，解答欄 **[12]** にマークせよ。

①　1.5　　②　3.0　　③　6.0　　④　9.0　　⑤　12　　⑥　15

2

I 　次の設問1〜8に答えよ。

問1 　アルカリ金属およびアルカリ土類金属の炭酸塩に関する記述として**誤りを含むもの**を，下の①〜④のうちから一つ選び，解答欄 **[13]** にマークせよ。
① 　炭酸ナトリウム十水和物を乾いた空気中に放置すると，水和水の一部が失われる。
② 　炭酸水素ナトリウムを乾いた空気中に放置すると，炭酸ナトリウムを生じる。
③ 　炭酸カルシウムは，塩酸と反応して，二酸化炭素を生じる。
④ 　炭酸カルシウムの沈殿を含む水溶液に二酸化炭素を吹き込むと，沈殿は炭酸水素カルシウムとなって溶ける。

問2 　ケイ素，リン，硫黄に関する記述として正しいものを，下の①〜④のうちから一つ選び，解答欄 **[14]** にマークせよ。
① 　いずれの単体にも同素体は存在しない。
② 　単体はいずれも，ダイヤモンドと同様の構造をもつ共有結合の結晶である。
③ 　いずれも地殻中に単体として存在する。
④ 　いずれも非金属元素である。

問3 　金属に関する記述として下線部に**誤りを含むもの**を，下の①〜④のうちから一つ選び，解答欄 **[15]** にマークせよ。
① 　カリウムは，密度が小さく，やわらかい金属である。
② 　銅は，塩酸とは反応しないが，硝酸とは反応する。
③ 　鉄は，濃硝酸にいれると不動態となる。
④ 　亜鉛は，鉄よりもイオン化傾向が小さいので，トタンに用いられる。

問4 　無機化合物の工業的製法の記述の中で，下線部に酸化還元反応を**含まないもの**を，下の①〜④のうちから一つ選び，解答欄 **[16]** にマークせよ。
① 　硫酸の製造には，酸化バナジウム（V）を触媒として二酸化硫黄から三酸化硫黄をつくる工程がある。
② 　硝酸の製造には，白金を触媒としてアンモニアから一酸化窒素をつくる工程がある。
③ 　硝酸の製造には，一酸化窒素を空気と反応させて二酸化窒素をつくる工程がある。
④ 　炭酸ナトリウムの製造には，塩化ナトリウム飽和水溶液，アンモニアおよび二酸化炭素から炭酸水素ナトリウムをつくる工程がある。

問5　塩化ナトリウムの溶融塩電解（融解塩電解）に関する記述として**誤りを含むもの**を，下の①〜④のうちから一つ選び，解答欄 **[17]** にマークせよ。

① 陰極に鉄を用いることができる。

② 陽極に炭素を用いることができる。

③ ナトリウムの単体が陰極で生成し，気体の塩素が陽極で発生する。

④ ナトリウムの単体が 1 mol 生成するとき，気体の塩素が 1 mol 発生する。

問6　ともに濃度不明の希硫酸 20.0 mL と希塩酸 20.0 mL を混合した水溶液がある。これを 0.10 mol/L の水酸化ナトリウム水溶液で中和したところ 40.0 mL を要した。混合する前の希硫酸と希塩酸の濃度に関する記述として正しいものを，下の①〜④のうちから一つ選び，解答欄 **[18]** にマークせよ。

① 希硫酸の濃度が 0.050 mol/L のとき，希塩酸の濃度は 0.025 mol/L である。

② 希塩酸の濃度が 0.20 mol/L のとき，希硫酸の濃度は 0.20 mol/L である。

③ 希硫酸の濃度は 0.10 mol/L より大きい。

④ 希塩酸の濃度は 0.20 mol/L より小さい。

問7　身近な無機物質に関する記述として**誤りを含むもの**を，下の①〜④のうちから一つ選び，解答欄 **[19]** にマークせよ。

① 粘土は，陶磁器やセメントの原料の一つとして利用されている。

② ソーダ石灰ガラスは，アモルファスで，窓ガラスなどに利用されている。

③ 次亜塩素酸は，強い還元作用をもつため，殺菌剤や漂白剤として利用されている。

④ 硫酸バリウムは，水に溶けにくく，酸と反応せず，X 線をさえぎるので，胃や腸の X 線撮影の造影剤として利用されている。

問8　一酸化炭素および二酸化炭素に関する記述として**誤りを含むもの**を，下の①〜④のうちから一つ選び，解答欄 **[20]** にマークせよ。

① 一酸化炭素はメタノールを合成するときの原料になる。

② 一酸化炭素は強い酸化力をもつため，鉄の製錬に利用されている。

③ 二酸化炭素の固体は冷却剤として利用されている。

④ 二酸化炭素は赤外線を吸収する能力がある。

II　次の沈殿滴定に関する設問 1 〜 4 に答えよ。ただし，滴定による水溶液の温度変化は無視できるものとする。必要があれば，$\sqrt{1.80} = 1.34$ を用いよ。

　　水溶液に含まれる塩化物イオン Cl⁻ の量は，(1)硝酸銀 AgNO₃ 水溶液で滴定すること
により定量できる。この滴定の指示薬には，クロム酸カリウム K₂CrO₄ 水溶液が用いら
れる。Cl⁻ を含む試料溶液に AgNO₃ 水溶液を滴下していくと，(2)塩化銀 AgCl の白色沈
殿が生じる。さらに滴下し，Cl⁻ に対して銀イオン Ag⁺ が過剰になると，Ag⁺ がクロム
酸イオン CrO₄²⁻ と反応して，クロム酸銀 Ag₂CrO₄ の赤褐色沈殿が生じる。このときを
滴定の終点とする。このような沈殿反応を利用した滴定を沈殿滴定という。

問1　下線(1)の AgNO₃ 水溶液に関する記述として**誤りを含むもの**を，下の①～④のう
　　ちから一つ選び，解答欄 **[21]** にマークせよ。

①　AgNO₃ 水溶液に鉄片をいれると，銀の単体が得られる。

②　AgNO₃ 水溶液に硫化水素を通じると，黒色の沈殿が生じる。

③　AgNO₃ 水溶液は無色である。

④　AgNO₃ 水溶液に少量の水酸化ナトリウム水溶液を加えると，白色の沈殿が生じる。

問2　下線(2)の AgCl は，わずかに水に溶け，常温では以下の平衡が成り立つ。

$$\text{AgCl (固)} \rightleftarrows \text{Ag}^+ + \text{Cl}^-$$

25 ℃における AgCl の溶解度積 K_{sp} は，

$$K_{sp} = [\text{Ag}^+][\text{Cl}^-] = 1.80 \times 10^{-10} \ (\text{mol/L})^2$$

である。いま，25 ℃において，次に示すように AgCl の飽和水溶液 [Ⅰ] と [Ⅱ] を
調製した。

　　[Ⅰ] 1.80×10^{-3} mol/L の塩化ナトリウム NaCl 水溶液に AgCl を飽和するまで加
　　えた。

　　[Ⅱ] 純水に AgCl を飽和するまで加えた。

飽和水溶液 [Ⅰ] と [Ⅱ] の Ag⁺ の濃度 [mol/L] を，それぞれ c_1 と c_2 とすると，c_2
は c_1 の何倍になるか。最も近い値を，下の①～⑧のうちから一つ選び，解答欄 **[22]**
にマークせよ。ただし，c_1 は NaCl の濃度 1.80×10^{-3} mol/L よりも十分に小さい値と
する。

①　7.46　　　　②　1.34×10　　　③　7.46×10　　　④　1.34×10^2

⑤　7.46×10^2　　⑥　1.34×10^3　　⑦　7.46×10^3　　⑧　1.34×10^8

問3　Cl⁻ を含む体積 V_1 [mL] の試料溶液 X がある。この試料溶液 X に K₂CrO₄ 水溶液
　　を数滴加えたのち，濃度 c [mol/L] の AgNO₃ 水溶液で滴定したところ，体積 V_2 [mL]
　　を要した。試料溶液 X 中の Cl⁻ の濃度 [mol/L] を表す式として最も適切なものを，
　　下の①～⑥のうちから一つ選び，解答欄 **[23]** にマークせよ。

① $\dfrac{c}{V_1 V_2}$　② $\dfrac{V_1 V_2}{c}$　③ $\dfrac{c V_2}{V_1}$　④ $\dfrac{V_1}{c V_2}$　⑤ $\dfrac{c V_1}{V_2}$　⑥ $\dfrac{V_2}{c V_1}$

問4　濃度未知の $AgNO_3$ 水溶液 100 mL に，0.40 mol/L の K_2CrO_4 水溶液 50.0 mL を加え
たところ，Ag_2CrO_4 の沈殿が生じた。この沈殿をろ過によってすべて取り除き，ろ液
に 1.00 mol/L の KCl 水溶液を徐々に加えたところ，10.0 mL までは AgCl の沈殿が生
じた。それからはさらに加えても新たな沈殿は生じなかったため，これを終点とした。
$AgNO_3$ 水溶液の濃度は何 mol/L か。最も近い値を，下の①〜⑥のうちから一つ選び，
解答欄 [24] にマークせよ。

① 0.030　② 0.040　③ 0.050　④ 0.30　⑤ 0.40　⑥ 0.50

3

I　不揮発性の電解質 A（モル質量 60 g/mol）と電解質 B（モル質量 100 g/mol）の混合水
溶液について，水への溶解度を示す下のグラフを用いて，次の設問1および2に答えよ。
ただし，溶解した両電解質は，1種類の1価の陽イオンと1種類の1価の陰イオンに完
全に電離しており，互いの溶解度に影響を与えないものとする。

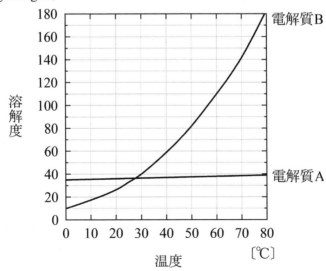

〔g/100 g水〕

問1　50 g の電解質 A と 240 g の電解質 B の固体を 200 g の熱水（80 ℃）に加えて完全
　　　に溶かした後，溶液の温度をゆっくりと 60 ℃まで下げた。以下の（1）および（2）
　　　に答えよ。

（1）　60 ℃で析出している物質は何か。最も適切なものを，下の①〜④のうちから一
　　　　つ選び，解答欄 **[25]** にマークせよ。
　　　　①　電解質 A　　　　　　　　　　②　電解質 B
　　　　③　電解質 A と電解質 B　　　　　④　析出している物質はない

（2）　60 ℃で析出している物質の質量は何 g か。最も近い値を，下の①〜⑦のうちか
　　　　ら一つ選び，解答欄 **[26]** にマークせよ。
　　　　①　0　　②　10　　③　20　　④　40　　⑤　80　　⑥　130　　⑦　140

問2　電解質 A と電解質 B の混合物を 100 g の熱水（80 ℃）に溶かした。この水溶液を
　　　0 ℃に冷却すると，純粋な電解質 B のみが析出した。析出した固体をろ過で取り除き，
　　　ろ液を 40 倍に希釈した。この溶液の沸点を測定したところ，同じ条件で測定した純
　　　粋な水の沸点より 0.039 ℃高かった。溶解前の混合物には何 g の電解質 A が含まれて
　　　いるか。最も近い値を，下の①〜⑥のうちから一つ選び，解答欄 **[27]** にマークせよ。
　　　ただし，水のモル沸点上昇は 0.52 K·kg/mol とする。
　　　　①　0.15　　②　0.30　　③　3.0　　④　4.5　　⑤　8.4　　⑥　12

Ⅱ　次の設問1および2に答えよ。

問1　1.013×10^5 Pa において，20 ℃の水 90 g を加熱してすべて 100 ℃の水蒸気にするためには，何 kJ の熱エネルギーが必要か。最も近い値を，下の①〜⑤のうちから一つ選び，解答欄 **[28]** にマークせよ。ただし，水の比熱を 4.2 J/(g·K)，水 1 mol あたりの蒸発熱を 40 kJ とする。

　　①　1.9　　　②　5.4　　　③　2.3×10^2　　　④　3.6×10^3　　　⑤　3.0×10^4

問2　逆浸透法では，半透膜を隔てて海水側に浸透圧より高い圧力をかけると，海水の水分子が半透膜を透過して純水が得られる。この方法でモデル海水から純水をつくる実験を考えた。図は使用する装置の断面図を模式化して表したものである。ピストンが付いた断面積が一定の円筒容器の中央に，水分子のみを通す半透膜が固定されている。実験には，質量パーセント濃度が 3.51 ％の塩化ナトリウム水溶液（密度 1.02 g/cm³）をモデル海水として用いる。27 ℃において，逆浸透法でモデル海水から純水を得るために必要な最小の圧力は何 Pa か。最も近い値を，下の①〜⑤のうちから一つ選び，解答欄 **[29]** にマークせよ。ただし，塩化ナトリウムは水溶液中で完全に電離し，モデル海水は希薄溶液でありファントホッフの法則に従うものとする。また，ピストンと容器内壁の間の摩擦抵抗は無視でき，温度は 27 ℃で変化しないものとする。

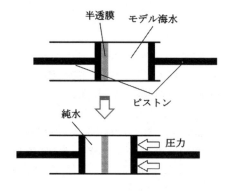

　　①　8.8×10^4　　　②　1.8×10^5　　　③　1.5×10^6　　　④　3.1×10^6
　　⑤　8.9×10^6

Ⅲ　次の文章をよみ，設問1～5に答えよ。

　過酸化水素 H_2O_2 の水溶液に適切な触媒を加えると，下の化学反応式に従って酸素 O_2 が発生する。

$$2H_2O_2 \longrightarrow 2H_2O + O_2$$

　0.80 mol/L の過酸化水素水 100 mL に，ある触媒の水溶液を加えて，27 ℃に保ちながら，各時間における過酸化水素の濃度を調べた。下の表はその結果を記録したものである。ただし，過酸化水素と触媒の混合水溶液の温度と体積は一定に保たれているものとする。また，気体は理想気体として扱い，気体の液体への溶解は無視できるものとする。

反応時間〔min〕	過酸化水素濃度〔mol/L〕	過酸化水素濃度の平均値〔mol/L〕	過酸化水素濃度の変化量〔mol/L〕
0	0.80		
		0.68	− 0.24
10	0.56		
		0.48	− 0.16
20	0.40		
		0.34	− 0.12
30	0.28		
		0.24	− 0.08
40	0.20		
		0.15	− 0.10
60	0.10		

問1　反応開始から30分間で発生した酸素の体積は，27 ℃，1.013×10^5 Pa において何 L か。最も近い値を，下の①～⑥のうちから一つ選び，解答欄 **[30]** にマークせよ。

①　0.34　　②　0.58　　③　0.64　　④　1.2　　⑤　1.3　　⑥　6.4

問2　反応時間10分から40分の間における過酸化水素の平均分解速度は何 mol/(L・min) か。最も近い値を，下の①～⑤のうちから一つ選び，解答欄 **[31]** にマークせよ。

①　8.7×10^{-4}　　　　②　6.0×10^{-3}　　　　③　9.0×10^{-3}

④　1.2×10^{-2}　　　　⑤　3.6×10^{-1}

問3　表の結果をもとに，過酸化水素の平均分解速度と濃度の平均値との関係を調べた。両者の関係を表すグラフとして最も適切なものを，下の①～⑥のうちから一つ選び，解答欄 **[32]** にマークせよ。

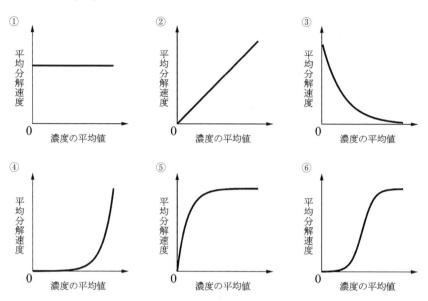

問4　表の結果から，過酸化水素の分解の反応速度定数はどのように表されるか。最も適切なものを，下の①～⑧のうちから一つ選び，解答欄 **[33]** にマークせよ。

① 3.4×10^{-1} mol/(L·min)　　　② 3.4×10^{-1} /min

③ 3.4×10^{-2} mol/(L·min)　　　④ 3.4×10^{-2} /min

⑤ 3.4×10^{-1} mol²/(L²·min)　　⑥ 3.4×10^{-1} /min²

⑦ 3.4×10^{-2} mol²/(L²·min)　　⑧ 3.4×10^{-2} /min²

問5　一般的な化学反応では，温度を上げると反応速度は大きくなる。いま，温度が10℃上昇すると反応速度が2倍に増大する反応がある。他の条件は一定のまま，この反応の温度を20℃から50℃に上げると，反応速度は何倍になるか。最も近い値を，下の①～⑥のうちから一つ選び，解答欄 **[34]** にマークせよ。

① 2倍　　② 3倍　　③ 4倍　　④ 6倍　　⑤ 8倍　　⑥ 16倍

4

I　炭素，水素，酸素のみからなる有機化合物 X について，以下の実験 1 ～ 4 を行った。次の設問 1 ～ 8 に答えよ。

実験 1　120 mg の X を完全燃焼させ，発生した気体を塩化カルシウム管，ソーダ石灰管の順に通した。それぞれの管で吸収されうる物質は，その管ですべて吸収された。塩化カルシウム管の質量は 144 mg 増加し，ソーダ石灰管の質量は 264 mg 増加した。

実験 2　分子量を測定した結果，X の分子量は 60 であった。

実験 3　X をナトリウムの小片と反応させると，気体が発生した。

実験 4　X を加熱した濃硫酸に加えると（　ア　）が起こり，温度に応じて有機化合物 Y または有機化合物 Z が生成した。Y は X よりも分子量が小さく，Z は X よりも分子量が大きかった。

問 1　実験 1 において，塩化カルシウム管およびソーダ石灰管に吸収される物質は何か。下の①～⑧のうちから一つずつ選び，塩化カルシウム管については解答欄 **[35]**，ソーダ石灰管については解答欄 **[36]** にそれぞれマークせよ。
　　①　二酸化炭素　　②　一酸化炭素　　③　メタン　　④　メタノール
　　⑤　水素　　　　　⑥　過酸化水素　　⑦　水　　　　⑧　酸素

問 2　X の分子式を $C_xH_yO_z$ とするとき，x, y, z に当てはまる数字を下の①～⑨のうちから一つずつ選び，x は解答欄 **[37]**，y は解答欄 **[38]**，z は解答欄 **[39]** にそれぞれマークせよ。ただし，同じ数字を繰り返し選択してもよいものとする。
　　①　1　　②　2　　③　3　　④　4　　⑤　5
　　⑥　6　　⑦　7　　⑧　8　　⑨　9

問 3　X の一般名として最も適切なものを，下の①～⑥のうちから一つ選び，解答欄 **[40]** にマークせよ。
　　①　アルコール　　②　エーテル　　③　アルデヒド　　④　ケトン
　　⑤　カルボン酸　　⑥　エステル

問4 Xの構造式を決定するための実験として最も適切なものを，下の①〜④のうちから一つ選び，解答欄 **[41]** にマークせよ。

① 臭素水にXを加える。

② アンモニア性硝酸銀水溶液にXを加えて温める。

③ Xにヨウ素と水酸化ナトリウム水溶液を加えて温める。

④ Xに塩化鉄（Ⅲ）水溶液を加える。

問5 （ ア ）に当てはまる語句として最も適切なものを，下の①〜④のうちから一つ選び，解答欄 **[42]** にマークせよ。

① 加水分解 ② 脱水反応 ③ 付加縮合 ④ スルホン化

問6 Yの重合により得られる高分子化合物に関する記述として正しいものを，下の①〜④のうちから一つ選び，解答欄 **[43]** にマークせよ。

① 分子間に多くの水素結合が形成されるため，強度や耐久性に優れる。

② ヨウ素を添加することにより，銅に近い電気伝導性を示す。

③ 加熱により軟化し，冷却により硬化する。

④ 不飽和結合が多いため，ゴム弾性を示す。

問7 Yの構造異性体である化合物に関する記述として正しいものを，下の①〜④のうちから一つ選び，解答欄 **[44]** にマークせよ。

① 鎖式の飽和炭化水素である。

② 環式の飽和炭化水素である。

③ 鎖式の不飽和炭化水素である。

④ 環式の不飽和炭化水素である。

問8 Zに関する記述として正しいものを，下の①〜④のうちから一つ選び，解答欄 **[45]** にマークせよ。

① Xの異性体である。

② Xよりも水に溶けにくい。

③ Xよりも沸点が高い。

④ Xと反応してエステルを生じる。

Ⅱ 　下図に示す有機化合物の合成について，次の設問 1 ～ 5 に答えよ。

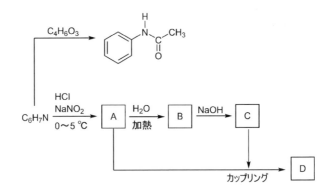

問1 　図中の，分子式 C_6H_7N で表される芳香族化合物に関する記述として**誤りを含むも
の**を，下の①～④のうちから一つ選び，解答欄 **[46]** にマークせよ。

①　空気中の酸素と徐々に反応し，褐色になる。

②　酸の水溶液に加えると，水溶性の塩を形成して溶ける。

③　さらし粉水溶液により酸化されて，赤紫色を呈する。

④　硫酸酸性のニクロム酸カリウム水溶液により還元されて，黒色沈殿を生じる。

問2 　図中の，分子式 $C_4H_6O_3$ で表される化合物に関する記述として**誤りを含むもの**を，
下の①～④のうちから一つ選び，解答欄 **[47]** にマークせよ。

①　セルロースからアセテート繊維をつくる工程で用いられる。

②　ポリビニルアルコールと反応させると，水に溶けないビニロンが得られる。

③　サリチル酸と反応させると，解熱鎮痛剤（アスピリン）が得られる。

④　加水分解すると，酢酸が得られる。

問3 　化合物 A が水と反応するときに発生する塩化水素以外の気体は何か。下の①～⑤
のうちから一つ選び，解答欄 **[48]** にマークせよ。

①　水素　　②　窒素　　③　酸素　　④　二酸化炭素　　⑤　アンモニア

問4 　化合物 B と反応して，熱硬化性樹脂の前駆体であるレゾールやノボラックを生じ
る物質を，下の①～⑥のうちから一つ選び，解答欄 **[49]** にマークせよ。

①　アジピン酸　　　　　　②　テレフタル酸　　　　　③　無水フタル酸

④　尿素　　　　　　　　　⑤　メラミン　　　　　　　⑥　ホルムアルデヒド

問5　化合物 A と化合物 C を反応させると，主に有機化合物 D が得られた。D の構造として最も適切なものを，下の①〜⑥のうちから一つ選び，解答欄 **[50]** にマークせよ。

①　〔C₆H₅〕－NH－〔C₆H₅〕

②　〔C₆H₅〕－N=N－〔C₆H₅〕

③　〔C₆H₅〕－NH－〔C₆H₄〕－OH（パラ位）

④　〔C₆H₅〕－N=N－〔C₆H₄〕－OH（パラ位）

⑤　〔C₆H₅〕－NH－〔C₆H₄〕（OH：メタ位）

⑥　〔C₆H₅〕－N=N－〔C₆H₄〕（OH：メタ位）

```
┌─────────────┐
│　　国　　語　　│
└─────────────┘
```

（一二〇分）

1〜4　次の文章を読んで、後の設問に答えよ。なお、設問の都合上、本文を一部改変した所がある。

　われわれは絶えず、道義的判断を下している。信仰があるかどうかにかかわらず、さまざまな研究は、道徳心がわれわれ人類の一部であることを示している。保守主義的な政治学者ジェイムズ・Q・ウィルソンによると、「人々に道徳的感覚があるからといって、彼らが本質的に　A　だとは限らない」が、「潜在的には人間の性質は　A　だ」という。われわれは社会的動物であり、そのように進化してきた。人間は利己的で攻撃的だが、争いを抑制し、お互いを気遣うことは、われわれの種が支配的な勢力になるための重要な適応だった。社会心理学者のジョナサン・ハイトの言葉では、道徳的規範のおかげで人間は「血縁関係がなくても協力して、大きな集団（部族、国家）を作ることができるようになり……道義的判断は、われわれ人間が社会的義務として進化させた能力であり――われわれの行動や所属している集団を守ることを正当化するものだ」。われわれは生まれつき道徳的な衝動を持っているが、そうした衝動の内容には大きな幅がある。

　人間は利己的で攻撃的で、しばしば残酷になるが、道徳的衝動は、脳に損傷がある場合を別にすれば、ほぼ人類共通のものだ。しかしながら、文化が異なれば、そうした道徳的衝動も異なる形で表われ、ある文化では危害からの保護、公平さを重視する一方、別の文化では権威、忠誠心、尊厳を重視する。神経科学の発展のおかげで、道徳的感覚と人間の脳の関係が理解できるようになった。われわれ自身の文化のなかでも、道義的判断のうちいくらかが衝動的で、脳のある一部が司っている。一方、別の道義的判断はより理性的で、脳の別の部分に由来するもの

のだ。（中略）だが、道徳的直感と理性的判断が対立するという理解は間違っている。（中略）この生物学的な道徳的衝動を表現すると、われわれの道徳的義務感は三つの主要な社会的源泉から引き出される——宗教的あるいは個人的に導かれる良心の感覚、社会が義務として扱う共通の道徳的ルール、われわれの社会的役割に求められる義務にまつわる職業的かつ個人的な行動規範だ。

（中略）

実際問題として、われわれの日常生活は、大半の人々が三つの次元によって道義的判断を下している——意図、手段、結果だ。第一の重要な次元である「意図」は、単なる目標以上のものだ。そこには価値観が表現され、個人的な動機も含まれる（たとえば「彼女はよかれと思ってしたのよ」という場合）。大半の人々は表向き、立派でもっともらしい目標を掲げるが、なかにはエゴや利己的な動機を隠蔽していることで、目標の価値をいくらか損なうこともあるだろう。さらに言えば、よい目標を掲げるだけではわれわれの求める価値は満たされず、それは実行可能かどうかというふるいにかけられたものでなければならない。さもなければ、最良の意図によって行われたことが、道義的に破滅的な結果に終わってしまうこともありうるからだ。彼らは往々にして、地獄への道を善意で舗装する。たとえば*リンドン・ジョンソンは、善良な意図をもってアメリカの戦闘部隊をベトナムに送り込んだかもしれないが、指導者の善良な意図、いわゆる道徳的明快さ、（ときおりこの言い方は誤解を与える）の証拠にはならない。善良な意図だけに基づいて評価を下すのは、一面的な倫理でしかない。たとえば、*ジョージ・W・ブッシュの報道官だったアリ・フレイシャーは、大統領の意図には「道徳的明快さ」があると言ってボスを褒めたたえたが、二〇〇三年に行われたイラク占領の健全な道義的評価には、それ以上の要素が必要だ。

　道義的判断で第二に重要な次元は、「手段」だ。目標を達成したとき、われわれはその手段が効果的だったかどうかを話題にするが、 B だったかどうかもまた、効果と同様に質を左右する。たとえば、現地の人々をどのように扱うの

か？　大統領は権力というソフトパワーや諸外国の信用を培うとの重要性を考慮しているか？　手段を考えた場合、一国のリーダーは報酬や脅しというハードパワーと、人々を目標へ向かって駆り立てる価値観、文化、政策というソフトパワーをどう組み合わせるかを考えなければならない。ジェイムズ・マティス海兵隊大将がかつて議会に警告したように、国務省のソフトパワーに充分な予算をつけるのを怠ったら、その分よけいに銃弾を購入しなければならないだろう。ソフトパワーで充分なのにハードパワーを使ったり、価値観を守るためにハードパワーを使うことが必要なのにソフトパワーしか使わなかったりした場合には、手段に関して深刻な　　Ｂ　　疑問が生じることになる。

　第三の次元である「結果」について言えば、決定的に重要なのはその効果であり、国家の政策目標が達成できたかどうかも含まれるが、アメリカにとってだけでなく諸外国にとっても、よい倫理的結果でなければならない。「アメリカ・ファースト」という言葉は、トマス・ジェファソンが言うところの「全人類の意見に対する適切な考慮」によってやわらげなければならない。実際、効果と倫理的手段はしばしば密接に関係している。ジョージ・Ｗ・ブッシュは善良な意図をもってイラクに民主主義をもたらそうとしたかもしれないが、彼にはそれを実行するだけの道義的・効果的手段がなかったために、占領政策は失敗した。指導者が道義を追求しても、目標が非現実的であったり、効果の乏しい手段を使ったりしたら、国内外で悲惨な道義的結果をもたらすことになる。これらの事例で検討すると、わりと言え意図が善良であっても、「状況を把握する知性」〔状況把握力〕が弱く、現実に実行可能かどうかをよく考えなかった大統領が、往々にして悪い結果を招き、倫理的にも失敗している。良質な道義的判断とは、大統領の表明した意図や結果だけでその選択を評価するのではなく、「意図」「手段」「結果」という三つの次元すべてを考慮するものだ。

　　（中略）

　多くの社会には、公正であることに重きを置く倫理体系があり、キリスト教の

黄金律に似た行動規範がある――「あなたが人々からしてほしいと望むことを人々にもしなさい」。他者の利益と自分の利益は、同じように取り扱われるべきだ、ということだ。リベラルな哲学者のジョン・ロールズは想像上の「無知のヴェール」〔自己および他者が有している才能、性別、財産、運などに関する情報や知識をいっさい欠いている状態を指す〕という、すばらしい比喩を使って、われわれの　□C□　における公正という正義を表現した。（中略）しかし、直観的な公正さ――自分がしてほしいように他者を扱い、えひいきをせず、その人が必要としているものに敏感であること――に訴えれば、つねに問題が解決するとは限らない。たとえば、ノーベル賞受賞者の経済学者アマルティア・センは、このような思考実験にわれわれを誘う。親が持つ一本のフルートを、三人の子どもたちがみな欲しがっている。一人目は「そのフルートはぼくが作ったんだ」と言う。二人目は「そのフルートを吹けるのはわたしだけよ」と言う。三人目は「ほかにおもちゃがないんだ」と言う。さて、どの子にフルートを与えるべきだろう。これはあくまで、想像上の「無知のヴェール」に隠れた、意思決定に関する思考実験だが、公正という正義の原則だけでは、すべての問題が解決できるわけではない。

　そこで登場するのが、制度の倫理的重要性だ。こうした例の場合は、親（または　リーダー）が手続きや制度による解決策を用いるのがよさそうだ。すなわち、子どもたちが互いに取り決めをするか、くじ引きをするか、あるいは中立の誰かに順番と時間を決めてもらって、フルートを交替で使ったり、共有したりするのだ。親もまた、子どもたちに共有することを教える機会を得られる。これは単に命令するのとは違う、説得と教育による道義的リーダーシップのあり方だ。道義的な対話を広め、支持者や子どもたちに、手続きや制度について啓蒙すること。それこそ、大統領（や両親）が担うべき最重要な道義的役割である。

　アメリカが世界をよりよくできる方法を考えてみると、大統領はよき価値観を宣言するだけではなく、国際政治の制度的枠組みを構築して、よき価値観の達成に全力を尽くすべきだ。その一例が、一九四五年以降に創り出された、開放的でリベ　　ルに基づいた国際秩序だが、いまやこの秩序は脅威に直面している。そのシステ

ムには不公正な側面もあるが、ほかのシステムよりはましだ。道義的に重要な役割を果たすうえで、制度が完璧である必要はない。制度というのは、安定した期待をもたらし、一定の行動規範を創り出すことによって、国際社会に協調主義、互恵主義、道義的配慮を根づかせることができるのだ。たとえば、囚人のジレンマのゼロサムゲーム〔一方の得点と相手の失点の総和がつねにゼロになるゲーム〕を考えてみよう。微罪で二人の犯罪者が逮捕されたが、警察は、彼らが重犯罪に関わっていると睨んでいる。警察はそれぞれの囚人に、もう一人が重犯罪に関係していると証言したら、刑を軽くしようと持ちかけるが、二人ともその誘惑に屈したら、どちらも長い刑に服することになる。このゲームが一回かぎりの場合、それぞれの囚人は、互いに協力して黙秘するより、相棒を裏切ることで自らの刑を軽くしたいという強い動機を持つことになるが、政治学者のロバート・アクセルロッドは、何度も続く長いゲームの場合、最善の戦略は「しっぺ返し」と呼ばれる相互主義〔相手と同じことをする〕であることを発見した。彼によると、最善の戦略が裏切りから相互主義に変わるのは、いつまで続くかわからない「未来の長い影」があるときだ。この長い影を作るうえで、制度は役に立つ。

（中略）

　懐疑主義者と異なり、現実主義者は一定の道義的義務を受け入れるが、まずは慎重さを働かせ、国際政治の冷厳な性質に照らして、その義務には限度があると考えるだろう。ジョージ・W・ブッシュ政権とトランプ政権の中枢にいた法律家ジョン・ボルトンは「最大限、アメリカの国益を力強く守り、世界そのものよりもアメリカ合衆国の擁護者を自任する」と主張している。ハンス・モーゲンソーは「国家に道義的非難を、政治的生存を成功させる助けにする権利はない。そのときリアリズムは、慎重さを、政治における至高の価値と考えるのだ」と書いている。ジョン・ミアシャイマーの言葉によれば「自助の世界で運営される諸国家にとって、生存する最善の道は、可能なかぎり強力になることだ。たとえそのために無慈悲な政策の追求を要するとしても。これは気持ちのよい物語では

ないが、生存が国家の最高の目的であれば、ほかにどういう方法はないのだ」。リアリストが描く思考の世界地図は、実に荒涼としている。

　生存が懸かった極限状況では、道義にもとると思われる行為もまた、結果の前に正当化されることがある。ロバート・D・カプランはこのように主張する。「そんなことはめったに起こりえないが、一般道徳を侵犯する必要に迫られた人たちは、そのように行動するしかなかったのであり、彼らの行動に責任を負うことこそ、その国のリーダーに最も必要な資質なのだ」。ひんぱんに引用される例は、一九四〇年、ウィンストン・チャーチルがフランス海軍の艦隊を、ヒトラーの手に落ちるのを防ぐために攻撃し、千三百名ものフランス兵を死なせたことだ。チャーチルはこのときの危機を、イギリスの生存が懸かった「最高度緊急事態」と呼び、ウォルツァーは「人間の歴史において、道義的ルールに支配されなかった瞬間は存在しない」が、こうした稀有な状況では道義的ルールが無視されることもあると述べる。

　聡明なリアリストなら、権力にもさまざまな形があることを知っているだろう。国内外で、いかなる力にも訴えることなく人々を率いられる大統領はいないが、爆弾や銃弾や財力だけが力ではない。人を従わせるには、強制（棍棒）、報酬（ニンジン）、魅力（ソフトパワー）があり、権力を十全に行使するには、この三つをすべて含むことが必要だ。ソフトパワーだけで充分なことはほとんどなく、目的を達するまでには長い時間がかかるので、リーダーは強制や報酬というハードパワーのほうに誘惑されやすい。だが、ハードパワーだけを行使するのは、魅力というソフトパワーと組み合わせるよりも高いコストがかかる。ローマ帝国は軍団の力だけで成り立っていたのではなく、ローマ文化という魅力もまた重要だったのだ。ベルリンの壁を崩壊させたのは、軍による集中砲火ではなく、共産主義への信頼を失った一般市民によるハンマーやブルドーザーだった。一国のソフトパワーとは、その文化や価値観のことで、その政策が他国民の目に正当なものとして映るかどうかに左右される。大統領が外交政策を説明するときに、ふさわしい語り口で発信できれば、アメリカのソフトパワーは強化されるだろう。たと

2024年度　一般

国語

えば*ケネディーやレーガンが、オバマは、彼らの政策を魅力ある語り口で訴え、国内外の支持を得ることができた。*ニクソンやトランプは、合衆国外ではあまり支持を得られていない。トランプは自分をナショナリストだと宣言したが、他者を包容する愛国心と、他者を追い出そうとする排外主義の間には、道義的な違いがある。

　国際政治におけるもうひとつの重要な思考様式が、世界共通の人道主義だ。人道的な国際組織は活動しているものの、その力は弱い。前に見たように、われわれには共通の人道的精神が生まれつき備わっており、だからこそ人類は進化してきたのだ。大半のアメリカ人は、飢えに苦しむ子どもたちの写真を見れば、心を動かされるだろう。彼らが国境を越えてくるのを、誰もが認めるわけではないし、家に連れ帰る人は少ないだろうが（だが、そうする人もいる）。コスモポリタンは、基本的人権は普遍的なものだと主張する。「彼らは政治的国境を尊重せず、国境を設けるなら普遍的な政治が必要だと求める。たとえそれが、国家の主権を示す壁を破ることを意味しても」。大半のアメリカ人は、同心円状に広がりを持ついくつもの共同体に同時に忠誠心を抱いているのだから、やがては国境を越えることもできるはずだ。人間は、自分の住む町、州、地域、職業、国を超えた民族グループ、ひいては人類全体の一部だという意識を同時に持つことができる。しかしながら、円の外周部ではその意識は弱くなり、コスモポリタンが主張するよりは道義的義務も弱くなりがちだ。ある人が、特定の人種を排除しない強固なナショナリストになると同時に、控えめなグローバリストになることも可能だ。あらゆる大きな共同体は想像上のものだが、今日の世界では、だいたい、国という想像上の共同体が最も強い。

　これまで見てきたように、国際政治はしばしば「無秩序」（anarchic）と呼ばれるが、アナーキーというのは「政府がない」という意味であり、必ずしも、保安官や首長制度ができる前のアメリカ西部のような、混乱状態を指すわけではない。したがって、国際政治は「無政府的」と呼ぶのがより正確だろう。リベラリストによれば、バランス・オブ・パワー、国際法や国際的規範、国際機関などの

基本的な慣習や制度をもってすれば、大半の場合、有意義な道義的選択を行なう枠組みを構築し、秩序を整えられるはずだ。

思考様式の地図のなかで、リアリストはいわば初期設定の位置にあり、大半の大統領がこの見方を使って外交政策の方針を立てる。世界が主権国家によって構成されている事実を踏まえれば、リアリズムから始めるのが最適だ。問題は、大半のリアリストが出発地点で止まってしまうことだが、コスモポリタニズムやリベラリズムも、正確な道義的地図を描くうえで重要であることに気づいてほしい。

生存の危機に瀕しているときは、リアリズムは道義的な外交政策を定めるために必要な基礎だが、それだけでは充分ではない。ここでもやはり、程度が問題になる。完全無欠の安全保障というものが存在しない以上、道義的問題は、どの程度の安全が保障されるかであり、幸福、アイデンティティ、諸権利などの価値もまた、大統領の外交政策の一部となる。外交政策の選択の大半は、独裁的な国家に武器を売り込むとか、外国政府の人権に関わる行動を批判するといった問題だ。一部のリアリストは、そうしたトレードオフ〔両者を完全に満たすことは困難だが、二者択一でもない関係〕を、フランス海軍の艦隊を攻撃したチャーチルの決断になぞらえるが、彼らは困難な道義的問題から逃げているだけだ。安全保障が最優先だとか、正義は一定の秩序を前提としていると言うだけでは充分ではない。大統領は、目の前の状況がホッブズ的あるいはロック的な思考様式の地図にどれほど近いのかを見極め、あるいは安全保障とその他の重要な価値の間で、どの着地点をめざして行動を取るのか見定める必要がある。

　　　　　（ジョセフ・S・ナイ氏の『国家にモラルはあるか？』
　　　　　　山中朝晶訳、早川書房による）

* （注）　リンドン・ジョンソン──アメリカ合衆国第三十六代大統領（在任：一九六三年〜
　　　　　　　　　　　　一九六九年）

　　　　ジョージ・W・ブッシュ──アメリカ合衆国第四十三代大統領（在任：二〇〇一年〜
　　　　　　　　　　　　二〇〇九年）

　　　　ジョン・ミアシャイマー──政治学者。

　　　　ロバート・D・カプラン──政治学者。

ウィンストン・チャーチル──イギリス第六十一・六十三代首相（在任：一九四〇年～
一九四五、一九五一年～一九五五年）

ケネディ──ジョン・F・ケネディ。アメリカ合衆国第三十五代大統領（在任：
一九六一年～一九六三年）

レーガン──ロナルド・レーガン。アメリカ合衆国第四十代大統領（在任：一九八一
年～一九八九年）

ニクソン──リチャード・ニクソン。アメリカ合衆国第三十七代大統領（在任：
一九六九年～一九七四年）

① 文中の空欄Ⓐ Ⓑ Ⓒにそれぞれ入る語の組み合わせとして、本文の論旨
に照らして、最も適当なものを次の中から一つ選び、その番号を解答用紙に
マークせよ。

(1)　Ａ　謙虚　　Ｂ　規範的　　Ｃ　通常の状態

(2)　Ａ　善良　　Ｂ　倫理的　　Ｃ　原初状態

(3)　Ａ　正直　　Ｂ　良心的　　Ｃ　現在の状態

(4)　Ａ　勤勉　　Ｂ　道徳的　　Ｃ　発展段階

(5)　Ａ　寛容　　Ｂ　社会的　　Ｃ　初期段階

② 傍線部〈道徳的直感と理性的判断が対立するという理解は間違っている〉
と筆者が主張する理由として、本文の論旨に照らして、最も適当なものを次
の中から一つ選び、その番号を解答用紙にマークせよ。

(1)　人間は社会的動物である。争いを抑制し、お互いを気遣い、血縁関係が
なくても協力して大きな集団を作ることができることは、人間が地上にお
いて支配的な勢力になるために重要である。

(2)　人間は利己的で、攻撃的でしばしば残酷になる。いかに行動するかを決定

するとき、情緒的な衝動と功利主義的な計算とが脳の中でせめぎあい、どちらか一方に優ることがある。

(3)　文化が異なれば道徳的な衝動も異なる形で表れる。ある文化では危害からの保護、公平さを重視する一方、別の文化では権威、忠誠心、尊厳を重視する。

(4)　道徳性は信念と思慮深い慎重さの両方から成り立っている。理性的判断も、人間の道徳的反応の一部である。

3　人道的介入とは、他国における人道的危機（ジェノサイド、内戦など）を救済するために当該他国領域に入り込み、軍事力を行使することをいう。次の思考様式（ア）〜（ウ）と人道的介入の正当化事由（ⅰ）〜（ⅳ）の組み合わせとして、最も適当なものを次の中から一つ選び、解答用紙にマークせよ。

（ア）リベラリズム

（イ）コスモポリタニズム

（ウ）リアリズム

ⅰ　各国は、彼ら自身の運命を決める主権を持つ。国際連合安全保障理事会が認可した場合か、自衛の場合のみ、介入は正当化される。

ⅱ　国際秩序の基盤は各国が勢力を釣り合わせるように行動するバランス・オブ・パワーである。この均衡の崩壊を防ぐためであれば、介入は正当化される。

ⅲ　人間が自らの生命や身体、尊厳について持つ権利は普遍的なものである。

独裁者らによる虐殺を阻止するためであれば介入は正当化される。

ⅳ　人道的危機はその国のみならず周辺国にも害をもたらす。人道的介入が国際社会全体の利益を最大化するので、介入は正当化される。

(1)　ア ― ⅰ　　　　イ ― ⅱ　　　　ウ ― ⅲ

(2)　ア ― ⅳ　　　　イ ― ⅰ　　　　ウ ― ⅱ

(3)　ア ― ⅰ　　　　イ ― ⅲ　　　　ウ ― ⅱ

(4)　ア ― ⅲ　　　　イ ― ⅱ　　　　ウ ― ⅳ

(5)　ア ― ⅲ　　　　イ ― ⅳ　　　　ウ ― ⅱ

4　本文の内容に関する説明として、本文の論旨に照らして、最も適当なものを次の中から一つ選び、その番号を解答用紙にマークせよ。

(1)　指導者が道義を追求しても目標が非現実的であったり、効果の乏しい手段を使ったりしたら、国内外で悲惨な道義的結果をもたらすことになる。

(2)　他者の能力や立場についてなんの知識も持たないように行動するとき、直観的な公正さに訴えれば問題が常に解決するとは限らない。制度は完璧でなくてはならない。そのためにはそれを支える価値観が道義的なものでなくてはならない。

(3)　国際社会は主権国家の分立体制であるので、各国は自国の国益を最大化するために行動する。囚人のジレンマのゼロサムゲームは、そのことを説明するのに適した例である。

(4)　目的を達成するためには、効果的な手段を用いることが最も重要である。報酬や脅しというハードパワーと、人々を目標へ向かって駆り立てる価値

観　文化　政策というソフトパワーのいずれを用いるかを選択しなければならない。

5〜8　次の文章を読んで、後の設問に答えよ。なお、設問の都合上、本文を一部改変した所がある。

なぜ皆さんは法律に従っているのだろうか？

「法律は間違いなく正しいからだ」と思って従っている人はまずほとんどいないだろう。

「なぜって考えたこともない、単なる習慣で従ってるだけだよ」という人はとんどではないだろうか。あるいは「逮捕されるのが嫌だから」「不満な法律はあるが守らないといろいろ面倒なことになるからとりあえず守っておく」といったところか。社会契約論などをかじったことのある人なら「法律に従うからこそ我々の生命と自由と財産が守られるのではないか」と言うだろうが、まあ大抵は、単なる惰性、メリット、社会で生きてゆくため、後ろ指をさされないため、などが、人々が法に従っている動機だといえよう。

では、法に従う「義務」というものはあるのだろうか？　前述の諸動機はあくまでも見返りであって「義務」そのものではない。しかしそれら動機から法律に従っている人々も、ふと反射的に「法律だから従わなくちゃ」と思ったり言ったりするだろう。だが、その根拠の「義務」感はいったいどこからでてくるのだろうか。もっと言うと、法律に従う「道徳的義務」というものは、はたしてあるのだろうか？

古代ギリシアの哲学者・ソクラテス（前四六九？――前三九九）のすごいところは、何といっても自分の命を犠牲にしてまでおのれの哲学を世に知らしめたことだ。彼は執筆しなかったが、自分の言動と生き方・死に方でその哲学を後世にくっきりと残した（弟子のプラトンがソクラテスの行状を記している）。

　もともとは良家の生まれだったが、裸足で歩き回り、無収入で、妻に水をぶっかけられながらもいろいろ考えていた。ある日、デルフォイの神託所で「ソクラテス以上に知恵のある者はいない」との神託を受けた友人から聞き、本当かどうか確かめるためにアテナイ（当時のギリシアで最も有力だった都市国家）中のありとあらゆる知識人を尋ね歩き、質問攻めにした。

　たとえば「勇気」とは何か、「美」とは何か、といったことを身近なたとえから知識人に問う。はじめは知識人は「何をわかりきったことを」とばかりに余裕で答えるのだが、ソクラテスはその答えに不明な点や曖昧な点、矛盾点などを発見しさらに食い下がる。知識人も懸命に答えていくのだが、ソクラテスの執拗な追求に答えきれず、しまいには問いについて真にわかっていなかったことを思い知らされる。

　こうしてソクラテスは、世の知識人の知は上っ面だけのもので彼らは何もわかっていない、それに引き替え自分ははじめから無知を自覚しているのでより真理に近い、なるほど神託の言うとおりだったと確信した。以後彼は、人々を無知の自覚へと誘うべく、あれこれ尋ね歩く活動に人生を費やすようになった。

　それにしても、突然質問されて皆の前で恥をかかされる人々からしたら、正直、嫌な奴である。ぶち切れてソクラテスを罵ったり殴ったりする者もいたし、「アテナイの蠅」と呼ばれたりもした。しかし、ソクラテスは人々に恥をかかせることを目的としていたのではなく、自分の主張することの根拠は確実かどうか常に気にしなさい、また自分の心の限界を知りなさい、そして魂を善き状態に保つ道徳的価値を求め、実行しなさい、というメッセージを伝えたかったのである。

　とはいえ、そんな真意を理解できる者は、ソクラテスのシンパ以外にはほとんどいない。といううちで、次第に彼はアテナイの有力者たちから恨みをかうようになり、挙句の果てには為政者や保守主義者たちからポリス神への不敬の罪、青年たちを堕落させた罪など言いがかりのような容疑をかけられて告訴されてしまった。そして、市民からくじ引きで選ばれた数千人の陪審員を伴った裁判にかけられ、死刑という判決を受けたのである。

　不当判決であることは明白なのだから、通常なら従わない、あるいは刑執行の前に脱走するという選択を考えるだろう。実際、ソクラテスの友人は脱走を勧めた。しかし、ソクラテスは次のように言った。私の生命も能力も知識も、すべてこの祖国と法のおかげである。祖国は市民にとって親も同然である。そして現にこの祖国に留まっていることは、ここの法への服従を約束していることに他ならない。だから祖国の法や秩序を守るためには、──私人の意思を捨てて、祖国の裁きに服さねばならないのだ、と（『クリトン』）。不正を仕打ちに不正をもって報いるのは正義に反するとして、刑執行を甘んじて受ける意思を示したのである。そして、彼は毒人参の杯をあおって死した。

　哲学者にはたしかに変人が多いとしても、「そこまでやるか？」って感じである。というのはソクラテスを告訴した政治家も、本気で死刑にする気ではなかったという。ソクラテスの問答が自らの政治に批判的な人々を増やすのではないかという懸念から、こいつを追い出すか黙らせるかしようと厳しい判決を導いたらしい。また、当時のアテナイでは死刑判決を受けた者が国外脱出するというのは当たり前だったともいわれている。だからソクラテスが死刑判決を潔く受け容れて死んだことには、彼の支持者だけではなく批判者たちまで仰天したらしい。その意味ではソクラテスは史上最強のボケをかましたといえる。でも、何で生命まで賭けて大ボケをかましたのだろうか？

　その理由は二つある。一つは、自らをも含めてアテナイの市民たちに、こんな不当判決を出すほどに堕落したおのれの市民的責任を痛感してほしいということ。そしてもう一つは、祖国の法秩序への不服従はやがて法秩序を破綻させることにつながるから、とりあえず私情を捨てて服従すべきだということ。これらを身をもって示すことであった。

　ソクラテスの考えはこうである。個人的に気に入らない法律や判決だからといって安易に破っていれば、そのような態度は他の人々にも影響を与え、結局誰もが法秩序を蔑ろにするようになって社会は破壊される。人々はとりあえず協力し秩序を守り、社会の中で共に生きることへの同意を示さねばならない。そして悪法あるいは不当判決といえども、それを作り放置していたのは民主政、つ

まり市民全員なのだから、彼らがその責任を引き受け従うべきである（ソクラテスは自分の説得が不十分だった責めを感じて死刑を受け容れた）。悪法や不当判決の帰結が耐え難いとわかったら、今後は言論による説得や議論で法を改善するよう努力すべきである。

ソクラテスの考え方を一面的に極端化すれば「不正義はあっても秩序ある国家の方が、正義があっても無秩序な国家よりよい」（ニ*ッコロ・マキャヴェッリ）という格言になる。だが、秩序が安定しているとしても、その法の不正の度合いがあまりに高い場合には、それを闇雲に守ることで存続させてよいのだろうかという疑問がわいてくる。

ひたすら法律を忠実に守る生真面目な一公務員が、その結果として多くの無辜の人々の生命を葬ってしまったという最悪の史実がある。ナチス・ドイツの親衛隊幹部であったカール・アドルフ・アイヒマン（一九〇六―一九六二）である。

彼はナチス・ドイツの有能で忠実な歯車として、アドルフ・ヒトラーのユダヤ人絶滅作戦に関する命令を何の躊躇もなく遵守し、ユダヤ人を強制収容所に送る許可を次々と出し続けた。彼は自分の職務の意味については何も考えておらず、ただただ命令と法を守るのみであった。結果として彼に送り出された大勢の無辜のユダヤ人が殺害されてしまった。

戦後、アルゼンチンに逃亡していたが、一九六〇年にイスラエルの特務機関により逮捕された。エルサレムでの裁判で彼は防弾ガラスに囲まれた被告人席で「私は上司の命令に従ったままでです」とひたすら主張し続けた。もちろんそのような弁明は通用せず、彼は絞首刑となった。

この件についてハンナ・アーレント（一九〇六―一九七五）という哲学者は、アイヒマンの「完全な無思想性、それが彼があの時代の最大の犯罪者の一人になる素因だったのだ」と述べている。専門的知識と能力という点では有能であっても、人間として思考することを放棄してひたすら命令に従い続け、その結果については上司に責任転嫁する一役人の、凡庸という名の罪深さが浮かび上がってくる。しかも、彼が何ら悪びれることがなかった（ように見える）ことが一層恐ろ

という。思考のない遵法こそ最もたちが悪いのである。

　同じナチス党員でも、ちゃんと自分の考えを持ち、それによってユダヤ人を救った人物もいる。オスカー・シンドラー（一九〇八―一九七四）である。

　彼はドイツ占領下のポーランドでドイツ軍の軍需工場を経営する実業家であったが、そこに多くのユダヤ人を労働者として雇い入れた。シンドラーもナチス党員だからユダヤ人を差し出さねばならない立場にあったのだが、楽天的な遊び人の彼は、当初は経済的な関心から、しかし次第に無力なユダヤ人住民たちをできる限り救済したいと思いを募らせ、ユダヤ人を自身の新しい工場で雇うためのリストを作ったのである。

　もちろん、ユダヤ人優遇や規則違反という嫌疑をかけられ、ゲシュタポから幾びたび事情聴取を受けた。しかしそれにもめげず、彼はユダヤ人救済のために全財産を注ぎ込むことも厭わなかったのである。

　同じナチス党員でも、命令に対して自分はどうすべきなのかを考え、困難があっても自分の信念を貫いたシンドラーの生き方はまことに美しいと思う。真面目な役人が思考停止で凡庸という名の悪をなした一方で、不真面目な遊び人が機転を利かせて抵抗という名の善をなした、という対照も何とも皮肉だ。

　日本にも「東洋のシンドラー」と呼ばれた気骨の外交官がいた。杉原千畝（一九〇〇―一九八六）である。彼は第二次世界大戦中、日本領事代理として赴任していたリトアニアのカウナスという都市で、ナチスによって迫害されていた多くのユダヤ人にビザを発給し、彼らの亡命を助けたのである。

　当時、日本の外務大臣から各地の在外公館に向けて発せられていた命令では、避難先の国の入国許可を得ていない、また避難先までの旅費を持っていない外国人には、日本通過ビザを発給してはならないとされていた。しかし、そのような資格を持たず生命の危険に晒されているユダヤ人が大勢存在する事態を目の当たりにしていた杉原は、本国の命令にあえて背き、自分の判断で無資格のユダヤ人たちに力の限りビザ発給を行った。彼の人道性と勇気によって、多くのユダヤ人が危険の迫るヨーロッパから脱出できたのである。

　杉原は、いまでもリトアニアやイスラエルでは尊敬されており、その名を知ら

ぬ者はないといわれる。彼が生まれ育った故郷（岐阜県八百津町）を訪れる外国人も多い。

何も考えずに上司の命令や規則をひたすら守ることは、確かに気楽で保身に役立つし、無難な生活を送ることに役立つだろう。だが、そうしているうちに人間としての感性や思考力、想像力が麻痺してくるし、命令や法があまりに不正なものである場合には稀代の悪事に加担してしまうことにもなる。法を尊重することと、悪法に無批判に従うこととは断じて違う。

第二章で*法実証主義の話をした。合憲的な手続きを踏んで制定・公布された実定法だけが法の名に値し、社会の全員が共通に当てにできるルールである、という思想である。このことから、どんなに酷い内容の法律であろうとも、法律であるからには従わねばならないのだ、と誤解する人々が多いが、「それは断じて違うよ！」とここで強く言っておく。

「悪法もまた法である」と言ったからといって、だから「悪法に従わねばならない」という意味にはならない。法実証主義は、①法律とは、道徳など他の諸ルールと違ってどういうものであるかを説明し、②それが社会の秩序維持と人々の行動のしやすさに役立つことまでは論ずるものの、法律に従わねばならないという道徳的義務までも主張するわけではない。

事実、法実証主義者の代表者の一人である*ハーバート・L・A・ハート（一九〇七――一九九二）は、「在る法」を遵守するか否かは、個人が総合的に判断して決める問題だとしているし、*ジョセフ・ラズ（一九三九――）は、たとえ正義に適った法体系であっても、法に従う一般的な道徳的責務はない、と言い、さらに、邪悪な法体系を尊重することは道徳的に間違っている、とまで述べている。法律と道徳とを厳しく区別することは即ち、法律に従うか否かという個人の選択を道徳問題として、個人の思慮と判断に委ねることを意味しているのだ。

やはり厳格な法実証主義者であった*ケルゼンも、*実定法を自然法や理想などによって訂正しようとしてはいけない、と戒めた一方で、政治学的な著作では民主主義における少数派の擁護を強く訴えていた。

It's only positive law. だが制定法より、人の世には他にもいろいろ考慮すべき

事柄がある。法実証主義っての は意外と、法律を醒めた目で見て相対化している。その分、一人一人の個人に、従うか否かの道徳的選択責任を迫る考えであるような気がする。

差別を正当化したり、人の生命を危険に晒すなど、あまりにも理不尽な法律が施行されており、立法者くの議論と誤謬によって法が改善されるまで気長に待とうなど呑気なことを言っていられない場合もある。一刻も早く「こんな法律は正義にもとるので従うわけにはいかない」という主張を国民や政府に向けて堂々と訴えるべきだ、という見解が出てくる。

前章でもふれた*キング牧師は、一九六三年、アラバマ州バーミンガム市での激しい黒人差別法に対する抗議活動のゆえに収監された。彼の抗議活動は、正義の名の下に法を破る行為のモデルケースとしてさまざまな抗議行動に際に手本とされてきたが、注意された点は、キング牧師は単に悪法を犯してよいと主張しているわけではなく、違反による制裁を受けることによって、むしろ祖国の法を尊重している姿勢を示していることである。

「不当な法律を犯す時には、堂々と、愛情をもって行動すべきであり……法を犯したことに対するしかるべき刑罰は甘んじて受けるべきなのです。不当さに良心が耐えられず法に背いた者は、社会的良識に向けてその不当性を訴えるためにも、その後速やかに収監の刑罰に甘んじ、法を心より尊重する態度を見せるべきなのです」(バーミンガム刑務所からの手紙)。

基本的には国家の法秩序を尊重するが、その法の中に良心が耐えられない不正なものがあれば、処罰を受け容れつつも従わない、こうやって人々に法改正に向けてのアピールを平和裡に行ってゆくというのがキング牧師の戦略なのである。この戦略を「市民的不服従」と呼ぶ。これは前章でもとりあげた*ロールズも肯定し理論化している。

キング牧師が参考にしたのは、*ヘンリー・デイヴィッド・ソロー(一八一七ー一八六二)というアメリカの作家の行動であった。ソローはアメリカ政府が行っていた不当なメキシコとの戦争を止めさせるべく、その財源となっている税金を

敢えて納めないという行動を起こし、逮捕された。ソローも別に*アナーキストではなく祖国を愛していた。愛していたからこそ不正な政策を採ってほしくなかったし、自らもそれに加担したくなかったのだ。

　このように、すでにある法秩序を無批判にひたすら守ることが遵法なのではない。不正な法に従わないことで、逆に法秩序を愛し尊重する姿勢を示すこともできるのである。もちろん本人は処罰を受け容れねばならないという苦しみがあるけれども。

（住吉雅美氏の『あぶない法哲学』による）

*（注）ニッコロ・マキァヴェッリ —— イタリアの政治思想家。『君主論』の著者。

　　　法実証主義 —— 実定法のみを法と認め、法と道徳を区別しようとする思想。自然法の
　　　　　　　　　　考え方とは対照をなす。

　　　ハーバート・L・A・ハート —— イギリスの法哲学者。

　　　ジョセフ・ラズ —— イスラエル出身の政治思想家。

　　　ケルゼン —— オーストリアの法学者、哲学者。

　　　実定法 —— 特定の社会の中で実効的に行われている法。文書の形で制定された「制
　　　　　　　　定法」や、国家が制定したものではないが、人々の間で広く従われてい
　　　　　　　　る「慣習法」が基本的形態。

　　　自然法（自然法主義）—— 法と道徳との間には連続性があり、道徳と大きく衝突する
　　　　　　　　　　　　　　　実定法は、法としての資格を欠くとする思想。法実証主義
　　　　　　　　　　　　　　　とは対照をなす。

　　　キング牧師 —— マーティン・ルーサー・キング。アメリカ合衆国の牧師。公民権運動
　　　　　　　　　　の指導者として活動した。

　　　ロールズ —— アメリカ合衆国の哲学者。

　　　ヘンリー・デイヴィッド・ソロー —— アメリカ合衆国の作家。

　　　アナーキスト —— 国家や宗教の権威・権力を否定し、個人の自由を重視する社会を理
　　　　　　　　　　想とする思想（アナーキズム）を持つ者。

5　筆者が〈法律は間違い・な・く・正しいからだ〉と記述している点につき、〈間違い・な・く・正しい〉ことを意味する熟語として最も適当なものを次の中から一つ選び、その番号を解答用紙にマークせよ。

(1)　無謬性　　(2)　蓋然性　　(3)　無事性　　(4)　可塑性

6　本文中のソクラテスに関する部分について、ソクラテスが自ら死を選択した意図として、本文の論旨に照らして、最も不適当なものを次の中から一つ選び、その番号を解答用紙にマークせよ。

(1)　不当な判決により自らが死亡する責任は、結局は堕落した市民に帰せられるということを示し、反省を促そうとした。

(2)　不当な判決に従容として従う必要はないということを、自らの死によって市民に伝え、法律に対する批判的思考力を持つよう促した。

(3)　法律が不当であっても、遵法精神を維持するためには、個人の見解よりも不当な法を優先せざるを得ないことを示し、社会の中で生きることの意味を市民に説こうとした。

(4)　自らの死により、判決や法律が不当であることを示し、不当な帰結を導く法律が制定されたときは、言論や議論により法を改善すべきことを伝えようとした。

7　傍線部〈法律を醒めた目で見て相対化している〉の説明として、本文の論旨に照らして、最も適当なものを次の中から一つ選び、その番号を解答用紙にマークせよ。

(1)　規範遵守に対する一般的な道徳義務がないというのであれば、個人は自己の価値観に従って規範を遵守するかを決めることとなるから、法実証主義の内容は、究極的には空洞化される。

(2)　法と道徳は区別すべきものだが、法の善悪を評価するのは多様な道徳性を有する個別の人間であるから、法実証主義は社会秩序の維持につながりにくい。

(3)　ハート、ラズ、ケルゼンのような法実証主義の立場に立つ論者も、実際に実定法の道徳的修正を主張しており、法と道徳は実質的に連続性のある概念である。

(4)　法実証主義は法と道徳を区別し、道徳を法に含めることを強く戒める。しかし、その戒めが遵守されてさえいれば、個別の法の内容が適正であるか否かについては関心を持たない。これは、法と道徳を区別すべきという主張からの帰結である。

8　本文の内容に関する説明として、本文の論旨に照らして、最も適当なものを次の中から一つ選び、その番号を解答用紙にマークせよ。

(1)　ソクラテスの刑死により芽生えた思想は、時代を超えて市民的不服従の思想へと昇華した。しかし、ソクラテスの思想を徹底すると、アイヒマンを処罰することは困難となる。

(2)　法律に従う道徳的義務はないと主張することと、市民的不服従により処罰されることに抵抗しないこととは、矛盾するものである。

(3)　ソクラテスの思想と市民的不服従の思想は、本文中で対照的に扱われて

いるとも読み取れる。アイヒマン、シンドラーおよび杉原千畝の故事は、ある規範が「制定法である」ということのみでは、その正当性を確保できないことを例証するものである。

(4)　市民的不服従という思想は、ソクラテスの「悪法も法である」という思想のアンチテーゼである。本文中の杉原千畝の行動は、現代においては、市民的不服従の思想がソクラテスの思想よりも優れていることを暗示するものである。

9〜12　次の文章を読んで、後の設問に答えよ。なお、設問の都合上、本文を一部改変した所がある。

文法の知識は、それが母語であるはるか、という文章を書くための助けになるところか、実際の使用をだめにする。なぜか。母語にあっては、文法は話し手の外にあるのではなく、語り手が内から作っていくものであるからだ。知らない言語や古語の文法は、我々にとって一方的に受けとるものであり、ただひたすらにその支配に服するためにそれを学ぶ。しかし母語の文法は、話し手みずからがその主人であり、かれはそれを絶え間なく創造し発展させているのである。だから、古い規範からみて破格だの誤りだのと呼んでいるものは、じつはかれの文法の内的進化にほかならないのである。(中略)

ヨーロッパでは、母語の文法の奇妙な性格は早くから、真にことばの根柢からものを考える思索家たちにとっては茶化しのための恰好な材料であった。

＊フランツ・マウトナーは「文法の誤りは、文法が発明される以前はまったく無かった」とおもしろいことを言っている。この人はもっともっといろんなおしゃべりを並べたてていて、引用すればきりがないが、その中にはこんなのもある。

＊ソクラテスが文法をしくじるということがあり得なかったのは、低地ドイ

ツ語を話す村の少年が、みずからの内のことばの文法に違反することがあり得ないのと同様である。*ゲーテは文法のくてをやったかもしれないが、その母はやらなかったのである。書かれた文法さえ存在しなければ、文法の誤りはない。（傍点は田中）

文法が創作をさまたげるのだと、もっと積極的に煽動的に言いきっているのは*ガストン・バスである。

*パスカル、*ラファンテーヌ、*ボスュエ、*ヴォルテールに、あれほどすばらしいフランス語が書けたのは、かれらが文法を勉強する必要がなかったからです。

文法をたてにとる規範主義に対するこの種の嘲笑は、もっと古くは、*ロマンティークの思想と手をたずさえていた。ちなみに*ヤーコプ・グリムの次のような生き生きとした思想をおもい起してみよう。

六〇〇年前には、普通の農民はだれでも、ドイツ語の完全さと自由とを知っていた。つまり、今日の最良の言語教師が想像もできないようなドイツ語を日々用いていたのである。

言語学あるいは言語学者が、ことばに文法があると考えるときの文法は、その言語が提供している表現の可能性であると考える。つまり何が言い得るか、表現のためにどのような自由が提供されているかというふうに考える。いわゆる文法的な誤りは、その時点では誤りであるとしても、いずれは誤りではなくなるかもしれない（誤りを作るのは規範であるからだ）。なぜか、誤りは、もしもそれが誤りであっても理解できるなら、体系の可能性のなかであらわれた誤りであるからだ。誤りだとわかるのは、それが理解できるということの何よりの証拠である。

しかし、国家が学校を作ってそこで教えるようになった文法は禁止の体系である。文法は法典であり、規則であり、そこに指定された以外の可能性をめりつぶしていく言語警察制度を自らのなかに作りあげる作業である。したがって、このような精神のはたらきが、創作のいとなみと真反対のところにあることはすぐに理解できる。*アンドレ・マルチネは、「文法家こそがことばを殺す」という掲げている題名の論文を書いている。

俗語が国家の手によって国語にされたとき、そこに作り出される　A　は、もはや、ことばを扱いながらことばとは別の、作法や儀礼の書物に一歩近づいている。そこでは、おのずと生れ、内から湧き出てくることばが「語し手の介入を許さぬ」すでにできがった「国のことば」として「文法によって与えられる」ものへと造りかえられる。　A　教育とは、権威によって母語をおしつけ、自らのうちでものを言わせないように、ことばを書くということは、自分の外の、なにか決められたものによってしかおこなえないと思い込ませるしつけのことである。

この過程のなかで「文法」は不可欠の位置を占めている。すなわち、母語の文法はことばそのもののために必要なのではなく、国家とその付属設備である学校と教師のために要求されるのである。

たえず変化することによって、新しい歴史的状況（意識の変化）に適応していこうとすることばの性質に反して、文法とは、真の意味における**こと**ばを作る作業であることがわかる。すなわち、文法はその本性において、こと(ア)ばの外に立つことばを支配する道具である。ことばは現実であるのに対して文法は観念であり規範である。俗語が文法をあてがわれたとたんに、それは、何よりも地域と時代をこえて、ことばの恒常性を保つための装置であるという第二の性格をあらわにしている。俗語にもふたたびラテン語の性格が求められる。このことは、*ネブリーハの文法の序文に明瞭このうえないかたちで次のように言いあらわされている。

ちょうど、ラテン語やギリシャ語が技（arte）の下に置かれているために、何百年たってもその統一を失わないように、今もこれから先も、この言語で書かれる内容が、変らぬままに継持されて、将来ずっと理解されつづけるように、我々のこの*カスティリャ語を道具（artificio）に仕立て上げること、それが大切なのだと。

俗語文法はこうして一たび成立すると、永続的な恒常性のなかに置かれる。しかし、現実の言語は変化する。いや、変化は言語の本質に属するとさえ言えるのだ。そのために正書法、活用型式など日常言語とのあいだにかならず裂け目が

生ずる。

普通の話し手は、(イ)文法のなかに生きた話しことばの用法をつうつうかもち込んでしまって、大いにその規範をゆるがすと、言語エリートはその乱れを嘆いて、話しことばを文法に従わせようとする。文法の真骨頂が発揮されるのはこのときである。文法の安定と不変を願う気持が、それを正しいとさめ、それからの逸脱を誤りとするから、言語の変化はいつでも誤りであって、正しい変化というものは論理的にあり得なくなるであろう。そのことはつまり、(ウ)言語に関するかぎり進歩という概念はあり得ないということになる。

歴史的にみれば、話しことばは必ず書きことばに先行している。文字の起源はことばそのものの起源よりはるかに遅れてあらわれたことは、いまさらくり返して言うまでもない。しかし「口語文とはあくまで文語文のくずれ」という考え方がくり返しあらわれるのは、文法の超言語性信仰にもとづいた発言である。そして、このような信仰には深い根があって、近代日本の学校教育がはじまるとともに、ただちにひろめられた考え方なのである。

心に思くる事、人より聞きたることを、口の働によりて、人に語り伝ふる声を言葉といふ。言葉に古のと、今のとあり、古のは大かた正しく、今のは誤り多し。物に書けるは、多く古の言葉なり。凡そ御国に生れぬる人は、古の言葉のさまを、粗く知らではかなはぬなり。

　　（「帝国読本」言葉の教其一、一八九二（明治二五）年刊、傍点は田中）

日本の現代作家の、「保守的な文章の方がよく」「文語文は正しい」口語はそのくずれ」だという発言は、ここに掲げた一〇〇年昔の言いぐさのくりかえしである。現代作家が、この古い教科書を持ち出してきて、それに文献学的にあたるという周到な手続きを踏んでから、古説を現代に賦活させようとしたのではない。このとは明らかだ。そうではなく、明治以来のエリート主義的国語教育イデオロギーがそのまま、無意識のうちに残像としてしぶとく伝えつづけられているのである。

規範意識の創出に、伝統の古さが力をかしているということは、これで明らかになった。そして古いことばとは、日常の生活のなかで自然におぼえるわけにはいかず、特別に学ばなければならないというる。まさにグラマティカである。グラマティカ

カを学ぶことのできる階層すなわち言語的エリートと、そうでない日常語の平民との断層が、つねにエリートのひまつぶしのために、しためられつつ準備している。しかし、そのことはことばにあるのではなくて、文法の支配にある。

「文語からくずれてできた口語」の観念について、ここで一つ、アリーム=フリードが一八世紀の学者たちにといらせて近くことばを掲げておきたい。かれによれば当時の学者たちは、

　言語というものは、教養があって注意深い人たちが用いられればまもられるが、無教養な連中が引き起す乱れによって変えられてしまうと考えていた。だから英語のような現代語にあっても、書物や上流階級の話しことばは、よりも古く、純粋な段階を示しており、平民の「俗語」は、それが堕落しくずれていく過程で生じたものと思い込んでいた。

フリーム=フリードは、今世紀の、きわめて新しい流派の言語学者だから、今日の科学的思考から出発して、ただただ博物館的な形骸としてだけ一八世紀を回顧しているのかといえば決してそうではない。残念ながら、それはいまなお生きた思想なのである。

そのことを示すために、もう一つ、はるか昔の*ベルテン・ベウルのことばをどうしても引いておかねばならないだろう。ベウルは、さまざまな相違ぶ方言があって、そのなかから共通語や文学語の規範があらわれたのだという考え方が世に認められず、まずそのような規範言語が前以て存在したという、きわめて広くゆきわたった考えがあることを指摘したのち、

　私はこの態度の中に、文語のが本来生存権をもち、口語はそのくずれにすすぎないと思い込んでしまう昔ながらの先入観のとらわれを見るのみである。

（「言語史の原理」）

と書いている。私たちが驚くのは、ベウルがこう書いたのは一〇〇年も昔の一八八〇年のことであること、そして、それがまるで写したように、現代日本の作家や文章批判家によって、そっくりそのままくり返されていることである。言語学の技術は神経質で小心な職人たちによって、いかに細部に至るまで学ばれても、その思想の方はほとんどにも生きてはたらいてはからないのであ

２０２４年度　一般　国語

る。

（田中克彦氏の『ことばと国家』による）

＊（注）フランツ・マウトナー —— オーストリアの言語哲学者。

ソフォクレス —— ソポクレスとも。古代ギリシャの詩人。

ゲーテ —— 十八世紀ドイツの詩人。

ガストン・パリス —— 十九世紀フランスの言語学者。

パスカル —— ブレーズ・パスカル。十七世紀フランスの詩人。

ラフォンテーヌ —— ジャン・ド・ラ・フォンテーヌ。十七世紀フランスの詩人。

ボシュエ —— ジャック・ベニーニュ・ボシュエ。十七世紀フランスの神学者。

ヴォルテール —— フランスの哲学者。

ロマンティークの思想 —— ロマン主義。古典主義や教条主義に反抗し、感情や主観を重んじた一連の運動。ローマ帝国の庶民文化に端を発し、十八～十九世紀にヨーロッパを中心に流行した。

ヤーコブ・グリム —— ドイツの言語学者。グリム兄弟の兄。

アンドレ・マルチネ —— 二十世紀フランスの言語学者。

ネブリハ —— アントニオ・デ・ネブリハ。十五世紀スペインの言語学者。カスティリャ語文法をまとめた。

カスティリャ語 —— スペイン語の母体となった言語。

ブルームフィールド —— レナード・ブルームフィールド。二十世紀アメリカ合衆国の言語学者。

ヘルマン・パウル —— ドイツの言語学者。

9　文中の空欄　Ａ　に入るものとして、最も適当なものを次の中から一つ選び、その番号を解答用紙にマークせよ。

(1)　歴史

(2)　学校

(3) 思想

(4) 文法

(5) 規範

10 傍線部（ア）〈ことばの外に立つことばを支配する道具〉と対立する概念として最も適当なものを次の中から一つ選び、その番号を解答用紙にマークせよ。

(1) 俗語

(2) 規範意識

(3) 禁止の体系

(4) 超言語性信仰

(5) 古いことば

11 傍線部（イ）に〈文法のなかに生きた話しことばの用法をつらつらかも込んでしまって〉とある。文法的に誤っている話しことばが文章上に表出している例として最も適当なものを次の中から一つ選び、その番号を解答用紙にマークせよ。

(1) 天候によっては中止をせざるをえない場合がございます。

(2) 二時間ほど冷やすとおいしくいただけます。

(3) 返信メールでのお問い合わせは承りかねますのでご了承ください。

(4) 館内でのご飲食はご遠慮ください。

(5) 係員の指示に従って行動してください。

12 傍線部（ウ）〈言語に関するかぎり進歩という概念はあり得ない〉とはどういうことか。その説明として、本文の論旨に照らして、最も適当なものを次の中から一つ選び、その番号を解答用紙にマークせよ。

(1)　話しことばの文法は本来、日常生活の中で話し手が作っていくものであるがゆえに恒常性を持たず、乱れや逸脱によって生じた表現は、地域や時代を超えた言語として定着・発展させることができない、ということ。

(2)　ことばは思ったことや聞いたことを人に伝えるための道具であるが、現代のことばは方言や訛りを含んでいるため、まずは古くからのことばを学ばなければ、言語の発展と進歩は望めない、ということ。

(3)　言語は常に変化するものであり、口語文法の内的進化や新しい表現の開拓は規範からの逸脱によって生じるものだが、文法がそれを言語の乱れとして排除しようとする限り、言語は閉塞してしまう、ということ。

(4)　近代以降、新しい表現を創出できるのは、少数の教養ある言語的エリートであり、上流階級の話しことばはより純粋な段階を示すものであるが、それがくずれる過程で生じた俗語の広がりが言語の進歩を阻害している、ということ。

(5)　「古いものが正しく、今のものは訛りが多い」という「帝国読本」の考え方はいまも根強く生きた思想であるにもかかわらず、現代作家たちはこれを生かそうとせず、俗語や話しことばを作品に織り込もうとしている、ということ。

13～18　次の文章は、井原西鶴の書簡体小説『万の文反古』の序文である。この文章に関する、後の設問に答えよ。

　見苦しからぬは文章の(1)文[(ア)]にて、兼好が書き残せしは、世々のかしこき人のつくりおかれし諸々の書物、是皆人の助けとなれり。見るしきは今の世の(2)文[(イ)]なれば、心を付けて捨つべき事かし。かならず其身の恥を人に三たび見さるされけるひと也。

　すぎし年の暮に、春待つ宿のすす払ひに、鼠の引き込みし書き捨てなるを、小笹の葉すすにかけてはき集め、是もすたらず、求める人有り。それは*高津の里のほとりに、わづかの隠家付るをなひに、*かるひ取り置きを、今時*花張り貴きの形女を紙細工せられしに、塵塚のごとくなる中に、女筆も有り。また*芝居子の書ける有り。おかしき噂、かなしき沙汰、あるひは嬉しきはじめ、栄華終り、なかなかと読みつづけ行くに、*大江の橋のむかし、人の心も見えわたりて是。

* (注)　高津の里 ── 現大阪市中央区。

　　　　かるひ取り置き ── 貧しく気軽な生活ぶり。

　　　　張り貴きの形女 ── 紙を貼って作った美人形。

　　　　芝居子 ── 歌舞伎の少年俳優。

　　　　大江の橋 ──「はるかなる大江の橋は造りけん人の心も見え渡りける」(『夫木集』)をふまえた表現。

13　二重傍線部(1)「文」と(2)「文」をそれぞれ意味する言葉の組み合わせとして、最も適当なものを次の中から一つ選び、その番号を解答用紙にマークせよ。

(1) (1) 書物　　(2) 文字

(2) (1) 手紙　　(2) 学問

(3) (1) 文字　　(2) 手紙

(4) (1) 書物　　(2) 手紙

（5）（1）手紙　（2）文字

14 傍線部（1）「兼好」の書き残した作品と同じジャンルの作品として、最も適当なものを次の中から一つ選び、その番号を解答用紙にマークせよ。

（1）好色一代男　（2）太平記　（3）奥の細道

（4）今昔物語集　（5）枕草子

15 二重傍線部（ア）「れ」（イ）「べき」と同じ意味用法のものの組み合わせとして、最も適当なものを次の中から一つ選び、その番号を解答用紙にマークせよ。

（1）（ア）われ人にも思はれむ。

　　（イ）羽なければ、空くもあがるべからず。

（2）（ア）なぞ、から屋きにこの格子は下されたる。

　　（イ）人の死を憎まば、生を愛すべし。

（3）（ア）南ははるかに、野の方見やらる。

　　（イ）「この一矢に定むべし」と思へ。

（4）（ア）心なき身にもあはれは知られけり

　　（イ）空よりも落ちぬべき心地す。

16 傍線部（2）「すす払ひ」の行われたのは何月か。最も適当なものを次の中から一つ選び、その番号を解答用紙にマークせよ。

（1）如月　（2）水無月　（3）文月　（4）神無月　（5）師走

17 波線部のように筆者が言う理由として、最も適当なものを次の中から一つ選び、その番号を解答用紙にマークせよ。

(1)　たくさん残っていては、それだけで見苦しいものだから。

(2)　後々読んでも全く役にたたないものだから。

(3)　後世にまで隠しておきたい事情が記されているから。

(4)　ついつい思い出や証拠にと残してしまうから。

(5)　紙は大切なもので再利用されるから。

18　井原西鶴が書簡体小説を書いた理由として、最も適当なものはどれか。次の中から一つ選び、その番号を解答用紙にマークせよ。

(1)　手紙は書き手の秘密をそこにしのばせることができるので、読者の興味をひきやすいから。

(2)　手紙は格式ばったものではないので、気軽に読める内容が多いから。

(3)　手紙は誰でも書くものなので、さまざまな人物を登場させられるから。

(4)　手紙の紙は資源でもあったので、記録として残りやすいものであったから。

(5)　手紙は秘匿性が高いので、人間心理の赤裸々な部分を描きやすいから。

19〜30　前漢時代の首都長安の逸話集である『西京雑記』には次のような話がある（要約）。

　元帝の後宮には宮女がたくさんいたため、皇帝は絵師に宮女たちの顔かたちを描かせて、その絵をもとに女性を選んだが、宮女たちは皆、絵師に賄賂を贈り、描いてもらった。ただ一人王昭君だけはそういうことはしなかった。匈奴の王が、漢王朝に対して妃とするための女性を求めたときに、皇帝は絵をもとに王昭君を選んだが、匈奴の地に出発するにあたって召してみると、容貌は後宮一であったし、ふるまいも素晴らしかった。皇帝はたいそう後悔したが、時すでに遅し。後日、事の経緯を調査して、絵師たちを皆処刑したのであった。

　以上のような王昭君の物語は、人口に膾炙し、中国のみならず日本においても多くの詩人および歌人たちによって詠まれることとなった。次に挙げたのは、そのいくつかの例である。これらを読んで、後の設問に答えよ。

李白「王昭君」（『楽府詩集』）＊

昭君、払二玉鞍一上レ馬啼二紅頰一

今日、[a]宮人入ナルモ明朝、[b]地ノ妾タラン

白居易「王昭君」（『楽府詩集』）＊

満レ面ニ[c]沙満ツル鬢ニ風眉ハ銷二残黛一臉ハ銷レ紅ヲ

愁苦辛勤憔悴尽　如今却似画図中

嵯峨天皇「王昭君」(『文華秀麗集』)

弱歳辞[d]闕　合悲入[e]関
天涯千万里　一去更無還
沙漠壊蟬鬢　風霜残玉顔
唯余長安[ア]　照送幾重山

大江朝綱「王昭君」(『和漢朗詠集』)

翠黛紅顔錦繍粧　泣尋沙塞出家郷
辺風吹断秋心緒　隴水流添夜涙行
[f]角一声霜後夢　[g]宮万里[イ]前腸
昭君若贈黄金賂　定是終身奉帝王

赤染衛門* 「王昭君をよめる」（『後拾遺和歌集』）

なげきこし道の露にもまさりけりなれにし里を恋ふる［イ］は

僧都懐寿* 「王昭君をよめる」（『後拾遺和歌集』）

思ひきや古き［ウ］をたちはなれこの国人にならむものとは

懐円法師* 「王昭君をよめる」（『後拾遺和歌集』）

見るからに［エ］の影のつらきかななからぞりせばかからましやは

藤原為忠「王昭君」（『為忠家初度百首』）

心にもあらぬ雲井にきてみれば　ア　ばかりぞかはらざりけれ

藤原俊成「王昭君」（『為忠家初度百首』）

ゆきすぐる　ア　の柱の声のみやみやしよの人にあふ心地する

＊（注）　李白——中国・盛唐の詩人。

黒白居易——中国・中唐の詩人。

沙——砂。

鬢——頭の左右側面の髪。

黛——まゆずみ。墨で描いた眉。

臉——ほお。

如今——いま。現在。

嵯峨天皇——日本・平安時代の天皇。

闕——宮城の門。あるいは宮城。

天涯——天のはて。きわめて遠いところ。

蝉鬢——蝉の羽のように透きとおって見える鬢。女の美しい髪のたとえ。

大江朝綱——日本・平安時代の漢詩人・学者。

翠黛——みどりのまゆずみ。またそのまゆずみで描いた美しい眉。

繍 —— 刺繍した織物。にしき。

心緒 —— 心に思っていること。気持ち。

隴水 —— 西域の隴山から流れる川。

角 —— つので作った笛。

赤染衛門 —— 日本・平安時代の歌人。

惠慶 —— 日本・平安時代の僧。

惠円 —— 日本・平安時代の僧。

藤原為忠 —— 日本・平安時代の歌人。

藤原俊成 —— 日本・平安・鎌倉時代の歌人。

|19|20|21|22|23|24|25| 空欄 a から g には「胡」「漢」のいずれかが入る。それぞれに最も適当なものとして、「胡」の場合は1を、「漢」の場合は2を、解答用紙にマークせよ。

|19| 空欄 a

|20| 空欄 b

|21| 空欄 c

|22| 空欄 d

|23| 空欄 e

|24| 空欄 f

|25| 空欄 g

26 空欄 ア に入る言葉として、最も適当なものを次の中から一つ選び、その番号を解答用紙にマークせよ。

(1) 月

(2) 日

(3) 水

(4) 山

(5) 河

27 **28** **29** 空欄 イ ・ ウ ・ エ には「みやこ」「なみだ」「かがみ」のいずれかが入る。それぞれに最も適当なものとして、「みやこ」の場合は1を、「なみだ」の場合は2を、「かがみ」の場合は3を、解答用紙にマークせよ。

27 空欄 イ

28 空欄 ウ

29 空欄 エ

30　傍線部「如今却似画図中」の意味することとして最も適当なものを次の中から一つ選び、その番号を解答用紙にマークせよ。

(1)　今となっては、絵師が描いたあの醜い姿にそっくりになってしまった。

(2)　今さらではあるが、醜かったとしても絵師が描いた絵に似ていればよかった。

(3)　今になって、醜い姿であっても、絵師が描いた絵の中に入ってしまいたい。

(4)　今更後悔しても遅いが、絵師に賄賂を贈って自分に似せて描いてもらうべきだった。

(5)　今のように、絵師の絵に似た姿になってしまえば、かえってよかったのに。

小 論 文

$\binom{40分}{解答例省略}$

（注）　• 解答は，横書きとし，段落の最初は１マス開け，適切に改行を行
　　　　うこと。
　　　• 解答用紙は１行25字詰×32行（800字）。

課題：防衛大学校は，将来の自衛隊における幹部自衛官を養成する学
校です。自衛隊の任務を考え，自衛隊の幹部が一般の会社の幹部と何
が違うかを述べて，将来自衛隊の幹部になるために，これから防衛大
学校で何を学んで行かなければならないかについて述べよ。

解 答 編

英 語

① 解答　1—(B)　2—(C)　3—(D)　4—(A)　5—(D)　6—(B)
7—(A)　8—(D)　9—(B)　10—(C)　11—(B)　12—(A)
13—(B)　14—(C)　15—(A)　16—(A)　17—(B)

=== 解説 ===

1　「このレシピではバターの代わりにマーガリンを使うことができますよ」

(B)in place of ～「～の代わりに」が文脈に合う。(A)in case of ～「～の場合に備えて」　(C)in spite of ～「～にもかかわらず」　(D)in charge of ～「～に責任があって」

2　「調査中にいくつかの興味深い事実が明るみに出てきた」

S come to light. は文字通り「光のあるところにSがやってくる」とイメージできる表現で，隠されていた真相が発覚する場面でよく使われる。

3　「彼の少ない給料で生活していくのはかなり大変だよ」

salary の程度は large や small で表現するのが一般的。(C)plentiful「十分な」もコロケーション的には修飾可能だが，前半の生活苦を嘆く内容と矛盾してしまう。

4　「私はひどい風邪を引いてふせっており，高熱の状態だ」

come down with ～「(病気) にかかり寝込む」の意味になる(A)が文脈に合う。(B)catch up with ～「～に追いつく」　(C)S occur to ～「S (事柄) が～の心に思い浮かぶ」　(D)fall to ～「～を始める」

5　「女子マラソンでは，ナオコとハナコがそれぞれ1位と2位でゴールした」

複数の人・物の個々の動きを表現するには(D)respectively「各々に」が適

している。(A)assembly「集会」　(B)abundantly「豊富に」　(C)redundantly「冗長に」

6　「私どもの学校は毎朝 6 時に始まります。あなたは早起きに慣れるまでは大変な時をお過ごしになるでしょうね」

　get used to *doing* で「〜に慣れる」という表現。to は前置詞なので，後に動名詞が来ることに注意。従属接続詞 until によって導かれる節は〈時や条件を表す副詞節の中では未来の内容は現在形で表す〉の法則に従い，現在形の(B)が適切となる。

7　「時間がほとんどなかったので，タローは宿題を完成させることができなかった」

　文法的には「時間」という意味の time は不可算名詞なので，可算名詞複数形を修飾する a few を含む(B)と(D)は無条件に不可となり，準否定形容詞の little「ほとんど〜ない」で修飾することになる。次に文意のつながりに注目すると，「時間がほとんどなかった」（理由）→「宿題を完成できなかった」（結果）のつながりより，理由を表す接続詞を内包した分詞構文(A)がよいとわかる。元は Because he had little time, … という形だったのが，①接続詞 because 省略，②主節と従属節の主語が同じなので he を省略，③主節と従属節の動詞の時制が過去形で同じなので had を現在分詞の having へと変化，という手順を踏めば自動的に分詞構文が出来上がる。

8　「ギターを弾くということになると，彼の右に出るものは誰もいない」

　When it comes to 〜「〜ということになると」の成句となる(D)が正解。この it は状況を表すもので，具体的なものを指しているのではない。

9　「大部分の幼い子供のように，私の息子はしなければならないことを命じられることに対して抵抗する」

　他動詞 resist「〜に抵抗する」は不定詞ではなく動名詞を目的語に取る。目的語部分は，能動態 They(S) tell(V) my son(O₁) what to do(O₂) の受動態 My son is told what to do の be 動詞 is が動名詞 being になり，述部全体が目的語に収まった形の(B)が正解である。say は人を目的語に取れない上に，疑問詞を用いた間接疑問文を目的語として置くことはできないので，(D)は不可となる。

10　「このチケットは 1 回の入場のみ有効で，期限日に従います」

be subject to ～「(条件や規則)に従わなければならない」の意味を持つ(C)が文脈に合い正解。(A)object to ～「～に反対する」 (B)be obedient to ～「～に従順な，忠実な」 (D)subscribe to ～「～を予約購読する」

11 「その計画は直ちに実行に移されるべきだと営業部長は提案した」

propose に代表される要求動詞は目的語の名詞節を導く that の中に助動詞 should を伴うが，時代の流れとともに should は省略され the plan (should) be put into practice … というように助動詞の後の動詞は原形になるという影響力だけを残すようになった構文。

12 「バチカン市国は，面積と人口の観点から言えば世界の他のどのような独立国家よりも小さい」

〈比較級＋than any other＋単数名詞〉は「他のどんな～よりも…な」という意味の，比較級の形で最上級の内容を伝える表現。(B)は the smallest of all the independent states の形であれば正解だった。

13 「トイレのドアの表示が『使用中』となっていれば，それは誰かがそこを使っているということを意味する」

(B)は他動詞 occupy「～を占拠する」を用いた受動態を，状況を端的に表すため (A rest room is) occupied (now.) と極限まで短縮したものである。(A)VACANT「空き」は反対の状況。(C)LIMITED「制限中で」 (D)KEEP OFF「立ち入り禁止」

14 「A：彼は以前東京へ行ったことがあるのかしら？」「B：彼，行ったことがあるって僕に言ったよ」「A：それならどこに原宿があるのか知っているに違いないわね」「B：きっと知っているはずだよ」

英語には，会話中相手が直前に言った内容は極力繰り返さないという性質がある。本問では，元の形 I'm sure (that) he <u>knows where Harajuku is.</u> を再現した上で，直前の相手のセリフの繰り返しになる下線部を代動詞 does で受けたと考えるとよい。(A)What's wrong?「どうかしましたか？」 (B)I haven't (known where Harajuku is), either.「私もそうした(＝原宿がどこにあるか知った)ことがない」 (D)I'll see what I can do.「私にできることがあるか検討してみましょう」は会話の流れに合わない。

15 「A：やあ，アンディ，ごめんね，遅れちゃった」「B：そんなのいいよ。私もちょうどどこに着いたばかりだから」

待ち合わせに遅れてきたことを詫びる相手にかける一言を選ぶ問題。そ

の直後に「着いたばかり」と相手をおもんぱかるセリフが続くことから，気遣いが伝わる⑷That's all right.「それは大丈夫」がよい。⑻That's too bad.「それはいけませんね」では気遣いが感じられない。⒞は will を使った否定文の後に続けるセリフ（例　A：I won't attend the meeting.「僕はその会議には出席しないつもりだ」　B：Neither will I.「私も出席しないわ」）なので，合わない。⑽Where can I pick you up?「どこに君を車で迎えに行けばいい？」は全く会話の流れに合ってない。

16　「A：すみません，この席はもう取られてますか？」「B：いいえ，私のかばんを移動させてくださいね」「A：ありがとうございます」

　これから誰かが隣の席に座りに来るかというAの問いに対し，否定した後に続けるBのセリフを推測する。その後Aが礼を述べるということは，Bはその席にAが座れるようにしたことになるので，⑷「私のかばんを移動させてくださいね」が適切となる。使役動詞構文 Let(V) me(O) move my bag(C). を見抜くこと。⑻What do you have?「何をお持ちですか？」　⒞I beg your pardon?「もう一度おっしゃってくださいませんか？」　⑽It's none of your business.「あなたには何の関わりもありませんよ」では不自然な会話になってしまう。

17　「A：東京から福岡へのチケットの予約をしたいのですが」「B：承知いたしました。片道でしょうか，それとも往復でしょうか？」

　「往復旅程（切符）」は（a）round trip（ticket）という定型表現である。（a）one way（ticket）「片道旅程（切符）」とあわせて覚えておきたい。

 **2** **解答**　18—(A)　19—(D)　20—(D)　21—(C)　22—(E)　23—(A)　24—(B)　25—(E)　26—(E)　27—(C)　28—(D)　29—(F)　30—(E)　31—(G)

========== 解　説 ==========

18/19　(I think we) should have Lucy do the job since she (is one of the most dependable colleagues we have.)「ルーシーは最も頼りがいのあるわれらが同僚のうちの一人であるので，彼女にその仕事をしてもらうべきだと私は考える」

　文の幹は〈I think (that)＋完全文〉であり，まずは省略された that 以下の主節の使役動詞構文 have O do「Oに～してもらう」を完成させる

とよい。能動の意味を持つ補語には原形不定詞が来ることに注意しよう。次に、理由を表す従属接続詞 since の後に主語の she を置くと、与えられた文末までの部分とあわせて完全文が完成する。

20/21 (They're) obliged to <u>follow</u> whatever <u>decision</u> the board makes(.)「彼らには委員会が下したいかなる決定にも従う義務がある」

　まずは be obliged to *do*「〜する義務がある」の *do* の部分に follow「〜に従う」を入れて動詞部分を完成させ、次に目的語の部分に複合関係形容詞 whatever の名詞節構文を入れるとよい。元は The board makes this decision. という形だったのが、this の部分が whatever に変わり、修飾していた名詞 decision を伴って文頭へ移動したと考えるとわかりやすい。意味的には whatever は名詞節では「〜するものは〔を〕何でも」、副詞節では「何を〔が〕〜しても」の譲歩の意味であると区別しよう。

22/23 (I want to get a self-driving electric car) because I <u>can</u> <u>hardly</u> stand <u>riding</u> crowded trains (every morning.)「ぼくは自動運転式の電気自動車を手に入れたいなあ。だって毎朝混み合った電車に乗ることがほとんど耐えられなくなってるんだもの」

　主節部分はすでに問題文として与えられているので、理由を表す従属接続詞 because を置き、完全文を後続させるとよい。stand *doing*「〜することに耐える」に助動詞 can を添え、動名詞部分に他動詞 ride「〜に乗る」の動名詞 riding を置くと、自然に目的語の crowded trains「混雑した電車」が続く。後は準否定の副詞 hardly「ほとんど〜しない」を英文として自然な位置に挿入すると完成である。

24/25 (You must immediately) notify the police <u>of</u> the location of <u>the explosion</u> and obey (their instructions.)「あなたは即座に警察に爆発の場所を知らせて、彼らの指示に従わなくてはいけません」

　notify *A* of *B*「*A* に *B* を知らせる」の構文がひらめくかが解法のポイント。*A* =警察、*B* =爆発現場を当てはめ、等位接続詞 and で must の後に続く 2 つ目の動詞 obey「〜に従う」を並べて目的語 their instructions を付ければよい。

26/27 (The ship turned upside down and many passengers were thrown into the sea. They were) warned to <u>swim</u> away <u>from</u> the sinking ship(.)「その船は転覆して多くの乗客は海に投げ出された。彼ら

は沈みゆく船から泳いで離れるようにと警告を受けた」

　まず問題文として与えられた前半の英文から，船が転覆して乗客が海に投げ出されたという危険な状況を理解し，次に文頭の They は many passengers を指すという 2 点を把握しよう。be warned to *do*「〜するように警告を受ける」の動詞部分に swim away from 〜「〜から泳いで去る」が入ることがわかれば，自動詞 sink の現在分詞が修飾された the sinking ship「沈みゆく船」がその後に来るのは自明の理である。

28/29 (A century ago a Swedish industrialist) left money <u>to</u> establish <u>a</u> set of awards (intended to recognize important creative spirits.)「1 世紀前，一人のスウェーデン人の実業家が重要な創造精神を認識することを意図して，一連の賞を設立するための資金を残した」

　文の構造自体は a Swedish industrialist(S) left(V) money(O) というシンプルな第 3 文型である。その後は不定詞の形容詞的用法で目的を表す to establish(V') a set of awards(O') が続き，さらにその後には be intended to *do*「〜することを意図する」の *do* の部分に recognize(V") important creative spirits(O") が入り込み，文末までの分詞構文となっている。元は and he was intended to 〜 という形だったのが，大問 1 **7** と同様分詞構文の法則に従い，接続詞の and が省略，同一主語の he が省略，was が現在分詞の being に変化した後省略された，という過程を経たと考えるとよい。

30/31 (Finland is in many ways a) vivid example <u>of</u> what <u>the United Nations</u> stands for (— a tolerant, peaceful, and multicultural society built on democratic values.)「フィンランドは多くの点において国連が表すものの鮮明な例である。つまり民主主義的な価値観に基づいて築かれた，忍耐力のある，平和的な，そして多文化的な社会なのである」

　文の構造は，挿入された in many ways を省くと Finland(S) is(V) a vivid example(C) という第 2 文型である。次に「鮮明な例」を説明するための前置詞 of に導かれる部分の仕組みを理解するとよい。この文は元々① a vivid example of the thing，② the United Nations stands for the thing の 2 つに分かれていて，共通語がそれぞれ① the thing →先行詞，② the thing →関係代名詞 which となり，①＋②で a vivid example of the thing which the United Nations stands for となった。ここで the thing which を，先行詞と関係代名詞の2つの要素を合わせ持つ関係代名詞 what に置き換えると，解答の文が出来上がる。

③　解　答　　32—(B)　33—(A)　34—(A)
　　　　　　　　35—(B)　36—(C)　37—(A)

·················· 全 訳 ··················

[ア]《日本の会議と西洋のミーティングの違いとは》

〈1〉　日本の企業組織における「会議」は，外見上は西洋の企業組織のビジネスミーティングやカンファレンスに似ているように思われる。しかしながら，会議は典型的な西洋式のミーティングとはその目的，進行，議論の内容，そして出席者の参加においてかなり異なっている。一般的に言って，西洋式のビジネスミーティングの目的は対面の状況下において決断を下す手助けをすることである。対照的に日本式のビジネスミーティングは徹底的な「根回し」を通じて非公式にすでに決められていることを正式に認証するための機会である。多くの事例においては，質問をしてある部分について議論するという儀式を日本人の会議参加者は経験する。しかし実は彼らは単にあらかじめ議論されたり同意されたりしてきたことを言っているだけにすぎないのだ。そして実際の会議の間，参加者の中のいかなる者からの予期せぬ質問や強い反対も彼らは欲しないのである。

〈2〉　西洋の文化的状況においては，ミーティングに先立って非公式に合意された事柄について心変わりをすることは，もしさらによい考えや新しい説得力のある証拠が提示されるのであれば，受け入れ可能なことである。日本の文化的状況においては，しかしながら，そのような心変わりは深刻な社会的違反であり，個人間の信頼の裏切りなのである。非公式な相談中に達せられたあらゆる合意は，かたい約束と見なされるのである。それは，西洋人の会社員が参加者と「連絡を取る」過程でたいてい手に入れようとする，暫定的な約束や個人的な意見とは異なるのである。

[イ]《エジソンを照明開発へ向かわせたもの》

〈1〉　トーマス＝エジソンは電気照明を発明しなかった。1806年，その発明家が生まれるたっぷり40年前，きわめて優秀な英国の科学者であるハンフリー＝デービー卿は王立協会に電気アーク灯を実際に動かして説明した。それは硫酸電池の列に針金で取り付けられた2つの炭素棒から成っていた。

その棒が互いに近く引き寄せられたとき，閃光がその棒の間に橋を架け，まばゆい光の弧を生み出すのだ。

〈2〉　これは最も初期の電気照明であったのかもしれない。しかしながらそれは，商業的価値のある物にはなり損ねた。電池は扱いにくく危険であり，炭素棒は急速に燃え尽きてしまった。しかし，実用的な発電機が 1860 年代と 1870 年代に現れ始めるにつれて，何人かの発明家が自分自身のアーク灯の特許を得るようになった。これらでさえも，しかしながら，限られた市場しか持たなかった。それらの明るい光のために，アーク灯はサーチライトとしてや他の屋外装置に対しては役に立つようになったのだが，その一方で，照明が一番必要とされる屋内という場所で役に立たなかったのである。それにもかかわらず，数えきれないほどの発明家が電灯に対する商業的な未来を心に描き続けた。このささやかな集団の中にトーマス＝エジソンがいた。彼は 1878 年のある日，ウィリアム＝ウォレスの工房を訪れた。職業は真鍮と銅の鋳物師であるのだが，ウォレスはまた兼業の発明家でもあった。電気の革新者であるモーゼス＝ファーマーによる援助を受けて，ウォレスは電気アーク灯のシステムに取り組んできていたのであった。エジソンがウォレスとファーマーを訪問したのは，彼らがアーク灯の突破口となる型を持っていたからではなく，――彼らはそんなものは持っていなかった――彼らの発電システムは多くのそのような照明に同時に電力を与えることが可能だったからである。

〈3〉　実際にエジソンは自分が見たものに感銘を受けていた。その発電機は 8 個の照明器を明るく灯したのである。彼が 1 カ月後，『ニューヨーク・サン』誌の記者に対して説明したとき，このように言った。「私は初めてすべてが実用的な作動になっているのを見ました。それはすべて私の目の前にありました。私は物事がそれほどまでには進んでないけれども，私にはチャンスがあるとわかったのです。私はそれまで行われていたことは実用的に役に立つように作られていたことは一度もなかったのだということを理解しました。その強い光は個人の家の中に持ち込むために細分化されたことはありませんでした」　この洞察を伴い，エジソンは細分光システムについて取り組み始めたのだった。

解　説

32　第 1 段第 1 文（*Kaigi* in Japanese …）で日本の「会議」と西洋のビ

ジネスミーティングが一見して類似しているかのように見えると述べた後，第2文の文頭で逆接の副詞 However を置き，その二者の相違点を説明していく流れである。その後は「会議」と「ビジネスミーティング」の違いを説明することになるのは明らかなので，差異を浮かび上がらせる(B)In contrast「対照的に」が適切となる。(A)Similarly「似たように」　(C)Therefore「それゆえに」　(D)For example「例えば」

33　日本の「会議」に関する説明が続く文脈。第1段第5文（In many instances, …）では西洋式と同じように日本の会議でも質問や議論を経るとしながらも，逆接の接続詞 But で受けて，実際の会議では予期せぬ質問や強い反対は望まれないと話が展開していくことから，日本人はどのような様子で会議中「前もって議論されたり合意されたりしたことを言う」のかといえば，副詞(A)merely「単に〜にすぎない」が，形骸化された日本の会議の様子を一番よく表すことができるとわかる。(B)prematurely「未熟に」　(C)scarcely「ほとんど〜ない」　(D)slightly「わずかに」

34　日本式会議と西洋式ビジネスミーティングの対照性を繰り返す文脈を読み取るとよい。西洋では会議が始まる前に合意していたことから翻意しても受け入れられるが，日本ではどういうことが深刻な社会的違反で個人間の裏切りになるのかと考えると，同じ事柄が文化の違いによって全く違う意味になるという文脈から，(A)such changing of one's mind「そのような心変わり」が適しているとわかる。

35　空所は It failed to be of commercial value.「それ（＝電気アーク灯）は商業的価値のある物にはなり損ねた」に挿入される形となっている。空所を含む文の前文では，「電気アーク灯が最初の電灯」とあるが，空所を含む文以降アーク灯の照明としての実用的利用は困難であった状況が述べられていることより，正の状況から負の状況へと内容の逆転が起こることを示す逆接の副詞(B)however がよいとわかる。

36　実用的な発電機の登場に伴い，一部の発明家が自作のアーク灯の特許を得たものの，光が強すぎて需要が高い屋内では役に立たなかったという負の流れを，Nevertheless「それにもかかわらず」が打ち消すことから，電灯製造に対する発明家の意気込みは強まる方向へ行くということを示す(C)「数えきれないほどの発明家が電灯に対する商業的な未来を心に描き続けた」が適している。その次の文の this modest crowd「このささやかな

集団」は，この発明家たちのことを指している。

37　直前の第2段の終わり部分には，トーマス＝エジソンがウィリアム＝ウォレスとモーゼス＝ファーマーの工房を，何本ものアーク電灯に同時に電気を送る様子を見学するために訪問したとある。第3段は1カ月後にエジソン自らがその時の様子や感想を記者に語る内容である。最終文（With this insight, …）に「この洞察を伴い，エジソンは細分光システムについて取り組み始めた」とあることからも，この訪問がその後のエジソンの発明のきっかけとなったことを示す(A)「エジソンは自分が見たことに感銘を受けた」が適切である。

(B)「エジソンは彼らの方法にほとんど関心を持たなかった」　(A)と正反対の内容なので不一致。

(C)「このようにしてエジソンは一般大衆を驚かせたのだった」　この時点ではアーク灯の実用化に向けてのヒントを得たばかりなので，不一致と見なされる。

(D)「このときこそが最初の電灯が発明された瞬間であった」　第3段最終文（With this insight, …）より，この訪問はエジソンに実用的なアーク灯の開発に取り組むきっかけを与えたことがわかるので不適である。

④　**解 答**　**38**—(D)　**39**—(D)　**40**—(C)　**41**—(D)　**42**—(C)

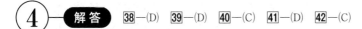

················ **全 訳** ················

《米国野球と日系アメリカ人野球チーム》

〈1〉　野球は，言われていることには，私たちの国の魂を映し出すスポーツである。それは私たちの神聖な「国家的な娯楽」であり，民主主義，公正なプレー，そして公平な機会といった，アメリカが提供できる最良のものを象徴するゲームなのだ。事実，野球とアメリカはとても密接にからみ合うものであるので，多くの人々が私たちは他方を知ることなしには一方を知ることはできないのだと信じている。ことわざが表すように，「アメリカの心や精神を知りたいと思う人ならだれでも，野球を学んだ方がよい」のである。

〈2〉　「アメリカの心や精神」を理解する難問に取り組んできた多くの人々にとって，野球は実に肥沃な土地であることが判明してきた。野球という小

宇宙の内部で，スコアブック（両チームの全選手名とポジション，打撃，守備内容を略語で示した表）が明らかにするものよりもさらにもっと説得力のある物語を，私たちは発見するのである。自国の過去のはるか遠くの片隅まで見入ることや，ヒーローや悪役や一般の人々の行いを目撃することが私たちにはできるのである。戦争や建国の苦闘について，そして極端な経済不況や信じられないほどの巨万の富について私たちは学ぶのだ。野球を通じて自らの野望や勝利，自らの欠点や恐れ，自らの希望や自らの夢について私たちは学ぶのである。

〈3〉　野球は私たちにベーブ＝ルースを授けてくれたゲームであるのだが，彼は典型的な「極貧から大金持ちになった」ヒーローであり，野球——そして広義ではアメリカ——は挑戦するすべての者に成功する機会を与えてくれるという不朽の神話を体現したのであった。アメリカにおいてはあなたの出身がどこであるか，あなたの外見がどのようであるか，あなたがどのくらいの額の金を持っているかということは，あなたがそのゲーム（＝野球）をプレーすることができる限り問題ではないのだ，ということをベーブ＝ルースの神話は証明していると私たちは言われている。

〈4〉　しかし，その神話がどれほど説得力のあるものだとしても，アメリカは現在，そして昔から今に至るまでずっと，ルールに従ってプレーするすべての者に対して成功が保証されているわけではない複雑な場所である。結局のところ，ケン＝バーンズが観察するように「野球の物語はまたアメリカにおける人種の物語でもあるのである」。その約束にもかかわらず，野球（そしてアメリカ）はあなたがどこ出身で，あなたの外見がどのようなものであるのかということを，実際問題として考慮に入れているのである。

〈5〉　日系アメリカ人野球はそれゆえに偉大な選手や並外れた試合にあふれた物語を超越するものなのである。それは，アメリカにおける日本人の経験を定義してきた差別と受容の一時代を包含する歴史を有する。中核部分においては，日系アメリカ人野球は誇りと可能性について雄弁な声明をなし，そして真に100年間にわたってアメリカの約束を実現しようと模索してきた共同体の「心と精神」を反映するものとなっているのだ。

〈6〉　19世紀末の数十年間に日本の移民たちが太平洋を横断してアメリカへ到達する航海を果たしたとき，彼らは成功の夢を携えてきただけではなく，野球に対する知識と理解をその発祥の国へと帰還させたのである。この知

識は彼らを当時の他の移民たちの間でも突出した存在にさせた，というのも，世界の大部分の国々はそれより以前にアメリカの国民的ゲームに対しては触れることが全くなかったからである。

〈7〉　日本は対照的に，野心にあふれた年代である明治時代の間の 1870 年代には野球を取り入れてしまっていたのだが，その頃は最新の時代の必要性に適応するために国民意識を再構築しているところであった。野球は 2 つの文化の懸け橋としてみなされていた，というのも野球は調和，忍耐，そして自制というような日本的価値を体現している一方で，台頭していく西洋諸国の理想や精神を同時に反映していたからであった。

〈8〉　野球に関してそのような強い関心を持った国からやってきたのであるから，一世（日本人移民）が合衆国に入植した後間もなく，彼ら自身のチームを立ち上げたのは驚くべきことではない。1899 年に，知られている最初の日系アメリカ人チーム——エクセルシオールズ——はホノルルで結成された。10 年も経たないうちに，さらにもっと多くのチームが島々をめぐり結成されて，非常に競争の熾烈なリーグが発達していった。ハワイの社会の民族的区分を反映して，これらのリーグは民族の系統に沿って形成され，日系アメリカ人チームが中国系アメリカ人チーム，ポルトガル人チーム，ハワイ原住民チーム，そしてハオレ（非ハワイ原住民である白人）チームと競い合うこととなった。

〈9〉　知られている最も初期の本土での日系アメリカ人野球チームはサンフランシスコフジイクラブであり，それは現代のワールドシリーズの最初の年である 1903 年に結成された一世の選手のチームであった。合衆国全土の日系アメリカ人の人口が大きくなった他の都市でも，この頃一世のチームが発展した。例えばシアトル，ロサンゼルス，そしてホノルルはすべて 1905 年までにはチームを持ち，1910 年までにはリーグを組織立てていた。

〈10〉　これらの初期のチームは，当初は主に非常に必要とされていた娯楽を望む選手たちの楽しみのために組織化された。しかし，他の動機もまたあった。多くの一世は日本人の移民の共同体と支配的な白人社会の間の共通の絆を野球は与えることができると気付いていたのである。共有された野球愛を通じて，意思の疎通とおそらくは敬意さえも構築され得るということが望まれていた。しかし単独的な事例を除いて，これらの外交的な目標はいつも野球を通じて達成されるというわけではなかった。完全なアメリカ

式の真剣さと能力を備えて野球をしているにもかかわらず，日本人の移民たちは，容易に克服されることのできない一般大衆からの敵意に直面し続けたのである。

================= 解説 =================

38　第1段第1文（Baseball, it is …）では「野球がアメリカの魂を表す」，第2文（It is our …）では野球はアメリカが持つ最良のものを象徴する「国家的な娯楽」だとある。下線部は one ～ the other …「（二者のうち）一方は～でもう一方は…だ」の構文を見抜き，野球とアメリカの二者は表裏一体で切り離せないものであると考えると，一番近いのは(D)となる。

39　下線部の元となるのが第3段第2文 The legend of Babe Ruth「ベーブ＝ルースの伝説」であり，その内容は目的語の that 以下に「アメリカにおいてはあなたの出身がどこであるか，あなたの外見がどのようであるか，あなたがどのくらいの額の金を持っているかということは，あなたがそのゲームをプレーすることができる限り問題はない」と表されている。これとあわせて第3段第1文（Baseball is …）にベーブ＝ルースは「不朽の神話を体現した」者とあり，その直後に同格の that で内容が「野球──そして広義ではアメリカ──は挑戦するすべての者に成功する機会を与えてくれる」と説明されている。これらと同じ内容は(D)となる。

40　1870年代という最新の時代に適応した新しい国民意識を構築しようとする野望に満ちた明治時代に日本が野球を取り入れた理由については，第7段第2文（Baseball was seen …）に明記されており，(C)「日本の価値観を体現する一方で西洋の精神と理想をも同時に反映するという点において，野球は2つの文化の懸け橋として見なされていた」の内容と一致している。

41　19世紀最後の数十年間に日本人移民が他国からの移民よりも突出した存在であった理由は第6段（When Japanese immigrants …）に明記されており，(D)がその内容と一致している。

42　(C)「1899年のエクセルシオールズの組織化に続いて，さらにもっと多くのチームがハワイ諸島を通じて結成され民族の系統に沿って非常に競争の熾烈なリーグが発展した」は第8段（Coming from …）の内容のまとめとして最適。

(A)エクセルシオールズは，第8段第2文（In 1899, …）に1899年結成と

あり，サンフランシスコフジイクラブよりも早く結成されているため不適。

(B)第6段第1文（When Japanese …）後半は，not only *A*（but also）*B*「*A* だけでなく *B* もまた」の構文で，日本人移民が祖国から携えてきた2つのものを表現している。*B* にあたる部分 brought a knowledge and appreciation for baseball back to the land of its origins は，its が baseball's を指していることを見抜けば，明治時代の 1870 年代にアメリカから日本にもたらされた野球の知識や理解を，1890 年代以降日本人の移民たちが発祥の地であるアメリカに持ち込んでいったということが理解できるだろう。

(D)最終段の第3文以降（Many Issei were … be overcome.）の内容をよく読み取ること。第3・4文では日本人移民たちが野球を通じて実現したかったことが記されているが，第5・6文（However, except … be overcome.）ではそれを打ち消す厳しい現実が描写されている。

解答　43—(C)　44—(D)　45—(B)　46—(A)　47—(F)　48—(B)　49—(B)　50—(D)

⋯⋯⋯⋯⋯⋯⋯⋯⋯⋯⋯⋯⋯⋯⋯ **全 訳** ⋯⋯⋯⋯⋯⋯⋯⋯⋯⋯⋯⋯⋯⋯⋯

《運動する気持ちを誘発する腸内細菌類》

〈1〉　ネズミの中には他のネズミよりも運動輪の上を走る傾向がさらに大きいものがいる。それはつまり，最近の研究によると，これらのネズミは脳に信号を送り運動したいという欲望を増加させる助けを行う腸の中に存在する細菌種を持っているからだということだ。同じことが人間に対しても当てはまるというのはありえるのだろうか？

〈2〉　定期的な運動は健康によく，多くの病気の危険性を減らしてくれるということが長い間知られている。しかしながら，身体的活動の不足は世界的に6～10％の若死にや冠動脈性心疾患や2型糖尿病，乳がん，そして結腸がんを引き起こすにもかかわらず，80％を超える大人は推奨されている週当たり 150 分をやりくりせずにいる。事実，不活発なライフスタイルは世界中で上位4番目の死因と見なされているのだ。

〈3〉　しかし，他の人々よりも多く運動するようにと一部の人に動機付けをする要因はあまりよく理解されていない。運動は腸内の微生物叢に影響を与える。しかし，どのようにしてその微生物叢が直接運動行動に影響を与え

るのかということは明らかではない。その2つには関連があるという暗示はあった。2019年に発表された研究によると，次のことがわかっている。ボストンマラソンの後，ランナーたちは座ってばかりだったボランティアたちよりも糞便の中にある特別なバクテリア種を多く持っていた。つまり，これらの種のバクテリアがネズミの体内に移植されると，よりよい運動成果を引き起こすことができるだろうということだ。このような研究を足掛かりとして，『ネイチャー』誌で発表された新しい研究が示したことには，少なくともネズミにおいては，腸の中に生息するある種のバクテリアは，より長時間にわたって運動することに報酬を与える多幸感神経伝達物質であるドーパミンの生成を操ることができるとのことだ。ドーパミンの大きな増加は，運動の後に人間の脳内とネズミの脳内の両方で発生する，多くの脳科学的変化のうちの一つにすぎない。

〈4〉「その研究はとても決定的に，ネズミの中では，運動したいという欲望は微生物叢によって影響を受けているということを示しています」とハーバード医学校で医学教授をしているアンソニー゠コマロフ氏は言う。「［この研究］は，どのようにして微生物叢が動物のもつ運動したいという欲望に影響を与えることができるのか，ということについて機械論的説明を与えてくれます」

〈5〉　クリストフ゠タイス氏はペンシルベニア大学の微生物学者であり，その新しい研究を主導しているのであるが，大部分の人々が運動したいと思うことを妨げているものは一体何であるのかを知りたいと思っていた。人間で実験を行うのは簡単ではないため，彼のチームは8種類の遺伝子的に異なるネズミを集めた。

〈6〉「私たちはネズミを研究することによって，非常に偏りのない見解を得ました。というのも，ネズミたちがどのくらいの量を運動するかという事柄の中には，多くの自然変動性が存在するからです」とタイスは言う。

〈7〉　激しい運動をする動機や能力におけるこの変動性の中の一部は遺伝子に関連している。例えば，カリフォルニア大学アーバイン校の進化生物学者であるセオドア゠ガーランド゠ジュニア氏は，どのようにして複雑な特性——マラソン走のような——が，行動からDNAにまで及ぶ，有機体の多種多様な水準において進化するのかを理解したいと思っていた。彼は1993年に発動された現行の実験において，突出してよく走る1種のネズ

ミ——100世代以上にわたって飼育された——が，DNA内に特別な変化を進化させ，平均よりも3倍以上長い時間走ったと示した。これらのネズミもまた，それほど活動的でない他の被験ネズミとは異なる微生物叢を持っているのである。

〈8〉　腸内微生物叢を取り除くことが，運動したいという動機に影響を与えるかどうかを検査するために，ガーランドはその運動能力の高いネズミに抗生物質を与えた。それは抜本的に不可逆的に，突出してよく走るネズミの自主的な運動行動を削減した。激減した腸内バクテリアを持ったネズミは毎日約21％少ない程度にしか走らなかった。彼らはよく食べ続け，走行量以外の点では影響はなかったのではあるが。

〈9〉　「腸内微生物叢は走ったり運動したりする能力に明らかに影響を与えることのできる要因のうちの一つです」とガーランドは言う。しかし彼の研究は，どのようにして腸内バクテリアが身体的活動に対する動機に影響を与えることができるのかということについては直接説明することはなかった。

〈10〉　『ネイチャー』誌におけるタイスの新しい研究は，ネズミの腸と脳の間の関連について深く掘り下げている。タイスのチームは199匹の訓練を受けていないネズミが自主的に運動輪の上をどれほど長い時間走るのだろうかということや，一定の速度をどれほど長い時間維持することができるのかということを測定した。ネズミの運動する欲望を，どの特定の要因が説明するのだろうかということがわからないので，科学者たちは199匹のネズミすべてに対する完全なゲノム配列や，腸内細菌種や，それぞれのネズミの血流に存在する代謝物というような1万500の他のデータポイントもまた収集した。これは結果的に総計210万のデータ資料となった。

〈11〉　「それは莫大な量のデータです」とスタンフォード大学の計算微生物学者であるマシュー＝レイモンド＝オルム氏は言う。

〈12〉　変数の影響を一つ一つ理解しようとする代わりに，科学者たちはすべてのデータをコンピュータプログラムに接続して，高い運動実績をあげるネズミの耐性を説明した最も重要な要因をそのプログラムに特定させるという機械学習手法を用いた。

〈13〉　「この研究は微生物叢に関して重要で根本的な事柄に焦点を合わせるためによく作業してくれる，本当にすばらしい大容量のデータの例なので

す」とオルムは言う。

〈14〉　タイスが発見したことは彼自身を驚かせた。というのも遺伝的現象はネ
　　ズミの中でほんのわずかな部分の実績の違いしか説明してくれなかったが，
　　その一方で腸内細菌の個数における差異は本質的にさらに重要であるよう
　　に思われたからである。

〈15〉　「運動達成度における特定の遺伝された特性を確かに目撃しました」と
　　タイスは言う。「けれどもそれは比較的小さいものにすぎません」

〈16〉　腸内細菌は観察された差異に対する実際の原因であるということを確証
　　するために，研究者たちは幅広い種類の抗生物質を与えることによって，
　　腸内細菌をネズミから取り除いた。このことにより，高性能マウスの走る
　　耐性は約半分減ってしまった。ひるがえって，科学者が最高性能マウスか
　　ら微生物叢を移植すると，その微生物叢は移植を受けたネズミの運動能力
　　を増加させたのである。

〈17〉　何年にもわたる合衆国とドイツの 12 の研究所での科学的調査において，
　　タイスのチームは 2 つの細菌種であるユウバクテリウム・レクターレとコ
　　プロコッカス・ユータクトゥスを特定し，それらは高性能マウスにおいて
　　運動に対する動機付けを向上させる助けをする原因となるものであった。

〈18〉　「動物におけるこの研究は，運動が大好きな人間と運動を避ける人間は
　　その人が持つ微生物叢によって影響を受けているのかどうかという疑問を
　　提起するのです」とコマロフは言う。

〈19〉　しかし，その新しい研究はまだ人間に対して直接的に結果を引き出すこ
　　とはできないと，タイスは警告する。

〈20〉　しかしながら，似たような経路が人間の体内では活発である。ネズミに
　　おいて運動能力を司る腸内細菌叢の中で特定されたバクテリア種は，人間
　　の微生物叢の中にも存在している。同様に，ネズミの中で運動遂行を司り，
　　運動に対する動機を操る腸から脳への経路の引き金になる脂肪酸アミドも
　　また人間の腸内で発見されている。

〈21〉　「このことは，その経路は 1 対 1 で全く同じように見えるということを
　　意味するのでしょうか？　私たちにはわかりません」とタイスは言う。
　　「ネズミと人間の生理機能の間には多くの違いがあります。しかし私たち
　　は，この疑問に答えてくれるであろう人間の研究をし始めているのです」

＝＝ 解説 ＝＝

43 sedentary はラテン語由来の難易度の高い単語で「座ったままの，活発でない」という意味。よって，(C)inactive「非活動的な」が適切。

44 dwell は「居住する，暮らす」という意味。よって，(D)live「住む」が適切。

45 unbiased は他動詞 bias「～に偏りを生じさせる」の過去分詞に否定の接頭辞が付いたもの。(B)impartial は part「部分」から派生した形容詞 partial「部分的な」に否定の接頭辞が付き「偏らない，偏見のない」という意味で，これが適切。

46 過去分詞 depleted は「激減した」という意味。よって，他動詞 reduce「～を減ずる」の過去分詞(A)reduced「削減された」が適切。

47 Ⅰ．直後の第15段（"We do see …）にタイスの言葉として「運動達成度における特定の遺伝された特性を確かに目撃したが，比較的小さいものにすぎない」とあることより，(ウ)genetics「遺伝的現象」が適切とわかる。

Ⅱ．第16段第1文（To confirm that …）に，研究者たちがネズミにさまざまな種類の抗生物質を与えて腸内細菌を取り除いた理由として「腸内細菌は観察された差異に対する実際の原因であるということを確証するため」とあることより，(イ)gut bacterial populations「細菌の個数」がよいとわかる。

48 多幸感神経伝達物質であるドーパミンに関する記述は第3段第5文（Building on such …）でしか見つからないので，挿入文はこの説明文の直後である〔　B　〕に入れるのが最適である。

49 (B)セオドア＝ガーランド＝ジュニア氏の見解は第7段から第9段に記されており，第9段第1文（"The gut microbiome …）で「腸内微生物叢は走ったり運動したりする能力に明らかに影響を与えることのできる要因のうちの一つ」と述べていることと不一致。

(A)第4段第1文（"The study shows …）と一致。

(C)第10～12段（Thaiss' new study … high performing mice.）で説明した事柄を第13段で肯定している内容と一致。

(D)第19段（But the new …）の内容と一致。

50 (D)「ドーパミンの放出のために，抗生物質をネズミに投与することは

運動実績を増加させる」　第3段第5文（Building on such …）に「『ネイチャー』誌で発表された新しい研究が示したことには，少なくともネズミにおいては，腸の中に生息するある種のバクテリアは，より長時間にわたって運動することに報酬を与える多幸感神経伝達物質であるドーパミンの生成を操ることができるとのことだ」とあるが，第4文（A study published …）にマラソンを終えたランナーたちの糞便の中に多く見つかったある特別なバクテリア種をネズミの体内に移植すると，よりよい運動成果を引き起こすことができるだろうと予測されたとあることより，「抗生物質を投与する」という部分が不適となる。

(A)「大部分の大人は推奨されているほどは運動できないでいる」　第2段第2文（Yet more than …）と一致。

(B)「ユウバクテリウム・レクターレとコプロコッカス・ユータクトゥスは，人間の体内に存在する」　第20段第2文（The bacterial species …）に「ネズミの中で運動能力を司る腸内細菌叢の中で特定されたバクテリア種は，人間の微生物叢の中にも存在している」とあることと一致。

(C)「他のネズミから，腸内細菌を移植することはネズミの身体的活動を変化させることができる」　第16段第3文（Conversely, when …）に高性能マウスの微生物叢を移植することによって移植を受けたマウスの運動実績が上がったとあるので，一致している。

日本史

① **解答** ［A］問1．① 問2．③ 問3．② 問4．③
問5．④ 問6．① 問7．② 問8．④ 問9．③
問10．②
［B］問11．④ 問12．① 問13．② 問14．③ 問15．② 問16．③
問17．③ 問18．② 問19．④ 問20．②

===== 解 説 =====

《奈良・平安時代の政治・外交・文化，鎌倉時代の外交・文化》

問2． やや難。③が正解。並べ替えると，Ⅰ．「桃生城」「雄勝城」が築城されたのは759年，Ⅲ．「胆沢城」に鎮守府機能が移されたのは802年，Ⅱ．「徳丹城」が築かれたのは813年頃，の順となる。Ⅰの「桃生城」「雄勝城」の築城年の判断は難しいが，鎮守府が移された胆沢城築城の翌年に志波城が築かれたこと，徳丹城が蝦夷征討のために築城された最後の城柵であることを把握していれば正答は導けた。

問4． ③誤文。大宰府に設けられたのは公営田。元慶官田は畿内に設けられた。なお，公営田が設置されたのは嵯峨天皇の時代。

問5． ④誤文。大学別曹は有力氏族が運営する大学の付属施設で，庶民に対しての門戸は開かれていない。

問8． ④誤文。神仏習合を反映した薬師寺の代表的な仏像は，僧形八幡神像。薬師寺金堂薬師三尊像は，白鳳文化の彫刻作品。

問9． ③正文。①・②誤文。日宋貿易において，「陶磁器や書籍」は輸入品（「輸出品」は誤り），「金や硫黄」は輸出品（「輸入品」は誤り）であった。④誤文。清凉寺に釈迦如来像を持ち帰ったのは「成尋」ではなく，奝然。

問10． ②正文。①誤文。渤海は唐や新羅との対抗関係から日本と通交した（「高句麗」は誤り）。③誤文。渤海使を迎えるために，能登に能登客院，越前に松原客院を設けたことを考慮すれば「渤海系の遺物が出土しているのは大宰府のみ」は誤文と判断できる。④誤文。渤海使が来日しただけでなく，日本からも遣渤海使が派遣された。

問11.　④誤文。日宋貿易は「清盛」ではなく，平清盛の父である忠盛の時代に開始された。

問12.　①正文。②誤文。国号を元としたときの皇帝は「チンギス＝ハン」ではなく，フビライ＝ハン。③誤文。「大都」は現在の「上海」ではなく，北京に当たる。④誤文。元からの国書に対応した執権は，「北条泰時」ではなく，北条時宗。

問13.　②が正解。並べ替えると，Ⅱ.「金が滅亡した」のは1234年，Ⅲ.「文永の役」が起こったのは1274年，Ⅰ.「南宋が滅亡した」のは1279年，の順となる。

問17.　③正文。①誤文。悪党は独自の経済力を背景に荘園領主などと対立した存在であるため，「荘園年貢を多くおさめた」は誤り。②誤文。悪党は旧来の統治・秩序維持の打破などを目的に活動した。④誤文。鎌倉幕府が悪党楠木正成などの挙兵によって滅亡したことを考慮すれば，幕府が悪党に対する取り締まりに「成功した」は誤りであると判断できる。

問18.　②が正解。『拾遺愚草』はやや細かいが，藤原公任が国風文化期に活躍した人物だと想起できれば，鎌倉時代に編まれた和歌集として誤りであると判断できる。『拾遺愚草』は藤原定家の自撰家集。

問19.　④誤文。法相宗の明恵は旧仏教に該当する僧であるため，新仏教の説明として誤り。「坐禅に徹せよ」と説いたのは曹洞宗の道元。

問20.　②が正解。大仏様の建築様式で建造された，東大寺南大門。①は室生寺金堂，③は唐招提寺金堂，④は慈照寺銀閣。

出典追記：（写真④）慈照寺提供

② **解答**　［A］**問21.** ④　**問22.** ③　**問23.** ③　**問24.** ①
　　　　　　　　問25. ②　**問26.** ①

［B］**問27.** ③　**問28.** ③　**問29.** ④　**問30.** ①　**問31.** ③　**問32.** ②
問33. ②

［C］**問34.** ③　**問35.** ②　**問36.** ③　**問37.** ④　**問38.** ①　**問39.** ②
問40. ④

━━━━━━━━━━━━━━━━　解説　━━━━━━━━━━━━━━━━

《江戸時代の文化，明治維新の諸政策，初期議会》

問21.　④誤文。「人返しの法」が出されたのは，天保の改革が実施されて

いた12代将軍徳川家慶の時代。11代将軍徳川家斉は，寛政の改革や大御所時代が行われていた頃の将軍。

問27. ③正文。①誤文。「ええじゃないか」は1867年の8月頃からみられた。大政奉還は同年の10月の出来事であるため，「大政奉還のあと……集団乱舞が始まった」は誤り。②誤文。大政奉還を徳川慶喜に直接会って勧めたのは，前土佐藩主山内豊信。④誤文。「朝廷の摂政・関白」の廃止が唱えられたのは「大政奉還」ではなく，王政復古の大号令。

問28. ③が正解。ア．誤文。相楽総三は「旧幕府軍」ではなく，新政府軍側で戦った。イ・ウ．正文。エ．誤文。榎本武揚は旧幕府「陸軍」ではなく，海軍に所属していた。

問29. ④が正解。④は五榜の掲示の条文。①・②・③は五箇条の誓文の条文で，①は第5条，②は第2条，③は第3条の内容。

問30. ①正文。②誤文。議政官のうち下局は，各府県・各藩から選ばれる貢士で構成された（「徴士」は誤り）。③誤文。政体書における高級官吏の互選制は1度だけ実施された（「一度も実施されなかった」は誤り）。④誤文。政体書では太政官のもとに七官が設置された。太政官のもとに省が設置されたのは，版籍奉還のあとに設置された二官六省制の際のこと。

問31. ③が正解。X．誤文。版籍奉還で藩主の家禄と藩財政とは分離されたが，旧大名の徴税権や軍事権はこれまで通り各藩に属していた。Y．正文。

問32. ②誤文。廃藩置県によって県に派遣されたのは「県知事」ではなく，県令。

問33. やや難。②が正解。山川捨松は，津田梅子とともに岩倉使節団に随行した女子留学生の一人。やや細かいが，2024年度から新紙幣に津田梅子が採用されることからも注目しておく必要があった。

問34. ③が正解。黒田清隆首相の「政党ノ外ニ立チ……」の演説は，超然主義演説と呼ばれる。イは初代内務大臣を務めた山県有朋の説明。

問35. ②正文。①誤文。自由党は「イギリス流の議院内閣制」ではなく，フランス流の急進的な自由主義を主張した。③誤文。民権運動の激化や民衆騒擾を背景に，統率に自信を失った板垣退助ら自由党の幹部は，秩父事件の直前にみずから党を解党した（「秩父事件のあと……板垣退助が脱党」は誤り）。④誤文。自由党と進歩党が合併して成立したのは「立憲政友会」

ではなく，憲政党。

問37. ④が正解。第四議会では，天皇の詔書（和衷協同の詔書〔建艦詔書〕）が出され，軍備拡張予算が成立し，政府は海軍の軍拡に成功した。

問40. ④が正解。X．誤文。日英通商航海条約では領事裁判権の撤廃や税権の一部回復が約された（「税権の完全回復」は誤り）。Y．誤文。「日本海海戦」ではなく，黄海海戦が正しい。なお，日清戦争では，清国の北洋艦隊を黄海海戦で破ったあと，旅順要塞を陥落させている。

③ **解答**　問41. ①　問42. ④　問43. ③　問44. ②　問45. ③
問46. ③　問47. ①　問48. ③　問49. ④　問50. ④
問51. ③　問52. ②　問53. ②　問54. ②　問55. ③　問56. ①
問57. ④　問58. ①　問59. ④　問60. ③

══════════════════ 解　説 ══════════════════

《幣原喜重郎の人物史》

問41. やや難。①が正解。「山東省のドイツ権益の接収」は1914年，「21カ条の要求」を袁世凱政権に突きつけたのは1915年，「第4次日露協約調印」は1916年，「西原借款」は1917〜1918年。

問42. ④が正解。X．誤文。ソヴィエト政権は全交戦国に無併合・無償金・民族自決の原則による講和を呼びかけた。これを，平和に関する布告という。Y．誤文。シベリアに派兵したのは，「第2次大隈内閣」時ではなく，寺内正毅内閣時でのこと。

問43. ③正文。①誤文。パリ講和会議の全権には西園寺公望や牧野伸顕が派遣された（「新渡戸稲造」は誤り）。②誤文。ヴェルサイユ条約の結果，独立国家が多く成立したのは「東南アジア」ではなく，東ヨーロッパ。

問44. ②が正解。ワシントン会議に参加したのは，③の高橋是清内閣時のことであるが，参加を決めたのは原敬内閣時。

問46. ③が正解。X．誤文。加藤高明内閣は，清浦奎吾内閣のあとを受けて成立した（「第2次山本権兵衛内閣の総辞職を受けて」は誤り）。Y．正文。

問48. ③が正解。やや判断に迷ったかもしれないが，加藤高明内閣から始まる憲政の常道期には憲政会（のち立憲民政党に改称）と立憲政友会の二大政党による対立が見られたことが想起できれば正答は導けた。

問52. ②正文。①誤文。浜口雄幸内閣の蔵相は「高橋是清」ではなく，井上準之助。③誤文。重要産業統制法では，カルテルの結成が容認された（「禁じた」は誤り）。④誤文。ジュネーヴ海軍軍縮会議では「主力艦制限」ではなく，補助艦制限が検討された。

問53. ②が正解。X．正文。Y．誤文。山東出兵は３度行われた（「４度」は誤り）。

問54. ②正文。①誤文。ロンドン海軍軍縮条約の全権は若槻礼次郎と財部彪（「山本権兵衛」は誤り）。また，英・米・日・仏・伊が参加したため，「独」も誤り。③誤文。浜口雄幸内閣は立憲民政党を与党とした。野党の「立憲民政党」は立憲政友会の誤り。④誤文。条約の批准には「元老」ではなく枢密院の承認が必要であった。

問59. ④正文。第１次吉田茂内閣時には傾斜生産方式が採用された。①誤文。第１次吉田茂内閣は日本進歩党の協力を得た，日本自由党内閣であった。②誤文。金融緊急措置令の説明。同法令は，幣原喜重郎内閣時に出された。③誤文。政令201号は芦田均内閣時に公布された。

世界史

①　解答

設問01.　D　　設問02.　B　　設問03.　C　　設問04.　B
設問05.　B　　設問06.　A　　設問07.　B　　設問08.　C
設問09.　B　　設問10.　D　　設問11.　D　　設問12.　C　　設問13.　C
設問14.　A　　設問15.　C　　設問16.　D　　設問17.　A　　設問18.　B
設問19.　B　　設問20.　D

═══════════ 解　説 ═══════════

《中国・朝鮮・日本・ベトナムに関する総合問題》

設問03.　C．誤文。字喃（チュノム）は陳朝（1225〜1400年）の時代に，漢字をもとに作られた文字であるので，唐代ではない。A．正文。玄奘は唐の太宗の時代に陸路でインドに渡り，ナーランダー僧院で学んでいる。B．正文。チベット仏教（ラマ教）は7世紀頃吐蕃の建国者ソンツェン＝ガンポ王のもとで生まれ，その後独自に発達した仏教である。D．正文。突厥文字は8世紀頃に作られた文字で，遊牧民が使用した最初の文字として知られている。

設問05.　正解はB。明の万暦帝の頃に全国に普及した一条鞭法は，全ての租税と徭役を一本化し，銀納にしたものである。A・Dの銅銭の使用を禁じ，銀と兌換可能な紙幣である交鈔を発行したのは，元である。Cの人頭税を土地税に繰り込み銀納させたのは，清が始めた地丁銀制である。

設問06.　正解はA。後期倭寇は，中国国内で生産が伸びた生糸と日本産の銀の交換を主な目的とする密貿易であった。

設問07.　正解はB。対馬の宗氏は，朝鮮との貿易によって繁栄しており，豊臣秀吉の朝鮮出兵後は悪化した日朝関係の改善を希望する徳川家康により重宝された。

設問08.　正解はC。この銀はメキシコ銀のことであるが，当時メキシコを領有していたのはスペインであり，メキシコ銀を貨幣として鋳造したのはスペインである。

設問09.　正解はB。マテオ＝リッチは明末に北京でカトリックの布教を行い，世界地図の「坤輿万国全図」を刊行した。A・C・Dはいずれも清代

に活躍したイエズス会宣教師である。

設問10. 正解はD。マラッカ王国は港市国家として栄えたが，1511年ポルトガルによって滅ぼされた。

設問11. D．誤文。郷紳は，明清代の地方の支配階層であり，太平天国の乱などの民衆反乱の鎮圧の主力となった。

設問15. 正解はC。壬午軍乱は1882年に起こった，閔氏政権とそれを支援する日本政府に対する反乱である。Dの洪景来の乱は1811年に始まり，階層を超えた幅広い人々が参加することで大規模な民衆反乱と化した。

設問21. B　**設問22.** A　**設問23.** C　**設問24.** A
設問25. A　**設問26.** B　**設問27.** C　**設問28.** D

設問29. A　**設問30.** C　**設問31.** A　**設問32.** A　**設問33.** C

設問34. C　**設問35.** C　**設問36.** B　**設問37.** B　**設問38.** A

設問39. C　**設問40.** A

━━━━━━━━　解　説　━━━━━━━━

《イブン゠バットゥータ関連史》

設問22. 正解はA。告解とは，キリスト教において，神に赦しを得るための儀礼や告白のことである。

設問23. C．誤文。アレクサンドリアは，プトレマイオス1世が建国したプトレマイオス朝エジプトの首都である。

設問24. 正解はA。アブデュルハミト2世は1876年にオスマン゠トルコのスルタンとなり，ミドハト憲法を制定するも，露土戦争の勃発とともに停止し，専制政治を復活させた。その後，1908年に青年トルコ革命が起こり翌年に退位に追い込まれた。

設問27. 正解はC。サラディン（サラーフ゠アッディーン）は，イェルサレム王国からイェルサレムを奪回し，第3回十字軍も撃退した。Aのアブド゠アッラフマーン3世は後ウマイヤ朝でカリフを称し，全盛期をもたらした。Bのアブー゠バクルは初代カリフである。Dのハールーン゠アッラシードはアッバース朝第5代カリフであり，全盛期をもたらした。

設問28. D．誤文。十字軍のきっかけとなったのは，セルジューク朝の侵攻を受けたビザンツ帝国皇帝アレクシオス1世の救援要請である。教皇ウルバヌス2世が1095年クレルモン公会議を開催し，派遣が決定された。

設問29. A．誤文。イマームのモスクがあるのはイランであり，サファヴィー朝のアッバース1世が建設した首都イスファハーンにある。

設問30. C．誤文。アッバース朝は税制改革により，アラブ人の特権を廃止し，ムスリムの平等を確立した。人頭税ジズヤについては，非改宗者のみに課され，アラブ人でも征服地に土地を所有すれば地租ハラージュを課した。

設問31. A．誤文。アズハル学院は，ファーティマ朝時代はイスマイール派の大学・研究機関であったが，アイユーブ朝以降はスンナ派へと転換している。

設問34. C．誤文。この国はオスマン＝トルコである。トルコが治外法権などの特権を与えたのは，スペインではなくフランスである。

設問35. C．誤文。コンスタンティノープルを占領したのは，第4回十字軍である。

設問36. B．誤文。『集史』が作られたのは，イル＝ハン国であり，ラシード＝アッディーンが編纂している。

設問37. B．誤文。ティムールはチンギス＝ハンが破壊したサマルカンドを復興している。

設問40. A．誤文。アルハンブラ宮殿は，中世イスラーム文化の代表的な建築物である。

③ 解答　設問41．C　設問42．D　設問43．D　設問44．D
設問45．A　設問46．D　設問47．C　設問48．D
設問49．B　設問50．A　設問51．B　設問52．D　設問53．B
設問54．C　設問55．A　設問56．D　設問57．D　設問58．C
設問59．C　設問60．D

＝＝＝＝＝＝＝＝ 解 説 ＝＝＝＝＝＝＝＝

《18世紀以降の欧米関係史》

設問41. 正解はC。七年戦争による財政赤字を取り戻すため，重商主義を強めるイギリスは13の植民地に対して1765年印紙法，さらに1773年茶法を制定した。これに反発した植民地の人々がボストン茶会事件を起こし，イギリスはその報復としてボストン港閉鎖に踏み切った。

設問42. D．誤文。アメリカ独立宣言には，ロックの抵抗権・革命権の思

想が盛り込まれている。ジョン＝ステュアート＝ミルは19世紀イギリスで活躍した哲学者である。

設問45. A．誤文。人権宣言第17条において，所有権は神聖かつ不可侵の権利であるとされている。

設問47. 正解はC．アウステルリッツの戦いは，ナポレオンとオーストリアのフランツ2世，ロシアのアレクサンドル1世が争い，ナポレオンが勝利を収めた。これにより，第3回対仏大同盟は崩壊した。

設問48. D．誤文。ウィーン会議の結果，革命前の絶対王政に戻し，ヨーロッパ諸国の自由主義・ナショナリズムを抑圧する保守反動体制が形成された。

設問50. 正解はA．スペイン王位継承問題を利用し，スペインへの勢力拡大を図ったプロイセンのビスマルクに対し，ナポレオン3世も介入した。

設問51. B．誤文。文化闘争は，ビスマルクが中央集権化を進めるため，カトリック教会を弾圧し，それにカトリック勢力が抵抗したことである。

設問52. D．誤文。ドイツ帝国では，皇帝が多くの権限を持っており，宰相は議会にではなく，皇帝に責任を負うものとされていた。

設問55. A．誤文。ヴェルサイユ体制のもと，東欧諸国では民族自決が実現したが，アジア・アフリカには適用されず，戦勝国による植民地再分割が行われた。

設問56. D．誤文。第一次世界大戦後，ドイツはヴァイマル共和国となり，ヴァイマル憲法によって，君主制を否定し共和制を規定した。

設問57. D．誤り。ナチス＝ドイツは1933年，ヒンデンブルク大統領とローマ教皇ピウス11世との間で政教条約を結んだ。

設問59. C．誤文。ドイツの侵攻により，フランスは1940年6月にパリを占領され，第三共和政が崩壊した。代わって，南部にペタンによるヴィシー政府が成立した。ド＝ゴールは亡命していたロンドンに自由フランス政府を樹立し，フランス本土に対独レジスタンスを呼びかけた。

数　学

◀理工学専攻▶

① 解答　(1)—ⓖ　(2)—ⓕ　(3)—ⓓ　(4)—ⓒ　(5)—ⓓ　(6)—ⓓ
　　　　　　(7)—ⓐ　(8)—ⓔ

══════ 解 説 ══════

《小問 8 問》

(1)　$|\vec{a}-2\vec{b}|=\sqrt{13}$ より

$$|\vec{a}-2\vec{b}|^2=13$$

$$|\vec{a}|^2-4\vec{a}\cdot\vec{b}+4|\vec{b}|^2=13$$

$$3-4\vec{a}\cdot\vec{b}+4\cdot1=13$$

$$\vec{a}\cdot\vec{b}=-\frac{3}{2}$$

よって，$\vec{a}\cdot\vec{b}=|\vec{a}||\vec{b}|\cos\theta\ (0°\leqq\theta\leqq180°)$ より

$$\cos\theta=\frac{\vec{a}\cdot\vec{b}}{|\vec{a}||\vec{b}|}=-\frac{\sqrt{3}}{2}$$

$0°\leqq\theta\leqq180°$ より　　$\theta=150°$

(2)　$f'(x)=\dfrac{1\cdot(\log x)-x\cdot\dfrac{1}{x}}{(\log x)^2}+\dfrac{\dfrac{1}{x}\cdot x-(\log x)\cdot1}{x^2}$

$$=\frac{\log x-1}{(\log x)^2}+\frac{1-\log x}{x^2}$$

$x=\dfrac{1}{e}$ における微分係数 $f'\left(\dfrac{1}{e}\right)$ の値は，$\log\dfrac{1}{e}=-1$ に注意して

$$f'\left(\frac{1}{e}\right)=\frac{-1-1}{(-1)^2}+\frac{1-(-1)}{\left(\dfrac{1}{e}\right)^2}=2e^2-2=2(e^2-1)$$

(3)　$\dfrac{1}{x^2-4x+3}=\dfrac{1}{(x-3)(x-1)}=\dfrac{1}{2}\left(\dfrac{1}{x-3}-\dfrac{1}{x-1}\right)$

であるから

$$\int_4^5 \frac{dx}{x^2-4x+3} = \int_4^5 \frac{1}{2}\left(\frac{1}{x-3}-\frac{1}{x-1}\right)dx$$

$$=\frac{1}{2}\int_4^5 \frac{1}{x-3}dx - \frac{1}{2}\int_4^5 \frac{1}{x-1}dx$$

$$=\frac{1}{2}\Big[\log|x-3|\Big]_4^5 - \frac{1}{2}\Big[\log|x-1|\Big]_4^5$$

$$=\frac{1}{2}(\log2-\log1)-\frac{1}{2}(\log4-\log3)$$

$$=\frac{1}{2}\log2-\frac{1}{2}(2\log2-\log3)$$

$$=\frac{1}{2}(\log3-\log2)$$

$$=\frac{1}{2}\log\frac{3}{2}$$

(4) $\dfrac{\cos\dfrac{3}{20}\pi+i\sin\dfrac{3}{20}\pi}{\cos\dfrac{\pi}{15}+i\sin\dfrac{\pi}{15}} = \cos\left(\dfrac{3}{20}\pi-\dfrac{\pi}{15}\right)+i\sin\left(\dfrac{3}{20}\pi-\dfrac{\pi}{15}\right)$

$$=\cos\frac{\pi}{12}+i\sin\frac{\pi}{12}$$

であるから，ド・モアブルの定理より

$$\left(\frac{\cos\dfrac{3}{20}\pi+i\sin\dfrac{3}{20}\pi}{\cos\dfrac{\pi}{15}+i\sin\dfrac{\pi}{15}}\right)^2 = \left(\cos\frac{\pi}{12}+i\sin\frac{\pi}{12}\right)^2$$

$$=\cos\left(2\cdot\frac{\pi}{12}\right)+i\sin\left(2\cdot\frac{\pi}{12}\right)$$

$$=\cos\frac{\pi}{6}+i\sin\frac{\pi}{6}$$

$$=\frac{\sqrt{3}}{2}+\frac{1}{2}i$$

(5) $\dfrac{(1+x)\sqrt{1+4x}-(1+3x)}{x^3}$

$$=\frac{(1+x)\sqrt{1+4x}-(1+3x)}{x^3}\cdot\frac{(1+x)\sqrt{1+4x}+(1+3x)}{(1+x)\sqrt{1+4x}+(1+3x)}$$

$$= \frac{(1+x)^2(1+4x)-(1+3x)^2}{x^3\{(1+x)\sqrt{1+4x}+(1+3x)\}}$$

$$= \frac{(4x^3+9x^2+6x+1)-(9x^2+6x+1)}{x^3\{(1+x)\sqrt{1+4x}+(1+3x)\}}$$

$$= \frac{4}{(1+x)\sqrt{1+4x}+(1+3x)}$$

であるから

$$\lim_{x \to 0} \frac{(1+x)\sqrt{1+4x}-(1+3x)}{x^3}$$

$$= \lim_{x \to 0} \frac{4}{(1+x)\sqrt{1+4x}+(1+3x)}$$

$$= \frac{4}{(1+0)\sqrt{1+0}+(1+0)}$$

$$= 2$$

(6) $f(x)=x^2$ とおくと, $f'(x)=2x$ より, $y=x^2$ 上の点 A(a, a^2) における接線の傾きは

$$f'(a)=2a$$

したがって, 点 A における接線の方程式は

$$y-a^2=2a(x-a)$$

$$y=2ax-a^2 \quad \cdots\cdots \text{①}$$

また, $g(x)=x^2-2x$ とおくと, $g'(x)=2x-2$ より, $y=x^2-2x$ 上の点 B(b, b^2-2b) における接線の傾きは

$$g'(b)=2b-2$$

したがって, 点 B における接線の方程式は

$$y-(b^2-2b)=(2b-2)(x-b)$$

$$y=(2b-2)x-b^2 \quad \cdots\cdots \text{②}$$

①と②が一致するので, 係数を比較して

$$\begin{cases} 2a=2b-2 & \cdots\cdots \text{③} \\ -a^2=-b^2 & \cdots\cdots \text{④} \end{cases}$$

③より $a=b-1 \quad \cdots\cdots \text{⑤}$

④に代入すると

$$-(b-1)^2=-b^2 \qquad b^2-2b+1=b^2 \qquad b=\frac{1}{2}$$

よって，求める直線の方程式は，②に $b=\dfrac{1}{2}$ を代入して

$$y=-x-\dfrac{1}{4}$$

別解　①が $y=x^2-2x$ に接するので

$$x^2-2x=2ax-a^2$$

$$x^2-2(a+1)x+a^2=0$$

この方程式は重解をもつので，判別式を D とおくと

$$\dfrac{D}{4}=0 \text{ より} \quad (a+1)^2-a^2=0 \quad a=-\dfrac{1}{2}$$

よって　　$y=-x-\dfrac{1}{4}$

(7)　真数は正であるから

$$x>0 \quad \text{かつ} \quad 4-x>0$$

よって　　$0<x<4$ ……①

ここで

$$\begin{aligned}
y&=\log_{0.5}x+\log_{0.5}(4-x)\\
&=\log_{0.5}x(4-x)\\
&=\log_{0.5}(-x^2+4x)\\
&=\log_{0.5}(-x^2+4x-4+4)\\
&=\log_{0.5}\{-(x-2)^2+4\}
\end{aligned}$$

①における $-(x-2)^2+4$ の最大値は

$$4 \quad (x=2 \text{ のとき})$$

底が 1 より小さいので，真数 $-(x-2)^2+4$ が最大のとき，y の値は最小となる。したがって，y の最小値 a は

$$a=\log_{0.5}4=\log_{\frac{1}{2}}\left(\dfrac{1}{2}\right)^{-2}=-2$$

ゆえに　　$8^a=8^{-2}=\dfrac{1}{64}$

(8)　$\tan\theta=1$ とすると

$$\tan\theta-\dfrac{1}{\tan\theta}=0$$

となるから，$\tan\theta-\dfrac{1}{\tan\theta}=\dfrac{48}{7}$ を満たさず不適である。したがって，

$\tan\theta\neq1$ であるから，$0<\theta<\dfrac{\pi}{2}$ より

$\quad 0<\tan\theta<1,\ \tan\theta>1\ \cdots\cdots$①

よって

$\quad\tan\theta-\dfrac{1}{\tan\theta}=\dfrac{48}{7}$

$\quad\dfrac{\tan^2\theta-1}{\tan\theta}=\dfrac{48}{7}$

①より，$\tan^2\theta-1\neq0$ であるから

$\quad1=\dfrac{48}{7}\cdot\dfrac{\tan\theta}{\tan^2\theta-1}$

$\quad-\dfrac{24}{7}\cdot\dfrac{2\tan\theta}{1-\tan^2\theta}=1$

$\tan2\theta=\dfrac{\tan\theta+\tan\theta}{1-(\tan\theta)\cdot(\tan\theta)}=\dfrac{2\tan\theta}{1-\tan^2\theta}$ であるから

$\quad-\dfrac{24}{7}\tan2\theta=1$

$\quad\tan2\theta=-\dfrac{7}{24}$

別解 $1=\dfrac{48}{7}\cdot\dfrac{\tan\theta}{\tan^2\theta-1}$ より

$\quad7\tan^2\theta-48\tan\theta-7=0$

$\quad(7\tan\theta+1)(\tan\theta-7)=0$

$\tan\theta>0$ より　　$\tan\theta=7$

$\quad\tan2\theta=\dfrac{2\tan\theta}{1-\tan^2\theta}=\dfrac{14}{1-49}=-\dfrac{7}{24}$

② 解答 (1)—ⓑ　(2)—ⓖ　(3)—ⓕ

════════════ 解 説 ════════════

《正四面体と空間ベクトル》
(1)　線分 AB を 2：1 に内分する点が P であることより

$$\overrightarrow{\text{OP}}=\frac{\overrightarrow{\text{OA}}+2\overrightarrow{\text{OB}}}{2+1}=\frac{\vec{a}+2\vec{b}}{3}$$

(2) $\vec{a}$ と $\vec{b}$ のなす角を θ とすると 　　$\theta=60°$

$|\vec{a}|=3$, $|\vec{b}|=3$ であるから

$$\vec{a}\cdot\vec{b}=|\vec{a}||\vec{b}|\cos\theta=3\cdot3\cos60°=\frac{9}{2}$$

よって

$$|\overrightarrow{\text{OP}}|^2=\left|\frac{\vec{a}+2\vec{b}}{3}\right|^2=\frac{1}{9}(|\vec{a}|^2+4\vec{a}\cdot\vec{b}+4|\vec{b}|^2)$$

$$=\frac{1}{9}\left(9+4\cdot\frac{9}{2}+4\cdot9\right)=7$$

したがって，$|\overrightarrow{\text{OP}}|>0$ より 　　$|\overrightarrow{\text{OP}}|=\sqrt{7}$

(3) 1 辺の長さが 3 の正四面体 OABC において，$\overrightarrow{\text{OA}}=\vec{a}$，$\overrightarrow{\text{OB}}=\vec{b}$，$\overrightarrow{\text{OC}}=\vec{c}$ とすると

$$|\vec{a}|=|\vec{b}|=|\vec{c}|=3$$

$$\vec{a}\cdot\vec{b}=\vec{b}\cdot\vec{c}=\vec{c}\cdot\vec{a}=\frac{9}{2}$$

である。

線分 CP を $t:1-t$ に内分する点を Q とすると

$$\overrightarrow{\text{OQ}}=(1-t)\overrightarrow{\text{OC}}+t\overrightarrow{\text{OP}}$$

よって，CP⊥OQ より

$$\overrightarrow{\text{CP}}\cdot\overrightarrow{\text{OQ}}=0$$

$$(\overrightarrow{\text{OP}}-\overrightarrow{\text{OC}})\cdot\{(1-t)\overrightarrow{\text{OC}}+t\overrightarrow{\text{OP}}\}=0$$

$$t|\overrightarrow{\text{OP}}|^2+(1-2t)\overrightarrow{\text{OC}}\cdot\overrightarrow{\text{OP}}-(1-t)|\overrightarrow{\text{OC}}|^2=0 \quad\cdots\cdots①$$

ここで

$$\overrightarrow{\text{OC}}\cdot\overrightarrow{\text{OP}}=\vec{c}\cdot\frac{\vec{a}+2\vec{b}}{3}=\frac{1}{3}(\vec{c}\cdot\vec{a}+2\vec{b}\cdot\vec{c})=\frac{9}{2}$$

であるから，①は

$$7t+(1-2t)\cdot\frac{9}{2}-(1-t)\cdot9=0$$

$$14t+9-18t-18+18t=0$$

$$t=\frac{9}{14}$$

③ **解 答** (1)—ⓔ (2)—ⓓ (3)—ⓕ

━━━━━━━━━━━━ **解 説** ━━━━━━━━━━━━

《分数関数の極値・変曲点・定積分》

(1) 　$f'(x)=\dfrac{x'\cdot(x^2+1)-x\cdot(x^2+1)'}{(x^2+1)^2}$

　　　$=\dfrac{x^2+1-x\cdot2x}{(x^2+1)^2}=\dfrac{1-x^2}{(x^2+1)^2}$

　　　$=\dfrac{(1-x)(1+x)}{(x^2+1)^2}$

$f(x)$ の増減表は右のようになる。

右表より $x=1$ の前後で $f'(x)$ の符号が正
から負に変化することから，$f(x)$ が極大と
なる x の値は

　　　$x=1$

x	$\cdots$	-1	$\cdots$	1	$\cdots$
$f'(x)$	$-$	0	$+$	0	$-$
$f(x)$	$\searrow$		$\nearrow$		$\searrow$

(2) 　$f'(x)=\dfrac{1-x^2}{(x^2+1)^2}$ であるから

　$f''(x)=\dfrac{(1-x^2)'\cdot(x^2+1)^2-(1-x^2)\cdot\{(x^2+1)^2\}'}{\{(x^2+1)^2\}^2}$

　　　$=\dfrac{-2x\cdot(x^2+1)^2-(1-x^2)\cdot2x\cdot2(x^2+1)}{(x^2+1)^4}$

　　　$=\dfrac{-2x(x^2+1)(x^2+1+2-2x^2)}{(x^2+1)^4}$

　　　$=\dfrac{-2x(3-x^2)}{(x^2+1)^3}$

　　　$=\dfrac{-2x(\sqrt{3}-x)(\sqrt{3}+x)}{(x^2+1)^3}$

$f(x)$ の増減表は次のようになる。

x	$\cdots$	$-\sqrt{3}$	$\cdots$	0	$\cdots$	$\sqrt{3}$	$\cdots$
$f''(x)$	$-$	0	$+$	0	$-$	0	$+$
$f(x)$	上に凸		下に凸		上に凸		下に凸

上表より $x=-\sqrt{3},\ 0,\ \sqrt{3}$ の前後で $f''(x)$ の符号が負から正または正から負に変化することから，$f(x)$ の変曲点は全部で 3 個である。

(3)
$$\int_0^{2\sqrt{2}} \frac{x}{x^2+1}dx = \int_0^{2\sqrt{2}} \frac{1}{2}\cdot\frac{(x^2+1)'}{x^2+1}dx$$
$$= \left[\frac{1}{2}\log(x^2+1)\right]_0^{2\sqrt{2}}$$
$$= \frac{1}{2}\log 9 - \frac{1}{2}\log 1$$
$$= \frac{1}{2}\cdot 2\log 3 - 0$$
$$= \log 3$$

④ ── 解答 ── (1)—ⓒ　(2)—ⓑ　(3)—ⓔ

═══════════ 解 説 ═══════════

《漸化式で表された数列の和》

(1) $S_{n+1}=S_n+a_{n+1}$ より，$a_{n+1}=\dfrac{2n+7}{2n+3}S_n$ を代入すると

$$S_{n+1}=S_n+\frac{2n+7}{2n+3}S_n=\frac{4n+10}{2n+3}S_n$$

よって　　$\dfrac{S_{n+1}}{S_n}=\dfrac{4n+10}{2n+3}$

(2) $\dfrac{S_{n+1}}{S_n}=\dfrac{4n+10}{2n+3}$ より

$$S_{n+1}=2\cdot\frac{2n+5}{2n+3}S_n$$

$$\frac{S_{n+1}}{2(n+1)+3}=2\cdot\frac{S_n}{2n+3}$$

ここで，$b_n=\dfrac{S_n}{2n+3}$ とおくと

$$b_{n+1}=2b_n$$

数列 $\{b_n\}$ は初項 $b_1 = \dfrac{S_1}{2 \cdot 1 + 3} = \dfrac{5}{5} = 1$，公比 2 の等比数列であるから，その一般項 b_n は

$$b_n = 1 \cdot 2^{n-1} = 2^{n-1}$$

よって

$$\sum_{n=1}^{10} \frac{S_n}{2n+3} = \sum_{n=1}^{10} b_n = b_1 + b_2 + b_3 + \cdots + b_{10}$$

$$= 1 + 2 + 2^2 + \cdots + 2^9$$

$$= \frac{2^{10} - 1}{2 - 1} = 1023$$

(3)　$c_n = \left(\dfrac{10}{21}\right)^n S_n$ とおくと，$c_{n+1} = \left(\dfrac{10}{21}\right)^{n+1} S_{n+1}$ であるから

$$\frac{c_{n+1}}{c_n} = \frac{\left(\dfrac{10}{21}\right)^{n+1} S_{n+1}}{\left(\dfrac{10}{21}\right)^n S_n} = \frac{10}{21} \cdot \frac{4n+10}{2n+3}$$

$\dfrac{c_{n+1}}{c_n} < 1$ となるような n の範囲は

$$\frac{10}{21} \cdot \frac{4n+10}{2n+3} < 1$$

$$40n + 100 < 42n + 63$$

$$n > \frac{37}{2} = 18.5$$

$\dfrac{c_{n+1}}{c_n} > 1$ となるような n の範囲は $n < \dfrac{37}{2}$ となるから

$1 \leqq n \leqq 18$ のとき　　$c_{n+1} > c_n$

$19 \leqq n$ のとき　　　$c_{n+1} < c_n$

つまり

$$c_1 < c_2 < \cdots < c_{18} < c_{19} > c_{20} > \cdots$$

を得るから，$\left(\dfrac{10}{21}\right)^n S_n$ が最大となるのは $n = 19$ のときである。

◀人文・社会科学専攻▶

① **解答**　(1)—ⓒ　(2)—ⓓ　(3)—ⓓ　(4)—ⓒ　(5)—ⓑ　(6)—ⓖ
(7)—ⓔ　(8)—ⓓ

══════ **解　説** ══════

《小問8問》

(1)　$\overrightarrow{OA}=(1,\ -2,\ 2)$, $\overrightarrow{OB}=(1,\ 1,\ -1)$ より

$|\overrightarrow{OA}|=\sqrt{1^2+(-2)^2+2^2}=3$

$|\overrightarrow{OB}|=\sqrt{1^2+1^2+(-1)^2}=\sqrt{3}$

$\overrightarrow{OA}\cdot\overrightarrow{OB}=1\cdot1+(-2)\cdot1+2\cdot(-1)=-3$

よって，三角形 OAB の面積は

$$\frac{1}{2}\sqrt{|\overrightarrow{OA}|^2|\overrightarrow{OB}|^2-(\overrightarrow{OA}\cdot\overrightarrow{OB})^2}$$

$$=\frac{1}{2}\sqrt{3^2\cdot(\sqrt{3})^2-(-3)^2}$$

$$=\frac{3\sqrt{2}}{2}$$

(2)　2つの円の中心の間の距離は

$$\sqrt{(1-0)^2+\{(-2)-0\}^2}=\sqrt{5}$$

である。1つ目の半径は $\sqrt{5}$，2つ目の半径は r である。2つの円が接するとき

$|r-\sqrt{5}|=\sqrt{5}$

$r-\sqrt{5}=\pm\sqrt{5}$

$r>0$ より　　$r=2\sqrt{5}$

(3)　$0°\leqq\theta<90°$ より $\cos\theta>0$ であるから

$$\frac{\sin\theta}{\cos\theta}-1=\frac{1}{\sqrt{3}}\cdot\frac{1}{\cos\theta}$$

$$\sqrt{3}(\tan\theta-1)=\frac{1}{\cos\theta}\quad\cdots\cdots①$$

両辺を2乗して

$$3(\tan\theta-1)^2=\frac{1}{\cos^2\theta}$$

$$3\tan^2\theta-6\tan\theta+3=1+\tan^2\theta$$

$$2\tan^2\theta-6\tan\theta+2=0$$

$$\tan^2\theta-3\tan\theta+1=0$$

$$\tan\theta=\frac{3\pm\sqrt{3^2-4\cdot1\cdot1}}{2}$$

$$\tan\theta=\frac{3\pm\sqrt{5}}{2}$$

$\tan\theta=\dfrac{3-\sqrt{5}}{2}$ のとき，①より

$$\frac{1}{\cos\theta}=\sqrt{3}\left(\frac{3-\sqrt{5}}{2}-1\right)=\sqrt{3}\cdot\frac{1-\sqrt{5}}{2}<0$$

となり，$0°\leqq\theta<90°$ に反する。また，$\tan\theta=\dfrac{3+\sqrt{5}}{2}$ のとき，①より

$$\frac{1}{\cos\theta}=\sqrt{3}\left(\frac{3+\sqrt{5}}{2}-1\right)=\sqrt{3}\cdot\frac{1+\sqrt{5}}{2}>0$$

となり，$0°\leqq\theta<90°$ を満たす。ゆえに

$$\tan\theta=\frac{3+\sqrt{5}}{2}$$

(4)　$y=x^3+2x^2-3x$ であるから，導関数は

$$y'=3x^2+4x-3$$

である。

(5)　放物線 $y=x^2-1$ と直線 $y=-x+1$ の交点の x 座標は

$$x^2-1=-x+1 \qquad x^2+x-2=0$$

$$(x+2)(x-1)=0 \qquad x=-2,\ 1$$

よって，求める面積は

$$\int_{-2}^{1}\{(-x+1)-(x^2-1)\}dx$$

$$=\int_{-2}^{1}(-x^2-x+2)dx \quad \cdots\cdots①$$

$$=\left[-\frac{1}{3}x^3-\frac{1}{2}x^2+2x\right]_{-2}^{1}$$

$$= -\frac{1}{3}\{1^3-(-2)^3\}-\frac{1}{2}\{1^2-(-2)^2\}+2\{1-(-2)\}$$

$$= -3+\frac{3}{2}+6$$

$$= \frac{9}{2}$$

別解 $①=-\displaystyle\int_{-2}^{1}(x-1)(x+2)dx$

$$= -\left[-\frac{1}{6}\{1-(-2)\}^3\right]$$

$$= \frac{9}{2}$$

(6)　$x^{\frac{1}{3}}+x^{-\frac{1}{3}}=3$ の両辺を 3 乗すると

$$(x^{\frac{1}{3}}+x^{-\frac{1}{3}})^3=27$$

$$(x^{\frac{1}{3}})^3+3\cdot(x^{\frac{1}{3}})^2\cdot x^{-\frac{1}{3}}+3\cdot x^{\frac{1}{3}}\cdot(x^{-\frac{1}{3}})^2+(x^{-\frac{1}{3}})^3=27$$

$$x+3x^{\frac{1}{3}}+3x^{-\frac{1}{3}}+x^{-1}=27$$

$$x+x^{-1}+3(x^{\frac{1}{3}}+x^{-\frac{1}{3}})=27$$

$$x+x^{-1}+3\cdot3=27$$

$$x+x^{-1}=18$$

別解　$x^{\frac{1}{3}}=a,\ x^{-\frac{1}{3}}=b$ とおくと

$$x=a^3,\ x^{-1}=b^3$$

$$x+x^{-1}=a^3+b^3=(a+b)^3-3ab(a+b)$$

$$= 3^3-3\cdot1\cdot3$$

$$= 18$$

(7)　真数 >0 より

$$x-1>0 \quad かつ \quad x-3>0$$

$$\therefore \quad x>3$$

よって，与えられた方程式から

$$\log_5(x-1)(x-3)=\log_5 5$$

$$(x-1)(x-3)=5$$

$$x^2-4x+3=5$$

$$x^2 - 4x - 2 = 0$$

$$x = 2 \pm \sqrt{2^2 + 2 \cdot 1} = 2 \pm \sqrt{6}$$

$x > 3$ より　　$x = 2 + \sqrt{6}$

(8) $y = 2x^2 + 2ax - a + 3b$ を平方完成すると

$$y = 2\left(x + \frac{a}{2}\right)^2 - \frac{a^2}{2} - a + 3b$$

よって，頂点の座標を a, b の式で表すと

$$\left(-\frac{a}{2}, \ -\frac{a^2}{2} - a + 3b\right)$$

である。これが点 $(1, 6)$ であるから

$$\begin{cases} -\dfrac{a}{2} = 1 & \cdots\cdots① \\[2mm] -\dfrac{a^2}{2} - a + 3b = 6 & \cdots\cdots② \end{cases}$$

①より，$a = -2$ だから，②に代入すると

$$-2 + 2 + 3b = 6 \qquad b = 2$$

②　**解 答**　(1)—ⓔ　(2)—ⓒ　(3)—ⓔ

═══════════ 解 説 ═══════════

《三角形における 2 直線の交点の位置ベクトル》

(1) 辺 OB の中点が D であることより，$\overrightarrow{OD} = \dfrac{1}{2}\overrightarrow{OB} = \dfrac{1}{2}\vec{b}$ であるから

$$\overrightarrow{AD} = \overrightarrow{OD} - \overrightarrow{OA} = \frac{1}{2}\vec{b} - \vec{a} = \frac{-2\vec{a} + \vec{b}}{2}$$

(2) 線分 AD を $t : 1-t$ に内分する点が Q であることより，$\overrightarrow{AQ} = t\overrightarrow{AD}$ であるから

$$\overrightarrow{OQ} = \overrightarrow{OA} + \overrightarrow{AQ}$$

$$= \overrightarrow{OA} + t\overrightarrow{AD}$$

$$= \vec{a} + t \cdot \frac{-2\vec{a} + \vec{b}}{2}$$

$$= (1-t)\vec{a} + \frac{t}{2}\vec{b} \quad \cdots\cdots ①$$

別解　内分の公式より

$$\overrightarrow{OQ} = \frac{t\overrightarrow{OD} + (1-t)\overrightarrow{OA}}{t+(1-t)} = (1-t)\vec{a} + \frac{t}{2}\vec{b}$$

(3)　辺 OA を $1:2$ に内分する点が C であることより

$$\overrightarrow{OC} = \frac{1}{3}\overrightarrow{OA} = \frac{1}{3}\vec{a}$$

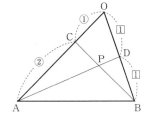

線分 BC を $u:1-u$ に内分する点を R とすると

$$\overrightarrow{OR} = (1-u)\overrightarrow{OB} + u\overrightarrow{OC}$$

$$= (1-u)\vec{b} + u\cdot\frac{1}{3}\vec{a}$$

$$= \frac{u}{3}\vec{a} + (1-u)\vec{b} \quad \cdots\cdots②$$

点 Q と点 R が一致するとき，その点が線分 AD と線分 BC の交点の P である。このとき，①，②から

$$(1-t)\vec{a} + \frac{t}{2}\vec{b} = \frac{u}{3}\vec{a} + (1-u)\vec{b}$$

$\overrightarrow{OA}$, $\overrightarrow{OB}$ は平行でなく，ともに $\vec{0}$ でないから

$$\begin{cases} 1-t = \dfrac{u}{3} \\ \dfrac{t}{2} = 1-u \end{cases}$$

これを解くと

$$t = \frac{4}{5}, \quad u = \frac{3}{5}$$

①より，点 Q と点 R が一致するとき，その点が線分 AD と線分 BC の交点の P であるから

$$\overrightarrow{OP} = \left(1-\frac{4}{5}\right)\vec{a} + \frac{1}{2}\cdot\frac{4}{5}\vec{b} = \frac{\vec{a} + 2\vec{b}}{5}$$

別解　△OAD において，メネラウスの定理により

$$\frac{\mathrm{OA}}{\mathrm{AC}} \cdot \frac{\mathrm{CP}}{\mathrm{PB}} \cdot \frac{\mathrm{BD}}{\mathrm{DO}} = 1$$

$$\frac{3}{2} \cdot \frac{\mathrm{CP}}{\mathrm{PB}} \cdot \frac{1}{1} = 1$$

$$\frac{\mathrm{CP}}{\mathrm{PB}} = \frac{2}{3}$$

∴　CP：PB＝2：3

点Pは線分CBを2：3に内分するから

$$\overrightarrow{\mathrm{OP}} = \frac{3\overrightarrow{\mathrm{OC}} + 2\overrightarrow{\mathrm{OB}}}{2+3} = \frac{3}{5}\overrightarrow{\mathrm{OC}} + \frac{2}{5}\overrightarrow{\mathrm{OB}}$$

$$= \frac{3}{5} \cdot \frac{1}{3}\vec{a} + \frac{2}{5}\vec{b} = \frac{\vec{a} + 2\vec{b}}{5}$$

物 理

 **解答** (1)—④ (2)—④ (3)—⑤ (4)—① (5)—① (6)—②
(7)—④ (8)—⑧

=== **解説** ===

《万有引力を受ける物体の運動，ケプラーの法則》

(1) 円運動の運動方程式より

$$m\frac{v_0{}^2}{R} = G\frac{Mm}{R^2} \quad \therefore \quad v_0 = \sqrt{\frac{GM}{R}} \ [\text{m/s}]$$

(2) 周期の式より

$$T_0 = \frac{2\pi R}{v_0} = 2\pi\sqrt{\frac{R^3}{GM}} \ [\text{s}]$$

(3) 面積速度一定の法則より

$$\frac{1}{2}Rv_1 = \frac{1}{2}rv_e \quad \cdots\cdots①$$

$$\therefore \quad \frac{v_1}{v_e} = \frac{r}{R}$$

(4) 力学的エネルギー保存則より

$$\frac{1}{2}\cdot\frac{m}{2}v_1{}^2 - G\frac{M\cdot\dfrac{m}{2}}{R} = \frac{1}{2}\cdot\frac{m}{2}v_e{}^2 - G\frac{M\cdot\dfrac{m}{2}}{r} \quad \cdots\cdots②$$

①，②より

$$v_1 = \sqrt{\frac{2r}{R+r}}\sqrt{\frac{GM}{R}} = \sqrt{\frac{2r}{R+r}}\,v_0[\text{m/s}]$$

(5) 運動量保存則より

$$mv_0 = \frac{m}{2}v_1 + \frac{m}{2}v_2$$

この式に(4)の結果を代入して

$$v_2 = \left(2 - \sqrt{\frac{2r}{R+r}}\right)v_0[\text{m/s}]$$

(6) (3)と(4)より

$$v_e = \frac{R}{r} v_1 = \sqrt{\frac{2R^2}{r(R+r)}} v_0 \, [\text{m/s}]$$

(7)　求める時間を t とすると，楕円軌道の周期は $2t$ であり，ケプラーの第三法則より，楕円軌道の周期の2乗は半長軸の3乗に比例するから

$$\frac{(2t)^2}{\left(\dfrac{R+r}{2}\right)^3} = \frac{\left(2\pi\sqrt{\dfrac{R^3}{GM}}\right)^2}{R^3} \qquad \therefore \quad t = \frac{\sqrt{2}\,\pi}{4}\sqrt{\frac{(R+r)^3}{GM}} \, [\text{s}]$$

(8)　無限遠での運動エネルギーを K とすると，無限の遠方に飛んでいく条件は，$K \geqq 0$ である。よって，力学的エネルギー保存則より

$$\frac{1}{2} \cdot \frac{m}{2} v_2^2 - G\frac{M \cdot \dfrac{m}{2}}{R} = K \geqq 0$$

$$\therefore \quad v_2 \geqq \sqrt{\frac{2GM}{R}} = \sqrt{2}\,v_0$$

この式と(5)の結果より

$$\left(2 - \sqrt{\frac{2r}{R+r}}\right)v_0 \geqq \sqrt{2}\,v_0$$

$$\therefore \quad R \geqq (2 + 2\sqrt{2}\,)r$$

②　**解答**　(1)—③　(2)—④　(3)—③　(4)—③　(5)—①　(6)—④
(7)—⑤　(8)—④

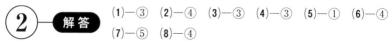

解説

《比熱と熱容量，融解熱，熱量保存則》

(3)　BからCまで，10 W で 20 分から 130 分まで加熱しているから
$$10 \times (130 - 20) \times 60 = 6.6 \times 10^4 \, [\text{J}]$$

(4)　融解熱は単位質量あたりの熱量を求めて
$$\frac{6.6 \times 10^4}{200} = 330 \, [\text{J/g}]$$

(5)　金属容器の熱容量を $C \, [\text{J/K}]$ とすると，CからDで，熱量の式より
$$10 \times (200 - 130) \times 60 = (200 \times 4.2 + C) \times 40$$

$$\therefore \quad C = 210 \, [\text{J/K}]$$

(6)　氷の比熱を $c_i \, [\text{J/(g·K)}]$ とすると，AからBで，熱量の式より

$$10 \times 20 \times 60 = (200 \times c_i + 210) \times 19$$

$$\therefore \quad c_i = 2.10 \fallingdotseq 2.1 [\text{J}/(\text{g·K})]$$

(7) 球体の比熱を $c_m [\text{J}/(\text{g·K})]$ とすると，熱量保存則より

$$(200 \times 4.2 + 210) \times (40 - 37) = 100 \times c_m \times (37 - 2)$$

$$\therefore \quad c_m = 0.90 [\text{J}/(\text{g·K})]$$

ゆえに球体はアルミニウムである。

(8) 求める質量を $m [\text{g}]$ とすると，球体が失った熱量は，氷と容器の温度が 19℃ 上がるための熱量（はじめ 20 分間にヒーターが与えた熱量に等しい）と氷の一部が融解するのに使われたから

$$200 \times 0.90 \times 80 = 10 \times 20 \times 60 + 330 \times m$$

$$\therefore \quad m = 7.27 \fallingdotseq 7.3 [\text{g}]$$

③ **解答**　(1)(ア)—②　(イ)—②　(ウ)—③　(エ)—⑤　(オ)—④

(i)—①　(ii)—①　(iii)—②

(2)—①　(3)—①　(4)(カ)—②　(キ)—③　(5)—⑥　(6)—②　(7)—④

═══════════════ 解　説 ═══════════════

《交流発電機》

(1)(a)(ア)　半径が $\dfrac{l}{2}$ なので　　$v_0 = \dfrac{l\omega}{2}$

(i)　辺 ab の速度と y 軸がなす角は $\dfrac{\pi}{2} - \omega t$ なので

$$v_y = v_0 \cos\left(\frac{\pi}{2} - \omega t\right) = v_0 \sin\omega t$$

(イ)　レンツの法則より，$v_y > 0$ のとき，a から b へ電流を流そうとする向きに誘導起電力が生じるので

$$V_{ab} = v_y B l$$

(ウ)・(ii)　$V = 2V_{ab} = 2 \times \dfrac{l\omega}{2} \sin\omega t \times Bl = Bl^2 \omega \sin\omega t$

(b)(エ)　コイルの面積が l^2 なので　　$\Phi_0 = Bl^2$

(iii)　磁束のコイルに垂直な成分より

$$\Phi = \Phi_0 \cos\omega t$$

(オ)　ファラデーの電磁誘導の法則より

$$V = -\frac{\Delta\Phi}{\Delta t}$$

(2)　V の最大値は $Bl^2\omega$ だから　　　$I_0 = \frac{Bl^2\omega}{R}$〔A〕

(3)　各辺にはたらく力は，磁場と電流を含む平面に垂直であるから，辺 ab と辺 cd では y 軸に平行，辺 bc と辺 ad では z 軸に平行となる。磁場は x 軸正の向き，電流は a→b→c→d の向きに各辺を流れるから，フレミングの左手の法則より，力の図は①。

(4)　時刻 t にコイルに流れる電流 I は

$$I = \frac{V}{R} = \frac{Bl^2\omega}{R}\sin\omega t = I_0\sin\omega t$$

また，コイルが磁場から受ける力のモーメントの向きは回転を妨げる向きなので，外力のモーメントはコイルの回転と同じ向きである。さらに，角速度を一定に保つから，外力によるモーメントの大きさは，コイルが磁場から受ける力のモーメントの大きさに等しい。

ここで，(3)の結果より，辺 ab，辺 bc の中点がコイルから受ける力の作用線とコイルの中心との距離は $\frac{l}{2}\sin\omega t$ より

$$M = I_0\sin\omega t \times Bl \times \frac{l}{2}\sin\omega t \times 2 = \frac{B^2l^4\omega}{R}\sin^2\omega t$$

以上より，(カ)$M_0 = \frac{B^2l^4\omega}{R}$，(キ)$\sin^2\omega t$ である。

(5)　仕事率は速度の方向の力の成分と速度の積，速度は半径と角速度の積，力のモーメントは速度の方向の力の成分と半径の積であるから，仕事率は力のモーメントと角速度の積となる。外力がコイルにする瞬時の仕事率 P は，外力のモーメントは正であるから

$$P = M\omega = \frac{B^2l^4\omega^2}{R}\sin^2\omega t$$

よって，仕事率の1周期にわたる時間平均は

$$\overline{P} = \frac{B^2l^4\omega^2}{R}\overline{\sin^2\omega t} = \frac{B^2l^4\omega^2}{2R}(1 - \overline{\cos2\omega t}) = \frac{B^2l^4\omega^2}{2R}$$

(6)　キルヒホッフの法則より

$$Bl^2\omega\sin\omega t - E = RI$$

$I=0$ のとき，$\omega t=\theta_1$ として

$\qquad E=Bl^2\omega\sin\theta_1$

(7)　　$M=IBl\times\dfrac{l}{2}\sin\omega t\times 2=IBl^2\sin\theta$

図3および上式から，M の符号は次のようになる。

θ	0	$\cdots$	θ_1	$\cdots$	θ_2	$\cdots$	π	$\cdots$	2π
I	$-$	$-$	0	$+$	0	$-$	$-$	$-$	$-$
$\sin\theta$	0	$+$	$\sin\theta_1$	$+$	$\sin\theta_2$	$+$	0	$-$	0
M	0	$-$	0	$+$	0	$-$	0	$+$	0

よって，グラフは④。

2
0
2
4
年
度

一
般

物
理

$$\boxed{\text{化　　学}}$$

①　**解答**　Ⅰ．問1．⑤　問2．⑤　問3．②　問4．③
　　　　　　問5．④　問6．①　問7．⑥　問8．①
Ⅱ．問1．④　問2．③　問3．②　問4．③

=== 解　説 ===

《理論・無機の小問集合》

Ⅰ．問1． ⑤誤文。Na^+ および Cl^- の電子数はそれぞれ 10, 18 個で異なる。

問2． 銅の原子量は，（各相対質量）×（存在比）の和で表される。^{63}Cu の存在比を x[%] とすると，原子量 63.55 より

$$63.55 = 62.93 \times \frac{x}{100} + 64.93 \times \frac{100 - x}{100}$$

$$x = 69 \, [\%]$$

問3． アルミニウムの結晶格子は面心立方格子で，単位格子中の原子数は 4 個である。単位格子一辺の長さを a[cm]，モル質量を M[g/mol]，アボガドロ定数を N_A[/mol]とすると，アルミニウムの密度は

$$\frac{4M}{a^3 N_A} \, [\text{g/cm}^3]$$

問4． ③誤文。鋼は，銑鉄から炭素含有量を減らすことで得られる。

問5． ある金属 M の酸化物 8.3g に金属 M が 5.9g 含まれていた。この酸化物を構成する金属原子 M（原子量 59）と酸素原子 O の物質量比は

$$M : O = \frac{5.9}{59} : \frac{8.3 - 5.9}{16} = 0.1 : 0.15 = 2 : 3$$

よって，この金属酸化物の組成式は M_2O_3 とわかる。

問6． ア．0.20 mol/L の塩化ナトリウム水溶液 0.10 L の質量は，密度を用いて

$$0.10 \times 10^3 \times 1.01 = 101 \, [\text{g}]$$

この水溶液中の溶質の質量は

$$0.20 \times 0.10 \times 58.5 = 1.17 \, [\text{g}]$$

この水溶液に含まれる水の質量は，溶液から溶質の質量を差し引いて

$$101-1.17=99.83 \fallingdotseq 100〔g〕$$

イ．水溶液を調製するのに必要な水の質量を x〔g〕とすると，質量パーセント濃度が 5.0% より

$$\frac{5.0}{x+5.0}\times100=5.0 \quad \therefore \quad x=95〔g〕$$

ウ．水溶液を調製するのに必要な水の質量を y〔g〕とすると，質量モル濃度が 0.10 mol/kg より

$$\frac{\frac{1.62}{180}}{y\times10^{-3}}=0.10 \quad \therefore \quad y=90〔g〕$$

以上より，水の質量の多い順に，ア＞イ＞ウ。よって，正解は①。

問7． ア．溶媒に対する物質の溶けやすさを利用した分離操作を抽出という。

イ．液体の混合物を加熱して，発生した蒸気を冷却することにより目的の液体を取り出す，沸点の差を利用した分離操作を蒸留という。

ウ．固体が気体になる変化を利用した分離操作を昇華法という。

問8． ①石油は混合物。②〜④はいずれも純物質で単体，⑤は純物質で化合物である。

Ⅱ．問1． ア．正文。イ．誤文。液体窒素の沸点は −196℃ でこれを絶対温度で表すと

$$-196+273=77〔K〕$$

ウ．誤文。−200℃ の液体空気を温めていくと，沸点の低い窒素が先に気体となるため，液体空気中は気体とならずに残った酸素の濃度が高くなる。

問2． 無極性分子には，原子間に電気陰性度の差がなく結合に偏りのない単体か，結合に偏りがあるが分子の形に対称性があるため分子全体で極性が打ち消される化合物がある。③メタン CH_4 は正四面体形の分子で，無極性分子に分類される化合物である。それ以外の分子は極性分子である。

問3． 0℃，1.013×10^5 Pa で空気（体積組成 N_2：80%，O_2：20%）1.0 L 中に含まれる酸素 O_2 の質量は

$$\frac{1.0}{22.4}\times\frac{20}{100}\times32=0.285\fallingdotseq0.29〔g〕$$

問4. メタンの完全燃焼の化学反応式は

$$CH_4 + 2O_2 \longrightarrow CO_2 + 2H_2O$$

同温・同圧下における反応した気体の体積比は反応式の係数比と一致するので，メタン3.0Lを完全燃焼させるのに必要な酸素は

$$3.0 \times 2 = 6.0〔L〕$$

② 解答 　Ⅰ．問1．② 問2．④ 問3．④ 問4．④
　　　　　　　問5．④ 問6．④ 問7．③ 問8．②
Ⅱ．問1．④ 問2．④ 問3．③ 問4．⑥

━━━━━━━━━━━━━━━ 解　説 ━━━━━━━━━━━━━━━

《無機・変化の小問集合》

Ⅰ．問1． ②誤文。炭酸水素ナトリウムを加熱すると，以下の反応が起こり，炭酸ナトリウムが生じる。

$$2NaHCO_3 \longrightarrow Na_2CO_3 + CO_2 + H_2O$$

問2． ①誤文。リンと硫黄の単体は同素体が存在する。

②誤文。ケイ素はダイヤモンドと同様の構造をもつ共有結合の結晶だが，リンや硫黄はそれとは異なる。

③誤文。ケイ素の単体は天然には存在しない。

問3． ④誤文。亜鉛は，鉄よりもイオン化傾向が大きい。

問4． 下線部の反応の化学反応式を以下に記す。

① 　　$2SO_2 + O_2 \longrightarrow 2SO_3$

② 　　$4NH_3 + 5O_2 \longrightarrow 4NO + 6H_2O$

③ 　　$2NO + O_2 \longrightarrow 2NO_2$

④ 　　$NaCl + NH_3 + CO_2 + H_2O \longrightarrow NaHCO_3 + NH_4Cl$

このうち，酸化数変化を伴わず，酸化還元反応を含まない反応は④。

問5． ④誤文。塩化ナトリウムの溶融塩電解で起こる各極の反応は

陰極：$Na^+ + e^- \longrightarrow Na$

陽極：$2Cl^- \longrightarrow Cl_2 + 2e^-$

全体：$2NaCl \longrightarrow 2Na + Cl_2$

ナトリウムの単体が1mol生成するとき，気体の塩素は $\dfrac{1}{2}$ mol発生する。

問6． x〔mol/L〕の希硫酸 20.0 mL と y〔mol/L〕の希塩酸 20.0 mL を混合した水溶液中の水素イオン H^+ の物質量と，0.10 mol/L の水酸化ナトリウム水溶液 40.0 mL 中の水酸化物イオン OH^- の物質量が等しいことより

$$x \times \frac{20.0}{1000} \times 2 + y \times \frac{20.0}{1000} \times 1 = 0.10 \times \frac{40.0}{1000} \times 1$$

　∴　$10x + 5y = 1$

① $x=0.050$，$y=0.025$ のとき，$10x+5y=1$ は不成立より不適。

② $x=0.20$，$x=0.20$ のとき，$10x+5y=1$ は不成立より不適。

③ $x>0.10$ と仮定すると

$$\frac{1-5y}{10} > 0.10 \qquad 1-5y>1$$

したがって，$y<0$ より不適。

④ $y<0.20$ と仮定すると

$$\frac{1-10x}{5} < 0.20 \qquad 1-10x<1$$

したがって，$x>0$ で仮定を満たす。

よって x，y は $x>0$，$0<y<0.20$ を満たす値と推察できる。

問7． ③誤文。次亜塩素酸は強い酸化作用をもつため，殺菌・漂白剤として利用される。

$$ClO^- + 2H^+ + 2e^- \longrightarrow Cl^- + H_2O$$

問8． ②誤文。一酸化炭素は高温下で強い還元力をもち，鉄の製錬に利用される。

Ⅱ．問1． ④誤文。銀（Ⅰ）イオン Ag^+ を含む水溶液に少量の水酸化ナトリウム水溶液を加えると，酸化銀（Ⅰ）Ag_2O の褐色沈殿が生じる。

問2． ［Ⅰ］ 1.80×10^{-3} mol/L の塩化ナトリウム NaCl 水溶液中には Cl^- が 1.80×10^{-3} mol/L 存在しており，ここに AgCl が溶けて c_1〔mol/L〕となったときに飽和に達したとすると，平衡時の各イオン濃度は

$$AgCl \rightleftharpoons Ag^+ + Cl^-$$

平衡時　　　　　　　　c_1　$1.80 \times 10^{-3}+c_1$〔mol/L〕

AgCl の溶解度積の式に代入して

$$[Ag^+][Cl^-] = K_{sp}$$

$$c_1(1.80 \times 10^{-3} + c_1) = 1.80 \times 10^{-10}$$

c_1 は 1.80×10^{-3} よりも十分に小さい値とするので，$1.80 \times 10^{-3} + c_1$ ≒ 1.80×10^{-3} と近似できる。

$$c_1 \times 1.80 \times 10^{-3} = 1.80 \times 10^{-10} \qquad \therefore \quad c_1 = 1.00 \times 10^{-7}$$

この値は 1.80×10^{-3} に対して十分に小さいといえるので，この近似は妥当である。よって $c_1 = 1.00 \times 10^{-7}$ となる。

〔Ⅱ〕　純水に AgCl が溶けて c_2 〔mol/L〕となったときに飽和に達したとすると

$$\mathrm{AgCl} \rightleftharpoons \mathrm{Ag}^+ + \mathrm{Cl}^-$$

平衡時　　　　　　　　　c_2　　　$+c_2$　〔mol/L〕

AgCl の溶解度積の式に代入して

$$c_2{}^2 = 1.80 \times 10^{-10} \qquad \therefore \quad c_2 = 1.34 \times 10^{-5} \text{〔mol/L〕}$$

よって，飽和溶液〔Ⅰ〕および〔Ⅱ〕の Ag^+ の濃度の比は

$$\frac{c_2}{c_1} = \frac{1.34 \times 10^{-5}}{1.00 \times 10^{-7}} = 1.34 \times 10^2$$

問3. 沈殿滴定では，試料溶液中の Cl^- がすべて沈殿しきった時点が終点である。よって終点では，試料溶液中の Cl^- の物質量と滴下した Ag^+ の物質量が等しくなる。試料溶液 X 中の Cl^- の濃度を x〔mol/L〕とすると

$$x \times \frac{V_1}{1000} = c \times \frac{V_2}{1000} \qquad \therefore \quad x = \frac{cV_2}{V_1} \text{〔mol/L〕}$$

問4. 濃度未知の $\mathrm{AgNO_3}$ 水溶液 100 mL に，0.40 mol/L の $\mathrm{K_2CrO_4}$ 水溶液 50.0 mL を加えたところ，$\mathrm{Ag_2CrO_4}$ の沈殿が生じた。

$$2\mathrm{Ag}^+ + \mathrm{CrO_4}^{2-} \longrightarrow \mathrm{Ag_2CrO_4}$$

このとき，$\mathrm{CrO_4}^{2-}$ が完全に沈殿したとすると，沈殿した Ag^+ の物質量は

$$0.40 \times \frac{50.0}{1000} \times 2 = 4.00 \times 10^{-2} \text{〔mol〕}$$

次いで，この沈殿をすべて取り除き，ろ液に 1.00 mol/L の KCl 水溶液を 10.0 mL 加えたところ，AgCl の沈殿が生じこれ以上の沈殿は見られなかった。

$$Ag^+ + Cl^- \longrightarrow AgCl$$

このとき沈殿した Ag^+ の物質量は

$$1.00 \times \frac{10.0}{1000} = 1.00 \times 10^{-2} \text{[mol]}$$

よって，はじめの $AgNO_3$ 水溶液 100 mL に含まれていた Ag^+ の物質量はこれの和をとった値であるので，この $AgNO_3$ 水溶液の濃度は

$$\frac{4.00 \times 10^{-2} + 1.00 \times 10^{-2}}{100 \times 10^{-3}} = 0.500 \fallingdotseq 0.50 \text{[mol/L]}$$

③ 　**解答**　**Ⅰ．問1．**(1)—② (2)—③ **問2．**③
Ⅱ．問1．③ **問2．**④
Ⅲ．問1．③ **問2．**④ **問3．**② **問4．**④ **問5．**⑤

━━━━━━━━━ **解 説** ━━━━━━━━━

《状態・変化の小問集合》

Ⅰ．問1．(1)　溶解度のグラフより，60°C において水 200 g にとける電解質 A は $37 \times 2 = 74$ [g]，電解質 B は $110 \times 2 = 220$ [g] である。50 g の電解質 A と 240 g の電解質 B を 80°C の水 200 g に溶解し，60°C まで下げたとき，この溶解度の値を超える電解質 B は析出する。

(2)　60°C で析出している電解質 B を x [g] とすると，60°C における飽和溶液と溶解度の関係式より

$$\frac{溶質}{溶媒} = \frac{240-x}{200} = \frac{110}{100} \quad \therefore \quad x = 20 \text{[g]}$$

問2．電解質 A と B の混合物を 100 g の熱水（80°C）に溶かしたのち，0°C に冷却すると，電解質 B のみが析出したことより，ろ液には電解質 A と B が残っており，B における飽和溶液となっている。0°C における溶解度より，電解質 B はろ液中の水 100 g に 10 g 溶解しているとわかる。このろ液を 40 倍希釈した溶液の沸点が純粋な水より 0.039°C 高い。また，ろ液中の電解質 A の質量を y [g] とすると，電解質 A（モル質量 60 g/mol）と B（モル質量 100 g/mol）がともに水溶液中で完全に電離するので溶質粒子の物質量は 2 倍になることに注意して，沸点上昇の関係式より

$$0.039=0.52\times\dfrac{\dfrac{y}{60}\times2+\dfrac{10}{100}\times2}{100\times10^{-3}}\times\dfrac{1}{40}\qquad\therefore\quad y=3.0(g)$$

Ⅱ．問1． 水 90 g を加熱して，20℃ の水から 100℃ の水蒸気にするのに必要な熱エネルギーは，（水の 80℃ 分の温度上昇に必要な熱エネルギー）＋（蒸発に必要な熱エネルギー）より

$$4.2\times90\times80\times10^{-3}+40\times\dfrac{90}{18}=230=2.3\times10^{2}(kJ)$$

問2． 逆浸透法では，溶液の浸透圧より大きい圧力を溶液側に加える必要がある。モデル海水の 3.51% の塩化ナトリウム水溶液をモル濃度へ変換すると

$$\dfrac{\dfrac{3.51}{58.5}}{\dfrac{100}{1.02}\times10^{-3}}=\dfrac{0.06}{\dfrac{1}{10.2}}=0.612(mol/L)$$

NaCl が水溶液中で完全電離するので，溶質粒子の物質量は 2 倍になることに注意して，ファントホッフの法則より，この溶液の浸透圧 $\varPi$ は

$$\varPi=0.612\times2\times8.31\times10^{3}\times300=3.05\times10^{6}(Pa)$$

よって，逆浸透法で必要な最小の圧力は　　　$3.1\times10^{6}\,Pa$

Ⅲ．問1． 反応開始から 30 分間で発生した酸素の物質量は，（過酸化水素の減少量）$\times\dfrac{1}{2}$ より

$$(0.80-0.28)\times\dfrac{100}{1000}\times\dfrac{1}{2}=0.026(mol)$$

酸素量を 27℃，$1.013\times10^{5}\,Pa$ における体積に換算すると

$$\dfrac{0.026\times8.31\times10^{3}\times300}{1.013\times10^{5}}=0.639\fallingdotseq0.64(L)$$

問2． 10 分から 40 分の間における過酸化水素の平均分解速度は

$$-\dfrac{0.20-0.56}{40-10}=0.012=1.2\times10^{-2}(mol/(L\cdot min))$$

問3・問4． 各時間間隔における過酸化水素の平均分解速度 $\bar{v}$ を求め，その値を過酸化水素濃度の平均値 $[\overline{H_2O_2}]$ で割った値をそれぞれ求める。

$0-10$ 分の間：$\bar{v}=-\dfrac{-0.24}{10}=0.024(mol/(L\cdot min))$

$$\frac{\overline{v}}{[\overline{H_2O_2}]} = \frac{0.024}{0.68} = 0.0352 [/min]$$

10 − 20 分の間：$\overline{v} = -\frac{-0.16}{10} = 0.016 [mol/(L \cdot min)]$

$$\frac{\overline{v}}{[\overline{H_2O_2}]} = \frac{0.016}{0.48} = 0.0333 [/min]$$

20 − 30 分の間：$\overline{v} = -\frac{-0.12}{10} = 0.012 [mol/(L \cdot min)]$

$$\frac{\overline{v}}{[\overline{H_2O_2}]} = \frac{0.012}{0.34} = 0.0352 [/min]$$

30 − 40 分の間：$\overline{v} = -\frac{-0.08}{10} = 0.008 [mol/(L \cdot min)]$

$$\frac{\overline{v}}{[\overline{H_2O_2}]} = \frac{0.008}{0.24} = 0.0333 [/min]$$

40 − 60 分の間：$\overline{v} = -\frac{-0.10}{20} = 0.005 [mol/(L \cdot min)]$

$$\frac{\overline{v}}{[\overline{H_2O_2}]} = \frac{0.005}{0.15} = 0.0333 [/min]$$

以上より　　$\frac{\overline{v}}{[\overline{H_2O_2}]} = k$ （一定値）

　よって，過酸化水素の平均分解速度 $\overline{v}$ と濃度の平均値 $[\overline{H_2O_2}]$ との関係は比例関係とわかるので，②のグラフが正解。

　また，上記より反応速度定数は $0.033 \sim 0.035$ であるから，④ $3.4 \times 10^{-2}/min$ を選ぶ。

問5. 温度を $10°C$ 上昇させると反応速度が元の2倍になることから，$20°C$ から $50°C$ へと $30°C$ 温度上昇させたときの反応速度は，元と比べて

　　$2 \times 2 \times 2 = 2^3 = 8$ 倍

④　　**解答**　　Ⅰ．**問1.** [35]−⑦　[36]−①
　　　　　　　　　問2. [37]−③　[38]−⑧　[39]−①
問3. ①　**問4.** ③　**問5.** ②　**問6.** ③　**問7.** ②　**問8.** ②

Ⅱ. 問1. ④ 問2. ② 問3. ② 問4. ⑥ 問5. ④

=========== 解 説 ===========

《有機・高分子の小問集合》

Ⅰ. 問1. 実験1において，C，H，O からなる有機物を完全燃焼させると，二酸化炭素と水が生じる。塩化カルシウムは中性の乾燥剤であるため，前につないだ塩化カルシウム管では水が吸収される。ソーダ石灰は塩基性の乾燥剤であるため，水と酸性の気体である二酸化炭素を吸収するが，先の塩化カルシウム管で水が吸収されているため，ソーダ石灰管では二酸化炭素が吸収される。

問2. 有機化合物 X の完全燃焼で生じた二酸化炭素 264 mg および水 144 mg から，各元素の質量は

$$C : 264 \times \frac{12}{44} = 72 \, [mg]$$

$$H : 144 \times \frac{2}{18} = 16 \, [mg]$$

$$O : 120 - (72 + 16) = 32 \, [mg]$$

有機化合物 X に含まれる元素の原子数比は

$$C : H : O = \frac{72}{12} : \frac{16}{1} : \frac{32}{16} = 6 : 16 : 2 = 3 : 8 : 1$$

組成式は C_3H_8O で，この式量は 60 で分子量と一致する。ゆえに，有機化合物 X の分子式は C_3H_8O と決まる。

問3. 実験3より X は金属ナトリウムと反応したことからアルコールとわかる。

問4. 分子式 C_3H_8O のアルコールは，以下の2種類がある。

$$\begin{array}{cc} CH_2-CH_2-CH_3 & CH_3-CH-CH_3 \\ | & | \\ OH & OH \\ \text{1-プロパノール} & \text{2-プロパノール} \end{array}$$

これらの違いは，アルコールの級数の違いや $CH_3CH(OH)-$ の部分構造をもつかの違いである。よって X の構造式を決定するため，選択肢のうち適当なものは③である。この反応はヨードホルム反応で，$CH_3CH(OH)-$ の部分構造をもつ 2-プロパノールはヨードホルム反応陽性，部分構造をもたない 1-プロパノールは陰性である。

問5. アルコールに濃硫酸を加えると脱水反応が起こる。脱水生成物 Y

は**X** より分子量が小さいことから，**X** の分子内脱水より生じたアルケンとわかる。また，脱水生成物 **Z** は **X** より分子量が大きいことから，**X** の分子間脱水により生じたエーテルとわかる。

問6. **X** は1-プロパノールか2-プロパノールのいずれかであり，いずれからも分子内脱水で生じる **Y** はプロペン（プロピレン）である。**Y** の重合で得られるポリプロピレンは，熱可塑性の性質があり，加熱により軟化し冷却により硬化する。

問7. **Y**（プロペン〈プロピレン〉）は一般式 C_nH_{2n} の鎖式不飽和炭化水素のアルケンである。この構造異性体に，環式飽和炭化水素のシクロアルカンがある。

問8. エーテル **Z** は極性基をもたないため，極性の大きいヒドロキシ基をもつアルコール **X** よりも水に溶けにくい。

Ⅱ．問1． 図中の分子式 C_6H_7N はアニリンである。

④誤文。アニリンは酸化されやすく，硫酸酸性の二クロム酸カリウム水溶液により酸化されて，黒色沈殿のアニリンブラックを生じる。

問2． 図中の $C_4H_6O_3$ は無水酢酸である。

②誤文。ポリビニルアルコールからビニロンを得るには無水酢酸ではなく，ホルムアルデヒドを反応させる。

問3． アニリンから化合物 **A** が生じる反応は次の通り。

化合物 **A** は塩化ベンゼンジアゾニウムである。**A** が水と反応すると

化合物 **B** はフェノールである。この反応で副生成物となるのは，塩化水素と窒素である。

問4． **B** のフェノールとホルムアルデヒドを反応させると，中間体のレゾールもしくはノボラックを経て，熱硬化性のフェノール樹脂が生成する。

問5． **B** のフェノールと NaOH の中和反応により，化合物 **C** のナトリウムフェノキシドが生じる。化合物 **A** の塩化ベンゼンジアゾニウムと，化合物 **C** のカップリング反応により，化合物 **D** の p-ヒドロキシアゾベン

ゼン（*p*-フェニルアゾフェノール）が生じる。

$$\ce{C6H5-N^+#NCl^- + C6H5-ONa -> C6H5-N=N-C6H4-OH + NaCl}$$

国　語

2024年度　一般

国語

①～④ 〔出典〕 ジョセフ・S・ナイ『国家にモラルはあるか？——戦後アメリカ大統領の外交政策を採点する』〈第2章　道義的な外交政策とは〉(山中朝晶訳　早川書房)

解答

1 ―(2)
2 ―(4)
3 ―(3)
4 ―(1)

解説

1 「人々に道徳的感覚があるからといって、彼らが本質的に　**A**　だとは限らない」という構文から、空欄Aは「道徳」に近い内容と判断されるので、(2)の「善良」を選ぶ。空欄Bについては紛らわしいので保留し、空欄Cについて(2)が適切かどうか確認する。C直前の「自己および他者が……いっさい欠いている状態」の「情報や知識をいっさい欠いている」という部分から、(2)の「原初状態」が適当だと判断できる。

2 道徳と理性が対立しないことの理由になっているのは(4)のみである。(1)は理性についての言及がない。(2)は仮に「功利主義的な計算」が理性のことだったとしても、「対立する」という内容になっている。(3)は文化間の比較であって、道徳と理性の比較ではない。(4)は、傍線部の後の「三つの主要な社会的源泉」の説明から「良心の感覚」＝「信念」＝「道徳的直感」、「道義的ルール」「行動規範」＝「思慮深い慎重さ」＝「理性的判断」と類推でき、したがって「理性的判断」も「生物学的な道徳的衝動」の一部であるといえる。

3 「国際政治は『無政府的』と呼ぶのがより正確だろう」(最後から二つ目の段落第二文)という認識は、リベラリズムにおいてもリアリズムにおいても共通している。しかし、リベラリズムは「バランス・オブ・パワー、国際法や国際的な規範、国際機関などの基本的な慣習や制度」(同段落第三文)によって対応しようとするが、リアリズムは「生存する最善の道は」

可能なかぎり強力になることだ」（三つ目の（中略）の後の段落のジョン・ミアシャイマーの言葉）と考える。国際機関には期待せず、自国の利益を優先するのである。ここから、リベラリズムは i、リアリズムは iii と判断する。コスモポリタニズムは〈世界は一つの共同体ですべての人間が平等に所属している〉ととらえる考え方であるので、iii の「権利は普遍的なものである」に該当すると考える。これは「コスモポリタンは、基本的人権は普遍的なものだと主張する」（最後から三つ目の段落第六文）という部分に合致する。

④　(1)は空欄Bの次の段落の内容に合致する。(2)は「完璧でなくてはならない」が不適。三つ目の（中略）の前段落第四文に「制度が完璧である必要はない」とある。(3)の「囚人のジレンマのゼロサムゲーム」は「最善の戦略」は「相互主義」であるということの例であり、「自国の国益を最大化する」という利己的な行動の例ではない。(4)は「いずれを用いるかを選択しなければならない」が不適。空欄Bの段落に「手段を……どう組み合わせるかを考えなければならない」とある。

⑤〜⑧　出典　住吉雅美『あぶない法哲学──常識に直面して思考のレッスン』〈第四章　悪法に逆らうルールになれ！──遵法義務〉（講談社現代新書）

解答　⑤─(1)
⑥─(2)
⑦─(4)
⑧─(3)

＝＝＝＝＝＝＝＝　解　説　＝＝＝＝＝＝＝＝

⑤　語意の知識問題。(1)が正解。「無謬性」の「謬」は〝誤り〟の意。(2)「蓋然性」は〝確実性の度合〟。(3)「無辜（性）」は〝何の罪もないこと〟。(4)「可塑性」は〝物体を変形させてそのひずみがそのまま残る性質〟の意。これら正解以外の語の意味も知っておいた方がいいだろう。

⑥　(2)の「従う必要はない」が不適。ソクラテスは秩序を守るためには法に従う必要があると考えていたので、刑の執行を甘んじて受けたのである。

⑦　(1)は「法」ではなく「規範」という語を使っている。「規範」であれば、「法」だけでなく「道徳」まで含んでしまう。「空洞化」も不適。(2)は

「社会秩序の維持につながりにくい」が不適。むしろ逆である。(3)は「連続性のある概念である」が不適。法実証主義者のハーバート・L・A・ハートやケルゼンなどは、法と道徳を切り離して考えている。そのことが明確に書かれているのは(4)である。

⑧ (1)は「ソクラテスの刑死により芽生えた思想」が「市民的不服従の思想へと昇華」が不適。ソクラテスは悪法であっても法秩序へ服従すべきだということを身をもって示している。一方「市民的不服従」は、不正な法には従わない、ただし従わないことによる処罰は受け容れる、というものである。(2)は「矛盾する」が不適。(2)の「法律に……抵抗しないこと」という内容は、「市民的不服従」という戦略であり、キング牧師のとった方法である。(4)は「アンチテーゼ」「優れている」が不適。「市民的不服従という思想」もソクラテスの思想も、刑罰は受け入れるが道徳的には従わないという点で共通していて対立していないので、「アンチテーゼ」とはなっていない。また、優劣をつけられるものでもない。(3)については、(1)でみたように「ソクラテスの思想と市民的不服従の思想は、本文中で対照的に扱われているとも読み取れる」は妥当であり、後半も本文趣旨に合っている。

出典　田中克彦『ことばと国家』〈三　俗語が文法を所有する〉（岩波新書）

解答

⑨—(4)

⑩—(1)

⑪—(2)

⑫—(3)

解説

⑨　空欄Aに入る語は、「俗語が国家の手によって国語にされたとき、そこに作り出される」ものである。最初の空欄Aを含む一文と、その次の一文との対応関係に注目する。次の一文に「おのずと生れ、内から湧き出てくることば（＝俗語）が……『国のことば』（＝国語）として『文法によって与えられる』ものへ造りかえられる」とある。キーワードは「文法」である。

⑩　「ことばの外に立ってことばを支配する」のは、(2)の「規範意識」で

あり（傍線部（ア）直後の一文）、その「規範意識」を支えているのが(4)の「超言語性信仰」（傍線部（ウ）の次の段落）である。「規範意識」は(5)の「古いことば」を規範とし（「帝国読本」引用文後の一段落）、「規範意識」によって(3)の「禁止」という判断（空欄Aの前段落）が下される。(1)の「俗語」は、本文冒頭の第三文にあるように「話し手が内から作っていくもの」である。

⑪　(2)の場合食べる主体は相手だと類推されるので、「いただく」という謙譲語ではなく「召し上がる」という尊敬語を使うのが正しい。

⑫　直前の「話しことばを文法に従わせようとする。……文法の安定と不変を願う気持が、それを正しいとすれば、それからの逸脱を誤りとするから、言語の変化はいつでも誤りであって、正しい変化というものは論理的にあり得なくなるであろう」より、文法からの「逸脱」＝「言語の変化」が「誤り」とされてしまうならば、「変化」は「進歩」とは呼べなくなってしまうことになる。(3)の「逸脱によって生じるものだが、文法がそれを言語の乱れとして排除しようとする限り」がこの内容にあたる。

⑬～⑱　【出典】　井原西鶴『万の文反古』〈序文〉

解答

⑬—(4)

⑭—(5)

⑮—(2)

⑯—(5)

⑰—(3)

⑱—(5)

=== 解説 ===

⑬　「文車」は〝書物を運ぶ車輪付きの屋形車〟のことであり、続けて「諸々の書物、是皆人の助けとなれり」とあるので、(1)の「文」は「書物」のことである。(2)の「状文」については、「心を付けて捨つべき事ぞかし」（注意して捨てなければならないことであるよ）という部分から、具体的な物体であると判断する。「文字」や「学問」ではない。

⑭　「兼好」の書を残した作品」とは『徒然草』という随筆である。

⑮　二重傍線部（ア）の「れ」は尊敬の助動詞。（イ）の「べき」は当然

（もしくは適当）の助動詞である。よって(2)が正解。(1)は受身の助動詞と可能の助動詞との組み合わせ、(3)はラ行四段活用動詞の未然形活用語尾と意志の助動詞との組み合わせ、(4)は自発の助動詞と推量の助動詞との組み合わせである。

16　傍線部(2)の直前に「年の暮」「春待つ」とあるので、十二月のことと判断できる。

17　波線部直後の「かならず其身の恥を人に二たび見えがされけるひとつ也」という部分から判断する。見苦しい手紙を捨てずに置いておくと、誰かに読まれて「恥（＝隠しておきたいこと）」を「二たび」さらすことになってしまうのである。

18　書簡形式の小説にすることによって、出し手と受け手しか知らない内容（＝秘密）を読者が知ることができるのである。「秘密」に言及しているのは(1)と(5)であるが、本文文末の「人の心も見えわたりて是」（「人の心もすっかり見える」の意。「是」は西鶴独特の止め言葉）から、(5)と判断する。

⑲～㉚　出典　李白「王昭君」・白居易「王昭君」（『楽府詩集』）、嵯峨天皇「王昭君」（『文華秀麗集』）、大江朝綱「王昭君」（『和漢朗詠集』）、『後拾遺和歌集』『為忠家初度百首』

解答
⑲—2
⑳—1
㉑—1
㉒—2
㉓—1
㉔—1
㉕—2
㉖—(1)
㉗—2
㉘—1
㉙—3
㉚—(1)

解　説

19・20 王昭君が漢の後宮から胡の地の妃として行ったことを踏まえる。「今日」「明朝」という時間の経過から判断する。

21 第一句と第二句から、過酷な風土の中ですでに美しさが失われている状態であることをおさえる。「沙」が〝砂〟、つまり砂漠地帯の砂であることがヒントになる。

22・23 王昭君がどこを「辞り」(去り)、どこに「入」ったのかをおさえる。

24・25 「角」は「つので作った笛」で遊牧民族が使うものである。「宮」は、漢の都の宮殿で、「万里」ははるか遠く離れていることを表す。第五句と第六句は対句で、「胡角」「声」と「漢宮万里」、「霜後夢」と「月前腸」がそれぞれ対になっている。

26 最初の⑦の直後に「照」とあり、最後の⑦の後に「桂」があることから「月」が入る。「桂」は、中国の伝説で月に生えていると考えられていた木である。「月の桂」は和歌によく使われる語なので覚えておきたい。

27 「なれにし里を恋ふる」(〝慣れ親しんだ土地を恋しく思う〟)という部分から判断する。「なげきまし」(〝嘆いてきた〟)「露にもまさりけり」(〝露以上である〟)もヒント。

28 「古き」「たちはなれ」という語句から判断する

29 「見る」「影」(〝姿〟の意)がヒント。設問文に「いずれかが入る」とあるので、消去法で対応することも可。

30 「如」は〝〜のようだ〟の意を表す比況形。傍線部を直訳すると、〝今はかえって画の中(の姿)に似ているようだ〟となる。胡の地で王昭君の容色は衰え、絵師がそこと醜く描いた絵姿に似てきてしまったという嘆きが詠まれている。(1)が正解。(2)の「まかった」、(3)の「……たら」、(5)の「まかったのに」という意味を表す語は傍線部にはない。(4)は論外。

/////////////// · **memo** · ///////////////

//////////////// · **memo** · ////////////////

/////////////// · *memo* · ///////////////

//////////////// · **memo** · ////////////////

2023

年度

問題と解答

■ 推薦採用試験，総合選抜採用試験

問題編

【推薦採用試験】

▶試験科目

○人文・社会科学専攻

	教　科	科　　　　目	区　分
学力試験	外国語	コミュニケーション英語Ⅰ・Ⅱ・Ⅲ，英語表現Ⅰ・Ⅱ	マークセンス
	小論文		記　述
口述試験（集団討議および個別面接）			
身　体　検　査			

○理工学専攻

	教　科	科　　　　目	区　分
学力試験	外国語	コミュニケーション英語Ⅰ・Ⅱ・Ⅲ，英語表現Ⅰ・Ⅱ	マークセンス
	数　学	数学Ⅰ・Ⅱ・Ⅲ・Ａ・Ｂ	
	理　科	「物理基礎・物理」，「化学基礎・化学」から１科目選択	記　述
口述試験（集団討議および個別面接）			
身　体　検　査			

▶備　考

- 各科目の配点および総合点は非公表。
- 数学Ｂは「数列」「ベクトル」のみ。
- 物理基礎および物理は「原子」を除く。

【総合選抜採用試験】

▶試験科目

○人文・社会科学専攻

	教　科	科　　　　　　目	区　分
第1次	外国語	コミュニケーション英語 I・II・III，英語表現 I・II	マークセンス
	小論文		記　述
第2次		適　応　能　力　試　験	
		問　題　解　決　能　力　試　験	
		基　礎　体　力　試　験	
		口　述　試　験　（個別面接）	
		身　体　検　査	

○理工学専攻

	教　科	科　　　　　　目	区　分
第1次	外国語	コミュニケーション英語 I・II・III，英語表現 I・II	マークセンス
	数　学	数学 I・II・III・A・B	
	理　科	「物理基礎・物理」，「化学基礎・化学」から1科目選択	記　述
第2次		適　応　能　力　試　験	
		問　題　解　決　能　力　試　験	
		基　礎　体　力　試　験	
		口　述　試　験　（個別面接）	
		身　体　検　査	

▶備　考

- 各科目の配点および総合点は非公表。
- 数学Bは「数列」「ベクトル」のみ。
- 物理基礎および物理は「原子」を除く。

■■■英語■■■

(50 分)

❶ 1 ～ 6 の（　　　）内に入れるのに最も適切なものを，それぞれ(A)～(D)の中から選びなさい。

1 In a group of 20 people, 18 are right-handed and (　　　) are left-handed.

(A) other   (B) the other
(C) the others   (D) another

2 In war, (　　　) side may call itself the victor, there are no winners.

(A) wherever   (B) whenever
(C) whose   (D) whichever

3 Some insects use camouflage to escape (　　　).

(A) to eat   (B) to be eaten
(C) being eaten   (D) eat

4 He would not have had an accident (　　　) he followed my advice.

(A) had   (B) if   (C) unless   (D) even if

5 The evidence (　　　) active learning is more effective than lecturing is overwhelming.

(A) that   (B) which   (C) what   (D) whose

6　These are ten places (　　　　　) you should definitely visit on your next trip to Tokyo.

(A) where　　　　　(B) which　　　　(C) what　　　　(D) in which

❷　[ア] ～ [オ] のそれぞれの意味が通るように，与えられているすべての語句を並べ替えて完成させ，7 ～11 に入る語句の記号を選びなさい。(ただし，大文字で始まるべき語も小文字で示してある。また，同じ語句を二度以上使うことはできない。)

[ア]　Are (　　　　) (　　　　) (　　　　) (7) (　　　　) (　　　　)
the project?

(A) willing　　　(B) in　　　　(C) part
(D) to　　　　　(E) take　　　(F) you

[イ]　(　　　　) (　　　　) (　　　　) (8) (　　　　) (　　　　) the
front desk.

(A) be　　　　　(B) an ID　　　(C) at
(D) you　　　　(E) will　　　(F) given

[ウ]　Don't (　　　　) (　　　　) (　　　　) (9) (　　　　) (　　　　)
class.

(A) during　　　(B) students　　(C) to
(D) keep　　　　(E) awake　　　(F) fail

[エ]　(　　　　) (10) (　　　　) (　　　　) (　　　　) (　　　　) his
indifference to the matter.

(A) most　　　　(B) me　　　　(C) was
(D) the　　　　(E) confused　　(F) what

[オ]　Any errors (　　　　) (　　　　) (　　　　) (　　　　) (11)
(　　　　) submission.

(A) gotten　　　　(B) before　　　　(C) of

(D) must　　　　(E) rid　　　　(F) be

 次の[ア]，[イ] の英文を読んで，|12| ～ |15| の（　　　　）内に入れるのに最も適

切なものを，それぞれ(A)～(D)の中から選びなさい。

[ア]

　　Definitions of bilingualism cover a very broad spectrum of linguistic abilities. Perhaps the most liberal definition of the bilingual is "a speaker of one language who can speak in another language." Clearly this definition fits the person who speaks two languages equally fluently. It would, however, also fit the person who has finished less than a single term of study of a second or foreign language. (　　|12|　　) may be able to construct complete and meaningful utterances in the new language but they may do so in much the same way as they follow recipes or assemble a new bicycle according to written instructions. That is to say, a person who has not yet acquired a full grammar for a language may still be able to construct meaningful utterances in that language. Conversely, the person who is able to read another language fluently with native-like comprehension, may not have learned to *produce* meaningful utterances in that language. This person would not be considered a bilingual even by the liberal definition above. A more stringent definition of *bilingual* : "a person with native-like control of two languages," would of course exclude the beginning language student. Such a definition would still exclude the person who easily comprehends but does not produce utterances in a second language. It would also exclude the fluent speaker who had (　　|13|　　). Both extremes in definition yield unsatisfactory results, perhaps because each relies on degree of control of the language as the definitional criterion. A more appealing definition of *bilingualism* considers the most relevant factor to be the regular use of two languages.

　　[Adapted from Loraine K. Obler and Kris Gjerlow, *Language and the Brain*, Cambridge University Press, 1999]

注)　spectrum　範囲，領域　　　fluently　流暢（りゅうちょう）に
　　utterance　発話，話す行為　　comprehension　理解
　　stringent　厳格な

|12|

　　(A) Newborn babies　　　　　　　　(B) Language learners

　　(C) Liberal definitions　　　　　　　(D) Strict definitions

13

(A) a foreign accent (B) foreign ancestors
(C) a native-like intonation (D) native-speaking parents

[イ]

　　The United States has a unique system of public education in that we try to educate all of our students equally from preschool through high school. Most European and Asian countries have extensive tracking systems of education in which they test the students at certain levels and track them to certain schools. In Japan, for instance, there is tremendous pressure on students to (　　14　　) at the end of elementary school so that they can attend the best lower secondary school. This is repeated as they are tested to go to the upper secondary schools and to the universities. Those that graduate from the best universities are rewarded with the best work positions. The pressure is so intense that parents are often forced to send them to "cram" schools in the evening to prepare the students for the examinations.

　　In the United States, we try not to track our students so that all have the opportunities for the same education. This is, however, very difficult because with our diverse population in society at large, we have a diverse population of learners. This diverse population of students is becoming more diverse, leading special education administrators to call for total inclusion of all special education students in regular education classes. To be successful in educating all of our students, we need to be more aware of (　　15　　) and multiple intelligences. To be more effective teachers of this diverse population of learners, teachers need concise and efficient ways to learn more about their students' learning methods and multiple intelligences.

　　[Adapted from Rebecca Finley Snyder, *The High School Journal*, vol. 83, no. 2, 1999]

注)　track　　（学生を）適性別コースに割り当てる
　　lower secondary school　前期中等教育学校（中学校）
　　upper secondary school　後期中等教育学校（高等学校）
　　special education　特殊教育（障害等のために特別な支援を必要とする生徒を対象とする教育）
　　concise　簡潔な

14

(A) become respectful to teachers (B) score well on the test
(C) put effort into club activities (D) get involved in school events

15

(A) the official guidelines of the government
(B) the profitability of our education system

(C) their test-oriented educational policy
(D) their individual learning styles

 次の英文を読み，あとの設問に答えなさい。

You'd be forgiven for thinking you're looking at a photo from the Mediterranean but this is Scotland's west coast around the Isle of Arran. The vivid turquoise color of the sea has captured the imaginations of those living nearby with many taking to social media for answers.

In the absence of any known samples being analyzed, experts think it is a coccolithophore bloom. In layman's terms, it is a type of microscopic marine algae living in large numbers in the upper layer of the sea. You cannot see them with the naked eye, but these spherical cells under a powerful microscope are surrounded by tiny disc-shaped platelets known as coccoliths. These white calcium carbonate plates transform the sea into that photogenic aquamarine color.

Think about the sun hitting the water and bouncing off brilliant white particles just under the surface. Satellite images capturing the phenomenon have also been posted on social media by scientists who study the oceans from a bird's-eye view. They too believe it's a coccolithophore bloom. So we have a good sense of the what, but (ア) what about the why?

Dr. Paul Tett, from the Scottish Association for Marine Science (SAMS), has been studying algae for five decades and says what we've been seeing is rare in coastal waters. The last time he saw this level of color intensity in Scottish waters was in the 1980s, he said. "The coccolithophores are very common on the high seas in the North Atlantic, for example, and in the southern ocean," Dr. Tett said. "They are probably the second most common kind of phytoplankton group in the oceans."

Dr. Tett said he was not quite sure why it was now happening off Scotland's west coast. "My best guess is that some water from the North Atlantic has come on to the Malin Shelf, which is the sea between Ireland and the west of Scotland."

In the SAMS laboratory there are hundreds of samples of algae $\boxed{16}$ suspended in jars. Tiny they may be, but insignificant they are not: the health of algae populations is growing more significant in the battle against climate change because of their relationship with CO_2. Dr. Tett said: "(イ) The good news is these little algae are one of nature's ways of reducing carbon dioxide in the atmosphere because the calcareous plates take up carbon dioxide from sea water and when they sink to the bottom they are removing it from the sea and the atmosphere.″

But as we see throughout the natural world, life is all about balance, and too much of a ″good thing″ can prove 17 detrimental. While algae is important in capturing carbon—a contributor to global warming—too much algae can cause acidity in the water, which poses other problems for marine life. Despite some algae blooms being harmful, scientists do not believe this bloom is.

[Adapted from Harriet Bradshaw, "Why has the sea off Scotland turned turquoise?,"
BBC News, June 25, 2021]

注）coccolithophore　円石藻（えんせきそう），細胞表面に円石と呼ばれる円盤型の構造を
　　　　　　　　　　　持つ植物プランクトン
　　in layman's terms　（専門用語ではなく）わかりやすい言葉で
　　algae　alga（藻）の複数形　　　　　spherical　球形の
　　platelet　円石（coccolithophore によって形成された炭酸カルシウムの個々のプレート）
　　high seas　外洋　　　　　　　　　phytoplankton　植物プランクトン
　　calcareous　石灰質の，炭酸カルシウムの

16 下線部 16 に最も近い意味を表す語を，(A)〜(D)の中から選びなさい。

(A) drowning　　　　　　　　　　(B) floating
(C) replaced　　　　　　　　　　 (D) transformed

17 下線部 17 に最も近い意味を表す語を，(A)〜(D)の中から選びなさい。

(A) abundant　　　　　　　　　　(B) beneficial
(C) harmful　　　　　　　　　　 (D) scarce

18 スコットランド西岸の海が青いのは，何が原因だと述べられているか。最も適切なものを，(A)〜(D)の中から選びなさい。

(A) 光を反射する，海の表層部分に大量に存在する円石藻。
(B) 海の表層部分にある白い円石藻が出す青い液体。

(C) 海の表層部分で大量に発生する青い海草。

(D) 川から大量に流れ込む青色の鉱石の粒子。

19 下線部 (ア) <u>what about the why?</u> とあるが，Tett 博士は理由についてどのように述べているか。最も適切なものを，(A)〜(D)の中から選びなさい。

(A) ５０年周期で起こる現象だから。

(B) 地球温暖化によって，海水温が上がったから。

(C) 円石藻が大量に発生して，海水が酸化するから。

(D) 北大西洋の外洋の海水が流れ込んだから。

20 下線部 (イ) <u>The good news</u> とは何のことか。最も適切なものを，(A)〜(D)の中から選びなさい。

(A) 観光客が沢山訪れるようになる。

(B) 円石藻が海中のカルシウムを取り除いてくれる。

(C) 円石藻が大気中の二酸化炭素を減らす。

(D) 暖かい海流が流れ込み，気候が温暖になる。

数学

（物理または化学ともで 60 分）

【1】　以下の ア ～ キ にあてはまるものを，問題文に続く選択肢 ⓐ～ⓖ より選び，解答欄にマークせよ。あてはまるものが選択肢にないときは，解答欄の ⓗ にマークせよ。

（1）2 次関数 $f(x)$ が条件 $f'(0) = 1$, $\displaystyle\int_0^1 f(x)\,dx = \int_0^1 xf(x)\,dx = 0$ を満たすとき，$f(x)$ の最大値は ア である。

ⓐ $-\dfrac{1}{12}$　ⓑ $\dfrac{1}{12}$　ⓒ $-\dfrac{1}{6}$　ⓓ $\dfrac{1}{6}$　ⓔ $-\dfrac{1}{3}$　ⓕ $\dfrac{1}{3}$　ⓖ 0

（2）条件 $a_1 = 2$, $a_{n+1} = a_n + (-1)^n + n$ $(n = 1, 2, 3, \cdots\cdots)$ によって定められる数列 $\{a_n\}$ がある。このとき，$a_{22} =$ イ である。

ⓐ 228　ⓑ 229　ⓒ 230　ⓓ 231　ⓔ 232　ⓕ 233　ⓖ 234

（3）$\displaystyle\lim_{n \to \infty} \frac{\sqrt{n+1} - \sqrt{n}}{\sqrt{4n+3} - 2\sqrt{n}} =$ ウ である。

ⓐ $\dfrac{1}{4}$　ⓑ $\dfrac{3}{4}$　ⓒ $\dfrac{1}{3}$　ⓓ $\dfrac{2}{3}$　ⓔ 1　ⓕ $\dfrac{1}{2}$　ⓖ $\dfrac{3}{2}$

（4）4 点 O$(0, 0, 0)$, A$(2, 1, 0)$, B$(1, -1, 1)$, C$(a, b, 2)$ が同一平面上にあり，$\overrightarrow{OC} \perp \overrightarrow{AB}$ のとき，$|\overrightarrow{OC}| =$ エ である。

ⓐ $\sqrt{15}$　ⓑ 4　ⓒ $\sqrt{17}$　ⓓ $3\sqrt{2}$　ⓔ $\sqrt{19}$　ⓕ $2\sqrt{5}$　ⓖ $\sqrt{21}$

（5）$\sin\alpha + \cos\alpha = \sqrt{2} - 1$ のとき，$\sin^3\alpha + \cos^3\alpha = \boxed{\textbf{オ}}$ である。

(a) 1 (b) $2 - \sqrt{2}$ (c) $2 + \sqrt{2}$ (d) $3 - \sqrt{2}$ (e) $3 + \sqrt{2}$

(f) $\sqrt{2}$ (g) $-\sqrt{2}$

（6）関数 $y = \log(1 - x)$ の第 3 次導関数 y''' は $\boxed{\textbf{カ}}$ である。

(a) $\dfrac{-1}{(1-x)^3}$ (b) $\dfrac{1}{(1-x)^3}$ (c) $\dfrac{-2}{(1-x)^3}$ (d) $\dfrac{2}{(1-x)^3}$ (e) $\dfrac{-3}{(1-x)^3}$

(f) $\dfrac{3}{(1-x)^3}$ (g) 0

（7）複素数 α を方程式 $z^3 = 1$ の 1 ではない解とするとき，$\displaystyle\sum_{k=1}^{17}\alpha^k = \boxed{\textbf{キ}}$ である。

(a) -1 (b) 0 (c) 1 (d) $1 + \alpha$ (e) $1 + \alpha^2$ (f) $\dfrac{1}{1-\alpha}$ (g) $1 - \alpha$

物理

（数学ともで 60 分）

【1】

図のように水平な床面上に x 軸，鉛直上向きに y 軸をとる。時刻 $t=0$ [s]のとき，原点 O から質量 $M+m$ [kg]の物体を速さ v_0 [m/s]で，水平面から角度 $\theta°$ $(0°<\theta<90°)$だけ上向きに打ち上げた。xy 平面内で物体は放物線の軌道を描きながら上昇し，その頂点 P に達した。頂点 P の高さを h [m]とし，また頂点 P の真下にある x 軸上の点を点 Q とし，OQ 間の距離を d [m]とする。この物体が頂点 P に達した瞬間，内部に仕込まれていた軽く小さなバネによって，物体は質量が M [kg]である後部 A と質量が m [kg]である前部 B に分離した。なお，分離したとき，これらの x 方向の速度だけが変化した。その後，後部 A は x 軸上の点 R に，前部 B も x 軸上の点 S に落下した。QR 間，QS 間の距離はそれぞれ l [m], $2l$ [m]となった。物体の大きさや空気抵抗は無視できるものとし，重力加速度の大きさを g [m/s²]として，以下の問いに答えよ。

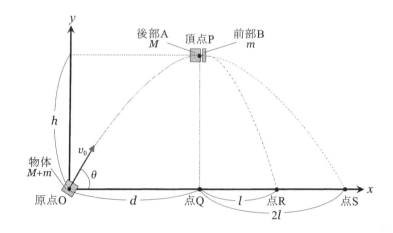

（1）　　　物体が頂点 P に達する時刻を求めよ。

（2）　　　頂点 P の高さ h と OQ 間の距離 d を求めよ。

（3）　　　頂点 P における分離直前の物体の速さを求めよ。

（4）　頂点 P における分離直後の後部 A と前部 B の速さを，質量 M, m を用いてそれぞれ表せ。

（5）　QR 間の距離 l を求めよ。

【2】

下の図に示すように，起電力 $V[\mathrm{V}]$ の電池，抵抗，コンデンサーとスイッチ S_1, S_2 からなる回路がある。初期状態では，スイッチはすべて開いておりどのコンデンサーにも電荷は蓄えられていない。R_0, R_1, R_2 の抵抗値はそれぞれ R, $3R$, $R[\Omega]$，コンデンサーC_1, C_2 の静電容量はそれぞれ C, $3C[\mathrm{F}]$ とする。また，3 つの抵抗以外の電気抵抗は無視できるものとする。以下の問いに答えよ。

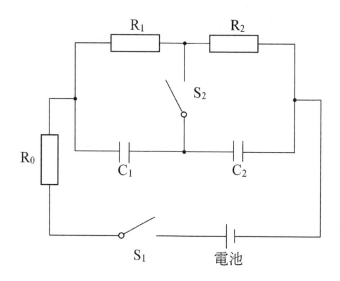

（1）　スイッチ S_1 を閉じた瞬間に回路に流れる電流を求めよ。

（2）　スイッチ S_1 を閉じて十分時間が経過した後，回路に流れる電流を求めよ。

（3）　その後，スイッチ S_2 を閉じて十分時間が経過した後，コンデンサーC_1, C_2 にそれぞれに蓄えられる電荷量を求めよ。

（4）　スイッチ S_2 を閉じてから（3）の状態になるまでにスイッチ S_2 を通った電荷量を求めよ。

化学

（数学ともで 60 分）

以下の問い【 1 】～【 4 】に答えよ。

【 1 】 次の文章を読み, 以下の①～③に答えよ。
　　　氷, すなわち水の結晶では水分子が規則正しく配列しており, このような結晶
　　　を⒜分子結晶という。水分子は(　B 　)分子であるため, 水の結晶中において
　　　水分子間には静電的な引力が働いており, さらに(　C 　)結合により分子どうし
　　　はより強く引きあっている。
　　① 下線部Ⓐについて, 固体状態で分子結晶に分類される物質を次の物質群
　　　からすべて選び, 記号で答えよ。
　　　　　物質群： (a) ダイヤモンド　　(b) 二酸化炭素　　(c) 塩化ナトリウム
　　　　　　　　　(d) ヨウ素　　　　　(e) 鉄　　　　　　(f) 石英ガラス
　　② 空欄 B および C にあてはまる最も適切な語句を記せ。
　　③ 0℃の氷 4.5 g をすべて100℃の水蒸気にするには何 kJ の熱量が必要か。
　　　ただし, 0℃における水の融解熱は 6.0 kJ/mol, 100℃における水の蒸発熱
　　　を 40 kJ/mol, 液体の水の比熱を 4.2 J/(g・K)とする。水の分子量は 18 とし
　　　て計算せよ。

【 2 】次の文章を読み，以下の①〜⑤に答えよ。

鉄に塩酸を加えると⒜気体を発生して溶ける。一方，濃硝酸を加えると，鉄の⒝表面に酸化被膜が生じて溶けない。塩化鉄(II) $FeCl_2$ の水溶液は，⒞鉄(II)イオンを含む水溶液に特有な反応を示す。また，塩化鉄(II)の水溶液に塩素を通じると⒟酸化還元反応が起こる。塩化鉄(III) $FeCl_3$ の水溶液を過酸化水素水に加えると⒠気体が発生する。

① 下線部Ⓐについて，発生する気体は何か。化学式で答えよ。

② 下線部Ⓑについて，このような状態は何と呼ばれるか。

③ 下線部Ⓒについて，次の記述(a)〜(e)のうち正しいものをすべて選び記号で答えよ。

(a) アンモニア水を加えると緑白色沈殿を生じる。

(b) 水溶液を酸性にして硫化水素を通じると黒色沈殿を生じる。

(c) ヘキサシアニド鉄(II)酸カリウムの水溶液を加えると濃青色沈殿を生じる。

(d) ヘキサシアニド鉄(III)酸カリウムの水溶液を加えると濃青色沈殿を生じる。

(e) チオシアン酸カリウムの水溶液を加えると血赤色水溶液になる。

④ 下線部Ⓓについて，このとき起こる反応を化学反応式で記せ。

⑤ 下線部Ⓔについて，このとき起こる反応を化学反応式で記せ。

【 3 】酸素 O_2 は 20℃，1.0×10^5 Pa において，水 1.0 L に 1.4×10^{-3} mol 溶ける。3.0×10^5 Pa の空気と接して飽和した 20℃，2.0 L の水に溶けている酸素について，その物質量と 0℃，1.0×10^5 Pa における体積(L)を求めよ。ただし，気体は理想気体とみなし，空気における酸素の割合を体積比で 20%とする。また，酸素の溶解に対してほかの気体の溶解は影響を与えないとする。必要ならば次の値を用いよ。

気体定数 $R = 8.31 \times 10^3$ Pa・L／(K・mol)　　0℃ = 273 K

なお，有効数字に注意して，指数を用いた表示で答えること。

【 4 】次の文章を読み，以下の①および②に答えよ。

化合物 A の希塩酸水溶液を 5℃以下に冷却しながら亜硝酸ナトリウム水溶液を加えると，化合物 B が生じる。化合物 B は水によく溶け，酸性水溶液中では低温で安定に存在するが，熱すると一部が分解し，窒素を発生してフェノールを生じる。

① 化合物 A および B は何か。名称で答えよ。

② 下線部の反応を，構造式を用いた化学反応式で記せ。

をかけるべきこと、どこまでも「議論」や「弁論」によって真理に至るべきことを、まだまだ学ばなければならないように思われます。

中島義道『哲学の教科書』（講談社学術文庫、二〇〇一年）より抜粋

（本文中の見出しは割愛した）

問一　筆者の芯見を要約しなさい。

（一八〇〜二二〇字以内。句読点や記号なども一字として数える。アルファベットを書く場合は二文字を一マスに記入する。解答用紙の一マス目から書き始め、段落設定はしない。）

問二　筆者の見解について、あなたはどう考えるか。筆者の見解を踏まえて、あなたの考えを述べなさい。

（三八〇〜四二〇字以内。句読点や記号なども一字として数える。アルファベットを書く場合は二文字を一マスに記入する。解答用紙の一マス目から書き始め、段落設定はしない。）

彼はそれなりの理由で座っているかもしれないではないですか。しかし、多分怒鳴った男はいかなる彼の言い分も聞かないことでしょう。学生も何の弁解もせずに立ち上がった。彼は何を学んだか。今日もまた公衆の面前で「言っても無駄なこと」を学んだのです。

言葉による弁解を信ぜず——いや弁解の機会さえ与えず——発した言葉自身ではなくその裏を探るようになる社会では、既存の社会規範にどっぷりと漬かっているマジョリティ（多数派）はとても居心地のよいものです。しかし、社会を変革してゆこう、発想を転換しよう、問題意識を投げかけようとすると、厚い壁が立ちふさがっております。マイノリティ（少数派）の人々は議論の場が与えられないままに、あるいは議論は議論、現実は現実と断ち切られて虚しい思いを重ねてゆきます。

私は、ある意味でわが国以上の悲惨な状態にある欧米各国の現実を知っているつもりです。ドイツやアメリカでは際限のない自己主張に基づく訴訟の山が、社会の人間関係を阻害しているところまで達している。誰も彼もが相手に降伏するより勝とうとする。たとえ相手に一分の理屈があることがわかっていようと、「勝つ」ためにそれを握りつぶす。そして、自分の落ち度はわかっていても「勝つ」ためにそれを隠し通す。そして、いたるところで人々は対立し闘争（死闘）を繰り返し、物を盗まれることは日常茶飯事、いついかなる仕方で他人に騙されるかつねに緊張していなければならず、とくにアメリカに至っては麻薬は蔓延し、銃でいつ撃たれるかわからない状況です。

しかし、だからといって、こうした欧米の現状を掲げて言語による自己主張を押しつぶすのだとすれば、それは文字通りの杞憂。あたかもサハラ砂漠の真ん中で洪水を心配するようなものです。わが国は、言葉による自己主張の肥大化への兆しさえないのです。

われわれは明治以来、西洋哲学の存在論・時間論・自我論などは熱心に輸入したかもしれない。しかし、西洋哲学の底に脈々と流れる「議論」や「弁論」の伝統はいまだこの国に上陸さえしていないのです。言葉や弁論を圧殺するわが国の現状をいたるところで目撃するにつけ、プラトンの対話篇に典型的に見られるように、われわれは「言葉」に生命

えません」とか「もう一度言ってください」と発言するだけで点をあげるからとまで言っても、凍りついたように座っている学生たちを前に、私は泣きだしそうになります。「おかしいよ」と言えない、「私はそう思いません」と言えないのです。周囲の視線が注目する中で「なぜ」と聞けない、「おかしいよ」と言えない、「私はそう思いません」と言えないのです。哲学や語学を知識としてしか学ぼうとしない。その生命ともいうべき「言葉による自己表現」を徹底的に摘み取られてきたのだなあ、と感嘆にも似た思いがします。

はなはだしきは、——私が実際ある学校で経験したことですが——「萩野」がどうしても「オギノ」に見えてしまい老眼も手伝って「オギノ」と呼び続けていたのですが、その「萩野さん」は当てると一年間訂正もせずに「はい」と答える。学年末試験の答案に「ハギノ」と小さくふり仮名を振っているのを見てはじめて自分の間違いがわかり、このときばかりはさすがの私も啞然としました。

彼女は、しかしこの国では「優しい」人としてそれほど憎まれることはない。自己主張のできない、私の気持ちを考えると途中から訂正するのも気がひけ、最後に小さく「ハギノ」と仮名を振る彼女を激しく咎める人はいない。彼女は繊細で他人を配慮しているから、これほど馬鹿げた（と私には思われる）反応もむしろ好意的に受け容れられるのです。しかし、この国では自己主張ばかりして他人の気持ちを考えない若者は激しく告発される。多くの大人が、他人の痛みのわからない・自分勝手な・権利意識ばかりある若者に対してはなはだ厳しい目をもっていることはおわかりでしょう。

ある日電車の中で大声で怒鳴る声を耳にしてそちらに目をやると、八十過ぎのお婆さんを目の前にして学生らしい若者がそ知らぬ顔で脚を投げ出して座っている。それを、腹にすえかねた中年の男が「君いっ！」と怒鳴ったもののようです。ウィーンでは老婆が席を譲るように若者に「命令」しますが、私はそこまでは要求しません。私はこの中年の男のやり方がまずいなあと思ったのです。彼はなぜ怒鳴ったか、それは若者が老婆に席を譲らなかったからというより、彼女の気持ちを「察しなかった」からなのです。中年の男は、ただ若者に冷静に要求すればよいのです。場合によったら、こうした鈍感さに向けられたものでしょう。言われなければわからないようでは駄目なのです。あの大声は、若者の女の気持ちを「察しなかった」からなのです。

小論文

（六〇分）
（解答例省略）

（注）　解答用紙は縦書き。一行二〇字詰。

次の文章を読み、後の問いに答えなさい。

ドイツの漫画には必ず遅刻した理由を滔々と三十分もしゃべる子供の話が出てくる。もちろんそれはみんな言い訳つまり嘘なわけです。しかし、日本ではこれは漫画にすらならない。言い訳そのことを嫌うからです。ましてくどくどした言い訳は蛇蠍のように嫌う。私は日本社会は、子供のころに言葉の無力さを徹底的に教える社会だと思っております。何かを語らせて反対するのではない。語らせないようにする社会なのです。全体の空気を察して、言葉以上のものによって動くことを要求する社会なのです。

私は客観的なデータに基づいて科学的な議論をしたいのではない。このことは、十年以上にわたってさまざまな大学や専門学校などで、日々若い人々を目の前にして痛感していることです。ドイツ語や哲学の授業では、みな何の質問もせずおし黙っている。その雰囲気が耐え難く、絶対怒らないから、しゃべらない人は減点にするから、「黒板の字が見

解答編

■ 英語 ■

1 **解答** ①—(C) ②—(D) ③—(C) ④—(A) ⑤—(A) ⑥—(B)

◀解 説▶

① 「20 人の集団の中で，18 人は右利きで，残りは左利きだった」
代名詞 other(s) は定冠詞 the が付くと「ある母集団から一定数を除いた残り全数」という意味になる。左利きの人数は 2 人と計算できるので，複数形の the others の形を用いるとよい。単数の例文：He has two sons. One lives in Tokyo, and the other in Osaka.「彼には 2 人息子がいる。1 人は東京に住んでいて，もう 1 人は大阪に住んでいる」

② 「戦争においては，どちら側が自らを戦勝者と呼んだとしても，勝利者というものは存在しないのである」
複合関係形容詞の用法。副詞節内の元の形は The side(S) may call(V) itself(O) the victor(C). であり，名詞 side を修飾する The の部分が whichever に転じて，譲歩の意味を持つ副詞節を成立させる。No matter which side may call … と書き換えることも可能。

③ 「昆虫の中には食べられるのを逃れるために擬態を用いるものもいる」
Some insects(S) use(V) camouflage(O) で文が完成しており，to 以下は目的を表す不定詞の副詞的用法である。他動詞 eat は能動態だと目的語が必要なので，受動態にすることで文法的に成立する。また，escape は目的語に不定詞ではなく動名詞をとるので，(C)being eaten が最適である。

④ 「もし彼が私の助言に従っていたならば，事故を起こすことはなかっただろう」
過去の実現しなかった現実に対して反対の内容を仮定する仮定法過去完了の問題。空所を含む部分は条件節であり，元の形は if he had followed my advice である。仮定法で if のない条件節を作る法則（①if を省略す

る　②主語と助動詞・be 動詞（本問では had）を倒置する）に従っていることを見抜きたい。

⑤「能動的学修は講義よりも効果的だという証拠は圧倒的である」

主節は The evidence(S) is(V) overwhelming(C) であり，空所から lecturing までが主語を説明する部分である。空所の後には active learning(S') is(V') more effective(C) than lecturing(M) と完全文が続いているので，同格の接続詞 that が入るとわかる。

⑥「次に東京へ旅行する際に，あなたが絶対に訪れるべき場所が 10 カ所あります」

関係代名詞の目的格を選ぶ問題。関係代名詞は共通語のある 2 文を合成して 1 文にまとめるものである。元の文① There are <u>ten places</u>. と元の文②You should definitely visit <u>the places</u> on your next trip to Tokyo. において，元の文②の visit の目的語の the places が目的格の関係代名詞 which に変わり，元の文①の ten places を先行詞として後置修飾していると考えるとよい。

2 解答 ⑦—(E)　⑧—(F)　⑨—(B)　⑩—(E)　⑪—(C)

◀解　説▶

⑦（Are）you willing to <u>take</u> part in（the project?）

「あなたは進んでそのプロジェクトに参加するのですか？」

be willing to *do*「進んで〜する」と take part in 〜「〜に参加する」を組み合わせて疑問文にしたものである。

⑧You will be <u>given</u> an ID at（the front desk.）

「あなたはフロントデスクで身分証明証を渡されるでしょう」

第 4 文型の受動態。元の能動態は They(S) will give(V) you(O1) an ID(O2). であったのが，1 つ目の目的語の you を主語にして受動態にしたもの。by them は省略されている。助動詞の後では動詞は原形になるという法則があるので，be 動詞が原形の be になっていることに注意。

⑨（Don't）fail to keep <u>students</u> awake during（class.）

「授業中は必ず生徒たちを目が覚めた状態に保ちなさい」

fail to *do* は「（しなくてはならないことを）せずにおく」という意味であ

り，否定命令形をとることで「必ず〜しなさい」と相手を強く促す表現となる。keep O C は「O を C の状態に保つ」という意味であり，ここでは O に students，C に形容詞の awake「目が覚めて」を置くことにより第 5 文型を成立させている。文尾の during class「授業中に」は副詞句。

⑩ What confused me the most was (his indifference to the matter.)
「私を最も混乱させたのは，その問題に対する彼の無関心だった」

主部は the thing which と置き換えることのできる先行詞を含む関係代名詞 what から始まり，他動詞 confuse「〜を混乱させる」とそれを修飾する副詞 much の最上級 the most で構成されている。his indifference to 〜「彼の〜に対する無関心」は He was indifferent to 〜. という第 2 文型の文全体が名詞化されたものである。本問の成り立ちは① The thing was his indifference to the matter. と② The thing confused me the most. の 2 文の合成と考えるとよい。元の文②の主語 The thing が主格の関係代名詞 which に変化し，元の文①の主語 The thing を先行詞として後置修飾して The thing which confused me the most was 〜. の形となり，文頭の The thing which が What に変化したと考えるとよい。

⑪ (Any errors) must be gotten rid of before (submission.)
「いかなる間違いも提出前に取り除かれなければならない」

get rid of 〜「〜を取り除く」の群動詞を使った受動態。元の能動態は You(S) must get rid of(V) any errors(O) before submission(M). であり，群動詞 get rid of の 3 語を 1 セットとして過去分詞句とする受動態にするのがポイント。文尾の before submission は副詞句であり，by you は省略されている。

3 解答 ⑫—(B)　⑬—(A)　⑭—(B)　⑮—(D)

◆全　訳◆

[ア]《バイリンガルの定義について》

　2 カ国語併用の定義は言語能力の非常に広い範囲を網羅している。おそらく最も解釈の自由度が高いバイリンガルの定義は「他の言語で話すことができる，1 つの言語の話者」である。明らかにこの定義は 2 つの言語を等しく流暢に話す人に当てはまる。けれどもそれは，第 2 言語または外国

語の学習を 1 学期未満しか修了していない人にも当てはまることもあるのだ。言語の学習者は，新しい言語において完全で意味のある発話を構築できるのかもしれないが，書かれた指示書によって料理のレシピに従ったり，新しい自転車を組み立てたりするときと正しく同じ方法で彼らは発話を構築しているのかもしれない。すなわち，ある言語に対してすべての文法をまだ身につけていない人が，それでもなお，その言語において意味のある発話を構築できる可能性があるということだ。反対に，ネイティブのような理解力を持ち，母語以外の言語を流暢に読むことができる人は，その言語において意味のある発話を「創出する」ことを習得してこなかったかもしれない。この人は，上述した，解釈の自由度が高い定義によってさえもバイリンガルと見なされることはないだろう。より厳格な「バイリンガル」の定義，つまり「2 つの言語をネイティブのように操る人」は，もちろん言語を学び始めた学生を除外することだろう。第 2 言語において，容易に理解はするが発話を作り出すことはない人を，そのような定義はさらに除外することだろう。外国人なまりを持つ流暢な話者もまた，その厳格な定義は除外するだろう。両極端な定義が不満足な結果を生み出すが，それはおそらくその各々が定義上の基準としてその言語の制御の程度に依存しているからであろう。より興味をそそる「2 カ国語併用」の定義は，2 言語を常時使っていることが最も重要な要因であると見なしている。

［イ］≪合衆国の公教育：多様な生徒に平等な教育を≫

　合衆国は，すべての我が国の生徒たちを小学校入学前から高校に至るまで平等に教育しようとする点において，公教育の独自の制度を設けている。大部分のヨーロッパとアジア諸国は，一定のレベルにいる生徒たちに試験をして，特定の学校へと割り当てる大規模な教育の能力別学級編成制度を設けている。例えば日本においては，小学校の終わりには，最良の前期中等教育学校（中学校）へ入学するためにテストで良い点を取らなくてはならないという，生徒たちに対するとてつもなく大きな重圧が存在する。彼らが後期中等教育学校（高校）や大学へ行くために選抜される際にもこのことは繰り返される。最も優れた大学を卒業した学生たちは，最も良い職業で報いを得られる。その重圧は非常に大きいので，親たちは我が子を試験の準備をさせる「学習塾」へ夜間に送ることを余儀なくされることが多い。

　合衆国においては，すべての生徒たちが同じ教育を受ける機会を持てるようにするために，我々は我が国の生徒たちを（能力別に）割り振ったりしないようにしている。このことは，しかしながら非常に難しいのである。なぜなら我が国の社会全体が多様化しているということは，学習者も多様であるということになるからだ。この多様な生徒層はさらに多様化しており，特別支援教育管理者が特別支援学級の生徒すべてを通常学級に入れるように要求するという事態に至っている。我が国の生徒たちすべてを教育することにおいて成功を収めるためには，我々は彼ら個々人の学習スタイルや多様な知性についてもっと精通する必要がある。この多様な学習者層をより効果的に指導できる教師になるために，教師は生徒たちの学習方法や多様な知性についてもっと学ぶための簡潔で効率的な方法を必要としている。

━━━━◀解　説▶━━━━

⏺12 文章中の主部を選択させる問題。but 以下後半の主語 they は本問の主部を受けている。「発話を構築させる」「レシピに従う」「新しい自転車を組み立てる」という動作ができるのは「人」なので，(B)「言語の学習者」が適切である。(A)「新生児」には上記の行動はとれないので不正解。

⏺13 文の流れを正確につかむ必要がある。まず第 2 文（Perhaps the most …）で「他の言語で話すことができる，1 つの言語の話者」を解釈の自由度の高いバイリンガルの定義としており，その具体例として，①文法は完全ではないが，意味のある発話はできる人→バイリンガルと認める，②読んでネイティブと同様に理解はできるが意味のある発話はできない人→バイリンガルとは認めない，と説明している。空所を含む文で紹介されるのは，その発展形であるより厳格なバイリンガルの定義「2 つの言語をネイティブのように操る人」についてである。バイリンガルとして認められない人の具体例として，①第 2 言語を容易に理解できるが発話はできない人，②（　　）を持つ流暢な話者，を挙げている。空所直後にこの 2 者を Both extremes in definition「両極端」と受けていることより，発話や発音のどちらかがネイティブのレベルに達しない者はバイリンガルとは認められないということになるので，空所は(A)の「外国人なまり」が適切だとわかる。

⏺14 大部分のヨーロッパやアジア諸国における大規模な教育の能力別学級編

成制度について，日本を例に挙げて説明する文脈である。生徒たちは最も優れた中学校へ通えるようになるために，小学校でどのような重圧を与えられるのかと考えると，(B)「テストで良い点を取る」が最適であるとわかる。(A)「教師に対して礼儀正しくなる」(C)「クラブ活動に努力を注ぐ」(D)「学校行事に関わる」

⑮多様な生徒たちに平等な教育機会を持たせるために能力別学級編成はしないという合衆国の公教育についての説明をする文脈である。多様性に富んだすべての合衆国の生徒への教育を成功させるためには，多様な知性の理解とともによく知っておくべきことは何なのかと考えると，(D)「生徒たち個々人の学習スタイル」が多様性や個性の尊重を通じて平等な公教育を目指す合衆国の方向性に合致するとわかる。(A)「政府の公式な指針」(B)「我が国の教育制度の採算性」(C)「他国の試験に由来した教育政策」

4　解答　⑯—(B)　⑰—(C)　⑱—(A)　⑲—(D)　⑳—(C)

◆◆全　訳◆◆

≪藻が引き起こす海水の色の変化≫

あなたが地中海の写真を見ていると思ってしまうのは仕方ないことだが，これはアラン島周辺のスコットランドの西海岸なのだ。その海の鮮明なターコイズブルーは，その近くに住む人々の想像力をかきたて，多くの人々はソーシャルメディアに答えを求めるようになっている。

既知の分析対象の標本はないのだが，専門家は，それは円石藻ブルームであると考えている。わかりやすい言葉で言うと，それは海の上層部に多く生存する一種の顕微鏡でしか見えない海洋藻である。それらは裸眼では見えないが，強力な顕微鏡で見ると，これらの球形の細胞はココルスとして知られる小さなディスクの形をした円石で囲まれている。これらの白いカルシウムの炭酸塩プレートが海を写真映えのするアクアマリン色に変化させるのである。

太陽が水面を照らし，水面のすぐ下で光り輝く白い粒子に反射していると想像してほしい。その現象をとらえている衛星画像もまた，俯瞰して海洋を研究する科学者たちによってソーシャルメディアに投稿されている。彼らもまた，それは円石藻ブルームだと信じているのだ。なので私たちは，

それが何かということについてはよく理解しているのだが，その理由については どうだろうか？

　ポール゠テット博士は，海洋科学スコットランド協会（SAMS）に所属しているが，50 年間にわたって藻を研究してきており，私たちが目にしているものは，海岸海域においては珍しいと言う。スコットランドの海洋で，このレベルの色の濃度を彼が見た最後の時期は 1980 年代だったと彼は言った。「円石藻は，例えば北大西洋の外洋や南方の海洋ではとてもありふれたものです」と，テット博士は言う。「それはおそらく海洋の中で 2 番目によく見られる種類のプランクトンの集団です」

　テット博士が言うには，なぜそれが今スコットランドの西海岸沖で起きているのかということについてはよく確信が持てない。「私にできる最良の推測は，北大西洋からの一定量の海水がアイルランドとスコットランド西部の間にあるマリン暗礁へやって来たということです」

　SAMS 実験室には容器内に吊り下げられている何百という藻の標本がある。それらは小さいかもしれないが，重要度が低いというわけではない。つまり，藻が二酸化炭素と関係があるために，天候の変化への対策において，藻の個体群の健康がより重要になりつつあるのだ。テット博士は言った。「良い知らせとしては，これらの小さな藻は，大気中の二酸化炭素を減らす自然界の方法の 1 つだということです。というのも，その石灰質板は，海水から二酸化炭素を取りこみ海底に沈むとき，二酸化炭素を海と大気から除去するからなのです」

　しかし，私たちが自然界を見渡したとき，生命は釣り合いがすべてであり，過度の「良いこと」は有害であると判明しかねないのである。藻は，二酸化炭素という地球温暖化の一因となるものをとらえることにおいては重要である一方で，過多の藻は水中に酸性を引き起こす可能性があり，そのことが海洋の生命体に対して他の諸問題を引き起こすのである。一部の藻は有害であるにもかかわらず，科学者たちはこの藻は有害ではないと信じている。

━━━━━━━━━━◀解　説▶━━━━━━━━━━

⑯本文では hundreds of samples of algae を suspended in jars の過去分詞句が後置修飾している形である。他動詞 suspend は「～を宙づりにする」という意味で，ある物体の底部が何にも接触せずにいる状態を作り出

すということ。これに一番合うのは自動詞 float「浮かぶ」の現在分詞の
(B)floating「浮かんでいる」である。他動詞と自動詞の違いにより，本文
は過去分詞で選択肢の正解は現在分詞と，形が変化していることに注意。

[17]第 6 段（In the SAMS …）では，藻の持つ石灰質板が海中や大気中の
二酸化炭素を吸収することで地球温暖化を防ぐという利点を述べていたが，
第 7 段（But as we see throughout …）の文頭では逆接の接続詞 But で
その内容を受けているので，その後には石灰質板の負の側面に関する論理
が展開されると予想される。自然界全体はバランスで成り立っているとい
う前提より，藻が多すぎるという「良い面」はどういう事態へとつながっ
ていくかと推測すると，負の意味を持つ形容詞の(C)harmful「有害な」が
ふさわしいと判明する。下線部 detrimental はラテン語由来の難度の高い
単語であるが，文脈を正しく読み取れれば正解を選択できるだろう。(A)
abundant「豊富な」　(B)beneficial「有益な」　(D)scarce「乏しい」

[18]第 2 段第 1 文（In the absence of …）に専門家の考えとして「それは
円石藻ブルームである」とあり，続いてその性質が詳細に述べられる内容
と，第 3 段第 1 文（Think about the sun …）にその仕組みのわかりやす
い説明として，太陽の光が海水の表面近くにある円石藻ブルームに反射す
る様子を記している内容が(A)と一致する。

[19]第 5 段第 2 文（"My best guess is …）にテット博士の推測として「北
大西洋からの一定量の海水がアイルランドとスコットランド西部の間にあ
るマリン暗礁へやって来た」とあることと一致するのは(D)である。

[20]these little algae 以下の補語の内容を検討するとよい。大気中の二酸
化炭素を減らす自然界の方法の 1 つという内容と一致するのは(C)である。

数学

1 解答

(1)—ⓑ　(2)—ⓔ　(3)—ⓓ　(4)—ⓖ　(5)—ⓑ　(6)—ⓒ
(7)—ⓐ

◀解　説▶

≪小問 7 問≫

(1)　$f(x)=ax^2+bx+c$（a, b, c は実数で，$a\neq0$）とおくと $f'(x)=2ax+b$
であり，$f'(0)=1$ であるから

$$b=1$$

このとき，$\int_0^1 f(x)dx=\int_0^1 xf(x)dx=0$ より

$$\int_0^1 (ax^2+x+c)dx=\int_0^1 (ax^3+x^2+cx)dx=0$$

$$\left[\frac{a}{3}x^3+\frac{1}{2}x^2+cx\right]_0^1=\left[\frac{a}{4}x^4+\frac{1}{3}x^3+\frac{c}{2}x^2\right]_0^1=0$$

$$\frac{a}{3}+\frac{1}{2}+c=\frac{a}{4}+\frac{1}{3}+\frac{c}{2}=0$$

$$\therefore\quad a=-1,\ c=-\frac{1}{6}$$

よって

$$f(x)=-x^2+x-\frac{1}{6}=-\left(x-\frac{1}{2}\right)^2+\frac{1}{12}$$

の最大値は

$$\frac{1}{12}$$

(2)　$a_1=2,\ a_{n+1}=a_n+(-1)^n+n$（$n=1, 2, 3, \cdots$）より，$\{a_n\}$ の階差
数列が $\{(-1)^n+n\}$ だから

$$a_{22}=2+\sum_{k=1}^{21}\{(-1)^k+k\}$$

$$=2+\frac{(-1)\{1-(-1)^{21}\}}{1-(-1)}+\frac{1}{2}\cdot21\cdot22$$

$$=232$$

(3) $\displaystyle\lim_{n\to\infty}\dfrac{\sqrt{n+1}-\sqrt{n}}{\sqrt{4n+3}-2\sqrt{n}}$

$=\displaystyle\lim_{n\to\infty}\dfrac{(\sqrt{n+1}-\sqrt{n})(\sqrt{n+1}+\sqrt{n})(\sqrt{4n+3}+2\sqrt{n})}{(\sqrt{4n+3}-2\sqrt{n})(\sqrt{4n+3}+2\sqrt{n})(\sqrt{n+1}+\sqrt{n})}$

$=\displaystyle\lim_{n\to\infty}\dfrac{1}{3}\cdot\dfrac{\sqrt{4+\dfrac{3}{n}}+2}{\sqrt{1+\dfrac{1}{n}}+1}$

$=\dfrac{2}{3}$

(4) 4 点 O, A, B, C が同一平面上にあるから

$$\overrightarrow{OC}=s\overrightarrow{OA}+t\overrightarrow{OB}$$

$$(a,\ b,\ 2)=s(2,\ 1,\ 0)+t(1,\ -1,\ 1)$$

と表せる。よって

$$\begin{cases} a=2s+t \\ b=s-t \\ 2=t \end{cases}$$

であるから

$$a=2s+2,\ b=s-2$$

また，$\overrightarrow{OC}\perp\overrightarrow{AB}$ であるから

$$\overrightarrow{OC}\cdot\overrightarrow{AB}=0$$

$$(2s+2,\ s-2,\ 2)\cdot(-1,\ -2,\ 1)=0$$

$$-(2s+2)-2(s-2)+2=0$$

$$\therefore\ \ s=1$$

したがって，$\overrightarrow{OC}=(4,\ -1,\ 2)$ となるので

$$|\overrightarrow{OC}|=\sqrt{4^2+(-1)^2+2^2}=\sqrt{21}$$

(5) $\sin\alpha+\cos\alpha=\sqrt{2}-1$ であるから

$$(\sin\alpha+\cos\alpha)^2=(\sqrt{2}-1)^2$$

$$(\sin^2\alpha+\cos^2\alpha)+2\sin\alpha\cos\alpha=3-2\sqrt{2}$$

$\sin^2\alpha+\cos^2\alpha=1$ であるから

$$\sin\alpha\cos\alpha=1-\sqrt{2}$$

よって

$$\sin^3\alpha+\cos^3\alpha=(\sin\alpha+\cos\alpha)^3-3\sin\alpha\cos\alpha(\sin\alpha+\cos\alpha)$$
$$=(\sqrt{2}-1)^3-3(1-\sqrt{2})(\sqrt{2}-1)$$
$$=(\sqrt{2}-1)^2(\sqrt{2}-1+3)$$
$$=2-\sqrt{2}$$

(6)　$y=\log(1-x)$ より

$$y'=\frac{(-1)}{1-x}=\frac{1}{x-1}$$

$$y''=\frac{-1}{(x-1)^2}$$

$$y'''=\frac{(-1)\cdot(-2)}{(x-1)^3}=\frac{-2}{(1-x)^3}$$

(7)　方程式 $z^3=1$, すなわち $(z-1)(z^2+z+1)=0$ の 1 ではない解が α であるから

$$\alpha^2+\alpha+1=0 \quad \cdots\cdots①$$

また, $\alpha^3=1$ であるから, 0 以上の整数 m に対して

$$\alpha^{3m+2}+\alpha^{3m+1}+\alpha^{3m+3}=\alpha^2+\alpha+1=0$$

よって

$$\sum_{k=1}^{17}\alpha^k=(\alpha+\alpha^2+\alpha^3)+(\alpha^4+\alpha^5+\alpha^6)+\cdots$$
$$+(\alpha^{13}+\alpha^{14}+\alpha^{15})+(\alpha^{16}+\alpha^{17})$$
$$=\alpha^{16}+\alpha^{17}=\alpha+\alpha^2=-1 \quad (①より)$$

■物理■

1 解答 (1) $\dfrac{v_0\sin\theta}{g}$ [s]

(2)高さ h : $\dfrac{v_0{}^2\sin^2\theta}{2g}$ [m]　距離 d : $\dfrac{v_0{}^2\sin\theta\cdot\cos\theta}{g}$ [m]

(3) $v_0\cos\theta$ [m/s]

(4)後部 A の速さ : $\dfrac{M+m}{M+2m}v_0\cos\theta$ [m/s]

前部 B の速さ : $\dfrac{2(M+m)}{M+2m}v_0\cos\theta$ [m/s]

(5) $\dfrac{(M+m)v_0{}^2}{(M+2m)g}\sin\theta\cdot\cos\theta$ [m]

◀解　説▶

≪斜方投射した物体の最高点における分裂≫

(1) 物体の鉛直方向の運動は投げ上げであり，初速度の鉛直成分は $v_0\sin\theta$ である。最高点では速度の鉛直成分は 0 なので，等加速度運動の公式より，最高点に達する時刻を t_P とおくと

$$0=v_0\sin\theta-g\cdot t_P$$

$$\therefore\quad t_P=\frac{v_0\sin\theta}{g}\,[\text{s}]$$

(2) (1)と同様に鉛直方向の運動を考えると，最高点の y 座標について

$$h=v_0\sin\theta\times t_P-\frac{1}{2}\cdot g\cdot t_P{}^2$$

$$=v_0\sin\theta\times\frac{v_0\sin\theta}{g}-\frac{1}{2}\cdot g\cdot\left(\frac{v_0\sin\theta}{g}\right)^2$$

$$=\frac{v_0{}^2\sin^2\theta}{2g}\,[\text{m}]$$

水平方向の運動は等速直線運動であり，初速度の水平成分は $v_0\cos\theta$ なので，最高点の x 座標について

$$d=v_0\cos\theta\times t_P$$

$$= \frac{v_0{}^2 \sin\theta \cdot \cos\theta}{g} \text{[m]}$$

(3)　水平方向は，速さ $v_0\cos\theta$ の等速直線運動なので，頂点 P での分離直前の速さは $v_0\cos\theta$[m/s] となる。

(4)　右図のように，分裂直後の後部 A と前部 B の速さをそれぞれ v_A，v_B とおくと，運動量保存則より

$$(M+m)v_0\cos\theta = Mv_A + mv_B \quad \cdots\cdots ①$$

分裂直後の後部 A と前部 B の速度は共に x 成分のみなので，点 R と点 S に落下する時間は同じである。その時間を t_1 とすると x 方向の変位はそれぞれ

$$\begin{cases} l = v_A t_1 \\ 2l = v_B t_1 \end{cases}$$

が成り立つので

$$2v_A t_1 = v_B t_1$$

$$\therefore \quad v_B = 2v_A$$

①式に代入して

$$(M+m)v_0\cos\theta = Mv_A + 2mv_A$$

$$\therefore \quad v_A = \frac{M+m}{M+2m}v_0\cos\theta \text{[m/s]}$$

$$v_B = \frac{2(M+m)}{M+2m}v_0\cos\theta \text{[m/s]}$$

(5)　鉛直方向の運動は投げ上げであり，投げ上げの特性から $t_P = t_1$ である。$l = v_A t_1$ より

$$l = \frac{M+m}{M+2m}v_0\cos\theta \times \frac{v_0\sin\theta}{g}$$

$$= \frac{M+m}{M+2m} \cdot \frac{v_0{}^2}{g}\sin\theta \cdot \cos\theta \text{[m]}$$

2　解答　(1) $\dfrac{V}{R}$[A]　(2) $\dfrac{V}{5R}$[A]

(3) C_1 の電荷量：$\dfrac{3}{5}CV$[C]　　C_2 の電荷量：$\dfrac{3}{5}CV$[C]

(4) 0 C

━━━━━━━━ ◀解　説▶ ━━━━━━━━

≪コンデンサーを含む直流回路≫

(1) スイッチ S_1 を閉じた瞬間，コンデンサーの電荷は
0 なので，極板間の電位差は 0 である。よって抵抗 R_1，
R_2 にかかる電圧は共に 0 なので電流は抵抗 R_1，R_2 に
は流れず，コンデンサー C_1，C_2 に流れる。コンデンサ
ーの極板間の電位差は 0 なので，右図と同じ回路となる。回路に流れる電
流を I_1〔A〕とすると，オームの法則より

$$V = RI_1$$

$$\therefore \quad I_1 = \frac{V}{R} \text{〔A〕}$$

(2) スイッチ S_1 を閉じて十分時間が経過
すると，コンデンサー C_1，C_2 は充電され
るので，電流はすべて R_1，R_2 のほうへ流
れる。したがって，右図と同じ回路となる。
回路に流れる電流を I_2〔A〕とすると，オ
ームの法則より

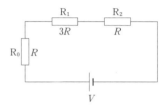

$$V = (R + 3R + R)I_2$$

$$\therefore \quad I_2 = \frac{V}{5R} \text{〔A〕}$$

(3) その後，スイッチ S_2 を閉じて十分時間が経過しても，コンデンサー
C_1，C_2 は充電されているので，回路に流れる電流は(2)と同じである。ス
イッチ S_2 を閉じると，C_1 の極板間の電位差は抵抗 R_1 の電圧降下に，C_2
の極板間の電位差は抵抗 R_2 の電圧降下に等しくなる。C_1，C_2 の極板間
の電位差をそれぞれ V_1〔V〕，V_2〔V〕とおくと，オームの法則より

$$\begin{cases} V_1 = 3R \cdot \dfrac{V}{5R} = \dfrac{3}{5}V \text{〔V〕} \\[3mm] V_2 = R \cdot \dfrac{V}{5R} = \dfrac{1}{5}V \text{〔V〕} \end{cases}$$

である。よって，コンデンサー C_1，C_2 に蓄えられた電気量をそれぞれ
Q_1〔C〕，Q_2〔C〕とおくと

$$Q_1 = C \cdot \frac{3}{5}V = \frac{3}{5}CV \text{[C]}$$

$$Q_2 = 3C \cdot \frac{1}{5}V = \frac{3}{5}CV \text{[C]}$$

(4) 右図のように，コンデンサー C_1，C_2
の極板をそれぞれ A，A′，B，B′ とおく。
スイッチ S_2 を閉じる前，極板 A′ と B に
蓄えられている電荷の和は 0 である。スイ
ッチ S_2 を閉じて十分時間が経過すると，

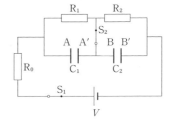

(3)より極板 A′ の電荷は $-\frac{3}{5}CV \text{[C]}$，極

板 B の電荷は $+\frac{3}{5}CV \text{[C]}$ となり，やはり合計は 0 である。よって，ス
イッチ S_2 を通った電荷量は 0 C である。

■ 化学 ■

解答 【1】① ―(b)・(d)
②B．極性　C．水素　③13 kJ
【2】① H_2　②不動態　③―(a)・(d)
④ $2FeCl_2 + Cl_2 \longrightarrow 2FeCl_3$
⑤ $2H_2O_2 \longrightarrow O_2 + 2H_2O$
【3】物質量：1.7×10^{-3} mol　体積：3.8×10^{-2} L
【4】①A．アニリン　B．塩化ベンゼンジアゾニウム

②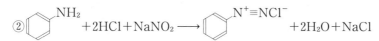

――――◀ 解　説 ▶――――

≪小問集合≫

〔1〕①　非金属元素の原子どうしが結びついて分子となり，多数の分子が分子間力で引きあい規則正しく配列した結晶を分子結晶という。(b)二酸化炭素 CO_2 と(d)ヨウ素 I_2 が分子結晶に該当する。また，(a)ダイヤモンド C は共有結合の結晶，(c)塩化ナトリウム NaCl はイオン結晶，(e)鉄 Fe は金属結晶，(f)石英ガラス SiO_2 はアモルファス（非晶質）である。

③　0℃ の氷 4.5 g をすべて 100℃ の水蒸気にするのに必要な熱量は
$$6.0 \times 0.25 + 4.2 \times 4.5 \times 100 \times 10^{-3} + 40 \times 0.25 = 13.3 \fallingdotseq 13 (kJ)$$

〔2〕③　(a)正。Fe^{2+} を含む水溶液にアンモニア水を加えると，$Fe(OH)_2$ の緑白色沈殿を生じる。

(b)誤。Fe^{2+} を含む水溶液を塩基性か中性にして硫化水素を通じると FeS の黒色沈殿を生じる。

(c)誤。Fe^{2+} を含む水溶液にヘキサシアニド鉄(Ⅱ)酸カリウム水溶液を加えても濃青色沈殿は生じない。

(d)正。Fe^{2+} を含む水溶液にヘキサシアニド鉄(Ⅲ)酸カリウム水溶液を加えると濃青色沈殿を生じる。

(e)誤。Fe^{2+} を含む水溶液にチオシアン酸カリウム水溶液を加えても変化

しない。

④　塩素 Cl_2 が酸化剤として，鉄（Ⅱ）イオン Fe^{2+} が還元剤として作用する。

⑤　鉄（Ⅲ）イオン Fe^{3+} が酸化剤として，過酸化水素 H_2O_2 が還元剤として作用する。

$$Fe^{3+}+e^- \longrightarrow Fe^{2+}$$

$$H_2O_2 \longrightarrow O_2+2H^++2e^-$$

〔3〕　ヘンリーの法則より，水に溶けている酸素の物質量は

$$1.4\times10^{-3}\times\frac{3.0\times10^5\times\dfrac{1}{5}}{1.0\times10^5}\times\frac{2.0}{1.0}=1.68\times10^{-3}\fallingdotseq1.7\times10^{-3}\,[\text{mol}]$$

この溶けた酸素量において $0℃$，$1.0\times10^5\,Pa$ における体積は

$$\frac{1.68\times10^{-3}\times8.31\times10^3\times273}{1.0\times10^5}=0.0381\fallingdotseq3.8\times10^{-2}\,[\text{L}]$$

〔4〕　アニリンの希塩酸水溶液を $5℃$ 以下に冷却しながら亜硝酸ナトリウム水溶液を加えると，塩化ベンゼンジアゾニウムが得られる。このような反応をジアゾ化という。

参考　なお

から，アニリン塩酸塩を化合物 A として解答することも考えられる。

■一般採用試験

問題編

▶試験科目

○人文・社会科学専攻

	教科	科　　　目	区　分
第1次	外国語	コミュニケーション英語Ⅰ・Ⅱ・Ⅲ，英語表現Ⅰ・Ⅱ	マークセンス
	数学・社　会	「数学Ⅰ・Ⅱ・Ａ・Ｂ」，「日本史Ｂ」，「世界史Ｂ」から１科目選択	
	国　語	国語総合，現代文Ａ・Ｂ，古典Ａ・Ｂ	
	小　論　文　試　験		
第2次	口述試験（個別面接）		
	身　体　検　査		

○理工学専攻

	教科	科　　　目	区　分
第1次	外国語	コミュニケーション英語Ⅰ・Ⅱ・Ⅲ，英語表現Ⅰ・Ⅱ	マークセンス
	数　学	数学Ⅰ・Ⅱ・Ⅲ・Ａ・Ｂ	
	理　科	「物理基礎・物理」，「化学基礎・化学」から１科目選択	
	小　論　文　試　験		
第2次	口述試験（個別面接）		
	身　体　検　査		

▶備　考
- 各科目の配点および総合点は非公表。
- 小論文については，第２次試験受験者について採点し，第２次試験の結果とあわせて最終合格の決定に用いる。
- 数学Ｂは「数列」「ベクトル」のみ。
- 物理基礎および物理は「原子」を除く。

英語

(100 分)

1 **1** ～ **20** の（　　　　）内に入れるのに最も適切なものを，それぞれ(A)～(D)の中から選びなさい。

1 I would like you（　　　　）the user's manual for the computerized accounting system.

(A) will update　　　　　　　(B) are updating
(C) to update　　　　　　　　(D) updating

2 The director believes the detective series will attract（　　　　）audience.

(A) a lot of　　　　　　　　　(B) many
(C) much　　　　　　　　　　(D) a large

3 Every member of this research project is aware of the fact that they are（　　　　）time before the deadline.

(A) running out of　　　　　　(B) getting risk of
(C) nothing but　　　　　　　(D) no less than

4 （　　　　）my relatives live in Fukuoka.

(A) Almost　　　　　　　　　(B) Almost of
(C) Most　　　　　　　　　　(D) Most of

5 The cutter race was postponed. The water was surprisingly cold（　　　　）that time of year.

(A) beyond　　　　　　　　　(B) for
(C) on　　　　　　　　　　　(D) towards

6 （　　　　）Leonardo da Vinci painted this picture or not will probably remain a mystery.

(A) That
(B) Lest
(C) Whether
(D) Unless

7 The little boy narrowly escaped (　　　　　) run over by a dump truck.

(A) be
(B) being
(C) to be
(D) was

8 I'm sorry to have kept you (　　　　) so long.

(A) to wait
(B) waiting
(C) being waited
(D) waited

9 I've got a headache. (　　　　)

(A) I had had it since I got up.
(B) I had it since I got up.
(C) I'm having it since I got up.
(D) I've had it since I got up.

10 The poor boy (　　　　) again.

(A) got robbed his bike
(B) had his bike stolen
(C) let his bike to be robbed
(D) was stolen his bike

11 Come and see me whenever (　　　　).

(A) you are convenient
(B) you will be convenient
(C) it is convenient for you
(D) it were convenient for you

12 The Mimura Castle was heavily damaged in the earthquake. So it (　　　　) at the moment. The work is almost finished.

(A) is being restored
(B) is restoring
(C) was restored
(D) has restored

13 What a lovely hat, Mrs. Dalloway. It (　　　　) quite well with your outfit.

(A) arranges
(B) goes
(C) suits
(D) wears

14 At Narita Airport I found that I (　　　　　) my passport at home, and I didn't know what to do.

(A)　had left

(B)　had been leaving

(C)　was leaving

(D)　has left

15 (　　　　　) did you think of the President's commencement address?

(A)　How　　　　(B)　What　　　　(C)　Which　　　　(D)　Who

16 Excuse me, could you tell me (　　　　　) the NDA?

(A)　where to go

(B)　how to arrive

(C)　where to reach at

(D)　how to get to

17 (　　　　　) being no bus service in the remote village, they had to use a taxi.

(A)　While　　　　(B)　With　　　　(C)　There　　　　(D)　Having

18 The suspect was (　　　　　) the cellar by the landlord.

(A)　seen enter

(B)　seeing to enter

(C)　seen entering

(D)　entered to see

19 A : (　　　　　) and I can't make it to the ball game tonight.

B : That's too bad. Maybe some other time.

A : I'm sorry...

(A)　I don't blame you

(B)　Something has come up

(C)　It won't do any harm

(D)　Let's keep the ball rolling

20 A : Excuse me.

B : Yes?

A : I don't think you gave me my driver's license back yet.

B : Oh, I (　　　　　) forgotten. Sorry about that.

(A)　should have

(B)　must have

(C)　cannot have

(D)　need not have

2　[ア]〜[オ]の英文の意味が通るようにすべての語句を並べ替えて完成させ，それぞれ3番目と6番目に来る $\boxed{21}$ 〜 $\boxed{30}$ に入る語句の記号を選びなさい。（ただし，大文字で始まるべき語も小文字で示してある。また，同じ語句を二度以上使うことはできない。）

[ア] I read the documents again, (　　　) (　　　) ($\boxed{21}$) (　　　) (　　　) ($\boxed{22}$)
　　　(　　　) mistakes in the figures.

(A)　are　　　　　(B)　checking　　　(C)　there　　　(D)　to
(E)　whether　　　(F)　any　　　　　(G)　see

[イ] She is (　　　) (　　　) ($\boxed{23}$) (　　　) (　　　) ($\boxed{24}$) (　　　) right away.

(A)　who　　　　　(B)　show　　　　(C)　lets　　　(D)　her face
(E)　the type　　　(F)　on　　　　　(G)　her emotions

[ウ] "(　　　), (　　　) ($\boxed{25}$) (　　　) (　　　) ($\boxed{26}$) (　　　) virus-containment
　　　measures in a majority of cities," the economist said.

(A)　to become worse　(B)　to the　　　(C)　due　　　(D)　labor conditions
(E)　extension of　　　(F)　we expect　　(G)　looking ahead

[エ] Increased concerns over sustainability worldwide (　　　) (　　　) ($\boxed{27}$) (　　　)
　　　(　　　) ($\boxed{28}$) (　　　) of Japanese crafts and concepts, perhaps because Japanese
　　　techniques and ideas seem to be a perfect fit for helping to create a more sustainable future
　　　society.

(A)　popularity　　　(B)　to　　　　　(C)　growing　　　(D)　be
(E)　the　　　　　　(F)　contributing　(G)　may

[オ] No sooner (　　　) (　　　) ($\boxed{29}$) (　　　) (　　　) ($\boxed{30}$) (　　　) to him
　　　that he had left his smartphone behind in the shop.

(A)　occurred　　　(B)　than　　　　(C)　gotten on　　(D)　he
(E)　it　　　　　　(F)　had　　　　　(G)　the train

3 次の[ア]，[イ] の文章について，[31] 〜 [38] の（　　　　　　）内に入れるのに最も適切なものを，それぞれ(A)〜(D)の中から選びなさい。

[ア]

　　People in emerging and developing countries certainly have a desire to attain the standard of living enjoyed by developed countries. Nobody should dismiss their desire.

　　In reality, it is not feasible for them to realize their desire in any short space of time. (　[31]　) is it easy to initiate and transfer financial and technical assistance for that purpose. Nonetheless, if emerging and developing countries, also known as recipient countries, were told by developed ones to give up on their aspirations for better lives after reaching a certain point, almost none of them would likely give a nod of assent.

　　The international community has been discussing for years how to extend financial resources, technical assistance and know-how to those countries so that they will be able to catch up with (　[32]　). Such assistance, of course, is absolutely contingent upon recipient countries' endeavors to proceed toward such a goal in a sincere and efficient manner.

　　Motives behind cooperative solutions provided by developed countries vary. Nonetheless, following the end of World War II, countries shared a view that the extreme inequality that existed at the time should not be left unattended. To embody international cooperation, developed countries began offering economic development assistance to developing ones through multilateral organizations or financial assistance on a bilateral basis.

　　In 1945, the United States boasted overwhelming economic strength coupled with abundant capabilities to give financial support to countries in need. However, its power subsequently started to decline gradually. Then, to complement the U.S. efforts, Japan and the then West Germany, both having completed postwar reconstruction, began (　[33]　) to developing countries. Indeed, Japan temporarily emerged as the world's largest provider of economic assistance.

　　Since the closing years of the 20th century, China has changed itself from a recipient of financial assistance to a (　[34]　) largely for political reasons, launching a considerable array of outbound financial support initiatives.

　　As such, there was a recent time when many countries stepped up financial assistance efforts to raise the overall amount of money to help recipient countries shape their economic development programs.

［Adapted from Hiroshi Watanabe, "Find ways to better lives in developing world,"
The Japan News, May 6, 2022　一部改変］

注)　feasible　実現可能な　　　　assent　同意　　　　　contingent upon　〜次第の
　　　multilateral　多国間の　　　bilateral　二国間の　　boast　誇る

[31]　(A)　And
　　　(B)　But

(C) Or

(D) Nor

32 (A) standards of living of developed ones

(B) standards of living of developing ones

(C) standards of ethics of developed ones

(D) standards of ethics of developing ones

33 (A) relaxing regulations on imported goods

(B) tightening entry restrictions

(C) increasing their financial assistance

(D) weakening their political power

34 (A) multilateral organization

(B) country in need

(C) developing country

(D) donor

[イ]

Young kids' brains are especially tuned to their mothers' (　**35**　). Teenagers' brains, in their typical rebellious glory, are most decidedly not. That conclusion, described April 28 in the *Journal of Neuroscience*, may seem laughably obvious to parents of teenagers, including neuroscientist Daniel Abrams of Stanford University School of Medicine. "I have two teenaged boys myself, and it's a kind of funny result," he says.

But the finding may reflect something much deeper than a punch line. As kids grow up and expand their social connections (　**36**　), their brains need to be adjusted to that growing world. "Just as an infant is tuned into a mom, adolescents have this whole other class of sounds and voices that they need to tune into," Abrams says. He and his colleagues scanned the brains of 7- to 16-year-olds as they heard the voices of either their mothers or unfamiliar women. To simplify the experiment down to just the sound of a voice, the words were nonsense: teebudieshawlt, keebudieshawlt and peebudieshawlt. As the children and teenagers listened, certain parts of their brains (　**37**　).

Previous experiments by Abrams and his colleagues have shown that certain regions of the brains of kids aged 7 to 12—particularly those parts involved in detecting rewards and paying attention—respond more strongly to mom's voice than to a voice of an unknown woman. "In adolescence, (　**38**　)," Abrams says. In these same brain regions in teens, unfamiliar voices elicited greater responses than the voices of their own dear mothers. The shift from mother to other seems to happen between ages 13 and 14.

[Adapted from *Science News*, April 28, 2022]

出典追記：Mom's voice holds a special place in kids' brains. That changes for teens, Science News on April 28, 2022 by Laura Sanders, Society for Science & the Public

注）　rebellious　反抗的な　　　　　　　　　neuroscience　神経科学
　　　punch line　（話の）聞かせ所　　　adolescent　若者　　　elicit　引き出す

35　(A)　proverbs
　　　(B)　faces
　　　(C)　songs
　　　(D)　voices

36　(A)　beyond their family
　　　(B)　into their advantages
　　　(C)　throughout their bodies
　　　(D)　with their mothers

37　(A)　got worse
　　　(B)　ran short
　　　(C)　became active
　　　(D)　grew larger

38　(A)　it is different from my theory mentioned above
　　　(B)　we show the exact opposite of that
　　　(C)　their reactions are not as their parents expected
　　　(D)　the same result is confirmed

4 次の英文を読み，あとの設問に答えなさい。

One day, in the before-COVID times, I was traveling to deliver a seminar. As I walked down to breakfast in the hotel lobby, another guest waylaid me with a complaint: "The oatmeal is out." The tone was arrogant, demanding, and dismissive. It took me a second to realize that she had mistaken me for a hotel employee. A flash of hot indignation washed through me. I have come a long way from the Filipina immigrant girl working part time as a food server during high school, I thought to myself; now I was a professor running my own research lab. Later I realized there was another reason the encounter stung so much.

As Filipino immigrants living in the United States, many of my family members and I started out as "essential workers"—and some still are. My mom was a fast food cashier. My grandmother, aunt, and cousin worked as caregivers; my grandfather washed dishes in a restaurant. My family did honest and hard work. But when I was younger, I was self-conscious about it. All I wanted was to escape the shame of being poor. I didn't want to shop with food stamps anymore or be in the free lunch line at school.

My mom, wanting a better life for me and my brother, believed in education. So under her direction, I studied hard while my family cooked, cleaned, and cared for others. When I received a full scholarship for college, it felt like a golden ticket out of poverty not just for me, but for my family, too. And when I was accepted into graduate school, getting paid to study and train to be a scientist felt like a luxury. For the first time, I had enough money to live on my own and even help my family once in a while. **39** I felt I had finally found an escape.

Leaving home and entering the academic world took me further and further from my immigrant working-class roots. Every so often, though, I would meet other Filipino immigrants working in the university as janitors, building maintenance staff, shipping and receiving workers, and lab aides. When I interacted with them, I would seamlessly revert to my younger immigrant self, speaking Tagalog, the Philippines's national language, and behaving more deferentially. When I stepped back into my academic role, I would play the confident and assertive scientist. **40** At some point I realized I only stopped to talk with the other Filipino immigrants when I was alone, which made me feel guilty. But I convinced myself that I was just being sensitive to my lab mates; after all, it would be rude to converse in another language when they were around. I wasn't ready to admit that part of me was ashamed of my working-class background.

While I was in grad school, reminders of my roots were rare, but this changed when I started my postdoc. There, I met two Filipina immigrant women working as aides in our lab. For 20 years they had taken care of essential but unglamorous work—cleaning, dishwashing, autoclaving—to support the researchers and their work. After hearing them speak Tagalog, I shyly approached them to introduce myself. They embraced me immediately, and I started to have lunch with them almost daily. They would always bring Filipino food to share, reminding me of home.

Eventually, other lab members started to join us for lunch. At first it felt awkward. Scientists usually default to talking science, whereas I almost never talked science with the

Filipinas. And I wasn't sure I was ready for my scientific colleagues to see 41 this other side of me. The melding of our groups—and my identities—wasn't always smooth. But in time, we found common ground in food, sharing and exchanging dishes from our diverse cultures. I became the bridge between the scientists and the Filipina lab aides, and my immigrant roots slowly re-emerged and became comfortably fused with my academic identity. 42 I realized they never had to be separate in the first place.

　　　　43 Looking back at that hotel experience, I now realize that being mistaken as a hotel server is not really what stung. Whether I am a hotel server or a professor, I—like my family members and all the other essential workers—deserve to be treated with respect and dignity, not belittled and dismissed.

[Adapted from Sheila Teves, "Embracing my roots," *Science*, July 2, 2021]

注)　waylay　呼び止める　　arrogant　横柄な　　　dismissive　高慢な，軽蔑的な
　　　indignation　憤り　　　graduate school（grad school）大学院
　　　janitor　清掃作業員　　seamlessly　継ぎ目なく　　revert　戻る
　　　deferentially　うやうやしく　　postdoc　博士課程修了後の研究
　　　unglamorous　魅力のない，平凡な　autoclave　高圧滅菌器で処理する
　　　default to～　いつも～になってしまう　　meld　打ち解ける

39 下線部 39 について，筆者が逃げ出したかったものとは何か。最も適切なものを(A)〜(D)の中から選びなさい。

(A) 大学院生活
(B) 家族
(C) 貧困
(D) 移民仲間

40 下線部 40 について，筆者が一人のときにしか移民仲間の輪に入らなかったことに対し，後ろめたさを覚えていたのはなぜか。最も適切なものを(A)〜(D)の中から選びなさい。

(A) アメリカ人研究者たちの輪に入れず，移民仲間にしか馴染めなかったため。
(B) 本当は科学者としての自信がないのに，自信あふれるふりをしていたため。
(C) 研究者仲間に移民仲間を紹介した際に，気まずい思いをしたため。
(D) 労働者階級の出身であることをどこか恥じている自分自身を，まだ認められていなかったため。

41 下線部 41 について，this other side of me とはどのような一面か。最も適切なものを(A)〜(D)の中から選びなさい。

(A) 自信にあふれる科学者としての一面

(B) 移民仲間と親しく交流を持つ，労働者階級出身の移民としての一面

(C) 研究に没頭するばかりでなく，フィリピン料理もふるまう料理好きな一面

(D) 研究補助のアルバイトで生活を支えながら研究を続ける一面

42 下線部 **42** の意味に最も近いものを，(A)〜(D)の中から選びなさい。

(A) 筆者は，フィリピン人移民労働者たちとアメリカ人研究者たちをつなぐ橋渡しの役割を担っていたが，そもそもそのような役割など必要なく，食を通じて人は自然と打ち解けるものだ。

(B) フィリピン料理は，多様なアメリカの文化の一部をなすものであり，アメリカの料理と分けて考えるべきものではなかった。

(C) 研究室で働くフィリピン人移民労働者たちとアメリカ人研究者たちが仲良く打ち解け合ったように，筆者の移民としてのルーツと科学者としてのアイデンティティもそもそも別々のものとして考える必要などなかった。

(D) 移民仲間にはタガログ語で料理の話題，科学者には英語で科学に関する話題というように，話す時のトピックや言語を相手によって分けるべきではなかった。

43 下線部 **43** のように筆者が思った理由は何か。(A)〜(D)の中から最も適切なものを選びなさい。

(A) 若い頃は給仕係のアルバイトも行ったが，大学教授になった今もホテルの給仕係に間違えられたことで，逃げ出したかった過去に引き戻されたから。

(B) どこかで出自を恥じていた過去の自分に思い至り，職業や立場に関わらず誰もがみな敬意を払われるべき存在であると思ったから。

(C) アジア系の見た目ゆえに女性客にホテルの給仕係と間違えられ，敬意を払われず横柄な態度をとられたのが屈辱的でショックだったから。

(D) エッセンシャル・ワーカーとして働く人たちに対し，自分も過去にこの女性客と同じような横柄なふるまいをして相手を傷つけたことに気づいたから。

44 本文の内容と一致しないものを，(A)〜(D)の中から選びなさい。

(A) 筆者の母親は，教育が身を助けると信じて一生懸命働き，子どもたちに十分な教育を受けさせようとした。

(B) 筆者の家族は，エッセンシャル・ワーカーとして誠実に働いていたが，それでも筆者は貧しい労働者階級の出自を気にしていた。

(C) 大学院時代には，自分のルーツを思い起こさせるものはあまりなかったが，博士課程修了後は，フィリピン人移民に日常的に接し，自分のルーツを意識するようになった。

(D) 高校時代までは家族の支援や奨学金で勉強に専念できていたが，大学進学後は，給仕や研究補助などのアルバイトをこなしながら，金銭的にも自立した研究生活を送った。

5 次の英文を読み，あとの設問に答えなさい。

There is an eight-out-of-ten chance that you are one of the poorest people in the world. When I say you're poor, I'm not talking about your bank account (although material poverty is a pressing concern in society). Rather, I mean you are *time poor*: you have too many things to do and not enough time to do them. In countries as different as the United States, Germany, and Japan, time poverty is at an all-time high.

No one is 45 immune to the crushing feelings of time poverty. As I sit here typing at my kitchen table I, too, feel time poor and overwhelmed. For me, it's a squeezing feeling in my stomach. This morning, a student emailed me requesting urgent help with a paper, preventing me from starting this chapter as soon as I would have liked. Even as I start to write, I keep an eye on my phone. At any moment—*sigh*—a coworker will text me for help with a pressing deadline. I have to stop working early for a doctor's appointment; after which I'll rush home and make a late dinner consisting of salad and whatever, before returning to my inbox and my "rolling to-do list." That's the title of a document I keep open on my computer. It spreads over pages.

I can't fit in all the work I need to finish. I will try to have a conversation with my partner. I probably won't get a chance to chat with friends. I need to find time to talk to my rapidly aging parents.

Today isn't unusual for me, and it probably sounds familiar to you, too. Time poverty affects all cultures and crosses all economic classes. Most of us feel this way.

Is it really that bad?

Yes, it really is that bad. In 2012, about 50 percent of working Americans reported they were " 47 always rushed," and 70 percent "never" had enough time. In 2015, more than 80 percent said they didn't have the time they needed. That's how I guessed you were time poor. You've said so.

If you're worried that this is some kind of first-world problem, and that you should just suck it up and deal with it, don't. The pervasiveness of time poverty is a serious problem, with serious costs for individuals and society. The data I and others have collected show a correlation between time poverty and misery. People who are time poor are less happy, less productive, and more stressed-out. They exercise less, eat more high-fat foods, and have a higher incidence of cardiovascular disease. Time poverty forces us to compromise:(48) preparing a nutritious dinner, we grab junk food from the convenience store and eat mindlessly while staring at our screens. Trying to maximize our time to get things done makes us inactive and prone to eat unhealthy things, such as salt, fat, and fast food.

Time-poor societies pay a steep price, too. The stress of being time poor costs the US health care system $190 billion, which is 5 percent to 8 percent of total health care spending each year. Unhappy employees waste $450 billion to $550 billion in lost productivity each year. At any given time, an organization with a thousand employees working at its offices has two hundred workers who feel so overwhelmed that they call in sick.

　　　The effects and costs of time poverty are so severe that researchers now compare it to a famine—a severe shortage of time affecting all of society—that carries many of the attendant negative consequences that a natural disaster produces.

　　　　　[Adapted from Ashley Whillans, *Time Smart*, Harvard Business Review Press, 2020]

注）　text （電子メールで）メッセージを送る　　　inbox　（電子メールの）受信箱
　　　first-world problem　贅沢な悩み　　　　　　　suck 〜 up　〜を受け入れる
　　　pervasiveness　広まっていること　　　　　　correlation　相関関係
　　　cardiovascular　循環器の　　　　nutritious　栄養のある　　　prone to 〜　〜の傾向がある

45 下線部 **45** の意味に最も近いものを，(A)〜(D)の中から選びなさい。

　　(A)　safe from
　　(B)　anxious about
　　(C)　subject to
　　(D)　not content with

46 筆者が述べる 1 日のスケジュールの中で，筆者自身が実行していないことはどれか。
　　当てはまるものを(A)〜(D)の中から選びなさい。

　　(A)　レポートに関する学生への対応
　　(B)　同僚からのメールの確認
　　(C)　予約した病院へ行くこと
　　(D)　夕食の準備前にメールをチェックすること

47 下線部 **47** の意味に最も近いものを，(A)〜(D)の中から選びなさい。

　　(A)　charged on all occasions
　　(B)　busy all the time
　　(C)　seldom hurried up
　　(D)　working every weekend

48 空欄 **48** に入れるのに最も適切なものを，(A)〜(D)の中から選びなさい。

　　(A)　instead of
　　(B)　for the purpose of
　　(C)　at the risk of
　　(D)　by means of

49 time povertyに関連したアメリカの現状において，本文の内容と一致するものを，(A)〜(D)の中

から選びなさい。

(A) 2012年の段階で，70％の人が十分な睡眠時間を取れていないと考えている。

(B) 2015年の段階で，必要な時間が確保できていないと考えている人の割合は80％未満だった。

(C) time poorが原因のストレスに対して，国は健康管理に関連する総支出の5〜8％を費やしている。

(D) 毎年，生産性の減少が原因となって，労働者の賃金が下がっている。

50 本文の内容と一致するものを，(A)〜(D)の中から選びなさい。

(A) time povertyとは，時間を有効に活用するために必要な財力がないことである。

(B) time povertyの解決策は，あらゆる文化や経済階層の人々に知れ渡っている。

(C) time povertyに起因する健康被害を訴える人は，年々減少している。

(D) time povertyを，人々に悪影響をもたらす飢饉に例える研究者がいる。

日本史

（90 分）

1　以下の［A］～［C］のすべての問に答えなさい。

［A］原始・古代社会に関する次の文章を読み、以下の問に答えなさい。

　　今から 1 万年あまり前、地球の気候が温暖になると、日本列島に住む人びとの生活様式も変わり、(a)縄文文化が成立した。その後大陸から水稲農耕が伝えられると、人びとの生活は新たな変化を迎えた。水稲稲作を基礎とする文化は、(b)弥生文化とよばれる。(c)弥生文化のころの日本については、中国の史料からその様子がうかがえる。

　　4 世紀になると、現在の奈良を中心とした広域の政治連合が形成されていく。この政治連合はヤマト政権とよばれる。ヤマト政権の権力の大きさは、(d)古墳のあり方からもうかがえる。ヤマト政権は朝鮮半島の国々と交流して技術や文化を吸収する一方、朝鮮半島南部での地位を有利にするため中国にたびたび使者を送ったりした。

　　5 世紀から 6 世紀にかけて(e)ヤマト政権は、氏姓制度とよばれる支配の仕組みをつくりあげつつ、日本列島の大部分を支配下におさめていった。中国で 6 世紀末に隋、7 世紀初頭に唐といった大帝国が成立すると、ヤマト政権も唐にならって(f)律令制度の構築を進めていった。

問 1　下線部(a)の文化の特徴的な事物として正しいものをひとつ選びなさい。
　　①　抜歯　　　②　支石墓　　　③　銅鐸　　　④　石包丁

問 2　下線部(b)の文化の時代の遺跡がある場所として正しいものをひとつ選びなさい。
　　①　野尻湖　　　②　岩宿　　　③　登呂　　　④　三内丸山

問 3　下線部(c)に関連して述べた以下の文章のうち誤っているものをひとつ選びなさい。
　　①　『漢書』地理志によれば、倭国王帥升が楽浪郡にたびたび使者を送っていたという。
　　②　『後漢書』東夷伝には、57年に倭の奴国が後漢に使者を送ったという記述がある。
　　③　『後漢書』東夷伝によれば、2 世紀半ばから後半の時期に、倭国は内乱状態だったという。
　　④　『魏志』倭人伝によると、邪馬台国には大人や下戸という身分があったという。

問 4　下線部(d)に関連して述べた以下の文章のうち誤っているものをひとつ選びなさい。
　　①　古墳時代中期の副葬品は、銅鏡よりも鉄製武器や武具の占める割合が高くなった。

　② 地方の巨大な古墳は、地方豪族がヤマト政権で重要な位置を占めていたことを示す。

　③ 古墳時代後期の埋葬施設は、朝鮮半島の影響をうけた横穴式石室が多くなった。

　④ 古墳時代後期に古墳上に並べられた埴輪は、円筒埴輪や家形埴輪が多かった。

問5　下線部(e)に関連して述べた以下の文章X・Yのうちその正誤の組合せとして正しいものを
ひとつ選びなさい。

　　X　ヤマト政権の職務は氏単位で分担し、大王は豪族に政権内での地位を示す姓を与えた。

　　Y　伴造は、各種の職務で奉仕する伴や、さまざまな職業に従事する官戸を統率した。

　① X　正　　Y　正　　　② X　正　　Y　誤

　③ X　誤　　Y　正　　　④ X　誤　　Y　誤

問6　下線部(f)に関連して述べた以下の文章のうち正しいものをひとつ選びなさい。

　① 持統天皇は689年に飛鳥浄御原令を施行し、翌年庚寅年籍を作成した。

　② 701年に完成した大宝律令では、太政官が神祇省など八つの省を統括するとした。

　③ 人びとが負担する税のうち、調は都での労役にかえて布を納めるものだった。

　④ 桓武天皇は律令を補足する格と施行細則の式の編纂を進め、弘仁格式を完成させた。

[B] 藤原氏に関する次の文章を読み、以下の問に答えなさい。

　藤原氏は、(a)中臣鎌足が蘇我氏を倒したその後の諸改革に力を尽くしたことから、天智天皇に
「藤原」を授かったことにはじまる。鎌足の子不比等は、自分の娘を天皇や皇太子に嫁がせ、天
皇家と密接な関係をもった。また4人の息子を南家・北家・式家・京家の4家に分けたが、4人
が天然痘で相次いで病死すると、(b)藤原氏の勢力は一時衰退した。

　孝謙天皇の時代になると、[ア]の[イ]が光明皇太后と結んで権力を握るが、のち
孝謙上皇が道鏡を重用すると、[イ]は挙兵し失敗して滅ぼされた。9世紀半ば、北家の良
房が(c)清和天皇の外戚として摂政になったあと、摂政・関白はしだいに北家の出身者に限られる
ようになった。(d)藤原氏の嫡流から外れた家は、和歌や有職故実など多様な家業をになうことで
宮廷社会の地位を獲得し、鎌倉時代以降も続いていった。

　10世紀末に(e)藤原道長が北家内の争いを制して権力を独占すると、その子頼通の時代とあわせ
て安定した摂関政治が行われた。しかし11世紀後半に白河上皇による(f)院政がはじめられ政治の
実権が院に移ると、藤原氏は院と結びついて権力を保とうとした。その後摂関家の継承をめぐっ
て[ウ]と[エ]の兄弟間で内紛がおこり、これに皇位をめぐる争いが結びついて保元
の乱となった。乱のあとは摂関家から遠い血縁の藤原氏が権力をもち、平治の乱では非摂関家の
藤原氏のあいだで争いとなった。

問7　下線部(a)の改革について述べた以下の文章のうち正しいものをひとつ選びなさい。

　① 皇極天皇の譲位をうけて中大兄皇子が即位し、天智天皇となった。

　② 「改新の詔」が出され、公地公民制への移行をめざす方針が示されたという。

③　都が難波から飛鳥に移され、鎌足を中心に藤原京が造営された。

④　統一的な地方行政組織として、国・郡・里が各地に設置された。

問8　下線部(b)に関連して述べた以下の文章X・Yのうちその正誤の組合せとして正しいものを
ひとつ選びなさい。

X　橘諸兄が権力を握り、唐から帰国した吉備真備や玄昉とともに政務にあたった。

Y　持統天皇は国分寺建立の詔を出して、全国に国分寺・国分尼寺をつくらせた。

①　X　正　　　Y　正　　　　②　X　正　　　Y　誤

③　X　誤　　　Y　正　　　　④　X　誤　　　Y　誤

問9　空欄［　ア　］［　イ　］に入る適切な用語の組合せとして正しいものをひとつ選びなさい。

①　ア　南家　　イ　藤原仲麻呂　　　②　ア　北家　　イ　藤原仲麻呂

③　ア　南家　　イ　藤原広嗣　　　　④　ア　北家　　イ　藤原広嗣

問10　下線部(c)の天皇が在位しているときに起こった出来事をひとつ選びなさい。

①　阿衡の紛議　　②　承和の変　　③　応天門の変　　④　安和の変

問11　下線部(d)に関連して述べた以下の文章のうち、誤っているものをひとつ選びなさい。

①　藤原定家は後鳥羽上皇の命で藤原家隆とともに『新古今和歌集』の編纂にあたった。

②　藤原行成は和様とよばれる書風で知られ、小野道風・藤原佐理とともに三蹟とよばれる。

③　藤原隆信は、子の信実とともに個人の肖像を写実的に描く似絵の名手として知られる。

④　藤原実資は有職故実と漢詩文に精通し、『和漢朗詠集』を編纂した。

問12　下線部(e)に関連して摂関政治について述べた以下の文章のうち誤っているものをひとつ選
びなさい。

①　陣定には天皇と摂政あるいは関白がそろって臨席し、国政上の重要事項を決めた。

②　摂関家は、収入の多い受領の任免権を握って、中下級貴族を従えた。

③　貴族の子弟は母方で養育されることが多いという習慣もあり、天皇の外戚が力をもった。

④　宣旨は、決定した政策を命令・伝達する文書のことである。

問13　下線部(f)に関連して述べた以下の文章のうち正しいものをひとつ選びなさい。

①　白河上皇は院の御所に西面の武士を配置し、軍事力を強化した。

②　上皇が摂関を任命するようになると、摂関は院近臣とよばれるようになった。

③　院政期には荘園寄進が院の周辺に集中し、八条院領や長講堂領が形成された。

④　鳥羽上皇は仏教を厚く信仰し、建仁寺を造立して盛大な法会を行った。

問14　空欄［　ウ　］［　エ　］に入る人名の組合せとして正しいものをひとつ選びなさい。

①　ウ　信西　　エ　信頼　　　　②　ウ　信西　　エ　頼長

③　ウ　忠通　　エ　信頼　　　　④　ウ　忠通　　エ　頼長

［Ｃ］キリスト教の伝来に関する次の文章を読み、以下の問に答えなさい。

　ヨーロッパ人が日本にはじめて来たのは、「鉄炮記」によれば1543年にポルトガル人を乗せた中国船が種子島に漂着したときとされる。このとき島主の種子島時堯はヨーロッパ人の持っていた(a)鉄砲を買い求めたという。このあとポルトガル人は毎年のように九州各地に来航し、(b)南蛮貿易とよばれる貿易を日本と行った。

　南蛮貿易はキリスト教の布教と一体となっていた。日本にやってきた宣教師のうち、特にイエズス会のフランシスコ・ザビエルはよく知られている。ザビエルはマラッカで日本人アンジロー（ヤジロー）と出会って日本に関心を抱き、1549年 ［ ア ］ にやってきた。そのあと ［ イ ］ に移動してそこで大内義隆と出会った。さらにザビエルは京都に向かい、天皇から布教許可を得ようとした。しかし(c)応仁の乱以後京都は荒廃し、天皇の権威も失墜していたため、ザビエルは布教許可をあきらめ ［ イ ］ に戻った。その後豊後に移って布教を続けたが、1551年日本を離れた。ザビエルのあとも(d)キリスト教宣教師は次々と来日して布教につとめ、大名のなかにもキリスト教に関心を示したり、受洗したりする者がいた。

問15　下線部(a)に関連して述べた以下の文章Ｘ・Ｙのうちその正誤の組合せとして正しいものをひとつ選びなさい。
　　　Ｘ　日本に鉄砲が伝わったのち、和泉の堺や近江の国友で鉄砲が生産された。
　　　Ｙ　豊臣秀吉が出した刀狩令では、鉄砲を含む農民の武器没収が命じられた。
　　　① Ｘ　正　Ｙ　正　　　　　② Ｘ　正　Ｙ　誤
　　　③ Ｘ　誤　Ｙ　正　　　　　④ Ｘ　誤　Ｙ　誤

問16　下線部(b)に関連して述べた以下の文章ａ～ｄのうち正しいものの組合せをひとつ選びなさい。
　　　ａ　ポルトガル人のほかスペイン人・オランダ人が南蛮人とよばれた。
　　　ｂ　日本から主に輸出されたのは、石見銀山などで産出された銀であった。
　　　ｃ　南蛮貿易では、鉄砲や火薬のほか、中国産の生糸が日本にもたらされた。
　　　ｄ　南蛮貿易は、将軍が発行する奉書をもつ大名のみが行えた。
　　　① ａ・ｂ　　　② ａ・ｃ　　　③ ｂ・ｃ　　　④ ｂ・ｄ

問17　空欄 ［ ア ］［ イ ］ に入る地名の組合せとして正しいものをひとつ選びなさい。
　　　① ア　博多　　　イ　長崎　　　② ア　博多　　　イ　山口
　　　③ ア　鹿児島　　イ　山口　　　④ ア　鹿児島　　イ　長崎

問18　下線部(c)に前後しておこった出来事Ⅰ～Ⅳについて、古いものから年代順に正しく配列して３番目にくるものを選びなさい。
　　　Ⅰ　加賀の門徒が国人と結んで守護の富樫政親を滅ぼした。
　　　Ⅱ　農民が徳政令を求めて蜂起し、「日本開白以来、土民蜂起是れ初め」といわれた。
　　　Ⅲ　有力守護の赤松満祐が将軍を暗殺した。

　Ⅳ　倭人の進出に対し、アイヌのコシャマインが蜂起した。
　①　Ⅰ　　　②　Ⅱ　　　③　Ⅲ　　　④　Ⅳ

問19　下線部(d)に関連して述べた以下の文のうち正しいものをひとつ選びなさい。
　①　ザビエルや彼に続いて日本にきた宣教師は、カトリックに迫害されたプロテスタント
　　　だった。
　②　宣教師はセミナリオとよばれる教会堂をつくって日本布教を進めた。
　③　宣教師のガスパル・ヴィレラは、堺の自治の様子をイエズス会への手紙で報告した。
　④　宣教師のすすめで大村純忠・有馬晴信・細川忠興は少年使節をローマに派遣した。

問20　次の史料はある人物について宣教師が書き残したものである。誰について書いたものか、
　　　正しいものをひとつ選びなさい。

史料
彼は中背瘦躯で、髭は少なく、声は甚だ快調で、きわめて戦を好み、武技の修業に専念し、名誉
心強く、義に厳しかった。（中略）彼は僧侶及び神や仏の社寺に対して特別な憤怒と異常な嫌悪
を抱いていた。先づ初めに、比叡の山といって、みやこから四レグワ*¹離れた所にあり、日本の
教法の主要な大学であり源泉［である所］を、長さ三レグワの区域にある夥しい寺院、あらゆる
神や仏、経巻、仏事用具もろとも、焼き払って灰燼に帰せしめた。

　　　　　　　　　　　　　　　　　　　　　　　　　　　　　　　　柳谷武夫訳

*¹　距離の単位。

　①　大友宗麟　　　②　織田信長　　　③　豊臣秀吉　　　④　足利義輝

2 以下の〔A〕〔B〕のすべての問に答えなさい。

〔A〕江戸時代後期の対外関係に関する次の文章を読み、以下の問に答えなさい。

18世紀後半、ロシアは北太平洋に進出し、やがて日本近海にもロシア船が出没するようになった。そのため日本国内ではロシアへの危機感が強まり、(a)工藤平助や林子平のように、海防の必要や蝦夷地の開発を唱える者が出てきた。また幕府の首脳部では、(b)老中田沼意次が蝦夷地開発やロシアとの交易を企図して（　ア　）らに北方調査を行わせた。

1804年にロシア使節（　イ　）が（　ウ　）に来航し通商を求めてきた。幕府がこれを拒むと、ロシアは樺太や択捉を襲撃した。対露関係の緊迫化を受けて、幕府は蝦夷地を（　エ　）奉行の下に置き直轄支配した。その後、日露関係が(c)ゴローウニン事件を機に改善に向かったため、幕府は1821年に蝦夷地を（　エ　）藩に還付した。以後、(d)プチャーチン来航までロシアが通商を求めることはなかった。

19世紀に入ると、アメリカ船や(e)イギリス船が相次いで日本近海に出現したので、幕府は異国船打払令を出した。(f)1837年にはアメリカのモリソン号が打払令により砲撃された。しかし、アヘン戦争でイギリスが中国を破ると、(g)老中水野忠邦を中心とする幕府は打払令にかえて薪水給与令を出した。

問21 下線部(a)の人物とその著作の組合せとして正しいものを以下からひとつ選びなさい。
① 工藤平助 － 『北槎聞略』　　　② 林子平 － 『西洋紀聞』
③ 工藤平助 － 『華夷通商考』　　④ 林子平 － 『三国通覧図説』

問22 下線部(b)に関する説明として誤っているものを以下からひとつ選びなさい。
① 大坂の大商人にはじめて御用金を課した。
② 商工業者による株仲間結成を認めて運上や冥加の増収をはかった。
③ 公事方御定書を編纂して裁判や刑罰の基準を明確化した。
④ 利根川水系の印旛沼と手賀沼の干拓を推進した。

問23 （　ア　）にあてはまる人物を以下からひとつ選びなさい。
① 間宮林蔵　　② 最上徳内　　③ 近藤重蔵　　④ 伊能忠敬

問24 （　イ　）と（　ウ　）に入る使節名と来航場所の組合せとして正しいものを以下からひとつ選びなさい。
① イ　ラクスマン　　ウ　根室
② イ　レザノフ　　　ウ　長崎
③ イ　ラクスマン　　ウ　琉球
④ イ　レザノフ　　　ウ　浦賀

問25 （　エ　）にあてはまる地名を以下からひとつ選びなさい。
① 弘前　　② 箱館　　③ 根室　　④ 松前

問26　下線部(c)の翌年にロシアに抑留された人物を以下からひとつ選びなさい。
　　① 高田屋嘉兵衛　　② 大黒屋光太夫　　③ 桂川甫周　　④ 西川如見

問27　下線部(d)と幕府との間で結ばれた条約の説明として正しいものを以下からひとつ選びなさい。
　　① 択捉島を日露両国民の雑居地とした。
　　② 色丹島以南を日本領、国後島以北をロシア領とした。
　　③ 沿海州・カムチャッカにおける日本の漁業権を認めた。
　　④ 下田・箱館・長崎の開港を定めた。

問28　下線部(e)に関連して1808年にイギリスの軍艦がある国の商船を追って長崎港に侵入する事件が発生したが、ある国とはどこか、以下からひとつ選びなさい。
　　① フランス　　　② スペイン　　　③ オランダ　　　④ ロシア

問29　下線部(f)の事件を受けて「戊戌封事」を幕府に提出して海防強化を訴えた人物を以下からひとつ選びなさい。
　　① 徳川斉昭　　② 高橋景保　　③ 生田万　　④ 渡辺崋山

問30　下線部(g)に関する説明として誤っているものを以下からひとつ選びなさい。
　　① 株仲間解散令を出して、十組問屋や菱垣廻船荷積問屋などの流通独占を禁止した。
　　② 出版規制を行い、人気作者の山東京伝や為永春水らを処罰した。
　　③ 人返しの法（人返し令）を定めて、江戸へ流入した貧民の帰村を強制した。
　　④ 西洋砲術を学んだ高島秋帆を長崎から呼び寄せ、西洋砲術の実射訓練を行った。

〔B〕大正期の出来事について記した次の年表を見て、以下の問に答えなさい。

年	事　　項
1912	(a)第一次護憲運動はじまる
1913	(b)軍部大臣現役武官制を改正
1915	(c)中国に二十一カ条の要求
1918	(d)原敬内閣成立
1920	(e)新婦人協会発足
1921	日本労働総同盟友愛会、（　ア　）と改称 (f)ワシントン会議に日本参加
1922	(g)日本農民組合結成・(h)日本共産党結成
1924	(i)第二次護憲運動おこる

問31　下線部(a)の先頭に立った政治家とその所属政党の組合せとして正しいものを以下からひと
　　つ選びなさい。

　　①　高橋是清　－　立憲国民党　　　　②　犬養毅　　－　立憲民政党

　　③　尾崎行雄　－　立憲政友会　　　　④　河野広中　－　大同倶楽部

問32　下線部(b)に関して述べた以下のX・Yについて、その正誤の組合せとして正しいものをひ
　　とつ選びなさい。

　　　X　第2次伊藤博文内閣は政党勢力の軍部への浸透を防ぐために、この制度を定めた。

　　　Y　二・二六事件後、広田弘毅内閣は陸軍の要求に従って、この制度を復活させた。

　　①　X　正　　　Y　正　　　　　②　X　正　　　Y　誤

　　③　X　誤　　　Y　正　　　　　④　X　誤　　　Y　誤

問33　下線部(c)の後におこった出来事の説明として誤りを含むものを以下からひとつ選びなさ
　　い。

　　①　寺内正毅内閣は西原亀三を通じて北方軍閥の張作霖政権に巨額の経済借款を与えた。

　　②　寺内正毅内閣はシベリアのチェコスロヴァキア兵救出を名目にシベリア出兵を決定した。

　　③　日本はアメリカと石井・ランシング協定を結んで中国における特殊権益を認めさせた。

　　④　日本は第4次日露協約を締結し、極東における両国の特殊権益を相互に再確認した。

問34　下線部(d)に関する説明として正しいものを以下からひとつ選びなさい。

　　①　陸・海相と外相を除くすべての閣僚を憲政会員が占めた。

　　②　普通選挙の実施に前向きだったが、野党の反対にあい断念した。

　　③　ヴェルサイユ条約調印や国際連盟加盟を決めるなど外交的には協調路線をとった。

　　④　財政支出を極力抑えるとともに、産業の合理化をはかった。

問35　下線部(e)が改正を求めた法令を以下からひとつ選びなさい。

　　　①　治安維持法　　　②　治安警察法　　　③　新聞紙法　　　④　治罪法

問36　（　ア　）にあてはまる語句を以下からひとつ選びなさい。

　　①　日本労働組合評議会　　　　　　②　友愛会

　　③　大日本労働総同盟友愛会　　　　④　日本労働総同盟

問37　下線部(f)に関する説明として誤っているものを以下からひとつ選びなさい。

　　①　海軍軍縮条約は補助艦の保有比率を米・英5、日本3、仏・伊1.67と定めた。

　　②　日本は加藤友三郎・幣原喜重郎らを全権として派遣した。

　　③　九カ国条約は中国の領土・主権の尊重、中国における各国の経済上の門戸開放・機会均
　　　　等を定めた。

　　④　日本は中国と山東懸案解決条約を結んで山東省の旧ドイツ権益を返還した。

問38 下線部(g)の創立者の名前を以下からひとつ選びなさい。

① 鈴木文治 ② 吉野作造 ③ 賀川豊彦 ④ 大杉栄

問39 下線部(h)に関連して、以下の文のうち誤っているものをひとつ選びなさい。

① 田中義一内閣のときに三・一五事件、四・一六事件と二度、一斉検挙を受けた。
② 創立者の堺利彦は以前、無政府主義者の大杉栄と激しく対立した。
③ 創立者の山川均はのちに人民戦線事件で検挙された。
④ 中国共産党の指導下につくられたコミンテルンの日本支部として結成された。

問40 下線部(i)に関して述べた以下のX・Yについて、その正誤の組合せとして正しいものをひとつ選びなさい。

X 立憲政友会の一部が分裂し政友本党を立ち上げ、清浦奎吾内閣支持に回った。
Y 護憲三派は憲政擁護・普通選挙実現・衆議院改革などを要求した。

① X 正　Y 正　　② X 正　Y 誤
③ X 誤　Y 正　　④ X 誤　Y 誤

3 第2次世界大戦に関する次の文章を読み、以下の問に答えなさい。

　1939年9月1日、ドイツの（　ア　）侵攻によって始まった第2次世界大戦に対し、(a)当時の日本政府は、当面、このヨーロッパでの戦争には不介入とするとの方針を打ち出し、勃発から2年余りを経ていた（　イ　）の解決に専念することとした。しかし、翌1940年の春以降、ドイツの優勢が明らかになると、日本国内にはそのドイツとの結びつきを強めて(b)外交基盤を強化し、自らの(c)アジアでの勢力圏を拡大して石油やゴムなどの南方資源を獲得しようとする主張が高まった。その結果、1940年9月に締結された（　ウ　）に対し、（　イ　）を通して日本との対立を深めていたアメリカは、(d)日本への経済制裁を本格化させた。

　こうしてアメリカとの関係が悪化するなかで、日本は日米衝突を回避するために(e)日米交渉を進める一方で、さらに外交的基盤を強化するため、1941年4月に（　エ　）を結んだ。しかし、ドイツが同年6月に突如（　オ　）に侵攻し、また日本がその対応策として検討した(f)南方進出を図ると、(g)アメリカの対日経済制裁は決定的な段階に入った。これに対し、(h)日本は9月初めの御前会議で、日米交渉が成立しなかった場合は対米開戦に踏み切る決定を行い、そのアメリカとの交渉期限を10月上旬とした。その後、この交渉期限は引き延ばされたが、11月下旬に(i)アメリカ側が提案してきた内容は日本側にとって受け入れられないもので、日本は12月初めの御前会議で対米開戦を決定し、12月8日の日本海軍による(j)ハワイ真珠湾への奇襲攻撃で日米開戦となった。

問41 （　ア　）にあてはまるドイツが攻撃した国を以下からひとつ選びなさい。

① フランス ② ベルギー ③ オランダ ④ ポーランド

問42　この（　ア　）にドイツが侵攻した直前に、ドイツがある国と締結した不可侵条約によって、日本の内閣は総辞職に追い込まれていたが、そのある国とは以下のどれか。ひとつ選びなさい。

① アメリカ　　② イタリア　　③ ソ連　　④ スペイン

問43　下線部(a)の日本政府の首相は誰か、以下から一人選びなさい。

① 平沼騏一郎　　② 阿部信行　　③ 米内光政　　④ 広田弘毅

問44　このとき日本が戦っていた（　イ　）にあてはまる戦争を以下からひとつ選びなさい。

① 日清戦争　　② 日露戦争　　③ 日中戦争　　④ 日ソ戦争

問45　（　イ　）の戦争のきっかけとなった事件を以下からひとつ選びなさい。

① 義和団事件　　② 盧溝橋事件　　③ 張鼓峰事件　　④ ノモンハン事件

問46　下線部(b)の動きとともに、この時期に日本国内で起こっていた国内基盤強化の運動として正しいものを以下からひとつ選びなさい。

① 新体制運動　　　　② 国民精神総動員運動

③ 国家改造運動　　　④ 農山漁村経済更生運動

問47　このときの下線部(c)の拡大の動きとしてあてはまるものを以下からひとつ選びなさい。

① 満州国の建国　　　② 華北分離工作

③ 大東亜共栄圏の建設　④ ＡＢＣＤ包囲陣の形成

問48　（　ウ　）にあてはまる、このとき結ばれた条約として正しいものを以下からひとつ選びなさい。

① 日独防共協定　　　② 日独伊三国防共協定

③ 鉄鋼同盟　　　　　④ 日独伊三国同盟

問49　（　ウ　）の条約を締結したときの日本の外務大臣は誰か、以下から一人選びなさい。

① 松岡洋右　　② 小村寿太郎　　③ 有田八郎　　④ 宇垣一成

問50　下線部(d)でアメリカが対日輸出禁止としたものは何か、以下からひとつ選びなさい。

① 航空機部品　　② くず鉄　　③ 小麦　　④ 米

問51　下線部(e)の交渉の説明として正しいものを以下からひとつ選びなさい。

① 日米の首脳会談が交渉の発端となった。

② 日米の民間人同士の交渉が発端となった。

③ 日米の海軍当局の交渉が発端となった。

④ 日米の外相会談が交渉の発端となった。

問52　（　エ　）にあてはまる、このとき結ばれた条約はどれか、以下からひとつ選びなさい。
　　①　日英同盟　　　②　四カ国条約　　　③　ロンドン海軍軍縮条約　　　④　日ソ中立条約

問53　（　オ　）にあてはまる、このときドイツが侵攻した国はどこか、以下からひとつ選びなさい。
　　①　オーストリア　　　②　ソ連　　　③　ハンガリー　　　④　チェコスロヴァキア

問54　下線部(f)の具体的行動として、このとき起こったことを以下からひとつ選びなさい。
　　①　海南島の占領　　　　②　北部仏印進駐
　　③　南部仏印進駐　　　　④　南洋群島の占領

問55　下線部(g)にあてはまる、このときアメリカが実施した制裁として正しいものを以下からひとつ選びなさい。
　　①　航空機用ガソリンの輸出禁止
　　②　日米通商航海条約の破棄
　　③　在米日本資産の凍結
　　④　排日移民法の制定

問56　下線部(h)のときの、日本の内閣は以下のどれか、ひとつ選びなさい。
　　①　東条英機内閣　　　　②　第1次近衛内閣
　　③　第2次近衛内閣　　　④　第3次近衛内閣

問57　下線部(i)の提案について、アメリカ側が日本に要求した内容として誤っているものを以下からひとつ選びなさい。
　　①　中国からの全面的無条件撤退
　　②　仏印からの全面的無条件撤退
　　③　満州国の否認
　　④　蔣介石政権の否認

問58　下線部(i)の提案を行ったアメリカの国務長官は誰か、以下から一人選びなさい。
　　①　ランシング　　　②　スチムソン　　　③　ハル　　　④　グルー

問59　下線部(j)の前に日本陸軍が奇襲上陸した場所を以下からひとつ選びなさい。
　　①　蘭領東インド　　　②　英領マレー　　　③　米領グアム　　　④　ソ連領北樺太

問60　下線部(j)の際の日本側による外交的手続きについて、その説明として正しいものを以下からひとつ選びなさい。
　　①　日米交渉の打ち切り通告の後に、奇襲攻撃を実施した。
　　②　日米交渉の打ち切り通告は、一切準備しなかった。

③　日米交渉の打ち切り通告は、奇襲攻撃開始後にずれ込んだ。

④　日米交渉の打ち切り通告は、奇襲攻撃開始と同時に手渡された。

世界史

（90 分）

1　以下の問題文を読み，それぞれの設問の指示にしたがって解答しなさい。

　　古代オリエントにおいて，ヘブライ人は唯一神　ア　を信仰する独自の一神教を創始した。
彼らは預言者　イ　に率いられて，エジプトのファラオの圧政から脱出したという伝承を
もっていた。ヘブライ人は統一王国を形成し，その王国は前10世紀頃にダヴィデ王とソロモン王
のもとで最盛期を迎えた。しかしソロモン王の死後，王国は北のイスラエル王国と南のユダ王国
に分裂した。その後，イスラエル王国は　ウ　に滅ぼされた。またユダ王国も新バビロニア
に征服されて，多くの住民がバビロンに連れ去られた。

　　やがて[エ]イラン人（ペルシア人）が新バビロニアを征服し，ユダヤ人（ヘブライ人）をバビ
ロンから解放した。帰国したユダヤ人はイェルサレムに　ア　の神殿を再興し，[オ]ユダヤ
教を確立した。その後，ユダヤ人の居住するパレスチナは[カ]ギリシア系の王朝に支配された。
ユダヤ人は前2世紀半ば以降，一時独立を勝ち取ったが，やがてローマ帝国の支配下に置かれた。

　　当時，ユダヤ人社会を指導していた祭司や，律法の実行を重んじる　キ　はローマの支配
を受け入れ，貧困に苦しむ民衆の救済への待望には目を向けなかった。ナザレのイエスは，そう
したユダヤ教のあり方を厳しく批判した。このことに危機感を抱いたユダヤ人の指導層は，彼を
ローマ帝国に対する反逆者として[ク]属州総督に訴えた。その結果，イエスは十字架にかけられ
て処刑された。

　　イエスの死後，弟子たちのあいだでイエスが復活したという信仰が広がり，イエスを救世主と
見なす[ケ]キリスト教が成立した。[コ]弟子たちはユダヤ人以外の人々にも積極的に布教を行い，
ローマ帝国の各地に教会が設立された。

設問01　ア　に入る語を，以下のA～Dの中から選択しなさい。

　　　A　アトン

　　　B　アーリマン

　　　C　アフラ＝マズダ

　　　D　ヤハウェ（ヤーヴェ）

設問02　イ　に入る人物名を，以下のA～Dの中から選択しなさい。

　　　A　アブラハム

　　　B　イサク

　　　C　ヨセフ

　　　D　モーセ

設問03　　ウ　　に入る語を，以下のA〜Dの中から選択しなさい。

    A　ヒッタイト

    B　アッシリア

    C　リディア（リュディア）

    D　マケドニア

設問04　下線部［エ］に関連して，新バビロニアを滅ぼし，ユダヤ人を解放した王の名前を，以下のA〜Dの中から選択しなさい。

    A　ダレイオス1世

    B　ダレイオス3世

    C　キュロス2世

    D　クセルクセス1世

設問05　下線部［オ］の説明として不適切なものを，以下のA〜Dの中から選択しなさい。

    A　ユダヤ教の最後の審判の思想は，マニ教の影響を受けている。

    B　ユダヤ教の教典はキリスト教においては『旧約聖書』と呼ばれた。

    C　神によってイスラエルの民が選び出され，救済されるとする選民思想を特徴とする。

    D　ユダヤ教の教典には十戒をはじめとする多くの戒律が記されている。

設問06　下線部［カ］について，これらギリシア系王朝が存続していたヘレニズム時代に関連する説明として適切なものを，以下のA〜Dの中から選択しなさい。

    A　ヘレニズム時代はセレウコス朝の滅亡とともに終了した。

    B　ヘレニズム世界ではコイネーと呼ばれるギリシア語が共通語として使用された。

    C　エジプトのアレクサンドリアに大図書館を併設したアカデメイアが設立された。

    D　禁欲を説くエピクロス派や精神的快楽を最高善とするストア派など，個人の内面的幸福を追求する哲学が発展した。

設問07　　キ　　に入る語を，以下のA〜Dの中から選択しなさい。

    A　ネストリウス派

    B　パリサイ派

    C　アリウス派

    D　アタナシウス派

設問08　下線部［ク］に関連して，ローマの属州についての説明として不適切なものを，以下のA〜Dの中から選択しなさい。

    A　属州とはイタリア半島以外のローマの支配地を指し，ポエニ戦争によって獲得したシチリアが最初の属州であった。

    B　徴税請負人が徴税を担当したが，しばしば住民を搾取し，蓄財を行った。

    C　同盟市戦争を契機として，すべての属州民にローマ市民権が付与された。

    D　属州からの安価な穀物の流入により，中小農民は大きな打撃を受け没落した。

設問09　下線部［ケ］の説明として不適切なものを，以下のA〜Dの中から選択しなさい。

    A　キリスト教はイエスの十字架上の死を，人類全体を救済する贖罪の行為と解釈した。

　　B　キリストとはヘブライ語で救世主を意味するメシアのギリシア語訳である。

　　C　313年のミラノ勅令により，キリスト教はローマ帝国の国教とされた。

　　D　キリスト教の教典である『新約聖書』の「新約」とは，神との新しい約束を意味
　　　　する。

設問10　下線部［コ］に関連して，信仰義認論を説いて，キリスト教の異邦人への伝道に尽力し
　　　　た人物の名前を，以下のA～Dの中から選択しなさい。

　　A　ペテロ（ペトロ）

　　B　パウロ

　　C　ピラト（ピラトゥス）

　　D　キケロ

2　以下の問題文を読み，それぞれの設問の指示にしたがって解答しなさい。

　　6世紀後半，　ア　朝とビザンツ帝国（東ローマ帝国）の争いによって[イ]それまでの交易
ルートが途絶え，アラビア半島西部をまわる新たな交易ルートが活用されるようになった。その
拠点として繁栄したのが　ウ　であった。

　　[エ]イスラーム教は，610年頃，　ウ　に住むクライシュ族の商人ムハンマドが唯一神アッ
ラーの啓示を受け，預言者としての活動を開始したことで広まった。一方，初めてイスラーム教
徒（ムスリム）の共同体（ウンマ）が建設されたのは，[オ]ムハンマドが移住したメディナであっ
た。

　　ムハンマドの死後，ウンマは[カ]正統カリフによって率いられた。アラブ人はカリフの指導の
もとに大規模な征服活動を開始した。[キ]征服地には多くのアラブ人が移住し，アラブ人ムスリ
ムの支配領域は拡大したが，イスラーム教徒の間にはカリフ権をめぐる対立が生じた。その結果，
第4代正統カリフが暗殺され，彼と対立していた　ク　が新たにカリフとなった。こうして
誕生したのが[ケ]ウマイヤ朝である。

　　ウマイヤ朝を滅ぼしたアッバース朝ではイスラーム法が体系化されるとともに，[コ]ムスリム
であれば出身民族や階層に関係なく登用された。9世紀以降になると，帝国内には独立の王朝が
つぎつぎと成立し，[サ]カリフの権限が及ぶ範囲は次第に縮小した。10世紀初めに北アフリカで
おこった[シ]ファーティマ朝は，アッバース朝に対抗してカリフの称号を用いた。

　　こうした政治的な分裂がみられる一方，[ス]ムスリム商人の活発な商業活動によりイスラーム
教が伝搬し，イスラーム世界はアフリカ，中央アジア及び東南アジアなどにも拡大していった。
[セ]各地に誕生した王朝のもとでは，地域ごとに特徴を持った文化が開花した。その例としては，
[ソ]イラン＝イスラーム文化などが挙げられる。

　　西アジアのイスラーム社会は[タ]都市を中心に発展した。これらの都市を結ぶ交通網が整備さ
れ，[チ]新しい知識や技術の伝搬に寄与した。また，文明圏としてのイスラーム世界の統合性は，
アラビア語の共通語化や[ツ]イスラーム法の定着などにより維持された。

設問11　　ア　に入る王朝名を，以下のA～Dの中から選択しなさい。

　　　A　アケメネス（アカイメネス）

　　　B　ササン

　　　C　サーマーン

　　　D　トゥールーン

設問12　下線部［イ］について，該当する２つのルートの組み合わせとして適切なものを，以下
　　　のA～Dの中から選択しなさい。

　　　A　海の道　オアシスの道

　　　B　オアシスの道　王の道

　　　C　王の道　草原の道

　　　D　草原の道　海の道

設問13　　ウ　　に入る地名を，以下のA～Dの中から選択しなさい。

　　　A　アデン

　　　B　サマルカンド

　　　C　ダマスクス

　　　D　メッカ（マッカ）

設問14　下線部［エ］の説明として不適切なものを，以下のA～Dの中から選択しなさい。

　　　A　ムハンマドは，偶像崇拝を否定した。

　　　B　ユダヤ教徒とキリスト教徒を「啓典の民」とみなした。

　　　C　『クルアーン（コーラン）』は，ムハンマドの生存中に編纂された。

　　　D　公正な取引など，商人の倫理を重んじる宗教として発展していった。

設問15　下線部［オ］について，ムハンマドがメディナへ移住して以降の出来事として不適切な
　　　ものを，以下のA～Dの中から選択しなさい。

　　　A　アラビア半島のゆるやかな統一が実現された。

　　　B　イェルサレムが聖地ではなくなった。

　　　C　ヒジュラ（聖遷）の年がイスラーム暦の紀元とされた。

　　　D　多神教徒との数度の戦争が発生した。

設問16　下線部［カ］について，初代正統カリフに就任した人物名を，以下のA～Dの中から選
　　　択しなさい。

　　　A　アブー＝バクル

　　　B　アリー

　　　C　ウスマーン

　　　D　ウマル

設問17　下線部［キ］について，征服地に建設された軍営都市の名称を，以下のA～Dの中から
　　　選択しなさい。

　　　A　アター

　　　B　ミスル

　　　C　ワクフ

　　　D　ミッレト

設問18　　ク　　に入る人物名を，以下のA～Dの中から選択しなさい。

　　　　　A　ガザーリー

　　　　　B　フワーリズミー

　　　　　C　マンスール

　　　　　D　ムアーウィヤ

設問19　下線部［ケ］について，この王朝の政策として不適切なものを，以下のA〜Dの中から
　　選択しなさい。

　　　　　A　アラブ人が特権を有し，異民族を支配していた。

　　　　　B　カリフの位が世襲された。

　　　　　C　金貨・銀貨を鋳造し，アラビア語を公用語化した。

　　　　　D　征服地の全ての住民にジズヤが課された。

設問20　下線部［ケ］について，この王朝が征服した国・地域として不適切なものを，以下のA
　　〜Dの中から選択しなさい。

　　　　　A　西ゴート王国

　　　　　B　フランク王国

　　　　　C　北アフリカ

　　　　　D　西北インド

設問21　下線部［コ］について，アッバース朝以降に社会進出を果たした，征服地で新たにイス
　　ラーム教徒となった非アラブ人の改宗者の呼称を，以下のA〜Dの中から選択しなさい。

　　　　　A　イマーム

　　　　　B　ウラマー

　　　　　C　マワーリー

　　　　　D　マムルーク

設問22　下線部［サ］について，10世紀前半にカリフからブワイフ朝君主に与えられた称号を，
　　以下のA〜Dの中から選択しなさい。

　　　　　A　スーフィー

　　　　　B　スルタン

　　　　　C　大アミール

　　　　　D　ワジール（ワズィール）

設問23　下線部［シ］について，ファーティマ朝を倒したアイユーブ朝が導入した徴税に関する
　　制度を，以下のA〜Dの中から選択しなさい。

　　　　　A　アーヤーン制

　　　　　B　イクター制

　　　　　C　ティマール制

　　　　　D　デヴシルメ制

設問24　下線部［シ］について，ファーティマ朝の宗派（①）と，イスラームの二大宗派におけ
　　る位置付け（②）の組み合わせとして適切なものを，以下のA〜Dの中から選択しなさい。

　　　　　A　①シーア派　②少数派

　　　　　B　①シーア派　②多数派

　　　　　C　①スンナ派（スンニー）　②少数派

D ①スンナ派（スンニー） ②多数派

設問25 下線部［ス］について，彼らが金と交換するために岩塩をもって訪れたアフリカの王国の名称を，以下のA〜Dの中から選択しなさい。

A アクスム王国

B ガーナ王国

C クシュ王国

D アワド王国

設問26 下線部［セ］について，イスラーム諸王朝の説明として不適切なものを，以下のA〜Dの中から選択しなさい。

A 北アフリカでは，モロッコを中心としてベルベル人が11世紀に建てたムワッヒド朝がムラービト朝に滅ぼされた。

B トルコ人のカラハン（カラ＝ハン）朝の下では，東・西トルキスタンをあわせてこの地方にイスラーム文化が導入された。

C イル＝ハン国の君主ガザン＝ハンがイスラーム教を国教に定め，イスラーム文化の保護にも尽力した。

D アフガニスタンを拠点とするガズナ朝がインドへの侵攻を繰り返した。

設問27 下線部［ソ］に関連して，ペルシア語で書かれた『集史』の作者を，以下のA〜Dの中から選択しなさい。

A ウマル＝ハイヤーム

B トゥグリル＝ベク

C フィルドゥシー

D ラシード＝アッディーン

設問28 下線部［タ］に関連して，ファーティマ朝などの首都ともなったカイロに現存する，イスラーム最古の大学・教育機関が併設されているモスクの名称を，以下のA〜Dの中から選択しなさい。

A アズハル＝モスク

B イマームのモスク

C ウマイヤ＝モスク

D スレイマン＝モスク

設問29 下線部［チ］に関連して，タラス河畔の戦いを機にイスラーム教徒が唐軍の捕虜から学んだ技術を，以下のA〜Dの中から選択しなさい。

A 活版印刷術

B 製紙法

C 測地術

D 錬金術

設問30 下線部［ツ］について，主にイスラーム法学を教育研究するための施設の名称を，以下のA〜Dの中から選択しなさい。

A スーク

B マドラサ

　　　　　C　バザール
　　　　　D　ミナレット

3　以下の問題文を読み，それぞれの設問の指示にしたがって解答しなさい。

　　　　[ア]10世紀初期に唐が滅亡すると，中国はおよそ50年に及ぶ分裂状態に陥った。しかし，10世紀後半になると，北宋が建国された。北宋は，第2代皇帝（太宗）の時代に中国のほぼ全域を再統一した。[イ]初代皇帝（太祖）から第2代皇帝の時代には，支配体制の確立が進められた。
　　　　中国周辺の内陸地域では，唐の滅亡以降，さまざまな勢力の活動が展開された。たとえば，[ウ]10世紀には遼の建国，11世紀には西夏の建国，[エ]12世紀には金の建国などがあり，さらに13世紀初期には大モンゴル国（モンゴル帝国）の成立が宣言されている。宋（北宋と南宋）はこうした周辺の諸勢力への対応にかなりの苦労を強いられた。
　　　　ただし，[オ]技術面に目を転じるならば，宋代はけっして低調な時代ではなく，むしろめざましい発展をとげた時代といえるかもしれない。

設問31　下線部［ア］について，唐末期から北宋時代までの期間に発生した社会の変化として不適切なものを，以下のA〜Dの中から選択しなさい。
　　　　　A　唐末期以降，漢族以外の五民族が華北に流入して建国した。
　　　　　B　唐末期以降，門閥貴族は荘園を失って没落した。
　　　　　C　唐末期以降，新興地主（形勢戸）が勢力を拡大した。
　　　　　D　宋代の官僚の多くは新興地主の子弟であった。

設問32　下線部[イ]について，北宋の初代皇帝や第2代皇帝の政治の方針として適切なものを，以下のA〜Dの中から選択しなさい。
　　　　　A　文治主義の推進
　　　　　B　新法党の改革実施
　　　　　C　台湾島の支配強化
　　　　　D　武断政治の推進

設問33　下線部［ウ］について，遼に関する説明として不適切なものを，以下のA〜Dの中から選択しなさい。
　　　　　A　朝鮮半島の新羅を滅ぼした。
　　　　　B　五代の王朝のひとつである後晋に燕雲十六州を割譲させた。
　　　　　C　北宋とは澶淵の盟という講和条約を結んだ。
　　　　　D　二重統治体制をとり，遊牧民には部族制を，農耕民には州県制を採用した。

設問34　下線部［エ］について，金に関する説明として不適切なものを，以下のA〜Dの中から選択しなさい。
　　　　　A　女真族の完顔阿骨打（太祖）が金を建国した。
　　　　　B　遼を滅ぼした直後に西夏も滅ぼして華北を支配した。
　　　　　C　遼や西夏を建国した民族と同様に，独自の文字を考案した。

　　　　D　金代には道教の一派である全真教が成立した。

設問35　下線部［オ］について，宋代における技術の発展として適切なものを，以下のA～Dの
　　　　中から選択しなさい。
　　　　A　金属活字の実用化
　　　　B　羅針盤の実用化
　　　　C　火薬の軍事使用の開始
　　　　D　亀船（亀甲船）の建造

4　以下の問題文を読み，それぞれの設問の指示にしたがって解答しなさい。

　　ヨーロッパが大航海時代（15～17世紀）をむかえたころのアジアの動向を見てみよう。
　　15世紀前半の明では，[ア]鄭和を指揮官とする南海遠征が実施された。この南海遠征では，
[イ]東南アジアやその他のインド洋沿岸地域への遠征船隊の派遣が約30年間に７回実施された。
その結果，それらの地域の新鮮かつ豊富な情報が明にもたらされ，またこの地域の諸国の明への
朝貢も促進された。
　　これに対して，ヨーロッパ側からアジアへのアプローチは，15世紀末期に開始された。ヴァス
コ＝ダ＝ガマの率いるポルトガルの船団は，1498年，アラビア海を横断してインド西岸の港市
　ウ　に到着した。1510年，ポルトガルはやはりインド西岸の港市である　エ　を占領し，
その後この港市はポルトガルのアジア交易の拠点となった。その当時のインドは[オ]デリー＝ス
ルタン朝のうちの第５番目の王朝によって支配されていた。しかし，この王朝の軍勢は1526年
パーニーパットの戦いに敗北し，同年デリーを首都として[カ]ムガル帝国が建国された。この帝
国は19世紀後半まで続いた。
　　東南アジアでは，14世紀末または15世紀初期ころ，マラッカ海峡に面したマレー半島西岸に
　キ　が建国された。15世紀前半，この王国は[ク]タイの王朝やジャワの王国の圧力に震える
微弱な勢力にすぎなかった。だが，15世紀中ごろ以降は東南アジア有数の[ケ]港市国家として繁
栄した。
　　1511年，ポルトガルはこの王国を倒してその港市を獲得し，その後香辛料の産地であるモルッ
カ（マルク・香料）諸島へ進出した。1557年，ポルトガルは明から　コ　の居住権を獲得し
て東アジア交易にも参加した。スペインは，ポルトガルにやや遅れたものの，やはり16世紀初期
にモルッカ諸島へアプローチした。1519年，マゼラン（マガリャンイス）は大西洋から太平洋に
入り，太平洋を横断してフィリピン諸島に到着した。彼自身はそこの現地人に殺害されたが，残っ
た部下たちはモルッカ諸島に到達した。スペインは，16世紀後半には，　サ　を拠点として
アカプルコ貿易を展開し，[シ]中国製品を買い付けた。

設問36　下線部［ア］について，この人物が抜擢される契機となったのは14世紀末から15世紀初
　　　　期に発生した事件における活躍であるという。その事件を，以下のA～Dの中から選択し
　　　　なさい。

  A　紅巾の乱

  B　靖難の役

  C　土木の変

  D　三藩の乱

設問37　下線部［イ］について，この遠征船隊の派遣事業が始まった時の皇帝を，以下のA～D
の中から選択しなさい。

  A　洪武帝

  B　建文帝

  C　永楽帝

  D　乾隆帝

設問38　　ウ　　に入る港市名を，以下のA～Dの中から選択しなさい。

  A　カリカット

  B　キルワ

  C　ボンベイ

  D　マリンディ

設問39　　エ　　に入る港市名を，以下のA～Dの中から選択しなさい。

  A　カルカッタ

  B　ゴア

  C　ザンジバル

  D　ペグー

設問40　下線部［オ］について，この王朝名を，以下のA～Dの中から選択しなさい。

  A　サイイド朝

  B　トゥグルク朝

  C　ハルジー朝

  D　ロディー朝

設問41　下線部［カ］の帝国について，第6代皇帝の時代に発生した出来事としては不適切なも
のを以下のA～Dの中から選択しなさい。

  A　ヒンドゥー教徒に対する弾圧がおこなわれた。

  B　外征により，この帝国の最大領土を実現した。

  C　戦費の増大により，この帝国の衰退が始まった。

  D　前皇帝死後の混乱から帝国を再興し，アグラに遷都した。

設問42　下線部［カ］について，この帝国の滅亡に直結した事件を，以下のA～Dの中から選択
しなさい。

  A　シク戦争

  B　シパーヒーの反乱

  C　マイソール戦争

  D　マラーター戦争

設問43　下線部［カ］の帝国の支配層とデリー＝スルタン朝の支配層との共通点を，以下のA～
Dの中から選択しなさい。

A　インダス川流域地方出身のイスラーム勢力であること

B　ガンジス川流域地方出身のイスラーム勢力であること

C　インド南部出身のイスラーム勢力であること

D　インドの外部から進出したイスラーム勢力であること

設問44　　キ　　に入る王国名を，以下のA～Dの中から選択しなさい。

A　アチェ王国

B　ヴィジャヤナガル王国

C　ソンガイ王国

D　マラッカ（ムラカ）王国

設問45　下線部［ク］について，具体的なタイの王朝名を，以下のA～Dの中から選択しなさい。

A　アユタヤ朝

B　クシャーナ朝

C　スコータイ朝

D　マウリヤ朝

設問46　下線部［ク］について，具体的なジャワの王国名を，以下のA～Dの中から選択しなさい。

A　アステカ王国

B　バンテン王国

C　マジャパヒト王国

D　マタラム王国

設問47　下線部［ケ］について，港市国家の代表的な例を，以下のA～Dの中から選択しなさい。

A　シュリーヴィジャヤ王国

B　サータヴァーハナ朝

C　チョーラ朝

D　唐

設問48　　コ　　に入る地名を，以下のA～Dの中から選択しなさい。

A　広州

B　九龍半島

C　香港

D　マカオ

設問49　　サ　　に入る港市名を，以下のA～Dの中から選択しなさい。

A　アンボイナ

B　サイゴン

C　ペナン

D　マニラ

設問50　下線部［シ］について，購入された主な中国製品を，以下のA～Dの中から選択しなさい。

A　絹や陶磁器

B　茶や砂糖

C　香辛料や大砲

D　刀剣や漢方薬

5　以下の問題文を読み，それぞれの設問の指示にしたがって解答しなさい。

　19世紀前半からオスマン帝国の諸民族が自立化の動きを加速させると，ヨーロッパ諸国はこれに介入して，バルカン半島一帯に勢力を伸ばそうとして競合するようになった。こうして生じた外交・国際問題は，ヨーロッパから見て東方問題と呼ばれた。とくにロシアはかねてより　ア　の不凍港から地中海へと抜ける[イ]ボスフォラス・ダーダネルス両海峡の自由航行権の確保を目指す南下政策を追求しており，これを阻止しようとするイギリスをはじめとする列強とのあいだで対立が生じた。

　ロシアの　ウ　は1831年に始まった[エ]エジプト゠トルコ戦争に乗じて，両海峡の自由航行権を獲得したが，イギリスの干渉によってその撤回を余儀なくされた。ついでロシアは[オ]ギリシア正教徒の保護を口実として，1853年にオスマン帝国に侵攻した。この[カ]クリミア戦争にはロシアの南下を阻止するために，イギリスとフランスがオスマン帝国側について参戦した。激戦の末，ロシアは敗れ，1856年にパリ条約で　ア　の中立化が決定した。ロシアではこの敗北に対する反省から，戦争末期に即位した[キ]アレクサンドル2世のもとで大改革が行われた。

　1870年代，オスマン帝国内のスラブ諸民族の独立運動が活発になると，ロシアはスラブ民族の連帯と統一を主張するパン゠スラブ主義を唱え，南下政策を再開した。ボスニア゠ヘルツェゴヴィナの反乱がオスマン帝国に弾圧されたことをきっかけに，1877年，ロシアはトルコに宣戦し，ロシア゠トルコ戦争がはじまった。翌年，ロシアは　ク　条約を締結して，バルカン半島への勢力拡大にいったん成功した。しかしイギリスとオーストリアがこれに反対すると，[ケ]ドイツ首相ビスマルクの調停で1878年にひらかれたベルリン会議であらたに[コ]ベルリン条約が締結され，ロシアの南下政策はまたも阻止された。

設問51　　ア　　に入る語を，以下のA～Dの中から選択しなさい。

　　　　A　エーゲ海

　　　　B　バルト海

　　　　C　黒海

　　　　D　カスピ海

設問52　下線部［イ］に関連して，ボスフォラス海峡に面する都市イスタンブルはビザンツ帝国（東ローマ帝国）時代，コンスタンティノープルと呼ばれた。このコンスタンティノープルに関する説明として不適切なものを，以下のA～Dの中から選択しなさい。

　　　　A　1453年にオスマン帝国によってビザンツ帝国が滅ぼされるまで，千年以上，途切れることなくビザンツ帝国の首都であり続けた。

　　　　B　ソリドゥス金貨を継承したノミスマ金貨を基軸とする地中海交易の中心地として繁栄した。

　　　　C　ユスティニアヌス1世（大帝）は同地にハギア（セント）゠ソフィア大聖堂を建

設させた。

　　D　コンスタンティノープルという名称は330年に同地に遷都した皇帝の名に由来する。

設問53　┌ウ┐に入る人物名を，以下のA〜Dの中から選択しなさい。

　　A　ピョートル1世（大帝）

　　B　アレクサンドル1世

　　C　イヴァン4世（雷帝）

　　D　ニコライ1世

設問54　下線部［エ］の説明として不適切なものを，以下のA〜Dの中から選択しなさい。

　　A　ムハンマド＝アリーはオスマン帝国にシリアの領有を求めたが，認められなかったため，開戦した。

　　B　この戦争の講和会議で，エジプトに不平等な通商条約が押しつけられた。

　　C　ロシアは南下政策を促進するため，エジプトを支援した。

　　D　ムハンマド＝アリーにエジプト総督とスーダン総督の地位の世襲が認められた。

設問55　下線部［オ］に関連して，ギリシア正教についての説明として不適切なものを，以下のA〜Dの中から選択しなさい。

　　A　726年にビザンツ皇帝レオン3世の発布した聖像禁止令にローマ教会は激しく反発し，その際にギリシア正教会とローマ教会は完全に分裂した。

　　B　ギリシア正教をスラブ人に広めるためにキリル文字が考案された。

　　C　ビザンツ帝国の滅亡後，モスクワ大公国がギリシア正教の中心であると主張し，ロシア正教が発展した。

　　D　キエフ公国の大公ウラディミル1世はビザンツ皇帝の妹と結婚し，ギリシア正教を国教とした。

設問56　下線部［カ］に関連して，クリミア半島に関する記述として不適切なものを，以下のA〜Dの中から選択しなさい。

　　A　クリミア半島にあるセヴァストーポリ要塞は，クリミア戦争の激戦地となった。

　　B　1453年にビザンツ帝国を滅ぼしたスレイマン1世は，クリミア半島を支配していたクリム＝ハン国を服属させた。

　　C　18世紀後半にロシアのエカチェリーナ2世はオスマン帝国と戦って，クリミア半島を獲得した。

　　D　ロシアは2014年にウクライナ領のクリミア半島を併合した。

設問57　下線部［キ］の治世に起こった出来事として不適切なものを，以下のA〜Dの中から選択しなさい。

　　A　改革を追求する都市の知識人の中から，ナロードニキ運動が起こった。

　　B　1861年に出された農奴解放令によって，農地の分与が有償で行われた。

　　C　ポーランド独立運動が起こると，ふたたび専制政治が強化された。

　　D　シベリア鉄道の建設が開始された。

設問58　┌ク┐に入る地名を，以下のA〜Dの中から選択しなさい。

　　A　ロンドン

　　　　　B　サン＝ステファノ

　　　　　C　イスタンブル

　　　　　D　ウィーン

設問59　下線部［ケ］についての記述として不適切なものを，以下のA～Dの中から選択しなさ
　　　い。

　　　　　A　彼が行ったカトリック勢力に対する弾圧政策は文化闘争と呼ばれた。

　　　　　B　フランスとの戦争で勝利を収め，アルザス・ロレーヌを獲得した。

　　　　　C　ドイツ社会主義労働者党の伸張に対抗し，社会主義者鎮圧法を制定した。

　　　　　D　彼が唱えた軍事力によるドイツ統一政策は富国強兵策と呼ばれた。

設問60　下線部［コ］について，ベルリン条約で独立を承認された国に含まれないものを，以下
　　　のA～Dの中から選択しなさい。

　　　　　A　ルーマニア

　　　　　B　モンテネグロ

　　　　　C　ボスニア＝ヘルツェゴヴィナ

　　　　　D　セルビア

数学

◀理工学専攻▶

（120 分）

1　次の問に答えよ。

(1) 関数 $f(x) = (\tan x) \log |\sin x|$ の $x = \dfrac{\pi}{4}$ における微分係数 $f'\left(\dfrac{\pi}{4}\right)$ の値は次のどれか。

    ⓐ $-1 - \log 2$　　ⓑ $-1 + \log 2$　　ⓒ -1　　ⓓ 0　　ⓔ 1

    ⓕ $1 - \log 2$　　ⓖ $1 + \log 2$　　ⓗ 以上のどれでもない。

(2) $\mathrm{AB} = 2$, $\mathrm{AC} = 3$ である $\triangle \mathrm{ABC}$ において, $\angle \mathrm{A}$ の二等分線上にある点 P が

$$\overrightarrow{\mathrm{BP}} = \frac{1}{2}\overrightarrow{\mathrm{BA}} + k\overrightarrow{\mathrm{BC}}$$

を満たすとする。このとき, 定数 k の値は次のどれか。

    ⓐ $\dfrac{1}{5}$　　ⓑ $\dfrac{1}{4}$　　ⓒ $\dfrac{3}{10}$　　ⓓ $\dfrac{1}{2}$　　ⓔ $\dfrac{1}{6}$　　ⓕ $\dfrac{1}{3}$　　ⓖ $\dfrac{7}{10}$

    ⓗ 以上のどれでもない。

(3) a は正の定数とする。定積分 $\displaystyle\int_{a}^{2a} \dfrac{x - a}{(x - 3a)^2}\, dx$ の値は次のどれか。

    ⓐ 1　　ⓑ $\log 2$　　ⓒ $1 - \log 2$　　ⓓ $1 + \log 2$　　ⓔ $2 - \log 2$

    ⓕ $2 + \log 2$　　ⓖ $2 - 2\log 2$　　ⓗ 以上のどれでもない。

(4) 複素数平面上の点 z は, 点 i を中心とする半径 $\dfrac{1}{2}$ の円上を動くとする。このとき, $w = \dfrac{z}{3z - 3i}$ で表される点 w が描く図形は次のどれか。

    ⓐ 中心が点 $\dfrac{1}{3}$, 半径 $\dfrac{2}{3}$ の円　　ⓑ 中心が点 $-\dfrac{1}{3}$, 半径 $\dfrac{\sqrt{2}}{3}$ の円

    ⓒ 中心が点 $\dfrac{1}{3}$, 半径 $\dfrac{\sqrt{6}}{3}$ の円　　ⓓ 中心が点 $-\dfrac{1}{3}$, 半径 $\dfrac{4}{3}$ の円

ⓔ 中心が点 $\frac{1}{3}$, 半径 $\frac{2\sqrt{3}}{3}$ の円　　ⓕ 中心が点 $-\frac{1}{3}$, 半径 $\sqrt{2}$ の円

ⓖ 中心が点 $\frac{1}{3}$, 半径 2 の円　　ⓗ 以上のどれでもない。

(5) 関数 $f(x) = \displaystyle\int_{x-2}^{x+1} t(t-1)\,dt$ の最小値は次のどれか。

　ⓐ 1　　ⓑ $\frac{3}{2}$　　ⓒ 2　　ⓓ $\frac{5}{2}$　　ⓔ 3　　ⓕ $\frac{7}{2}$　　ⓖ 4

　ⓗ 以上のどれでもない。

(6) a は正の定数とする。関数 $y = x^2 - 2ax + 2$ $(0 \leqq x \leqq 1)$ の最小値が $-a$ であるとき, a の値は次のどれか。

　ⓐ $\frac{1}{4}$　　ⓑ $\frac{1}{2}$　　ⓒ $\frac{3}{4}$　　ⓓ 1　　ⓔ $\frac{3}{2}$　　ⓕ 2　　ⓖ 3

　ⓗ 以上のどれでもない。

(7) 2 つの放物線 $y = x^2 + x$, $y = -x^2 + 1$ で囲まれた図形の面積は次のどれか。

　ⓐ $\frac{1}{48}$　　ⓑ $\frac{1}{24}$　　ⓒ $\frac{9}{16}$　　ⓓ $\frac{5}{8}$　　ⓔ $\frac{9}{8}$　　ⓕ $\frac{13}{8}$

　ⓖ $\frac{17}{8}$　　ⓗ 以上のどれでもない。

(8) $\tan 15°$ の値は次のどれか。

　ⓐ $\sqrt{3} - 2$　　ⓑ $2 - \sqrt{3}$　　ⓒ $2 + \sqrt{3}$　　ⓓ $\frac{\sqrt{6} - \sqrt{2}}{2}$　　ⓔ $\frac{\sqrt{6} + \sqrt{2}}{2}$

　ⓕ $\frac{\sqrt{6} - \sqrt{2}}{4}$　　ⓖ $\frac{\sqrt{6} + \sqrt{2}}{4}$　　ⓗ 以上のどれでもない。

2 1辺の長さが1の正三角形 ABC について，辺 BC，辺 CA，辺 AB をそれぞれ 2：3 に内分する点を P，Q，R とする。また，線分 AP と線分 BQ の交点を L，線分 BQ と線分 CR の交点を M，線分 CR と線分 AP の交点を N とする。このとき，次の問に答えよ。

(1) $|\overrightarrow{AP}|$ の値は次のどれか。

ⓐ $\dfrac{\sqrt{17}}{5}$　　ⓑ $\dfrac{3\sqrt{2}}{5}$　　ⓒ $\dfrac{\sqrt{19}}{5}$　　ⓓ $\dfrac{2\sqrt{5}}{5}$　　ⓔ $\dfrac{\sqrt{21}}{5}$

ⓕ $\dfrac{\sqrt{22}}{5}$　　ⓖ $\dfrac{\sqrt{23}}{5}$　　ⓗ 以上のどれでもない。

(2) $|\overrightarrow{AL}|$ の値は次のどれか。

ⓐ $\dfrac{3\sqrt{17}}{17}$　　ⓑ $\dfrac{\sqrt{2}}{2}$　　ⓒ $\dfrac{3\sqrt{19}}{19}$　　ⓓ $\dfrac{3\sqrt{5}}{10}$　　ⓔ $\dfrac{\sqrt{21}}{7}$

ⓕ $\dfrac{3\sqrt{22}}{22}$　　ⓖ $\dfrac{3\sqrt{23}}{23}$　　ⓗ 以上のどれでもない。

(3) 三角形 LMN の面積は次のどれか。

ⓐ $\dfrac{\sqrt{3}}{76}$　　ⓑ $\dfrac{1}{38}$　　ⓒ $\dfrac{\sqrt{5}}{76}$　　ⓓ $\dfrac{\sqrt{3}}{77}$　　ⓔ $\dfrac{2}{77}$　　ⓕ $\dfrac{\sqrt{5}}{77}$

ⓖ $\dfrac{\sqrt{6}}{77}$　　ⓗ 以上のどれでもない。

3　関数 $f(x) = e^{-x}\sin x$ $(x > 0)$ が極大となる x の値を，小さい方から順に並べた数列を $a_1, a_2, a_3, \cdots\cdots$ とする。このとき，次の問に答えよ。

(1) $f(x)$ の $x = \dfrac{\pi}{4}$ における微分係数 $f'\left(\dfrac{\pi}{4}\right)$ の値は次のどれか。

ⓐ 1　　ⓑ $\dfrac{1}{\sqrt{2}}$　　ⓒ 0　　ⓓ -1　　ⓔ $-\dfrac{1}{\sqrt{2}}$　　ⓕ $\dfrac{1}{2}$

ⓖ $\sqrt{2}$　　ⓗ 以上のどれでもない。

(2) a_2 の値は次のどれか。

ⓐ $\dfrac{\pi}{6}$　　ⓑ $\dfrac{\pi}{4}$　　ⓒ $\dfrac{\pi}{2}$　　ⓓ $\dfrac{5}{4}\pi$　　ⓔ $\dfrac{9}{4}\pi$　　ⓕ $\dfrac{13}{4}\pi$

ⓖ $\dfrac{17}{4}\pi$　　ⓗ 以上のどれでもない。

(3) $b_n = e^{\frac{\pi}{4}}f(a_n)$ とおくとき，無限級数 $\displaystyle\sum_{n=1}^{\infty} b_n$ の和は次のどれか。

ⓐ $\dfrac{1}{\sqrt{2}(e^{2\pi} - 1)}$　　ⓑ $\dfrac{e^{2\pi}}{\sqrt{2}(e^{2\pi} - 1)}$　　ⓒ $\dfrac{e^{4\pi}}{\sqrt{2}(e^{2\pi} - 1)}$

ⓓ $\dfrac{1}{\sqrt{2}e^{\pi}(e^{\pi} - 1)}$　　ⓔ $\dfrac{e^{\pi}}{\sqrt{2}(e^{\pi} - 1)}$　　ⓕ $\dfrac{e^{3\pi}}{\sqrt{2}(e^{\pi} - 1)}$

ⓖ 2　　ⓗ 以上のどれでもない。

4 数列 $\{a_n\}$ は $\displaystyle\sum_{n=5}^{13} a_n = 0$ を満たす公差 $\dfrac{1}{2}$ の等差数列とする。このとき，次の問に答えよ。

(1) a_1 の値は次のどれか。

ⓐ -3　　ⓑ $-\dfrac{7}{2}$　　ⓒ $-\dfrac{15}{4}$　　ⓓ -4　　ⓔ $-\dfrac{17}{4}$　　ⓕ $-\dfrac{9}{2}$

ⓖ $-\dfrac{19}{4}$　　ⓗ 以上のどれでもない。

(2) 数列 $\{b_n\}$ が $\log_4\left(b_n - \dfrac{1}{3}\right) = a_n$ $(n = 1, 2, 3, \cdots\cdots)$ を満たすとき，b_{10} の値は次のどれか。

ⓐ $\dfrac{5}{6}$　　ⓑ 1　　ⓒ $\dfrac{7}{3}$　　ⓓ $\dfrac{13}{3}$　　ⓔ $\dfrac{19}{3}$　　ⓕ $\dfrac{23}{3}$

ⓖ $\dfrac{25}{3}$　　ⓗ 以上のどれでもない。

(3) (2) の数列 $\{b_n\}$ について，$\displaystyle\sum_{k=1}^{n} b_k > 2023$ となる最小の n の値は次のどれか。

ⓐ 8　　ⓑ 9　　ⓒ 11　　ⓓ 12　　ⓔ 15　　ⓕ 18　　ⓖ 19

ⓗ 以上のどれでもない。

5 a は正の定数とする。x の 2 次方程式

$$(\log_2 3)x^2 + (\log_{\frac{1}{2}} a^2)x - (\log_3 2)(\log_{\frac{1}{2}} a) + \log_3 64 = 0$$

の 2 つの解を α, β とするとき，次の問に答えよ。

(1) $\alpha + \beta = -\dfrac{1}{2}$ のとき，a^{-4} の値は次のどれか。

ⓐ 1　　ⓑ 2　　ⓒ 3　　ⓓ 4　　ⓔ $\dfrac{1}{4}$　　ⓕ $\dfrac{1}{3}$　　ⓖ $\dfrac{1}{2}$

ⓗ 以上のどれでもない。

(2) $a = 64$ のとき，$\dfrac{1}{\alpha} + \dfrac{1}{\beta}$ の値は次のどれか。

ⓐ $\log_3 2$　　ⓑ $\log_2 3$　　ⓒ $4\log_3 2$　　ⓓ $4\log_2 3$　　ⓔ 6

ⓕ $6\log_3 2$　　ⓖ $6\log_2 3$　　ⓗ 以上のどれでもない。

(3) α, β がともに虚数となる a のうち，最大の整数は次のどれか。

ⓐ 2　　ⓑ 3　　ⓒ 4　　ⓓ 5　　ⓔ 6　　ⓕ 7　　ⓖ 8

ⓗ 以上のどれでもない。

◀人文・社会科学専攻▶

(90 分)

1　次の問に答えよ。

(1) 複素数 $\dfrac{(7+i)(3+i)^2}{1-i}$ の値は次のどれか。

ⓐ 50　　ⓑ -50　　ⓒ $50i$　　ⓓ $50(1+i)$　　ⓔ $50(1-i)$

ⓕ $50(-1+i)$　　ⓖ $50(-1-i)$　　ⓗ 以上のどれでもない。

(2) a は正の定数とする。関数 $y=x^2-2ax+2$ $(0 \leqq x \leqq 1)$ の最小値が $-a$ であるとき，a の値は次のどれか。

ⓐ $\dfrac{1}{4}$　　ⓑ $\dfrac{1}{2}$　　ⓒ $\dfrac{3}{4}$　　ⓓ 1　　ⓔ $\dfrac{3}{2}$　　ⓕ 2　　ⓖ 3

ⓗ 以上のどれでもない。

(3) $\tan 15°$ の値は次のどれか。

ⓐ $\sqrt{3}-2$　　ⓑ $2-\sqrt{3}$　　ⓒ $2+\sqrt{3}$　　ⓓ $\dfrac{\sqrt{6}-\sqrt{2}}{2}$　　ⓔ $\dfrac{\sqrt{6}+\sqrt{2}}{2}$

ⓕ $\dfrac{\sqrt{6}-\sqrt{2}}{4}$　　ⓖ $\dfrac{\sqrt{6}+\sqrt{2}}{4}$　　ⓗ 以上のどれでもない。

(4) 整式 $P(x)$ を $x-1$, $x+1$ で割った余りがそれぞれ -2, 4 であるとき，$P(x)$ を x^2-1 で割った余りは次のどれか。

ⓐ $3x-1$　　ⓑ $2x$　　ⓒ $x+1$　　ⓓ 0　　ⓔ $-x-1$　　ⓕ $-2x$

ⓖ $-3x+1$　　ⓗ 以上のどれでもない。

(5)  $\left(\log_2 45 + \log_2 \dfrac{1}{15}\right)\left(\log_9 \dfrac{64}{7} + \log_3 2\sqrt{7}\right)$ の値は次のどれか。

ⓐ 1　　ⓑ 2　　ⓒ 4　　ⓓ 6　　ⓔ 7　　ⓕ 8　　ⓖ 9

ⓗ 以上のどれでもない。

(6) 2 つの放物線 $y=x^2+x$, $y=-x^2+1$ で囲まれた図形の面積は次のどれか。

ⓐ $\dfrac{1}{48}$　　ⓑ $\dfrac{1}{24}$　　ⓒ $\dfrac{9}{16}$　　ⓓ $\dfrac{5}{8}$　　ⓔ $\dfrac{9}{8}$　　ⓕ $\dfrac{13}{8}$

ⓖ $\dfrac{17}{8}$　　ⓗ 以上のどれでもない。

---

2 1 辺の長さが 1 の正三角形 ABC について，辺 BC，辺 CA，辺 AB をそれぞれ 2：3 に内分する点を P，Q，R とする。また，線分 AP と線分 BQ の交点を L，線分 BQ と線分 CR の交点を M，線分 CR と線分 AP の交点を N とする。このとき，次の問に答えよ。

(1) $|\overrightarrow{\mathrm{AP}}|$ の値は次のどれか。

ⓐ $\dfrac{\sqrt{17}}{5}$　　ⓑ $\dfrac{3\sqrt{2}}{5}$　　ⓒ $\dfrac{\sqrt{19}}{5}$　　ⓓ $\dfrac{2\sqrt{5}}{5}$　　ⓔ $\dfrac{\sqrt{21}}{5}$

ⓕ $\dfrac{\sqrt{22}}{5}$　　ⓖ $\dfrac{\sqrt{23}}{5}$　　ⓗ 以上のどれでもない。

(2) $|\overrightarrow{\mathrm{AL}}|$ の値は次のどれか。

ⓐ $\dfrac{3\sqrt{17}}{17}$　　ⓑ $\dfrac{\sqrt{2}}{2}$　　ⓒ $\dfrac{3\sqrt{19}}{19}$　　ⓓ $\dfrac{3\sqrt{5}}{10}$　　ⓔ $\dfrac{\sqrt{21}}{7}$

ⓕ $\dfrac{3\sqrt{22}}{22}$　　ⓖ $\dfrac{3\sqrt{23}}{23}$　　ⓗ 以上のどれでもない。

(3) 三角形 LMN の面積は次のどれか。

ⓐ $\dfrac{\sqrt{3}}{76}$　　ⓑ $\dfrac{1}{38}$　　ⓒ $\dfrac{\sqrt{5}}{76}$　　ⓓ $\dfrac{\sqrt{3}}{77}$　　ⓔ $\dfrac{2}{77}$　　ⓕ $\dfrac{\sqrt{5}}{77}$

ⓖ $\dfrac{\sqrt{6}}{77}$　　ⓗ 以上のどれでもない。

3 数列 $\{a_n\}$ は $\displaystyle\sum_{n=5}^{13} a_n = 0$ を満たす公差 $\dfrac{1}{2}$ の等差数列とする。このとき，次の問に答えよ。

(1) a_1 の値は次のどれか。

    ⓐ -3　　ⓑ $-\dfrac{7}{2}$　　ⓒ $-\dfrac{15}{4}$　　ⓓ -4　　ⓔ $-\dfrac{17}{4}$　　ⓕ $-\dfrac{9}{2}$

    ⓖ $-\dfrac{19}{4}$　　ⓗ 以上のどれでもない。

(2) 数列 $\{b_n\}$ が $\log_4\left(b_n - \dfrac{1}{3}\right) = a_n$ $(n = 1, 2, 3, \cdots\cdots)$ を満たすとき，b_{10} の値は次のどれか。

    ⓐ $\dfrac{5}{6}$　　ⓑ 1　　ⓒ $\dfrac{7}{3}$　　ⓓ $\dfrac{13}{3}$　　ⓔ $\dfrac{19}{3}$　　ⓕ $\dfrac{23}{3}$

    ⓖ $\dfrac{25}{3}$　　ⓗ 以上のどれでもない。

(3) (2) の数列 $\{b_n\}$ について，$\displaystyle\sum_{k=1}^{n} b_k > 2023$ となる最小の n の値は次のどれか。

    ⓐ 8　　ⓑ 9　　ⓒ 11　　ⓓ 12　　ⓔ 15　　ⓕ 18　　ⓖ 19

    ⓗ 以上のどれでもない。

（90 分）

1

(1) 図 1 のように，水平面と角度 θ〔rad〕をなすあらい斜面の上で質量 m〔kg〕の小さな物体を静かに手放したところ，大きさ a〔m/s²〕の一定の加速度で斜面をすべり落ちた。重力加速度の大きさを g〔m/s²〕とし，空気抵抗は無視できるものとして以下の問いに答えよ。

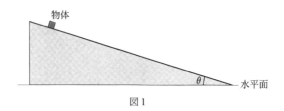

図 1

(a) 以下の文中の空欄 (ア)〜(ウ) に入る式として最も適切なものを次の ①〜⑧ のうちからそれぞれ一つずつ選び，解答欄にマークせよ。

> 物体にはたらく重力の大きさは　(ア)　，斜面からの垂直抗力の大きさは
> (イ)　であり，それらの合力の大きさは　(ウ)　である。

① $mg\sin\theta$ 　　② $mg(1+\sin\theta)$ 　　③ $mg(1-\sin\theta)$ 　　④ mg

⑤ $mg\cos\theta$ 　　⑥ $mg(1+\cos\theta)$ 　　⑦ $mg(1-\cos\theta)$ 　　⑧ $2mg$

(b) 物体と斜面の間の動摩擦係数を表す式として最も適切なものを次の ①〜⑩ のうちから一つ選び，解答欄にマークせよ。

① $\dfrac{g\sin\theta-a}{g\cos\theta}$ 　② $\dfrac{a-g\sin\theta}{g\cos\theta}$ 　③ $\dfrac{a\sin\theta-g}{g\cos\theta}$ 　④ $\dfrac{g-a\sin\theta}{g\cos\theta}$ 　⑤ $\dfrac{g-a}{g\cos\theta}$

⑥ $\dfrac{g\cos\theta-a}{g\sin\theta}$ 　⑦ $\dfrac{a-g\cos\theta}{g\sin\theta}$ 　⑧ $\dfrac{a\cos\theta-g}{g\sin\theta}$ 　⑨ $\dfrac{g-a\cos\theta}{g\sin\theta}$ 　⑩ $\dfrac{g-a}{g\sin\theta}$

(2) 図2のように，高さ 1.0 m，長さ 3.5 m のあらい斜面の上に，フックの法則に従うばねの下端が固定されている。ばねの上端から斜面に沿って 1.8 m 上方の点 A に質量 5.0 kg の物体の下端を合わせて置き，静かに手放した。物体は大きさ 1.6 m/s² の一定の加速度で斜面をすべり落ちてばねの上端に達し，ばねを押し縮めながらさらに 0.20 m 進んだ。その後，物体はばねに跳ね返され，点 A に向かって真っすぐ斜面を上った。

重力加速度の大きさを 9.8 m/s² とし，空気抵抗およびばねの質量は無視できるものとして以下の問いに答えよ。

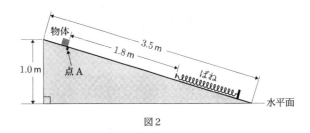

図2

(a) 物体が斜面から受ける動摩擦力の大きさとして最も適切なものを次の①～⑩のうちから一つ選び，解答欄にマークせよ。

① 4.0 N　　② 6.0 N　　③ 8.0 N　　④ 12 N　　⑤ 14 N

⑥ 16 N　　⑦ 37 N　　⑧ 39 N　　⑨ 41 N　　⑩ 47 N

(b) 点 A を出発した物体が最初にばねの上端に達するまでの時間として最も適切なものを次の①～⑩のうちから一つ選び，解答欄にマークせよ。

① 0.20 s　　② 0.56 s　　③ 0.75 s　　④ 1.1 s　　⑤ 1.5 s

⑥ 2.0 s　　⑦ 2.3 s　　⑧ 2.5 s　　⑨ 3.0 s　　⑩ 3.4 s

(c) ばねの持つばね定数の値として最も適切なものを次の①～⑨のうちから一つ選び，解答欄にマークせよ。

① 1.0×10^2 N/m　　② 2.0×10^2 N/m　　③ 3.0×10^2 N/m

④ 4.0×10^2 N/m　　⑤ 5.0×10^2 N/m　　⑥ 6.0×10^2 N/m

⑦ 7.0×10^2 N/m　　⑧ 8.0×10^2 N/m　　⑨ 9.0×10^2 N/m

(d) 物体の運動の向きが上昇に転じた後，その速さが最大となる瞬間のばねの縮みとし

て最も適切なものを次の①～⑨のうちから一つ選び，解答欄にマークせよ。

① 0 m　　　　　　　　② 5.0 × 10⁻³ m　　　　　　③ 1.0 × 10⁻² m

④ 1.5 × 10⁻² m　　　　⑤ 2.0 × 10⁻² m　　　　　　⑥ 2.5 × 10⁻² m

⑦ 3.0 × 10⁻² m　　　　⑧ 3.5 × 10⁻² m　　　　　　⑨ 4.0 × 10⁻² m

(e) 物体がばねを離れたあとの加速度として最も適切なものを次の①～⑩のうちから
一つ選び，解答欄にマークせよ。ただし，斜面に沿って下向きを正とする。

① 0.40 m/s²　　② 0.80 m/s²　　③ 1.6 m/s²　　④ 2.8 m/s²　　⑤ 4.0 m/s²

⑥ −0.40 m/s²　　⑦ −0.80 m/s²　　⑧ −1.6 m/s²　　⑨ −2.8 m/s²　　⑩ −4.0 m/s²

(f) ばねを離れた物体が最高点に達したときの，物体の下端から点Aまでの距離として
最も適切なものを次の①～⑩のうちから一つ選び，解答欄にマークせよ。

① 0 m　　　② 0.20 m　　　③ 0.40 m　　　④ 0.50 m　　　⑤ 0.80 m

⑥ 1.0 m　　　⑦ 1.2 m　　　⑧ 1.4 m　　　⑨ 1.5 m　　　⑩ 1.6 m

2

図のように，電気容量が C_1〔F〕のコンデンサー C_1，極板間隔を変えることのできる平行板
コンデンサー C_2 と，起電力 V_0〔V〕の電池，スイッチを接続した。あらかじめスイッチはa側
にもb側にも接続されておらず，C_1 と C_2 に電荷は蓄えられていない。また，C_2 の電気容量は
C_2〔F〕となるよう，極板間隔を調整してある。以下の問いに答えよ。

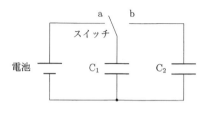

図

(1) はじめに，スイッチをa側に入れた。十分に時間が経過したとき，C_1 に蓄えられる電気量
を表す式として最も適切なものを次の①～⑧のうちから一つ選び，解答欄にマークせよ。

① $\dfrac{V_0}{2C_1}$ 　　　② $\dfrac{V_0}{C_1}$ 　　　③ $\dfrac{C_1}{2V_0}$ 　　　④ $\dfrac{C_1}{V_0}$

⑤ $\dfrac{1}{2}C_1V_0$ 　　　⑥ C_1V_0 　　　⑦ $\dfrac{1}{2}C_1V_0{}^2$ 　　　⑧ $C_1V_0{}^2$

(2) 次に，スイッチを a 側から b 側に入れた。

   (a) 十分に時間が経過したとき，C_2 の極板間の電圧を表す式として最も適切なものを次の①～⑧のうちから一つ選び，解答欄にマークせよ。

     ① V_0 　　　② $\dfrac{(C_1+C_2)V_0}{C_1}$ 　　　③ $\dfrac{(C_1+C_2)V_0}{C_2}$ 　　　④ $\dfrac{C_1V_0}{C_1+C_2}$

     ⑤ $\dfrac{C_2V_0}{C_1+C_2}$ 　　　⑥ $\dfrac{C_1C_2V_0}{C_1+C_2}$ 　　　⑦ $\dfrac{(C_1+C_2)V_0}{C_1C_2}$ 　　　⑧ $\dfrac{C_1{}^2C_2V_0}{C_1+C_2}$

   (b) 十分に時間が経過したとき，C_2 に蓄えられる静電エネルギーを表す式として最も適切なものを次の①～⑧のうちから一つ選び，解答欄にマークせよ。

     ① $\dfrac{C_1{}^2C_2V_0{}^2}{2(C_1+C_2)^2}$ 　　　② $\dfrac{2C_1{}^2C_2V_0{}^2}{3(C_1+C_2)^2}$ 　　　③ $\dfrac{C_1{}^2C_2V_0{}^2}{(C_1+C_2)^2}$ 　　　④ $\dfrac{3C_1{}^2C_2V_0{}^2}{2(C_1+C_2)^2}$

     ⑤ $\dfrac{(C_1+C_2)^2V_0{}^2}{2C_2}$ 　　　⑥ $\dfrac{2(C_1+C_2)^2V_0{}^2}{3C_2}$ 　　　⑦ $\dfrac{(C_1+C_2)^2V_0{}^2}{C_2}$ 　　　⑧ $\dfrac{3(C_1+C_2)^2V_0{}^2}{2C_2}$

(3) (2) の操作を行ってから十分に時間が経過した後，スイッチを a 側にも b 側にも接続されていない状態にした。そのあとで，ゆっくり外力を加えて C_2 の極板間隔を 3 倍にした。

   (a) C_2 の電気容量を表す式として最も適切なものを次の①～⑧のうちから一つ選び，解答欄にマークせよ。

     ① $9C_2$ 　　　② $6C_2$ 　　　③ $3C_2$ 　　　④ $\sqrt{3}\,C_2$

     ⑤ $\dfrac{\sqrt{3}\,C_2}{3}$ 　　　⑥ $\dfrac{C_2}{3}$ 　　　⑦ $\dfrac{C_2}{6}$ 　　　⑧ $\dfrac{C_2}{9}$

   (b) C_2 に蓄えられる静電エネルギーを表す式として最も適切なものを次の①～⑧のうちから一つ選び，解答欄にマークせよ。

     ① $\dfrac{C_1{}^2C_2V_0{}^2}{2(C_1+C_2)^2}$ 　　　② $\dfrac{2C_1{}^2C_2V_0{}^2}{3(C_1+C_2)^2}$ 　　　③ $\dfrac{C_1{}^2C_2V_0{}^2}{(C_1+C_2)^2}$ 　　　④ $\dfrac{3C_1{}^2C_2V_0{}^2}{2(C_1+C_2)^2}$

     ⑤ $\dfrac{(C_1+C_2)^2V_0{}^2}{2C_2}$ 　　　⑥ $\dfrac{2(C_1+C_2)^2V_0{}^2}{3C_2}$ 　　　⑦ $\dfrac{(C_1+C_2)^2V_0{}^2}{C_2}$ 　　　⑧ $\dfrac{3(C_1+C_2)^2V_0{}^2}{2C_2}$

(c) 外力がした仕事を表す式として最も適切なものを次の①〜⑧のうちから一つ選び, 解答欄にマークせよ。

① $\dfrac{C_1{}^2 C_2 V_0{}^2}{2\,(C_1 + C_2)^2}$ 　② $\dfrac{2C_1{}^2 C_2 V_0{}^2}{3\,(C_1 + C_2)^2}$ 　③ $\dfrac{C_1{}^2 C_2 V_0{}^2}{(C_1 + C_2)^2}$ 　④ $\dfrac{3C_1{}^2 C_2 V_0{}^2}{2\,(C_1 + C_2)^2}$

⑤ $\dfrac{(C_1 + C_2)^2 V_0{}^2}{2 C_2}$ 　⑥ $\dfrac{2\,(C_1 + C_2)^2 V_0{}^2}{3 C_2}$ 　⑦ $\dfrac{(C_1 + C_2)^2 V_0{}^2}{C_2}$ 　⑧ $\dfrac{3\,(C_1 + C_2)^2 V_0{}^2}{2 C_2}$

(4) 最後に, スイッチを b 側に入れた。十分に時間が経過したとき, C_2 の極板間の電圧を表す式として最も適切なものを次の①〜⑧のうちから一つ選び, 解答欄にマークせよ。

① $\dfrac{(2C_1 + 3C_2)\,V_0}{3C_2}$ 　② $\dfrac{(3C_1 + 2C_2)\,V_0}{2C_2}$ 　③ $\dfrac{(C_1 + 3C_2)\,V_0}{3C_2}$ 　④ $\dfrac{(3C_1 + C_2)\,V_0}{C_2}$

⑤ $\dfrac{2C_1 V_0}{2C_1 + 3C_2}$ 　⑥ $\dfrac{3C_1 V_0}{3C_1 + 2C_2}$ 　⑦ $\dfrac{C_1 V_0}{C_1 + 3C_2}$ 　⑧ $\dfrac{3C_1 V_0}{3C_1 + C_2}$

3

　図のように, 断面積 S〔m²〕のシリンダーを鉛直に立て, 質量 M〔kg〕のなめらかに動くピストンを取り付ける。シリンダー内には 1 mol の単原子分子の理想気体が閉じ込められている。ピストンはばね定数 k〔N/m〕の軽いばねでシリンダーにつながれている。シリンダーおよびピストンは断熱材で作られており熱を通さない。また, ヒーターによってシリンダー内の気体を加熱することができる。大気圧を p_0〔Pa〕, 気体定数を R〔J/(mol·K)〕, 重力加速度の大きさを g〔m/s²〕として以下の問いに答えよ。

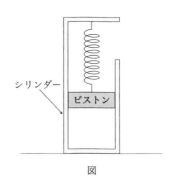

図

(1) はじめ, シリンダー内の気体は, 圧力 p_1〔Pa〕, 体積 V_1〔m³〕, 温度 T_1〔K〕の状態にあっ

た。ピストンはばねの自然長からの伸びが ℓ 〔m〕となる位置で静止していた。次に，ピストンに作用する力のつり合いが常に保たれるように注意しながらシリンダー内の気体をゆっくりと加熱し続けたところ，気体は圧力 p_2〔Pa〕，体積 V_2〔m³〕，温度 T_2〔K〕の状態になった。

(a) p_1 を表す式として最も適切なものを次の①〜⑥のうちから一つ選び，解答欄にマークせよ。

①　$p_0 + \dfrac{Mg + k\ell}{S}$　　　②　$p_0 + \dfrac{Mg - k\ell}{S}$　　　③　$p_0 - \dfrac{Mg - k\ell}{S}$

④　$p_0 + \dfrac{Mg + k\ell}{2S}$　　　⑤　$p_0 + \dfrac{Mg - k\ell}{2S}$　　　⑥　$p_0 - \dfrac{Mg - k\ell}{2S}$

(b) この過程における気体の圧力 p〔Pa〕と体積 V〔m³〕の関係を表すグラフとして最も適切なものを次の①〜⑥のうちから一つ選び，解答欄にマークせよ。

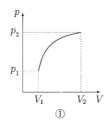
①

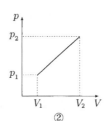
②

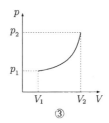
③

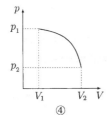
④

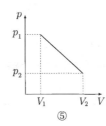
⑤

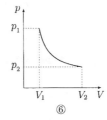
⑥

(c) この過程で気体が外部にした仕事を表す式として最も適切なものを次の①〜⑧のうちから一つ選び，解答欄にマークせよ。

①　$(p_2 - p_1)V_2$　　　　　　　　　　②　$p_1(V_2 - V_1)$

③　$(p_2 - p_1)(V_2 + V_1)$　　　　　　④　$(p_2 + p_1)(V_2 - V_1)$

⑤ $\dfrac{1}{2}(p_2 - p_1)(V_2 + V_1)$ 　　　　　　　⑥ $\dfrac{1}{2}(p_2 + p_1)(V_2 - V_1)$

⑦ $\dfrac{3}{2}(p_2 - p_1)(V_2 + V_1)$ 　　　　　　　⑧ $\dfrac{3}{2}(p_2 + p_1)(V_2 - V_1)$

(d) この過程における気体の内部エネルギーの変化を表す式として最も適切なものを次の①〜⑨のうちから一つ選び，解答欄にマークせよ。

① 0 　　　　　　　② $p_1 V_1 - p_2 V_2$ 　　　　　　　③ $p_2 V_2 - p_1 V_1$

④ $\dfrac{1}{2}(p_1 V_1 - p_2 V_2)$ 　　　　⑤ $\dfrac{3}{2}(p_1 V_1 - p_2 V_2)$ 　　　　⑥ $\dfrac{5}{2}(p_1 V_1 - p_2 V_2)$

⑦ $\dfrac{1}{2}(p_2 V_2 - p_1 V_1)$ 　　　　⑧ $\dfrac{3}{2}(p_2 V_2 - p_1 V_1)$ 　　　　⑨ $\dfrac{5}{2}(p_2 V_2 - p_1 V_1)$

(2) ここでは (1) の過程において $p_1 V_2 = p_2 V_1$ が成り立つような場合について考える。

(a) この過程で気体が外部にした仕事を表す式として最も適切なものを次の①〜⑨のうちから一つ選び，解答欄にマークせよ。

① $p_2(V_2 - V_1)$ 　　　　　　② $(p_2 - p_1)V_1$ 　　　　　　③ $(p_2 + p_1)V_1$

④ $p_2 V_2 - p_1 V_1$ 　　　　　⑤ $\dfrac{1}{2}(p_2 V_2 - p_1 V_1)$ 　　　⑥ $\dfrac{3}{2}(p_2 V_2 - p_1 V_1)$

⑦ $p_1 V_1 + p_2 V_2$ 　　　　　⑧ $\dfrac{1}{2}(p_1 V_1 + p_2 V_2)$ 　　　⑨ $\dfrac{3}{2}(p_1 V_1 + p_2 V_2)$

(b) この過程で気体の温度を 1 K 上げるのに必要な熱量（モル比熱）を表す式として最も適切なものを次の①〜⑧のうちから一つ選び，解答欄にマークせよ。

① $\dfrac{1}{2}R$ 　　　　② R 　　　　③ $\dfrac{3}{2}R$ 　　　　④ $2R$

⑤ $\dfrac{5}{2}R$ 　　　　⑥ $3R$ 　　　　⑦ $\dfrac{7}{2}R$ 　　　　⑧ $4R$

(3) ここでは (2) において仮定した条件 $p_1 V_2 = p_2 V_1$ は必ずしも成り立たないものとする。

(1) の過程の後，ピストンの上面におもりを静かにのせ，少しずつおもりの数量を増やした。おもりの合計質量が m〔kg〕になったとき，シリンダー内の気体は圧力 p_3〔Pa〕，体積 V_1，温度 T_3〔K〕の状態に変化していた。この断熱変化においては単原子分子の理想気体のポアソンの法則

$$pV^{\frac{5}{3}} = 一定$$

が成り立つものとする。

(a) T_3 を表す式として最も適切なものを次の①～⑧のうちから一つ選び，解答欄にマークせよ。

① $T_2 \left(\dfrac{V_2}{V_1} \right)^{\frac{2}{3}}$ ② $T_2 \left\{ \left(\dfrac{V_2}{V_1} \right)^{\frac{2}{3}} - 1 \right\}$ ③ $T_2 \left(\dfrac{V_2}{V_1} \right)^{-\frac{2}{3}}$ ④ $T_2 \left\{ 1 - \left(\dfrac{V_2}{V_1} \right)^{-\frac{2}{3}} \right\}$

⑤ $T_2 \left(\dfrac{V_2}{V_1} \right)^{\frac{5}{3}}$ ⑥ $T_2 \left\{ \left(\dfrac{V_2}{V_1} \right)^{\frac{5}{3}} - 1 \right\}$ ⑦ $T_2 \left(\dfrac{V_2}{V_1} \right)^{-\frac{5}{3}}$ ⑧ $T_2 \left\{ 1 - \left(\dfrac{V_2}{V_1} \right)^{-\frac{5}{3}} \right\}$

(b) $p_1 = p_0$，$V_2 = \dfrac{3}{2} V_1$，$p_2 = \dfrac{5}{4} p_1$ であるとき，すべてのおもりによってピストンに加えられる力の大きさ mg は，大気圧によりピストンが押される力の大きさ $p_0 S$ の何倍となるか。最も適切なものを次の①～⑧のうちから一つ選び，解答欄にマークせよ。ただし，$1.5^{\frac{5}{3}} \fallingdotseq 2.0$ とせよ。

① 0.50 倍   ② 1.0 倍   ③ 1.5 倍   ④ 2.0 倍

⑤ 2.5 倍   ⑥ 3.0 倍   ⑦ 3.5 倍   ⑧ 4.0 倍

化学

(90 分)

必要であれば，以下の値を用いよ。

原子量：H = 1.0，C = 12，N = 14，O = 16，Na = 23，Mg = 24，Al = 27，Cl = 35.5，Fe = 56

気体定数：$R = 8.31 \times 10^3$ Pa·L/(K·mol)，アボガドロ定数：$N_A = 6.0 \times 10^{23}$ /mol，0 ℃ = 273 K，

水のイオン積 (25 ℃)：$K_w = 1.0 \times 10^{-14}$ (mol/L)^2，$\sqrt{2} = 1.41$，$\sqrt{3} = 1.73$，$\sqrt{5} = 2.24$

特にことわりのない限り，気体はすべて理想気体とする。

標準状態 (0 ℃，1.013×10^5 Pa) における理想気体 1 mol の体積は，22.4 L とする。

1

I 次の設問 1 ～ 6 に答えよ。

問1 陽子 1 個の質量は何 g か。最も近い値を，下の①～⑥のうちから一つ選び，解答欄 [1] にマークせよ。

① 1.7×10^{-24} ② 1.7×10^{-23} ③ 1.7×10^{-22}

④ 6.0×10^{-24} ⑤ 6.0×10^{-23} ⑥ 6.0×10^{-22}

問2 以下の物質のうち，式量ではなく分子量を用いる物質はいくつあるか。下の①～⑦ のうちから一つ選び，解答欄 [2] にマークせよ。

ナトリウム，アンモニウムイオン，黒鉛，塩化銀，塩化ナトリウム，酸化鉄 (III)

① 1   ② 2   ③ 3   ④ 4   ⑤ 5   ⑥ 6   ⑦ 0

問3 電子に関する記述として正しいものを，下の①～⑥のうちから一つ選び，解答欄 [3] にマークせよ。

① 貴（希）ガス原子の最外殻電子の数は 8 である。

② ^{12}C と ^{13}C の原子は，同じ電子配置をもつ。

③ イオン結晶は自由電子をもつので，電気や熱をよく導く。

④ 原子番号が 7 の原子は，L 殻に 7 個の価電子をもつ。

⑤ オキソニウムイオンは，水分子と水素イオンが配位結合しているため，非共有電子対をもたない。

⑥ 水分子の酸素原子と水素原子の間で共有されている電子は，水素原子側に引き寄せられている。

問4　下線を付した原子の酸化数を比べたとき，酸化数が最も大きいものを，下の①〜⑥のうちから一つ選び，解答欄 [4] にマークせよ。

① $S O_2$　　　　　　　　② $Na_2S_2O_3$　　　　　　　③ SO_3^{2-}

④ N_2　　　　　　　　⑤ HNO_3　　　　　　　⑥ NH_3

問5　原子のイオン化エネルギー（第一イオン化エネルギー）が原子番号とともに変化する様子を示すグラフとして最も適切なものを，下の①〜⑥のうちから一つ選び，解答欄 [5] にマークせよ。

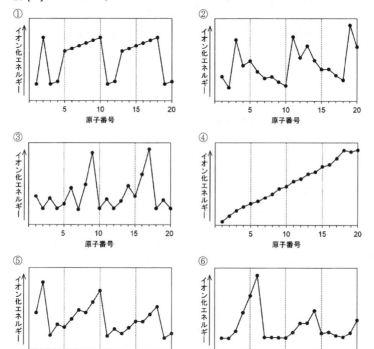

問6　水に関する記述として**誤りを含むもの**を，下の①〜⑥のうちから一つ選び，解答欄 [6] にマークせよ。

① 水は電解質をよく溶かす。

② 25 ℃ における純水の電離度は，1.0×10^{-7} である。

③ 水は酸として働くことも，塩基として働くこともある。

④ 水分子が他の分子やイオンに水和するとき，いつも酸素原子で結合するとは限らない。

⑤　不純物を含まない水を冷却するとき，凝固点以下の温度になっても凝固しないことがある。

⑥　水の沸点が硫化水素の沸点に比べて高いのは，水分子が分子間で水素結合しているからである。

Ⅱ　マグネシウムやアルミニウムに希塩酸を加えると，いずれも同じ<u>気体</u>が発生する。加えた希塩酸の量と発生した気体の体積との関係を調べた。次の設問１～５に答えよ。ただし，発生した気体の体積は全て標準状態に換算した値とする。

問１　下線部の気体は何か。下の①～⑤のうちから一つ選び，解答欄 [7] にマークせよ。

①　酸素　　　　　　　②　水素　　　　　　　③　塩素

④　窒素　　　　　　　⑤　二酸化炭素

問２　下線部と同じ気体が発生する反応はどれか。最も適切なものを，下の①～⑤のうちから一つ選び，解答欄 [8] にマークせよ。

①　銀に塩酸を加える。

②　酸化マンガン (IV) に過酸化水素水を加える。

③　アルミニウムに水酸化ナトリウム水溶液を加える。

④　炭酸水素ナトリウムを加熱する。

⑤　炭素棒を電極として塩化銅 (II) 水溶液を電気分解する。

問３　下のグラフは，ある質量のマグネシウム片に希塩酸を加えたときの，希塩酸の体積と発生した気体の体積との関係を示している。

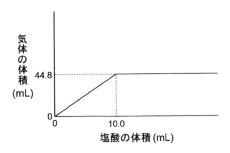

希塩酸の濃度を２倍にしたとき，グラフはどのようになるか。最も適切なものを，下の①～⑥のうちから一つ選び，解答欄 [9] にマークせよ。

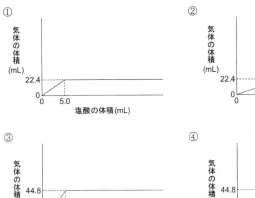

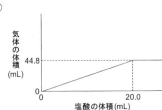

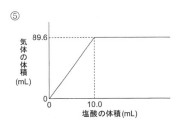

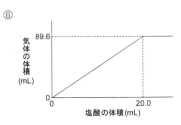

問4　問3のマグネシウム片と同じ質量のアルミニウム片を十分な希塩酸と反応させた
　　とき，発生する気体の体積はおよそ何 mL か。最も近い値を，下の①〜⑥のうちから
　　一つ選び，解答欄 [10] にマークせよ。

①　40　　　　　　　　　②　45　　　　　　　　　③　50
④　60　　　　　　　　　⑤　67　　　　　　　　　⑥　90

問5　マグネシウム片とアルミニウム片の混合物 21.6 mg に 2.0 mol/L の希塩酸を加えた
　　ところ，金属片はすべて反応し，22.4 mL の気体が発生した。混合物中のマグネシウ
　　ムとアルミニウムの物質量比（Mg : Al）を簡単な整数比で表した数値として最も適切
　　なものを，下の①〜⑨のうちから一つ選び，解答欄 [11] にマークせよ。

①　7 : 1　　　　　　　②　4 : 1　　　　　　　③　3 : 1
④　2 : 1　　　　　　　⑤　1 : 1　　　　　　　⑥　1 : 2
⑦　1 : 3　　　　　　　⑧　1 : 4　　　　　　　⑨　1 : 7

2

I　次の設問 1 ～ 7 に答えよ。

問1　金属化合物に関連する記述として正しいものを，下の①～⑤のうちから一つ選び，解答欄 [12] にマークせよ。
①　水酸化亜鉛にアンモニア水を加えても溶けない。
②　テトラアンミン銅 (II) イオンの価数は＋4 である。
③　バリウムイオンに硫化水素を通じても硫化物の沈殿は生じない。
④　ハロゲン化銀はアンモニア水に溶けない。
⑤　塩化鉛は熱水に溶けない。

問2　酸素およびその化合物に関する記述として**誤りを含むもの**を，下の①～⑤のうちから一つ選び，解答欄 [13] にマークせよ。
①　酸と反応して塩を生じる酸化物を塩基性酸化物という。
②　オゾンは，強い酸化作用を示し，有毒である。
③　オゾンの検出には湿らせたヨウ化カリウムデンプン紙を用いる。
④　水酸化カルシウム水溶液に二酸化炭素を通じると，塩を生成して白濁する。
⑤　次亜塩素酸と過塩素酸では，次亜塩素酸の方が酸性が強い。

問3　アルミニウムおよびその化合物に関する記述として**誤りを含むもの**を，下の①～⑤のうちから一つ選び，解答欄 [14] にマークせよ。
①　アルミニウムイオンを含む溶液に少量の水酸化ナトリウムを加えると，白色沈殿が生じる。
②　アルミニウムの単体は，濃硝酸と反応させると不動態となる。
③　アルミニウムの粉末を酸素中で加熱すると，酸化アルミニウムになる。
④　水酸化アルミニウムは塩酸とは反応しない。
⑤　ミョウバンは水に溶かすと酸性を示す。

問4　ニッケル，銅，亜鉛のうち，以下の A～D に示す条件をすべて満たすものはどれか。下の①～⑧のうちから一つ選び，解答欄 [15] にマークせよ。
　　A）王水に溶ける。
　　B）高温で水蒸気と反応する。
　　C）硝酸に溶ける。
　　D）塩酸に溶ける。
①　ニッケル　　②　銅　　③　亜鉛　　④　ニッケルと銅
⑤　ニッケルと亜鉛　　⑥　銅と亜鉛　　⑦　すべて該当する
⑧　該当する金属はない

問5　溶解度と溶解平衡に関する記述として**誤りを含むもの**を，下の①～⑤のうちから

一つ選び，解答欄 [16] にマークせよ。
① 固体の溶解度とは，溶媒 100 g に溶ける溶質の最大質量のことである。
② 温度による溶解度の差を利用して固体物質を精製する操作を再結晶という。
③ 塩化ナトリウムの水に対する溶解度は，温度を高くしてもほとんど変わらない。
④ 水に対する気体の溶解度は，温度が高くなるほど，また気体の圧力が高くなるほど小さくなる。
⑤ 溶解平衡に達した飽和溶液では，見かけ上溶解も析出も起こらなくなる。

問6　濃度未知の酢酸水溶液 A を 10.0 mL とり，これに純水を加えて 100 mL とした水溶液 B を用意した。この水溶液 B を 10.0 mL とり，0.120 mol/L の水酸化ナトリウム水溶液で中和したところ，9.50 mL 必要であった。酢酸水溶液 A の濃度は何 mol/L か。最も近い値を，下の①〜⑧のうちから一つ選び，解答欄 [17] にマークせよ。
①　0.0126　　②　0.0570　　③　0.114　　④　0.126
⑤　0.228　　⑥　0.570　　⑦　1.14　　⑧　2.28

問7　希薄水溶液の浸透圧に関する記述として**誤りを含むもの**を，下の①〜⑤のうちから一つ選び，解答欄 [18] にマークせよ。
① 浸透圧は，温度により変わる。
② 等しい質量のグルコースとスクロースを，それぞれ同量の純水に溶かした希薄水溶液の浸透圧を比較すると，スクロースの希薄水溶液の方が低い。
③ 同じモル濃度のスクロースと塩化ナトリウムの希薄水溶液の浸透圧を比較すると，スクロースの希薄水溶液の方が低い。
④ 純水とスクロース水溶液を半透膜で仕切り，液面の高さをそろえて放置すると，スクロース水溶液側から純水側に水が移動する。
⑤ 浸透圧は，高分子化合物の平均分子量の測定に利用される。

Ⅱ　常温の鉄は体心立方格子の結晶構造をもち、その単位格子の中心と各頂点に原子が位置している。次の設問 1 〜 4 に答えよ。ただし，鉄原子は半径 r の真球であり，最も近い原子どうしは接しているものとする。

問1　結晶における鉄原子の配位数はいくつか。正しい数を下の①〜⑤のうちから一つ選び，解答欄 [19] にマークせよ。
①　4　　　　②　6　　　　③　8　　　　④　12　　　　⑤　18

問2　単位格子一辺の長さとして，正しいものを下の①〜⑥のうちから一つ選び，解答欄 [20] にマークせよ。
①　$\dfrac{\sqrt{2}\,r}{4}$　　②　$\dfrac{\sqrt{3}\,r}{4}$　　③　$\dfrac{2\sqrt{3}\,r}{3}$　　④　$\dfrac{4\sqrt{3}\,r}{3}$　　⑤　$2r$　　⑥　$2\sqrt{2}\,r$

問3 単位格子一辺の長さを 3.0×10^{-8} cm とすると，鉄の密度は何 g/cm³ となるか。最も近い値を，下の①～⑥のうちから一つ選び，解答欄 [21] にマークせよ。

① 3.4 ② 4.1 ③ 6.9 ④ 13.8 ⑤ 27.6 ⑥ 62.0

問4 鉄は，910 ℃～1400 ℃の範囲で構造が変化し，面心立方格子の結晶構造をとる。体心立方格子構造をもつ鉄 1.00 cm³ が面心立方格子構造に変化した場合，体積は何 cm³ になるか。最も近い値を，下の①～⑥のうちから一つ選び，解答欄 [22] にマークせよ。ただし，構造変化に伴う鉄原子の体積変化はないものとする。

① 0.55 ② 0.92 ③ 0.98 ④ 1.10 ⑤ 1.23 ⑥ 1.83

3

I 次の設問 1～5 に答えよ。

問1 コロイドに関する記述として**誤りを含むもの**を，下の①～⑤のうちから一つ選び，解答欄 [23] にマークせよ。

① 沸騰した水に塩化鉄 (III) 水溶液を加えていくとコロイド溶液となる。

② デンプンは分子量が大きく，水に溶けると分子 1 個でコロイド粒子となる。

③ 親水コロイドに多量の電解質を加えたときに沈殿が生じる現象を，塩析という。

④ 牛乳はコロイドである。

⑤ コロイド粒子は一般に正の電荷を帯びている。

問2 化学反応に関する記述として**誤りを含むもの**を，下の①～⑤のうちから一つ選び，解答欄 [24] にマークせよ。

① 活性化エネルギーが大きいものほど反応速度は大きい。

② 反応物の濃度が大きいと，反応速度は大きくなる。

③ 活性化状態 (遷移状態) は，反応物が生成物に変化するときに経由するエネルギーの高い不安定な状態である。

④ 活性化エネルギーは，反応物を活性化状態 (遷移状態) にするのに必要な最小のエネルギーである。

⑤ 一般に，反応温度を上昇させると反応速度は大きくなる。

問3 ある溶液の質量モル濃度が C [mol/kg]，密度が d [g/cm³]，溶質のモル質量が M [g/mol] であるとき，この溶液のモル濃度を求める式として適切なものを，下の①～⑥のうちから一つ選び，解答欄 [25] にマークせよ。

① $\dfrac{C}{10^3 d - CM}$ ② $\dfrac{10^3 C}{10^3 d - CM}$ ③ $\dfrac{10^3 d - CM}{10^3 C}$

④ $\dfrac{10^3 Cd}{10^3 + CM}$　　　　⑤ $\dfrac{Cd}{10^3 + CM}$　　　　⑥ $\dfrac{10^3 + CM}{10^3 Cd}$

問4　窒素と水素からアンモニアを合成する反応は発熱反応であり，次式の平衡反応が成立している。

$$N_2 \,(気) + 3H_2 \,(気) \rightleftharpoons 2NH_3 \,(気)$$

　　下図の実線は，ある条件で温度 400 ℃でのアンモニアの生成率と反応時間を表している。同じ条件で反応温度を 500 ℃に変更したときのアンモニアの生成率として最も適切なものを，下図の破線①〜⑤のうちから一つ選び，解答欄 [26] にマークせよ。

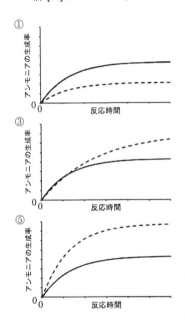

問5　ステアリン酸 a [mg] (モル質量 M [g/mol])をシクロヘキサンに溶かして V[mL]とした。水面に，このステアリン酸溶液を x[mL]滴下すると，シクロヘキサンの揮発後にステアリン酸分子 1 層からなる膜ができた。この膜の面積を A [cm²], ステアリン酸分子 1 個の断面積を s [cm²]とするとき，アボガドロ定数[/mol]を算出する実験式を，下の①〜⑧のうちから一つ選び，解答欄 [27] にマークせよ。

① $\dfrac{10^3 MVA}{as}$　　② $\dfrac{MVA}{10^3 axs}$　　③ $\dfrac{10^3 MVA}{axs}$　　④ $\dfrac{MVA}{10^3 as}$

⑤ $\dfrac{10^3 MV}{asA}$　　　　⑥ $\dfrac{MV}{10^3 axsA}$　　　　⑦ $\dfrac{10^3 M}{axsVA}$　　　　⑧ $\dfrac{M}{10^3 asVA}$

II　プロパン（C_3H_8）の液化や燃焼について調べるために，以下の実験 I ～ III を
　行った。次の設問 1 ～ 5 に答えよ。ただし，気体は条件によって液化すること以
　外は，理想気体としてふるまうものとする。

　　実験 I　内部が真空状態の容積 10 L の耐圧容器に，300 K の気体のプロパン
　　　　　　をゆっくりと充填した。容器内のプロパンの質量が m [g]になったとき
　　　　　　にプロパンの液化が始まった。

　　実験 II　プロパンとメタンの混合ガス 0.400 mol を完全燃焼させたところ，
　　　　　　CO_2（気）と H_2O（液）が生じ，25 ℃，1.013×10^5 Pa において 600 kJ
　　　　　　の熱が生じた。

　　実験 III　実験 II で発生した 600 kJ の熱を 1.013×10^5 Pa において，0 ℃の氷
　　　　　　x [g]に加えると，氷は溶けて 25 ℃の水になった。

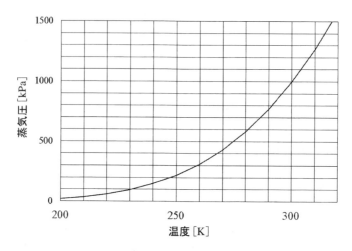

プロパンの蒸気圧曲線

問 1　大気圧におけるプロパンの沸点はおよそ何 K か。プロパンの蒸気圧曲線か
　　らよみ取り，下の①～⑤のうちから一つ選び，解答欄 [28] にマークせよ。
　　①　200　　　②　230　　　③　250　　　④　270　　　⑤　290

問 2　実験 I において，プロパンが液化し始めたときの質量 m はおよそ何 g か。

プロパンの蒸気圧曲線を利用して算出し，最も近い値を，下の①～⑤のうちから一つ選び，解答欄 [29] にマークせよ。

① 17.5　　② 145　　③ 175　　④ 1450　　⑤ 1750

問3　プロパンの燃焼反応は次式のように記述される。

$$C_3H_8（気）+ 5 O_2 = 3 CO_2（気）+ 4 H_2O（液）+ Q \text{ kJ}$$

C_3H_8（気），CO_2（気），H_2O（液）の生成熱がそれぞれ 107.0 kJ/mol，394.0 kJ/mol，286.0 kJ/mol と与えられる場合，プロパンの燃焼熱 Q [kJ/mol]として最も適切な値を，下の①～⑤のうちから一つ選び，解答欄 [30] にマークせよ。

① 573　　② 787　　③ 2219　　④ 2327　　⑤ 2433

問4　メタンの燃焼熱は 802 kJ/mol で与えられる。実験 II に用いられた混合ガス中のメタンの物質量はおよそ何 mol か。最も近い値を，下の①～⑤のうちから一つ選び，解答欄 [31] にマークせよ。

① 0.05　　② 0.1　　③ 0.2　　④ 0.25　　⑤ 0.3

問5　実験 III において発生したすべての熱量は，0 ℃の氷から 25 ℃の水への変化に利用された。氷の質量 x [g]に最も近い値を，下の①～⑤のうちから一つ選び，解答欄 [32] にマークせよ。ただし，氷の融解熱は 6.0 kJ/mol，水の比熱は 4.2 J/(g·K)とする。

① 1370　　② 1570　　③ 1760　　④ 1820　　⑤ 5710

4

I 以下の文章をよみ，次の設問1～8に答えよ。

エステルはカルボン酸とアルコールの反応により生じ，加水分解により元のカルボン酸（またはその塩）とアルコールに戻る。あるエステル A を水酸化ナトリウムでけん化するとアルコール B およびカルボン酸 C のナトリウム塩が得られた。アルコール B を水に溶かした後，ヨウ素と水酸化ナトリウムを加えて加熱すると黄色沈殿が生じた。また，アルコール B を酸化するとカルボン酸 C が得られた。

高級脂肪酸とグリセリン $C_3H_5(OH)_3$ のエステルは油脂と呼ばれ，水酸化ナトリウムでけん化を行うと 1 mol の油脂から 3 mol の脂肪酸ナトリウム（セッケン）が得られる。この関係から，油脂 100 g を完全にけん化するために 13.6 g の水酸化ナトリウムが必要であったとすると，この油脂の分子量は（　ア　）と推定される。また，この油脂が（　イ　）と反応すれば，不飽和脂肪酸を含むことを示す。

ペットボトルの原料として利用されているポリエチレンテレフタラートは，(a)テレフタル酸とエチレングリコールの（　ウ　）で合成されるポリエステルである。したがって，分子量が 4.00×10^4 のポリエチレンテレフタラートの 1 分子中には（　エ　）個のエステル結合があると考えられる。

オキソ酸とアルコールとの反応により得られる物質もエステルと呼ばれる。細胞壁の主成分であるセルロース中の1つのグルコース単位には，（　オ　）個のヒドロキシ基が存在し，その硝酸エステルは火薬として用いられる。また，細胞に存在する（　カ　）は（　キ　）がリン酸エステル結合により重合した高分子化合物である。

問1　エステル A の示性式を，下の①～⑥のうちから一つ選び，解答欄 [33] にマークせよ。

① $HCOOCH_3$　　　② CH_3COOCH_3　　　③ $C_2H_5COOCH_3$

④ $HCOOC_2H_5$　　　⑤ $CH_3COOC_2H_5$　　　⑥ $C_2H_5COOC_2H_5$

問2　（　ア　）に入る数値として最も近い値を，下の①～⑥のうちから一つ選び，解答欄 [34] にマークせよ。

① 98　　② 294　　③ 452　　④ 792　　⑤ 882　　⑥ 1360

問3　（　イ　）に入る物質を，下の①～⑥のうちから一つ選び，解答欄 [35] にマークせよ。

① ヨウ素　　② ナトリウム　　③ 鉄　　④ ニンヒドリン溶液

⑤ フェーリング液　　⑥ アンモニア性硝酸銀水溶液

問4　下線部(a)について，酸化によりテレフタル酸を生じる化合物として最も適切なものを，下の①～⑥のうちから一つ選び，解答欄 [36] にマークせよ。

問5　（　ウ　）に入る語句として最も適切なものを，下の①〜④のうちから一つ選び，解答欄 [37] にマークせよ。

① 付加重合　　② 縮合重合　　③ 開環重合　　④ 付加縮合

問6　（　エ　）に入る数値として最も近いものを，下の①〜⑥のうちから一つ選び，解答欄 [38] にマークせよ。

① 168　② 177　③ 208　④ 336　⑤ 354　⑥ 417

問7　（　オ　）に当てはまる数字を，下の①〜⑦のうちから一つ選び，解答欄 [39] にマークせよ。

① 1　② 2　③ 3　④ 4　⑤ 5　⑥ 6　⑦ 0

問8　（　カ　）と（　キ　）に当てはまる語句の組合せとして適切なものを，下の①〜⑤のうちから一つ選び，解答欄 [40] にマークせよ。

	（　カ　）	（　キ　）
①	タンパク質	アミノ酸
②	酵素	基質
③	核酸	ヌクレオチド
④	グリコーゲン	単糖類
⑤	脂質	脂肪酸

II　下図に示す，医薬品として用いられる有機化合物の合成について，次の設問 1 ～ 6 に
　　答えよ。

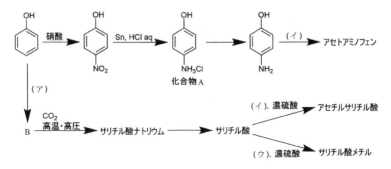

問 1　出発物質のフェノールは，ベンゼンからクメン法により工業的に合成されている。
　　　クメン法で用いるアルケンを，下の①～⑤のうちから一つ選び，解答欄 [41] にマー
　　　クせよ。

　　　①　エテン　　　　　②　プロペン　　　　③　ブタジエン
　　　④　イソプレン　　　⑤　スチレン

問 2　化合物 A を得る反応におけるスズ（Sn）の役割を，下の①～⑤のうちから一つ選
　　　び，解答欄 [42] にマークせよ。

　　　①　酸　　②　塩基　　③　酸化剤　　④　還元剤　　⑤　触媒

問 3　図中の（　ア　）にあてはまる溶液を，下の①～⑤のうちから一つ選び，解答欄
　　　[43] にマークせよ。

　　　①　水酸化ナトリウム水溶液
　　　②　硝酸ナトリウム水溶液
　　　③　炭酸水素ナトリウム水溶液
　　　④　塩化ナトリウム水溶液
　　　⑤　酢酸ナトリウム水溶液

問 4　図中の（　イ　），（　ウ　）にあてはまる物質を，下の①～⑤のうちから一つずつ
　　　選び，解答欄 [44]，[45] にそれぞれマークせよ。

　　　①　メタノール　　　②　ジメチルエーテル　　　③　ホルムアルデヒド
　　　④　アセトン　　　　⑤　無水酢酸

問 5　アセトアミノフェンは塩化鉄 (III) 水溶液により呈色する。アセトアミノフェン
　　の構造を，下の①〜⑥のうちから一つ選び，解答欄 [46] にマークせよ。

問 6　アセチルサリチル酸とサリチル酸メチルの構造を，下の①〜⑥のうちから一つず
　　つ選べ。アセチルサリチル酸は解答欄 [47]，サリチル酸メチルは解答欄 [48] にそ
　　れぞれマークせよ。

国語

（一二〇分）

1〜6　次の文章を読んで、後の設問に答えよ。

　もう10年ほど前になるが、大学院の授業後にひとりの留学生がやってきて、こういう。「日本はどうして英語教育の充実など英語ばかりに熱心なのですか。自国の言葉だけで話が通じるというのはすばらしいことではないですか。なぜ、日本は自分たちの言葉や文化をもっと大事にしないのですか」

　少し返事に窮した。まったくその通りだと思う。そこで、君はどこから来たのかと聞くと、ウクライナからだ、という。いかにウクライナがロシアの脅威にさらされ、自国を守るために苦しんでいるか彼は熱心に語っていた。今回のロシアのウクライナ侵略のニュースを聞いて、その時の彼のかなり切迫した表情をふと思い出した。

　戦後、もっぱら米国の軍事的安全保障のもとで平和を満喫し、それだけではなく、世界秩序や国際政治に関する見方もほとんど米国流の合理的思考に従ってきた日本にあっては、ロシアの突然の侵略はほとんど理解を超えたものにしか映らない。あえて理解しようとすれば、プーチンは狂気に陥ったとか、病気だとかいうほかない。プーチンの精神状態はともかく、ウクライナ人からすれば、いつ何時、ロシア軍が攻め込んできても不思議ではなかったのであろう。

　ところで、今からちょうど一〇〇年前の一九二二年、ドイツの文明史家であるシュペングラーによって「西洋の没落」第２巻が書かれた。この書物の中で、彼は、壮大な近代文明を生みだしたヨーロッパはいま没落のさなかにある、という。ヨーロッパが生みだした近代文明の典型は、アメリカ文明とソ連社会主義であった。科学的合理性と技術に基づく経済発展を目指し、ヨーロッパ啓蒙の精神を受け継いで理想社会の実現を標榜するこの二つの文明によって、ヨーロッパの

「文化」は没落するとシュペングラーはいう。

　「文化」とは、ある特定の場所に根づき、時間をかけて歴史的に生育する民族の営みである。それは、アメリカ文明とソ連が掲げる普遍的な抽象的理想や歴史の最終的な目的という観念とは相入れない。

　改めて振り返ってみれば、ナチスによってズタズタにされたヨーロッパ文化の崩壊後に出現したのが、ともに近代的な a 文明であるアメリカとソ連の対立であった。そしてソ連は91年に消滅し、残ったのはアメリカ文明である。

　アメリカ文明は、ある独特の思考の形をとる。それは、歴史は、個人の諸権利・自由やデモクラシー、法の支配、市場競争などの普遍的価値の実現に向けて動いてゆく。またそうあるべきだ、という。さらに、その普遍価値の実現こそは米国の使命だとする。

　もちろん、現実の歴史はそれほど簡単ではない。米国のいう普遍的価値を共有しない国もあれば、敵対する国もある。その場合には、軍事力において勢力均衡をはかることで世界秩序を維持するというのが米国の方針であった。このような思想によって米国中心に成立したのが今日のグローバリズムである。

　一方、もっと複雑なのはロシアである。冷戦での敗北により、 a な社会主義国家ソ連は解体し、複数の主権国家へと分裂した。中心にあるのはロシアであるが、ロシアは「冷戦以降」のグローバルな世界秩序にあってはその周辺国に過ぎなくなる。もはや政治力、経済力で世界を動かす存在ではない。ロシアは社会主義の後継者ではないが、またアメリカや西ヨーロッパ（西欧）の価値の同調者でもない。ではロシアとはいったい何なのか、という疑問が当然でてくるであろう。

　しかも、社会主義というイデオロギーが解体すれば、ロシアがずっと抱えていた b なアイデンティティーの問題が出てくる。19世紀ロシアの、とりわけ知識人たちは、 c な知識や教養を身につけつつも、自らの内面に横たわる「ロシア的なもの」を模索し続けていた。私もそうだが、少し以前の日本の青年たちは、たいてい19世紀ロシアの偉大な作家や音楽家に魅了されていたものだが、そこに見られるのは、 c な語法や知識に従った小説や音楽の背後から立ち上ってくる、あの「ロシア的なもの」であった。大地と憂愁、神と人間の実存、

それに、ロシア正教会風の神秘主義といった独特の空気である。

ロシア革命によって社会主義のソ連が成立した後、ヨーロッパに散らばった旧ロシア帝国の亡命知識人たちは、ヨーロッパにも同化できず、自らのアイデンティティーを模索する。その中から立ち現れてきたのが、ヨーロッパとアジアに挟まれ、両者と重なりつつも、そのいずれでもない、いわゆる「ユーラシア主義」であった。ユーラシアとは、「ユーロ」と「アジア」の合成語であるが、この場合、ユーラシア主義者が特に懐疑心を募らせたのは、アジアよりもヨーロッパに対してであった。

そして、冷戦終結によるソ連崩壊後のロシアに、かつてのユーラシア主義ではないにせよ、新たなユーラシア主義的雰囲気が醸成されても不思議ではなかろう。この雰囲気は、ヨーロッパとアメリカが主張する西洋的・普遍主義的価値観とは一線を画そうとする。ソ連の解体とともに、改めて、ロシア、ベラルーシ、ウクライナこそが一体の「ロシアの民族」であり、「ロシア的価値」の中心である、という感覚が浮上する。

西洋とは一線を画するロシア的なものくのアイデンティティーを求める心情からすれば、ウクライナのヨーロッパへの接近は一種の背信行為と見えよう。言い換えれば、米国中心の西洋的秩序の中にあっては、ロシアは決して一級国家にはなれないという思いがあり、NATO（北大西洋条約機構）の拡大は、西洋的秩序の具体的な脅威と映るのであろう。

もちろんこれがロシア人の平均的心情だというわけではかろう。またプーチンのウクライナ侵略は決して許容できるものではなく、国際法にも人道にも反する暴挙である。だが、この暴挙の背後には、西洋との内的な葛藤をはらみつつ、社会主義による近代化を遂行し、しかもそれに挫折したロシアやウクライナの苦い歴史的事情が存在するのである。

むしろ真の問題は、冷戦以降の世界をまとめるはずであった米国中心の西洋的価値や世界秩序構想の破綻にこそある。リベラルなデモクラシー、グローバルな市場競争、個人の基本的権利、主権国家体制、ユートピア的志向をもった歴史観、米国の覇権による世界秩序。こうした近代的価値がうまく機能しないのである。

かくて、冷戦以降の「グローバルな世界秩序」や「西洋近代の思想」という表

皮が剥がれ落ちてゆくと、その背後に隠れているものがむき出しになってくる。中国は西洋的価値を共有せず、中華帝国の再来とばかりに膨張路線にはいる。ロシアはロシアで、ユーラシア大陸の中心部にあって非西洋的なスラブ文明圏の再興を夢想する。こういう動きがでてきても不思議ではない。端的にいえば「近代主義」の二大典型である「社会主義」と「アメリカ型のグローバリズム」が失敗すると、その背後から、いわば隠れていた「精神的な風土」とでも呼びたくなるようなものが表出してくる。あの大地と民衆、ロシア正教、ツァーリズム（皇帝主義）などの残影を伴ったロシアの精神風土、それは、西洋の個人主義、リベラルなデモクラシーなどとは大きく違っている。

　　＊
　トルストイは「戦争と平和」のなかで次のようなことを述べていた。歴史家は一般的な抽象的理念を考え出す。たとえば、自由、平等、啓蒙、進歩、文明など を想定し、それこそが人間の運動の目的だと考える。その図式にあてはめて、人間の活動を意味づけ評価する。だが、歴史にはそんな目的もないし、指導者であれ大衆であれ、何らかの自由な意思や理性をもって歴史を動かすわけではない。
　ナポレオンは巨大な権力を手に入れて西ヨーロッパからロシアまで遠征した。そこにナポレオンの強固な意思や野望を見ようとする歴史家は彼を天才という。しかし、歴史を動かす人間の自由意思などというものはない。ただ、西ヨーロッパのある種の力の作用がロシアに押し寄せ、次には、冬将軍と神に祈るばかりのロシア総司令官の前でこの力は敗退し、皇帝アレクサンドル一世がそれをまた西へと押し戻しただけだ。
　こういう動きの背後には、人間の意思や理性でははかることのできない何らかの作用が存在するのではないか、とトルストイは暗示している。それを帝政ロシアでは「神」といったが、今日われわれはそうはいわない。あるとすれば、西ヨーロッパとロシアの「精神的な風土」の交錯というくらいではなかろうか。
　ロシアが、一方で西洋近代から圧倒的な影響や脅威にさらされつつも、半ばアジアに属して、独自の「ロシア的なもの」を模索したという歴史は、実は、日本とも無縁ではない。日本の近代も西洋の脅威にさらされつつも、同時にアジアの一員であるという意識を放棄できなかった。西洋近代の価値がうまく機能しない今日、日本もまたその「精神的な風土」を問われているのではなかろうか。にも

かわらず、戦後の日本は、そのような問いを発することもなく、米国流の歴史観、世界秩序観の信奉者であった。

今日、冷戦後のアメリカ流グローバリズムの表皮が剥がれつつあるなかで、われわれはむき出しの「力」が作動する世界へ移行しつつある。ユーラシア大陸の中央部と東西の端はかなり異なった文明を持っている。西洋、アジア、ユーラシアの大国を舞台とした文明の衝突が起きる時、日本は、そのはざまにあって、前線に置かれる。

その時、日本はどのような立場をとるのだろうか。状況次第では、日本も他国からの攻撃の可能性を排除することはできない。今回の事態は決して他人事ではない。果たして、われわれは、火炎瓶を作ってまで自衛しようとするウクライナの市民のように命がけで立ちあがるのであろうか。

（二〇二二年三月二六日『朝日新聞』朝刊に掲載された佐伯啓思氏の文章による）

＊(注)　トルストイ──19世紀ロシア文学を代表する小説家・思想家。

1 **2** **3**　本文中の空欄　a　　b　　c　にあてはまる語句として、本文の論旨に照らして、最も適当なものを、それぞれ選択肢⑴～⑸の中から一つ選び、その番号を解答用紙にマークせよ。

1　a

⑴　実存的　　　　⑵　原初的

⑶　人工的　　　　⑷　経済的

⑸　政治的

2　b

⑴　民族的　　　　⑵　宗教的

⑶　言語的　　　　⑷　論理的

⑸　神秘的

3　 c

(1)　近代的　　　(2)　現代的

(3)　西洋的　　　(4)　西欧的

(5)　アジア的

4　日本をめぐる筆者の見方として、本文の論旨に照らして、最も適当なものを次の中から一つ選び、その番号を解答用紙にマークせよ。

(1)　近代日本は英語教育の充実などに注力する一方、自国の言葉や文化を疎ろにして、その「精神的な風土」を喪失した。

(2)　第二次大戦後の日本は、自らの安全と平和を米国の軍事体制に依存して確保するとともに、米国の歴史観や世界秩序観を信奉してきた。

(3)　西洋的な価値観を共有しない現在の中国は、中華帝国の再来を図った膨張路線をとっている。ロシアのウクライナ侵略は、アジア地域における中国の膨張路線を勢いづかせることになるため、日本にとっても無縁ではない。

(4)　プーチンによるウクライナ侵略は国際法と人道に悖る暴挙であり、異なる文明間のはざまで前線に位置する日本としては、こうした行為を許容するわけにはいかない。

(5)　日本はアジアの一員であるから、むき出しの「力」が作用するようになった今日にあっては、ユーラシアの中央部と西側との間で文明の衝突が起きた時には、アジアの「精神的な風土」を守るために命がけでも自衛する覚悟が必要である。

5　文化、文明、歴史に関する筆者の見方として、本文の論旨に照らして、最も不適当なものを次の中から一つ選び、その番号を解答用紙にマークせよ。

(1)　シュペングラーは、アメリカ文明とソ連社会主義という二つの近代文明の観念が、歴史的に構築された民族の営みとしてのヨーロッパ「文化」には反するものであるとして、ヨーロッパは自らが創出した近代文明によ

で没落へ向かう運命にあると論じた。

(2)　アメリカ文明が個人の諸権利、自由やデモクラシー、法の支配、市場競争などの普遍的価値を掲げ、その実現を米国の使命と考えてきたのはたしかだが、実際上はそれをつねにすべての国に強制してきたわけではない。

(3)　ロシア革命後、旧ロシア帝国の知識人のなかには、ソ連社会主義の文明に与せず、ヨーロッパに亡命する者もいた。しかしそうした亡命知識人は、ヨーロッパに同化したわけではなく、自らが何者であるかを問うなかで「ユーラシア主義」が台頭した。

(4)　アメリカ文明はソ連社会主義との冷戦に勝利を収め、冷戦後の世界秩序の中核となるはずであった。しかしいまや米国中心のグローバリズムが世界で受け入れられているとは言えない。

(5)　権勢をきわめたナポレオンはロシアにまで遠征したものの、「冬将軍」に直面して敗北した。この歴史はトルストイが暗示したように、自然の力を前にしたとき、人間の自由意思や野望がいかに無力であるかを示している。

6　ロシアのウクライナ侵略に関する筆者の見方として、本文の論旨に照らして、最も適当なものを次の中から一つ選び、その番号を解答用紙にマークせよ。

(1)　冷戦時代にウクライナはソ連の一部であったことから、ロシアではウクライナを自国の一部と捉える見方が支配的となった。他方で、ウクライナでも長年のソ連支配のもとでアイデンティティーのロシア化が進行したため、ロシアの侵略を許す結果となった。

(2)　ロシアのウクライナ侵略は、国家の合理的行動としては到底理解できず、指導者としてのプーチンが狂気ないし病気に陥ったことに起因したものと捉えるほかない。

(3)　ロシアは冷戦後に拡大を続けたNATOに国境を接するウクライナが接近の動きを見せたことに軍事上の脅威認識を強めていた。そのため、プーチンがウクライナのNATO加盟を阻止すべく軍事行動を命じた。

(4)　冷戦後のロシアではアメリカとの近代文明の戦いに敗れたという挫折感のなか「ロシア的価値」を求める心情が出てきた。その一角を構成するはずのウクライナによるヨーロッパ接近をロシアは裏切りと捉えたことが、今回の暴挙の背景にある。

(5)　西ヨーロッパとロシアの「精神的な風土」は大きく異なり、プーチンはリベラルなデモクラシーや個人の権利など、西ヨーロッパの価値観がロシアに流入して「ロシア的価値」が否定されることを恐れていた。そこで西ヨーロッパに近づこうとした隣国を攻撃した。

7〜9　次の文章を読んで、後の設問に答えよ。なお、設問の都合上、本文を一部改変したところがある。

「民主的で豊かな社会を目指して順調に進んできたはずなのに、どうしてこんなことになっているんだろう。やっぱり、バブルの崩壊とかリーマンショックとかで、経済がよくなくなったからかな。そうすると、コロナでもますますどうなってしまうのか……」。こんな風に感じている人が、いまの日本には多いのではないかと思う。普通に考えると、経済が上向きになりそうな理由は見つからないし、不確定要因は増える一方で、希望を見出すのは非常に難しい状況である。

「どうしてこんな……」の中身には、日本に固有のものと、世界共通のものが含まれている。私は一九九〇年ごろに大学に入った世代だが、当時は日本社会は民主的な方向に「進歩」していくものと信じて疑っていなかった。――三〇年後の未来に、死刑容認派がなお世論調査の人割を超え、ヘイト本が書店に溢れ、自民党一強体制が強化され…（中略）…ている、などということは、およそ想像できなかった。「自由と民主」に向かうことを「進歩」とするかぎり、日本社会は明らかに逆行を始めている。近代を理想に掲げる法学者にはとくに厳しい現実である。

一方、民主主義を実現し、経済的自由を謳歌していたはずが、いつの間にかルールのよく分からないゲームの競技者として走らされ、人助けをする余裕すら

なくなっていた、という状況は、多くの国に共通であっただろう。経済至上主義には順応するしかないように見え、そうなると、啓蒙の申し子であるはずの法学徒にしても、人間を、自由の主体というより、景気の動向に生存が左右される卑小な存在と位置付けるしかなくなってしまう。

それでも人類の歴史は続いていく。時代の転換点にあって「自由と民主」「豊かさ」といった近代主義の物差しは、むしろ視野を狭めているだけなのかもしれない。とはいえ、……ほかに一体どんな尺度がありうるというのだろうか。

二一世紀に入る頃、医学はヒトゲノム（ヒトに関する全ゲノム情報）を解読し、研究に役立てるようになった。疾患発生には環境因子なども働いているから、ゲノム解析は万能ではない。しかし、人間が対象であるために実験に頼ることができない医学にとって、人体に関する最も基本的な情報を網羅的に得ることができるようになったという事実は大きい。実際、疾患に関わる遺伝子の解析によって、従来一つの疾患だと思われていたものが実際には単一の機序を持たない症候群であることが分かったり、疾患Aと疾患Bとの関連性が遺伝子レベルで明らかになったり、といった形で、疾患の理解は着実に深まっていると聞く。遺伝情報という基底的な情報の層が加わったとは、医学という学問にとっては、やはり一つの革命であったといっていいのであろう。

実験によってデータを集めることに限界があり、「科学」としての厳密性を持ち得ない点で、社会科学は医学のはるか上（下？）を行っている。社会科学が役立ててきた「データ」の主なものは歴史であるが、私たちの歴史解釈は、近代を理想化した、かなり偏ったものである。

近代主義の鏡、それは人間の自由と経済を大写しにする凸レンズである。進歩を実感できるときには自由意思の力の勝利を讃え、経済的困難を感じると経済を重視するようになる。「経済がこうだから仕方がない」と半ば無気力に陥る私たちは、二一世紀において、歴史を精神の発展過程と見たヘーゲルから「下部構造が上部構造を規定する」マルクスに至る一九世紀の歴史をそのまま繰り返しているかのようである。

社会を研究する学問が医学にとっての遺伝情報に相当するような認識基盤を持

のうとなどできるわけがない、というのが世間の常識であろう。少なくとも私は
その可能性を想像したことすらなかった。しかし、*エマニュエル・トッドを読み
進めていくと、どうも「遺伝情報」のたとえが大げさではないの——つまり、
それを参照することで事実の見え方が大きく変わり、新しい真実を浮かび上がら
せるような——情報の層が、そこにはあるようなのである。

　エマニュエル・トッドは、歴史家である（人口学者、人類学者などと紹介され
ることも多い）。トッドの最初の発見は「各社会の政治・経済体制（トッド自身は、
より包括的な価値観の体系であることを示すために「イデオロギー」の語を用い
ている）は、当該社会の近代化以前の家族構造と相関している」というものだっ
た。トッドはある日、共産主義が一定の成功を収めた地域は、一つの例外もなく、
「外婚性共同体家族」という家族構造を持つ地域であることに気づく。これが、
本稿を何度となく参照することになるであろう「大発見」の契機となった。
　この発見に導かれ、最後は人類史全体の読み直しにまで至るのであるが、（本
稿の）当面の主題に関していうと、トッドは、政治的民主主義と経済的自由主義
からなる近代システムは核家族型家族システムの投影であるという事実、そして、
核家族は歴史の進歩によって生まれたものではなく、歴史上最も古い家族シス
テムの残存した形態であるという事実を確認する。そこから示される歴史像は、
歴史を（家族システムにおいては）相互に拘束しあう農村的ないし封建的大家族
から自由な個人の契約を基礎とする核家族へ、（政治体制においては）専制的
君主への隷属状態から民主的政治体制への直線的な発展と捉える近代主義的な歴
史観を完全にひっくり返す、驚くべきものである。

　もう一つ、トッドが検証して見せた命題の中で、現代のわれわれにとって特別
に重要な意味を持つものがある。それは、「近代化」を含め、歴史の動きを最も
よく説明する因子は、経済でも哲学理論でもなく、人々の心、集合的な心性だと
いう命題である。人間の集合的心性は、まず、属する社会の家族システムの型に
規定されている（統計的な相関関係があるという意味であり「決定」の意味では
ない）。さらに、教育の普及は集合的心性の変化を通じて社会を変動させる大き

な要因となる。様々なデータからこうした命題を見出し、検証していくトッドの視点は、科学者のそれに近い。

　家族システムが社会の集合的心性を左右するという彼の命題は、人間の自由を否定するものとして、当初、欧米の人々に強い反発を受けたという。しかし、家族システムや教育水準（識字化の程度、高等教育の普及など）がどのように集合的心性の変化をもたらし、社会を動かしてきたか知ることができれば（相当程度、実際にできるのだが）、私たちの社会、そしてまた様々に存在する「彼らの」社会が、現在どのような状態にあり、何がそれをもたらしているのか、かなり正確に知ることができる。そして、現在の「グローバル」状況が、経済発展による必然などではないことも、理解することができる。うかつに読めば決定論*のように見えるトッドの議論は、実際には、自由の*データにとらわれ、迷子になっている近代主義者に、本当の意味の自由を与える可能性を持つものである。

　エマニュエル・トッドの仕事は、迷路の行き止まりにはまって出られなくなっている者をひょいとつまみ上げ、空の上から全体像を見渡せるようにしてくれる、そのような性質のものである。答えを教えてくれるわけではないが、「ああ、そういうことなのか。じゃあ」と考えることができる地点に立たせてくれる。これが、経済による支配を許し、「自由」の実現不可能性を突きつけられてしまいほうりしている（違いますか？）わが日本の社会科学にどれほどの救いをもたらすものであるか、いくら強調しても足りない感じがする。

　家族システムの観察や各種統計値の分析によって社会とその変化を捉えるのがトッドの歴史の方法であり、近代主義を揺るがす命題の数々、（哲学や思想ではなく）観察と分析がもたらした、自称「科学的発見」である。彼の歴史学がどのような系譜の中にあるのか、以下の簡略な叙述によって、その雰囲気をつかんでいただけるだろうか。

　一九世紀の半ばから人類学は最小単位の社会集団としての親族を研究対象としてきたが、二〇世紀中頃に「社会人類学」を確立したイギリスの人類学者たちは、文化の一側面としてではなく、社会がどう機能するかを解明する目的で、親族研究に熱心に取り組んだ。その成果はやがて、歴史学にも役立てられるようになる。

同じ頃、フランスでは「人口の一部ではなく全体に対する関心、歴史上の著名人物くのある程度の無関心、庶民と日常生活への関心」を特徴とするアナール学派が、社会全体を深層から捉える「社会史」の構築を目指した。こうした動きの中から、人々の感覚や思考様式を対象とした心性史、歴史人口学、識字化の統計的研究などが発達した。エマニュエル・トッドは、こうした時代に、フランスおよびイギリスで研究者としてのキャリアを開始している。それは「家族に関する、心性に関する人口統計学的研究が、複数の国の相互行動の総体の中で紛れもないテイク・オフをした、そういう時代（モメント）」であったという。

その後、歴史学の関心の中心は、政治や文化、イデオロギーを重視する考え方に戻っているという（トッドに言わせればそのこと自体が時代の心性ないし「時代精神」の反映である）。しかし「そういう時代」に撒かれた種が五〇年に及ぶトッドの仕事を通じて、社会科学者が目を刮く大発見をもたらしていくのである。

（中略）

「古代文明の衰亡後、自給自足的な農業経済に戻った人類は、封建的身分秩序の下で、宗教を信じ、しばしば不合理な因習にとらわれて暮らしていたが、農業生産の増大や、貨幣経済の広がりにより都市や商業が発達。封建的束縛から逃れ、「個」を確立した市民が、文化を担い、政治参加、経済活動の自由を勝ち取って、新しい自由で民主的な社会を作り上げた。大きな戦争などの紆余曲折はあったが、民主化と工業化を達成する地域は広がり、科学技術の発展にも助けられ、基本的には豊かさを増す形で歴史は前進している。」

おおまかにいうとこんな感じのストーリーを、私たちは信じている。「自由で民主的で豊かな社会」は人類の偉大なる達成であり、目指すべきお手本である。だからこそ、私たちは、日本が「自由と民主」から遠ざかればため息をつき、グローバル経済の先行きがロクでもないと感じれば希望を失う。同時に、それが「お手本」であるからこそ、西洋由来の政治思想や法制度を詳しく知る者──社会科学者である──には、日本の現実を「上から」論評する特権的な地位が与えられ

できた。

　物語の典拠はマルクスであり、ウェーバー*である。高校では習わないが、ストーリーの基底には［　A　→　B　→　C　］という「下部構造」の変化がある。これが真実なら、中世のイングランドには、大家族で暮らす集団主義的な人々がいたはずであり、同国において、複合家族から核家族へという流れが確認できるはずである。

　一九六〇年代のケンブリッジで行われた調査の結果は驚くべきものだった。ピーター・ラスレット*は、地元の牧師が作成した住民リストから世帯の人員構成を復元し、一六世紀末まで遡って、イングランドでは核家族が支配的であったことを明らかにした。アラン・マクファーレン*は、家族システムの前に中世の人々の調査を行っていたが、魔女を調査すれば、他の地域で伝えられる魔女集会や魔女集団の会合は見られず、魔女は単独行動をしがちであった。男女関係や結婚のパターンを調べれば、結婚が両親に規制されることはほとんどなく、男女関係も考えられるほど自由であった。その後、家族システムの調査に取り組んだマクファーレンは、土地保有に関する裁判記録等（相続の基礎資料である）からイングランドは一二五〇年頃には現在とほぼ同様の家族制度を有していたと結論し、そこから、工業化や都市化は、イングランドの核家族の特質の原因というより、むしろその結果であるという示唆を読み取ることになった。

　イングランドの人々は、最初から自由で個人主義的であった。そして、正にそのイングランドから、経済的自由主義と政治的民主主義を組み合わせた近代システムが発生した。冒頭のストーリーを打ち砕くには、これだけで十分であろう。人類は、封建社会からリベラル・デモクラシーに向け進歩の道を歩んできたわけではなく、因習的な人々がルネサンスや啓蒙を経て「個人」になったわけでもない。イングランドで起きたのは「自由で個人主義的な農民が、自由で個人主義的な市民になった」ということであり、それ以上ではない。

　「自由で個人主義的な農民が、自由で個人主義的な市民になった」のがイングランドだとすると、われわれは一体何から何になったのであろうか。その理解を助けてくれるのが、人類学システムである。

エマニュエル・トッドは、国や地域に特徴的なメンタリティの基層にあるのが近代化以前の家族システムであることを発見した（家族システムが作り出すメンタリティは、近代化によって当のシステムが失われても相当程度残存することから、トッドはこれを「人類学システム」と呼ぶようになった）。

重要なのは二つの分類軸である。親子関係の二分法（自由／権威）が社会の縦の関係を、兄弟関係の二分法（平等／非or不平等）が横の関係を定義する。なお、親子関係の指標は世代間同居の慣習の有無、兄弟関係の指標は相続の規則である。外婚／内婚（配偶者を集団の外から選ぶか、中から選ぶか）の規則ないし傾向も考慮され、以下では共同体家族の分類に用いられる。

（１）核家族（アングロ・サクソン諸国、フランス等）

核家族は夫婦の婚姻関係だけを紐帯とする最小の組織であり、子どもは成年に達すると直ちに家を出る。子どもは親の権威に拘束されることなく、自由な一人の人間として扱われる。イングランドの個人主義、政治的自由主義の基盤である。

フランスも核家族だが、兄弟関係に違いがある。相続に関する規則を持たず、親が遺言を多用するイングランドは、兄弟関係の平等に関心を持たない、非平等主義的な性格を持つ（絶対核家族）。兄弟を平等に扱う厳密な相続規則を有するフランスは、イングランドが生んだ「自由」に「平等」を付け加え、近代イデオロギーを完成させた（平等主義核家族）。兄弟間の平等の観念は、人間は皆同じであると考える普遍主義の源であり、国の拡大、帝国の運営に必須の素質である。

平等主義の規則を持たないアングロ・サクソン諸国は、社会的・経済的不平等への耐性が高く、アングロ・サクソン諸国によってグローバル経済が牽引されたことの意味を説明する。

（２）直系家族（ドイツ、日本、韓国等）

親は跡継ぎである長男と同居し、長期に渡ってその権威を及ぼす。土地や主要な財産は全て長男のものであり、他の兄弟姉妹は下位に位置付けられる。権威が縦の関係を規律すると同時に、安定的な継承のために、兄弟関係は「不平等」が規範となる（この点で、単に平等に無関心な絶対核家族と異なる）。

垂直の強い秩序の感覚を持ち、強制力なしに規律を保つことが可能であるが、自他の差異化、細分化への志向の強さから統一国家の形成は得意でない（一九世紀以前のドイツ、日本はその典型であるし、バスク、カタロニア、アイルランド……と直系家族メンバーを並べると何かが分かるであろう）。直系家族は技術や知識や知的雰囲気などを子孫に伝達するメカニズムを持ち、高い教育水準、産業技術の開発、近代化に貢献する。一方で、同じように民主主義を確立し、資本主義経済を営んでいるように見えても、中身は核家族地域と同じではない。自由選挙を実施していても、有権者は政府と多数派に票を投じ続けるため、政権交代は滅多に起こらないし、自由主義経済の下でも、経済行動は保護主義的で、消費者は多少値段が高くても自国産の製品を好む。

　直系家族の不平等性は、家系の継続を目的としたものであるため、各家族が自分の土地と家を安定的に保有することを認める。その結果、直系家族地域の経済構造は比較的平等主義的であり、はなはだしい経済的格差への耐性は低い。

（3）共同体家族

　親子間の権威主義と兄弟間の平等の組み合わせであり、絶対核家族と対照関係にある。兄弟は結婚後も全員妻とともに親と同居する。兄弟に子供ができると三世代同居を縦に、兄弟世帯の同居を横に広がる大規模な家族構造になる。

　兄弟が親族集団の外から妻を娶る外婚性共同体家族では、父の権威はいくつもの世帯の上に君臨する強大なものとなる。しかし、兄弟は平等で序列がないため、父親の死がたちまち集団の分裂を引き起こす、不安定な構造でもある。

　この家族における近代化とは、共産主義の実現に他ならない。共産主義は、近代化により、不安定な外婚性共同体家族が爆発的に解体したことによって生じた政治形態であり、強大な父親の権威の代わりを務めるのが党と政治警察である。中国、ロシア、ユーゴスラヴィア、ベトナム、キューバ……と並ぶ外婚性共同体家族のリストを見れば、そうか、と納得するはかない。

　アラブ圏のシステムである内婚性共同体家族では、父親が共同体家族の上に君臨する点は同じであるが、アラブの内婚の理想は、父の兄弟の娘（従姉妹）と息子の結婚である。父親は、形式的には権威を持つが、内実は、婚姻という最重要

案件を慣習に委ねていることになる。こうして、アラブ圏では、権威は、究極的には人格というよりも慣習によって個人に影響を及ぼしている。

　家族システムとそれぞれの「近代化」を見て「いろいろな「核家族」と思った方もいるかもしれない。「日本はそんなに、ステイキップのせいで、前近代を払拭できずにいるのか……」などと思ってしまった方に、よいお知らせがある。

　以下は、イギリスや他のアングロサクソン諸国以外で、核家族性が確認された地域や民族のリストである。ルソン島北東部に住む狩猟採集民アグタ人、ロッキー山脈に住むアメリカン・インディアン集団の一つ、ショショニ人、南米の最南端フエゴ島に住んでいたヤーガン人、インド洋の島々に居住するアンダマン人、南アフリカのブッシュマン、中央ブラジルのナンビクワラ人……。

　近代化を牽引したイギリスと未開の地域。謎めいた組み合わせだが、一九一〇〜二五年の間に言語学や人類学が確立した「周縁地域の保守性原則」に照らすと、この地理的分布の意味するところが分かる。特徴Bが中心の地域を占め、Aがいくつもの孤立した周縁的な地域を占めている場合、特徴Bは中心部で発生した何らかの革新が広がりを見せたものであり、特徴Aはかつて支配的であった特徴が残存したものである蓋然性が高い。ユーラシア大陸についてこれを見ると、ロシア、中国、中東の大部分は共同体家族という家族形態が占めており、核家族は孤立した周縁的地域に分布する。イングランドの核家族は、革新による変化を免れて、周縁地域に古い家族形態が生き残ったものだということになる。

　どうやら、核家族は、先進性の証ではない。しかし、世界で最初に近代化を達成したのは、やはりイングランドなのである。経済発展を主な駆動要因と見る冒頭のような歴史観が成り立たないとすると、「なぜ」という問い以上に深く迫ってくるのは、近代化と呼ばれてきた物事は、いったい何なのか、ということであろう。

（辰井聡子氏の「平らな鏡で世界を見れば①」書斎の窓六七〇号、同「平らな鏡で世界を見れば②」書斎の窓六七一号による）

＊(注)　くーゲル——ドイツの哲学者。

　　　　マルクス——プロイセン王国出身の哲学者。

　　　　エマニュエル・トッド——フランスの歴史人口学者。

　　　　決定論——人間の意志・行為など普通自由だと考えられているものも、実はすべて何らかの原因に
　　　　　　　　よってあらかじめ決められているという考え。

　　　　ドグマ——独断的な説。

　　　　アナール学派——現代フランスの歴史学の主流をなす学派。

　　　　ヴェーバー——ドイツの社会学者。

　　　　ピーター・ラスレット——イギリスの歴史家。

　　　　アラン・マクファーレン——イギリスの歴史人類学者。

　　　　アングロ・サクソン諸国——英語を国語・公用語とするイギリス、アメリカ、オーストラリア、カ
　　　　　　　　ナダ、ニュージーランドなどの国々のうちに呼ぶ。

7　文中の空欄 A → B → C の順にあてはまる語の組み合わせとして、本文の論旨に照らして、最も適当なものを次の中から一つ選び、その番号を解答用紙にマークせよ。

(1)　A　大家族共同体による農業経営　　B　個人主義的な核家族システムの普及　　C　資本主義経済の勃興

(2)　A　大家族共同体による農業経営　　B　資本主義経済の勃興　　C　個人主義的な核家族システムの普及

(3)　A　個人主義的な核家族システムの普及　　B　大家族共同体による農業経営　　C　資本主義経済の勃興

(4)　A　個人主義的な核家族システムの普及　　B　資本主義経済の勃興　　C　大家族共同体による農業経営

(5)　A　資本主義経済の勃興　B　個人主義的な核家族システムの普及

　　　C　大家族共同体による農業経営

(6)　A　資本主義経済の勃興　B　大家族共同体による農業経営

　　　C　個人主義的な核家族システムの普及

8　傍線部〈よい知らせがある〉の内容として、本文の論旨に照らして、最も適当なものを次の中から一つ選び、その番号を解答用紙にマークせよ。

(1)　トッドによれば、経済発展は近代化の要因ではない。

(2)　直系家族という形態こそ先進性を備えた家族システムである。

(3)　現代のわが国における家族形態も核家族化が進んでいる。

(4)　核家族は前近代から続く家族形態であって、イングランド内部における革新の結果として得られたものではない。

9　本文の内容に関する説明として、最も適当なものを次の中から一つ選び、その番号を解答用紙にマークせよ。

(1)　トッドは、資本主義経済の発展が家族形態を共同体的なものから個人主義的なものへと変容させたという既存の説を覆し、家族形態こそが政治のシステムを規定する要因となったとする。共同体的な家族システムが政治革新的に拡大する流れに取り残されたイングランドの前近代的な核家族システムは、しかし、他の世界に先駆けて近代化を経験した。

(2)　高い教育水準を有する国家は直系家族のシステムを採用することで近代化を獲得した。しかし、その経済と家族の両方にある平等主義的構造ゆえに、経済格差に対する耐性は低いため、有権者は保護主義的な経済行動を好み、そのような政府に対する支持が継続された。結果として、こうした国家では政権交代が起こりにくくなった。

(3)　フランス的な核家族システムと外婚性共同体家族は、絶対的権威を持つ

文の下で兄弟間の相続規則が平等だという点で共通しているが、父親が死亡すると外婚性共同体家族が崩壊し、党と政治警察がその権威にとって代わることで近代化が進んだ共産主義国家とは異なり、自由を尊ぶフランスでは、相続規則と相まった近代的価値観が形成された。

(4)　家族システム社会の集合的心性を左右するという命題が真であるとすると、人の価値観は生まれ育った家族システムによって決まることとなるため、非決定論的な考え方であると批判されている。しかし、集合的心性の変化をもたらした要因を特定することが可能になれば、社会科学は医学における「遺伝情報」を手に入れることとなる。

10〜13　次の文章を読んで、後の設問に答えよ。なお、設問の都合上、本文を一部改変したところがある。

　わたしたちは過去から自由ではありえない。過去からのたえまなき問いかけに対して、向き合ってゆかなければならない。そうしなければ、過去はわたしたちに憑依してしまなうのだから。ここや、向き合っても憑依はとまらない。しかし、向き合うことによって、未来と歩む時間のなかに過去を置き換える可能性ができるのだ。過去を語るとは、過去をすべて暴き立てることではなく、「今」の時」を生きるために過去を語る行為なのだ。過去を恐れ、そこに囚われたままでいることは、過去を隠蔽することになる。過去の隠蔽は未来も現在も生み出さない。忘却も都合よくは働かない。過去と向き合うなかで忘却も起こり、過去から逃げることで憑依も起こるのだ。記憶するという行為は、つねに訴えうるけ、取り憑いてやまない過去の声に対して、そのなかに力蓋えて沈んでいくことではなく、過去に向かいながら、差異化が起こることを承知のうえで表象化を行ない、その表象化によって忘却をも引きおこするのである。それが、エルネスト・ルナ＊ンの言う「記憶するために忘却する」ということの意味である。それは一度踏んきりをつけてしまえば、それで済むというものではない。たえず意味づけを変えながら、今そして明日に向かっていくことである。それが喪という行為である。

他者は、自分が体験していないという負目を痛みとして、当事者ではない非共約性をもって、当事者に向かっていく。しかし、その過去に捕らえられていないからこそ、憑依されていないからこそ、そこに捕まった人間に前に歩んでゆく勇気を分け与えることができるのだ。非共約性はわたしとあなたがまったくわかりえないということを意味するものではないし、他人に自分の過去を何も語る必要がないということでもある。平行線のままの関係ではなく、交差してゆくなかで、自分の明け渡しというものが生じているのだ。たしかに、ヴァルター・ベンヤミンが翻訳の多義性を説く一方で、やみがたい起源への志向性を説くように、わたしたちは避けようと思っていても、同じような場所へふたたび引き寄せられていく。しかし、そこで起きる出来事が過去と同じことのくり返しのようにみえても、人間という存在がそのつど置かれた歴史的制約を被らざるをえないかぎり、まったく同じことは一度とは起こらない。かかる相手が異なるのだから。おなじことのくり返しを恐れてしまうのはトラウマに囚われているからである。過去を恐れて、今を失うのだ。同じように見えようとも、違うのだ。明日に誰にめぐり会うことになるのかは、誰にもわからない。わたしとあなたがそうであるように。そして、おそらく、わたしたちがどうしようもなく歴史的 A を刻印された存在であるからこそ、自分にってかけがえない人間というものもたしかに存在するのだ。それが誰かということは、つねに自分の予測を裏切るかたちで現れるものであるけれど。

*　ベイデガーが言うように了解と解釈は異なる。了解とは過去からの憑依であり、無意識の制約である。しかし、解釈とはそこに新たな他者との出会いを加え、新たな地平の融合を引きおこすことなのだ。過去にとらわれながらも、そこで過去の位置づけがずれていくのだ。それは過去から解放された時間などではない。むしろ過去を位置づけなおした時間であり、明日へと開かれていく時間なのだ。今とは、本来、過去と現在が同時に流れ込んでくる時であり、ベンヤミンが「今りの時（Jetztzeit）」と呼ぶというものである。そして、他人との差異化を引きおこしながら、そのズレを抱えながら、たがいが大きな容器の一部をなしていく。

ひとつの器の断片が繋がるためには、断片同士が似た形である必要はない。

しかし、それらはおたがいに微細な点まで続いていなければならない。だから翻訳も、原作の意味におのれを似せるのではなく、愛をもって微細な点にいたるまで原作の意味のあり方に従いつつ、みずからの言語においておのれを形成し、そうすることによって原作と翻訳の両方が、断片がひとつの器の部分であるように、ひとつの大きな言語の部分として認識されるようにせねばならまい。

　それはもちろん、おたがいが同一の存在である必要はない。そもそもわたしたちは自分自身とのあいだにさえ隔たりをはらんでいる。そのような異なる存在を包みこむ不可視の場がベンヤミンのいう「純粋言語」である。それは非共約的なものを共存させる場であり、そこでは相手によって共存の仕方、距離の取り方も異なることになる。生活をともにする相手もいれば、その外側で批評的な発言を行なう相手も存在しよう。その思惑は相互のあいだでさえ異なるものだし、自分がほんとうはどのような感情を抱いているかというときえ、当人にとっても明白ではない。このような日常が不可避にはらむ決定不能な状況のなかで、わたしたちはそのつど決断という行為を迫られていることを忘れてはならない。だがの時間が交わるなかで、日常生活を重ね合う関係になる者もいれば、ほんの一瞬のすれ違い、何の跡も残さない関係に終わる場合もある。しかし、それはわたしたちの意志だけでは決めることのできる事柄なのである。

　いずれにせよ、わたしたちが過去に捉われながら生きている以上、その捉われから己をどのように解き放っていくか、その身の置き方が問題となろう。そこから逃亡するのではなく、その捉われた位置づけをおして、現在を他人とともに築いていくなかで、これからを生きる勇気も湧いてくるのであろう。みずからの過去の受容の仕方によって、それを引き受ける現在の構造も異なってくるはずである。もちろん、過去が辛ければ辛いほど、その過去を——しませんは非当事者にほかならないにせよ——ともに引き受ける覚悟のある他者の存在が必要になる。しかし、表現行為に携わる者はそのような明日に向かって生活をともにする存在ではない。表現者は読者を過去のトラウマから解放するために、みずからの身体性をもたない、今ここという時には現存しない亡霊として、　B　な役割を負わされ

　た者なのだ。亡霊は身体をもたないからこそ、みずからの肉体に縛られることなく、どこにでも、誰にでも呼び出されれば、そこに姿を現わす存在となる。たとえば、今この文章を読んでいるあなたの枕辺にも。

　それは過去の解毒剤であり、読み手の一人一人が明日に向って生きる準備を済ませるなかで役目を終えている。表現者もその身体を有している以上、かれら自身はたんなる亡霊的な存在にとどまることはできないのだが、そのような本人の願いとは関係なく、表現者という存在自体が、否応なしに、非在の存在としての役目を喚起するのである。受容の美学が説くように、それが、著者から独立してテ＊クストが人びとに読むのがれるということなのだ。それぞれの読み手は表現者のテクストから自分自身が抱える想いと共鳴するものを感じとり、心の闇や過去との交渉の仕方を学びとり、これから出会うべき新たな他者のもとくと旅立っていく。山田太一の映画『異人たちとの夏』では、あの世から心配して様子を見にきた父母に対して、主人公がもうこれ以上は会えなくなったと申し伝える場面がある。

　「やっぱりね」と母が淋しい声を出した。「このままやって行けるわけはないと思っていたのよ」
　「そう。短くたって、こんな思い出来ただけで、どれだけ私らも幸せか分かりやしない」
　「身体を大事にね」
　とどめようもなく父の肩も消え、母の顔も薄くなって行く。

　だが、その身体性を失落させた言表行為であるからこそ、表現者のテクストは、読み手にも自分の歴史的制約を忘却させるような錯覚をも引き起こす。テクストが批判的言表による歴史的場所からの距離化という働きを帯びるために、歴史的制約を超え出るかのような超越意識を喚起させてしまうこともあるのだ。当人のおかれた状況が苦しければ苦しいほど、みずからの身体を忘れてしまうということもあろう。言説という言表行為は、どうしても発話者や読み手が言説の外部に立っているかのような錯覚を与えてしまうのである。だが、自分もまた複雑な

人間の関係のなかでも、が、普通の人間であり、傷つけ合いながら、他人と向き合って生きていくのだという覚悟をもって、現実の共同性をたえず対象化していく表現活動を行なうならば、これまでのような閉じた超越意識とは異なるものを読み手にもたらしうるのではないだろうか。それは現実に雑居することのできる遅いというナラティヴの力として——それが学問であろうが小説であろうが——、他者との新たな関係性を切り拓くものになるはずである。

　　*
ミシェル・フーコーのいう主体とは言説や規律に支配されながらも、さまざまな力の抗争によって生ずるものであり、たんに制御されるだけの脆弱なものではない。主体は生くのやみがたい欲求のせめぎ合いに突き動かされてゆくというものであり、抵抗も叛乱もそのやみがたい衝動から生じてくるものなのだ。差異化と均質化のあいだに主体は描かれる。フーコーの主体化は、その主体が力を真理として望むからこそ、外部からではなく、その主体の日常的な次元から権力が発生してきてしまうことを説くものである。国家権力さえ外部に存在するものではなく、個々人の内なる力の意志から不可避に立ち上ってくる。だからこそ、権力は日常の次元での抵抗によって朋れる可能性を生じることになる。このように多様な力の絡み合いの場として言説を捉えるならば、それはもはや言説にとどまるものではなく、差異化と力のせめぎ合いに充ちた亡霊論へと展開されていくことだろう。ジャック・デリダはブラントンのフーコーという概念を通して、みずからの亡霊論をつぎのように説明する。

あるとき不意に、みずからを構築し、その支配的形態のもとにみずからを定位することによって……テクストは、そこにおいてみずからを中性化=無力化し、麻痺させ、自己-破壊ないし隠蔽してしまう——不均質に、部分的に、暫定的に。かくして抑制された諸力が、さまざまなテーゼの組織のなかに、一定の混乱を、すなわち潜在的一貫性のなさや不均質性を保ちつづけることになる。……この歴史の「すべて」は葛藤をはらんだもの、不均質なものであり、それはただ、相対的に安定化可能なさまざまなヘゲモニー場を与えるだけである。それは、したがって、けっして全体化されはしない。

幽霊としてテクストを捉えたときには、テクストはつねに同一化を拒む存在であり、分節化されていくときには、その残余を異質な余白として生み出し、同質化した部分を代補して脅かすのである。その点で、村上龍が『エクスタシー』などの作品で描き出した、自意識を超えた性衝動に突き動かされるままになった自分の身体感覚も、たんに快楽的なものと受けとられるべきものではなく、自分の矮小な自意識を根本的に覆すような身体的可能性として理解されよう。

　存在——その時、自分自身は、すでに物体となってしまったわけです。……感情、感覚、思考、理性、そんなものが、めちゃくちゃに交錯して順序、みち筋などというの昔に放棄しかめぐっていました……普段は調和している精神と肉体は完全に分離されてしまっているようです。肉体という存在はもはや、自己の内的世界と、外部の世界をかろうじてつないでいるというだけのものでしかなかったように感じます。私の心——あるいは私の内的世界——だけが宙に、闇の中にぽっかりと浮かび上がり、私は声をあげていました。……加えられる、そして逃れられない強い刺激、しかし止めて欲しいとは思いませんでした。声を、大声をあげることによってのみ、自らあげた声を聞くことによって外の世界と自分の世界とのつながりを保っているような気がします。……その時私は、純粋に感覚だけという奇妙な世界にたった一人浮かんでいたのです。

　もちろん、それが安易な快楽へと転落し、個人の意識を傷つける可能性はつねに潜んでいるわけだが。村上が初期の作品『コインロッカー・ベイビーズ』で描いた暴力性というものも、性衝動と同様に自意識を超えていく力であり、人間が根源的な衝動に充ちた生き物として存在していることを思い出させてくれる。そのような衝動が社会の規律と接触したときに、さまざまな歪みが生じていくことを村上の作品は描き出しているのである。

　　　　　　　　　　　　　　　　（磯前順一氏の『喪失とノスタルジア』による）

＊（注）　エルネスト・ルナン——十九世紀フランスの宗教史家、思想家。

ヴァルター・ベンヤミン――ドイツの文芸批評家、思想家。翻訳行為や複製技術の本質を論じた。

ハイデガー――ドイツの哲学者。人間存在における認識の問題について論じた。

テクスト――主に言葉で織り成された、書かれたもの。

山田太一――脚本家、小説家。「異人たちとの夏」は、山田原作、大林宣彦監督の一九八八年映画。

ナラティヴ――語り、語ること。

ミシェル・フーコー――フランスの思想家、哲学者。近代的な制度の背後にある歴史性を論じた。

ジャック・デリダ――フランスの哲学者。過去の哲学思想を批判的に対象化している。

プラトンのコーラ――決してそれを感覚、意味化できない何かが、確かにそこには存在し、息づいている「場」のこと。

メモリー――合意による支配、指導、そしてそれを維持すること。

村上龍――日本の小説家、映画監督。一九七〇年代以降、暴力や快楽をめぐる問題を様々な面から描き出している。

10 文中の空欄 A B にそれぞれ入る語の組み合わせとして、本文の論旨に照らして、最も適当なものを次の中から一つ選び、その番号を解答用紙にマークせよ。

(1) A　一回性　B　触媒的

(2) A　限界性　B　永続的

(3) A　同一性　B　倫理的

(4) A　反復性　B　想起的

(5) A　継承性　B　対話的

11 本文中の〈記憶するという行為〉に関する説明として、本文の論旨に照らして、最も不適当なものを次の中から一つ選び、その番号を解答用紙にマークせよ。

(1) 記憶するという行為とは、過去を差異化しつつ、それを新たな時間の内に置き換えることだ。

(2) 記憶するという行為とは、過去に憑依されることに抗して、未来へと志向

するものである。

(3)　記憶するという行為とは、過去を差異化し隠蔽することで、忘却＝過去からの解放を生む。

(4)　記憶するという行為とは、過去を表象化することでその意味づけを変えてゆくものである。

(5)　記憶するという行為とは、トラウマを生む過去の声に向かい合い、それを形にするものだ。

12　本文中の〈非共約性〉に関する説明として、本文の論旨に照らして最も適当なものを次の中から一つ選び、その番号を解答用紙にマークせよ。

(1)　非共約性は、他者を理解することが絶対に不可能であるということだが、そこでは他者への理解が全く不要になることによって、他者との新たな繋がりの可能性が生まれる。

(2)　非共約性を抱えているがゆえに人間は他者と関わり、生きる力を与えることが可能となるが、そこでは反復を恐れずに、自らにつきまとう過去を直視し表象する必要がある。

(3)　他者の体験を理解するために自分の過去を消去し、他者に対して自分の存在を無防備に「明け渡す」ことこそが、非共約性がもたらす未来志向的な生の可能性の本質である。

(4)　非共約性とは、決定的な差異を抱えた自己と他者の間に発生するものであり、そこで自己は、他者が抱えている過去に憑依されて、自分の過去をめぐる束縛から解放される。

(5)　人間は他者の体験を共有できない非共約性を抱えているが、「純粋言語」の場では、そのような自己と他者が完全に同一化して、差異をめぐる様々な決断が不要なものとなる。

13　本文の内容に関する説明として、最も適当なものを次の中から一つ選び、その番号を解答用紙にマークせよ。

(1) 喪という行為は、過去と決別し未来に志向するための能動的行為であって、歴史的制約に満ちた過去はそこで表象化されることで不変の固定された意味となり、主体から切り離される。

(2) 翻訳は、本質的に原作の起源へと志向するものであり、その翻訳行為の中で起きるズレを微細に消去し、過去と現在を同一化する行為であるとヴァルター・ベンヤミンは指摘している。

(3) 表現行為とは、過去と現在生きている空間が全く異なる読者が共感し得るような身体性を、テクストのなかの確固たる実体として表現者の側から主体的に贈与する解毒的な行為である。

(4) 亡霊論は、歴史を決して全体化することなくその葛藤と不均質性を対象化する視点を持つが、それは非実体的な「幽霊」としてのテクストが生む可能性を照らし出す有効な視点となる。

(5) 映画『異人たちとの夏』での身体性の欠落した言表行為は、村上龍の小説における性・暴力衝動に憑かれた身体感覚の描写と同じく、個人の衝動が社会と軋轢を起こす様を描出している。

14〜17　次の文章は、宮崎県都城に住む速水晴文という人物から送られてきた「恋歌論」という文章に、東京在住の筆者佐佐木信綱が明治三十一年に応答したものである。文章を読んで以下の設問に答えよ。

さきつ年物しつる『歌のしをり』を見給ひぬとて、恋歌論といくる一編を、あらはく示したまくる。境なくただれに、道のため隔て御志、こともうけは(1)しのこと。さればおほしき事うはぬは中々にあやなきわざなれば、かつがつ申し述べてむ。御あげつらひをよみあぐれはうはぬる、恋といふものを、あしき方にのみとり給くるが如し。又世々の勅撰の集にある恋歌をぞそしりつくしたまへる、あまりにかたよりたる御考にはあらざるべくか。歌はもと、人のおもひを

のぶるものにしあれば、恋とおもひ、なつかしといの心情のなはりをあらめ、さる情はおのづから人にそなはりたる情にして、さまざまの情の中にも、もと

A の深き情ければ、その恋とおもひ、なつかしといの心情をうたふ(2)だに、何のさはりか持らむ。ここに恋といくるは、ただ男女の間のみにはあらで、父子兄弟夫婦の相おもふる、又恋なるをや。かく申さば、かの『歌のしをり』に恋歌をもらせる説とは、うらうくのやうに持れど、さにはあらず。かの書はむ

ね若き人を導かむたうまにものしつれば、はらをまりつに、恋の歌を、歌の中よりはぶかむとせしには持らざりしなり。この恋歌につきて、先達のあげつら(3)ひしねを見持るに、大やう今申しつるおもぶきにたがひ持らず。まう鈴屋翁

の『石上私淑言』によらば、「歌は物をあはれと思ふにしたがひて、よき事もあしき事も、只その B のままによみいづるわざにて、これは C ならぬ事それはあるまじき事と、心えわけものはかるは本意にあらず。すぐれてからぬ事をもするといふものは、国を治め人を救る道のためなれば、よりまさる恋なことは、もとより深くうましむき事なり。さはあれど、歌は其教の方は更に(4)あらからず。物のあはれをしねとして、すら異なる道なれば、いかにもあれ、其事のよしあしをば打すてて、とかくらふくまじにあらず。もしとて其あしき振舞を

よき事として、あてやすにはあらず。ただ其よみ出る歌のあはれなるを、いみじき物にはするなり。」

（中略）

此説とも、Ａは歌の教の方にあづかるものならずといひ、Ｂは物のあはれを知る心、直き正しきの心なる事をいひ、Ｃは時代のかはりある事をともかくされたり。かれは恋の歌をひたすらにまさ、古を □Ｄ□ じるをあくはぶかむと論らひ給ふは、いかにぞや。

（佐佐木信綱の「恋歌につきて」による）

＊（注）『歌のしをり』——歌論。佐佐木信綱。明治三十五年刊。

　　　　わろはく——わろきこと。

　　　　から——ともあへず。

　　　　あげつらひ——論。

　　　　うらうく——あくうく、転じて矛盾。

　　　　たづき——手段、方便。

　　　　鈴屋翁——本居宣長（一七三〇—一八〇一）。国学者・歌人。

　　　　『石上私淑言』——歌論。一七六三年成立。

14　傍線部（1）から（4）をそれぞれ漢字に置きなおした組み合わせとして、最も適当なものを次の中から一つ選び、その番号を解答用紙にマークせよ。

(1)　（1）礼　（2）頗　（3）互　（4）賜

(2)　（1）礼　（2）障　（3）違　（4）与

(3)　（1）尊　（2）触　（3）互　（4）与

(4)　（1）尊　（2）障　（3）誤　（4）預

(5)　（1）嫌　（2）触　（3）違　（4）預

15　空欄 Ａ から Ｄ に入る言葉の組み合わせとして、最も適当なものを次の中から一つ選び、その番号を解答用紙にマークせよ。

(1)　Ａ　こひ　　Ｂ　心　　Ｃ　志　　Ｄ　情

(2)　Ａ　あはれ　Ｂ　教　　Ｃ　旨　　Ｄ　情

(3)　A　こひ　　　B　教　　　C　道　　　D　道

(4)　A　あはれ　　B　心　　　C　道　　　D　集

(5)　A　いろ　　　B　趣　　　C　旨　　　D　集

16　波線部「あまりにかたよりたる御考」と筆者が速水の意見を批判する理由についての説明として、本文の論旨に照らして、最も不適当なものを次の中から一つ選び、その番号を解答用紙にマークせよ。

(1)　文学と倫理とは、人間の精神的活動の中でも別領域を担当するものであるから。

(2)　恋は人間の情感を詠む和歌の素材として、最も重要なものであるから。

(3)　和歌における恋には、男女のみならず親子・兄弟・夫婦間の情愛も含まれるから。

(4)　昔の恋歌の情感を教えることが初心の若者には弊害があると考えるのには全く同意できないから。

(5)　恋の感情は人間誰しも持っているもので、それが文学に表現されることそのものを悪とは考えられないから。

17　二重波線部「む」と同じ意味の「む」を含む一文を、次の中から一つ選び、その番号を解答用紙にマークせよ。

(1)　タには朝あらむことを思ひ、朝にはタくあらむことを思ひて・・・

(2)　かさねてねんごろに修せむことを期す。

(3)　「うまじじ、けるはふいうがに」など言はむは・・・

(4)　子といふものなくてありなむ。

(5)　花を見てこそ帰り給はめ。

18〜21 次のAからDは、平安時代に源為憲が撰した俗諺集（いわゆることわざ集）『世俗諺文』の一節である。これを読んで、後の設問に答えよ。ただし、設問の都合上、返り点と送り仮名を省略し、本文を一部改変したところがある。

A　説苑＊ニ云ハク孔子曰ク良薬ハ苦シテ於口ニ而利ス於病ニ。忠言ハ逆ラヒテ於耳ニ而利ス於行ニ。故ニ武王＊ [a]々トシテ而[b] 紂＊ [c]々トシテ而[d]。

B　史記ニ云ハク門下ニ有リ毛遂＊者、前ミ自賛ス於平原君＊ニ。曰ク以テ遂ヲ備ヘ員而行ケト。平原君曰ク夫レ賢士之処ル世ニ也、譬ヘバ若キ錐之処ルガ嚢中ニ。

C　論語ニ云ハク子曰ク後生可シ畏ル也。焉ゾ知ラン来者之不ルヲ如カ今ニ也。注ニ云ハク後生ハ謂フ年少ヲ也。

D　孫卿子＊ニ云ハク学ハ不可以已ム。[e]取之[f]而[g]於[h]。水ハ生ナリ於水ニ而寒シ於水ニ。

＊（注）　説苑―前漢末の劉向撰の書。

武王──周の武王。殷の紂王を倒して天下を統一した。聖王とされる。

紂──殷の紂王。暴君として有名。

毛遂──戦国時代の政治家。平原君の食客（客分としてかかえられた人）の一人であった。

平原君──戦国時代、趙の公子。戦国四君の一人に数えられる。

孫卿子──『荀子』（もと『孫卿新書』といった）のこと。戦国時代の荀況撰の思想書。

18 Aの空欄ⓐからⓓには「訥（物言いが率直なさま）」「已（やむ・終わる）」「嘿（口を閉じて話さないさま）」「昌（さかえる）」のいずれが入る。それぞれ入る語の組み合わせとして、最も適当なものを次の中から一つ選び、その番号を解答用紙にマークせよ。

(1)　ⓐ 訥　ⓑ 已　ⓒ 嘿　ⓓ 昌

(2)　ⓐ 嘿　ⓑ 昌　ⓒ 訥　ⓓ 已

(3)　ⓐ 嘿　ⓑ 已　ⓒ 訥　ⓓ 昌

(4)　ⓐ 訥　ⓑ 昌　ⓒ 嘿　ⓓ 已

19 以下は、Bの本文の前提を説明したものである。

　趙が秦に都を包囲されたとき、平原君を使者として楚に救援を求めることにした。平原君は、自らの門下から二十人を同行させようとしたが、十九人しか選ぶことができなかった。このとき名乗り出たのが毛遂であった。毛遂は平原君の食客となって三年になるが、特に目立った功績はなかった。

　以上をふまえて、Bの傍線部「若錐之処囊中」の意味するものとして最も適当なものを次の中から一つ選び、その番号を解答用紙にマークせよ。

(1)　守備が貧弱であれば攻撃にも耐えることができない。

(2)　愚者に囲まれてしまうと、賢者であっても凶悪化してしまう。

(3)　賢者は、隠そうとしても、その才能があふれでてしまう。

(4)　攻撃力を磨くことによって、簡単に相手を打ち破ることが可能となる。

(5)　賢者ほど才能を隠すものであるが、周りが放っておかない。

20　Ｃの傍線部「焉知来者不如今也」の意味として最も適当なものを次の中から一つ選び、その番号を解答用紙にマークせよ。

(1)　どうして、これからの人間が、今のままではないことを知っているのか。

(2)　どうして、若い人たちが今の年老いた人たちに及ばないことがあろうか。

(3)　これから来るはずの人が、来ないということをどうして今知っているのか。

(4)　どうして、知人が来た時に、今ではないと断ることがあるだろうか。

(5)　年少の者が今、活躍できないということがあるだろうか。

21　Ｄの空欄ｅからｈにそれぞれ入る語の組み合わせとして最も適当なものを次の中から一つ選び、その番号を解答用紙にマークせよ。

(1)　ｅ　青　　ｆ　藍　　ｇ　藍　　ｈ　青

(2)　ｅ　藍　　ｆ　青　　ｇ　藍　　ｈ　青

(3)　ｅ　藍　　ｆ　藍　　ｇ　青　　ｈ　青

(4)　ｅ　青　　ｆ　藍　　ｇ　青　　ｈ　藍

(5)　ｅ　藍　　ｆ　青　　ｇ　青　　ｈ　藍

■小論文■

$$\left(\begin{array}{c} 60 分 \\ 解答例省略 \end{array}\right)$$

（注） 解答は横書きで記入すること。解答用紙は 1 行 25 字詰。

課題：

次の図「体力・運動能力の年代別比較推移」は，昭和 29 年度生まれと，平成元年度生まれの握力，持久走，50m 走，ボール投げの加齢に伴う変化の傾向を示したものである。この図から読みとれることを，図を見ていない人にもわかるように説明せよ。これを踏まえて，問題点，その問題が生じた原因，解決策について，あなたの考えを述べよ。（合計 1,000 字以内）

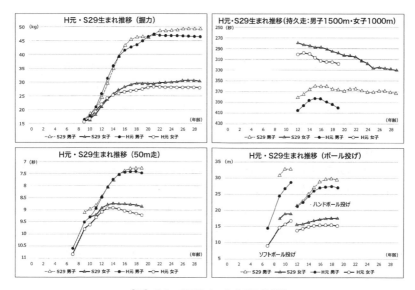

【図】体力・運動能力の年代別比較推移

出典：図については「平成 30 年度体力・運動能力調査結果の概要及び報告書について」（スポーツ庁）
　　　（https://www.mext.go.jp/prev_sports/comp/b_menu/other/__icsFiles/afieldfile/2019/10/15/1421921_2.pdf)
　　　【図 8-1-1　体力・運動能力の年代別比較推移】を加工して作成

解答編

■英語■

1 **解答**　1—(C)　2—(D)　3—(A)　4—(D)　5—(B)　6—(C)
7—(B)　8—(B)　9—(D)　10—(B)　11—(C)　12—(A)
13—(B)　14—(A)　15—(B)　16—(D)　17—(C)　18—(C)　19—(B)　20—(B)

◀解　説▶

1「電子会計システムの取り扱い説明書を，あなたに更新していただきたい」

want *A* to *do*「*A* に〜してもらいたい」は *A* が to *do* の意味上の主語になる表現であり，want を would like にすると丁寧な印象になる。S want〔would like〕to *do*「S は（S 自身が）〜したいと思う」と混同しないこと。

2「監督はその探偵シリーズが多くの観客を惹きつけると信じている」

audience「観客」の規模は large と small で表す。audience 自体は単複同形で，全体を 1 つとしてとらえるときは単数扱い，個々の観客の意味で用いられる場合は複数扱いとなる。例：The audience were nodding their approval.「観客は賛意を示してうなずいた」

3「この研究プロジェクトのそれぞれのメンバーは，締め切り前の時間が不足しているという事実に気づいている」

文脈より，run out〔short〕of 〜「〜が不足する」を現在進行形にした(A)が正解。(B)は run〔take〕risk of *doing* の形で「〜する危険を冒す」の意味になる。(C)nothing but 〜「他ならぬ〜」，(D)no less than 〜「〜もある」は文脈に合わない。

4「私の親戚のほとんどは福岡に住んでいる」

名詞 most に選択範囲を表す of「〜のうちの」を組み合わせた形。(A)・(B)の almost は副詞なので名詞を修飾したり前置詞を伴うことはなく，後に程度を表す形容詞が必要である。almost all of my relatives とすると，

主部が形成できる。(C)most は，後に続くのが所有格＋名詞の場合は of が
必要であり，形容詞的用法で単体で使用する場合は直後に可算名詞の複数
形（定冠詞を伴わない）もしくは不可算名詞を置く。

⑤「カッター競技会は延期された。１年のその時期にしては，水は驚くほ
ど冷たかったのだ」

(B)for「～にしては」を選ぶと，競技が延期されるほどの例外的な自然現
象を表す文意が成立する。

⑥「レオナルド＝ダ＝ヴィンチがこの絵を描いたのか描かなかったのかと
いうことは，おそらく謎のままであり続けるだろう」

will の直前までの長い主部を形成させるために whether ～ or not「～で
あるかそうでないかということ」の名詞節を用いるとよい。or の後は
(he did) not (paint this picture) の（　）内が省略されている。名詞節
を導く(A)の接続詞 that は or not と合わせて使うことはない。(B)の lest
「～する場合に備えて」と(D)の unless「～しない限りは」は副詞節を導く
ので主部にはなれない。

⑦「その幼い男の子は，すんでのところでダンプトラックに轢かれること
を逃れた」

escape *doing* で「～することを逃れる」という意味。escape は不定詞を
目的語に取ることはできないので，(C)to be は不可。目的語部分を解析す
ると，元の能動態 A dump truck (S) ran over (V) him (O). から受動態
の He was run over by a dump truck. となり，最後に be 動詞 was が動
名詞 being となり，述部全体で escape の目的語になる。

⑧「こんなにも長くお待たせしてすみません」

keep *A doing* の第 5 文型で「*A* が～する状態を維持する」という意味。
「待たされる」のイメージから(D)waited を選んでしまいそうだが，「待つ」
という意味の wait は自動詞の動作動詞であり，過去分詞にしても受動の
意味は持たないので不可。

⑨「私は頭痛がしている。起きたときからずっとその状態だ」

前半は過去の１時点で行った動作の影響が現在に及んでいるという現在完
了形の結果用法であり，原則として動作動詞を使う。後半は過去のある１
時点から現在に至るまで同じ状態が持続しているという現在完了形の継続
用法であり，原則として状態動詞を使う。本問では起床時から現在に至る

まで頭痛の状態が継続しているという状況なので，現在完了形の継続用法である(D)が正解となる。「had + 過去分詞」の形を取る(A)は，過去のある1時点よりさらに過去の時制を扱う過去完了形なので不可。(B)の had は過去の1時点における単発の動作を表す過去形なので，時間の幅を表す since I got up との組み合わせができない。

⑩「かわいそうにその少年はまた自転車を盗まれた」

have〔get〕O Vp.p. で「O が～される」という「被害」の意味を表す第5文型の使役動詞構文となる。(A)は語順を変えて got his bike robbed とすれば正解である。(D)は誤りやすいが，steal は第3文型にしか使用できないので，［能動態］They (S) stole (V) the bike (O) from the poor boy.
⇔［受動態］The bike was stolen from the poor boy. の書き替えはできるが，The poor boy を主語とする受動態を作ることができない。

⑪「あなたにとってご都合の良いときにいつでも私に会いに来てください」

convenient「都合の良い，便利な」は「人」を主語に取ることはできないので(A)と(B)は無条件に不可。(D)は未来の内容を表す仮定法なら if it were to be convenient という形にするべきである。正解の(C)は無生物が主語であり「時や条件を表す副詞節の中では未来の内容は現在形で表す」の条件にも合致している。主語の it は「状況の it」であり，特に何か特定のものを指しているわけではない。

⑫「三村城は地震でひどく被害を受けた。よって，現在それは修繕中だ。作業はほぼ完了している」

restore「～を修復する」は他動詞なので目的語が必要となり，目的語のない(B)・(D)は不可となる。あと少しで修繕作業が完了するという状況なので，城が現在修繕されている最中であることを表す現在進行受動態の(A)が最適である。

⑬「何て愛らしい帽子なのでしょう，ダロウェイ夫人。あなたのお召し物に大変よく合っていますわ」

A go with *B* で「*A* は *B* に合う」という意味。本問では副詞句 quite well「かなりよく」が挿入されていることに注意して解答したい。

⑭「成田空港で私はパスポートを家に忘れてきたことに気づき，どうしてよいのかわからなかった」

パスポートを持ってないことに気づいたという過去の 1 時点よりも，さらに過去の時点に家に置き忘れているので，過去完了形の結果用法である(A) had left を選択する。(B)had been leaving では過去完了進行形になるので，家を出てから found の時点に至るまでパスポートを置き忘れ続けるという非現実的な動作を表すことになるので不適。

⑮「大統領の就任演説についてどう思いましたか？」

You think *A* of the President's commencement address「あなたは大統領の就任演説について *A* と考える」という形を，*A* に該当する意見を聞く疑問文にするのだが，「どういう意見か」と内容を聞くので疑問詞は What が適切である。(A)How は方法や手段を聞く疑問詞なので，「どんな方法で大統領の就任演説を考えますか？」となってしまい不適。

⑯「すみません，NDA への行き方を教えていただけませんか？」

tell *A B* で「*A* に *B* を教える」という意味の第 4 文型となる。本問では *A* は me，*B* は how to *do*「～の仕方」，get to ～「～へ着く」という 2 つの表現を組み合わせた名詞句で tell の 2 つ目の目的語として成立する(D)が正解となる。(B)は arrive at とすれば合う。(A)・(C)の where to *do* は「どこへ（で）～すべきか」の意味なので文意に合わない。

⑰「辺鄙な村ではバス運行がなかったので，彼らはタクシーを使わなくてはならなかった」

分詞構文である。元の従属節は Because there was no bus service ～，という形だったが，文頭の接続詞の Because が省略され，主語 bus service が主節の主語 they と異なるので副詞 there を残し，主節の had と同じ過去時制である be 動詞 was が現在分詞の being になる。

⑱「その容疑者は地主に倉庫へ入るところを目撃された」

知覚動詞構文。元の文は The landlord(S) saw(V) the suspect(O) entering the cellar(C). で，この目的語の部分を主語にして受動態にしたもの。補語の entering the cellar の部分は，能動態であれば原形不定詞 enter the cellar としても「倉庫へ入る様子を一部始終見ていた」という意味で文法的に成立するのだが，受動態になると to 不定詞にする必要があるので，(A)は seen to enter という形なら正解である。

⑲「A：ある事が起きたので，今晩は野球の試合に行けません」「B：それは残念。じゃあまた次の機会に」「A：ごめんなさい」

予定を直前になって断るのは他の用事が入ったということなので，S come up.「Sが生じる」を用いた(B)が適切。(A)I don't blame you「あなたを責めてはいない」，(C)I won't do any harm「何も害は与えませんよ」，(D)Let's keep the ball rolling「状況を静観しましょう」は会話の流れに合わない。

20「A：すみません」「B：はい？」「A：まだ私の運転免許証を返してくれていないと思うのですが」「B：ああ，忘れていたに違いありません。すみません」

(A)should have *done*「～すべきだったのに」　(B)must have *done*「～したに違いない」　(C)cannot have *done*「～したはずがない」　(D)need not have *done*「～する必要はなかったのに」　各選択肢の意味を検討すると，最も会話の流れに合うのは，話者の確信度の高さを表す(B)だと判断できる。

2 解答

21―(G)　22―(A)　23―(C)　24―(F)　25―(D)　26―(B)
27―(F)　28―(C)　29―(C)　30―(E)

◀解　説▶

21/22 (I read the documents again,) checking to see whether there are any (mistakes in the figures.)

「私はその書類をもう一度読んで，数字に何か間違いがないかを見て確認した」

check to see ～「～を見て確認する」を接続詞を用いずに2つ目の述部として後続させることができる分詞構文にする。see の目的語の部分に「whether＋完全文」を置くと「～かどうか」という意味の名詞節が成立する。

23/24 (She is) the type who lets her emotions show on her face (right away.)

「彼女は自分の感情をすぐに顔に出してしまうタイプの人です」

主部は She(S) is(V) the type(C) の第2文型を作り，その後 the type を先行詞として主格の関係代名詞で修飾する。使役動詞構文 let(V) her emotions(O) show(C)「自分の感情が表面化するようにする」を成立させた後，2つの副詞句 on her face「顔に」，right away「すぐに」で修飾する。

㉕/㉖ (")Looking ahead(,) we expect <u>labor conditions</u> to become worse due <u>to the</u> extension of (virus-containment measures in a majority of cities," the economist said.)

「『先行きを見通すと，大都市におけるウイルス対策の延長により労働条件は悪化すると我々は見込んでいる』と経済学者たちは言った」

文頭のコンマまでの部分は，元は When we look ahead という形だったもの。接続詞 when と主語 we を省略し，動詞 look を現在分詞に変えることで，分詞構文となる。主節は expect O to *do*「O が～することを期待する」の構文である。理由を表す due to ＋名詞「～のために」の名詞の部分として the extension of virus-containment measures in a majority of cities「大都市におけるウイルス対策の延長」が続いている形である。

㉗/㉘ (Increased concerns over sustainability worldwide) may be <u>contributing</u> to the <u>growing</u> popularity (of Japanese crafts … future society.)

「より持続可能な未来社会を再構築する手助けをすることに対して日本の技術やアイデアが最適であると思われるためか，世界的に持続可能性への懸念が高まっているということは，おそらく日本の工芸品や概念の人気がますます高くなることに貢献しているのだろう」

空所までの Increased concerns over sustainability worldwide「世界的に持続可能性への懸念が高まっていること」が長い主語で，助動詞 may の後に contribute to ～「～に貢献する」が進行形で続いている形。前置詞 to の目的語である貢献の対象は the growing popularity of Japanese crafts and concepts「日本の工芸品や概念の人気がますます高まること」である。コンマ以下（perhaps because …）は「おそらく…だからだろう」という理由を表す副詞節である。

㉙/㉚ (No sooner) had he <u>gotten on</u> the train than <u>it</u> occurred (to him that he … in the shop.)

「彼が電車に乗るとすぐに，店にスマートフォンを置き忘れてきたのではないかという考えが彼の心の中に浮かんだ」

No ＋比較級＋than ～ の構文を使って 2 つの動作に時間の差がないことを示す。前半は過去完了形 had gotten on the train「電車に乗った」，後半

は過去形 occurred を用いることで，ほとんど差はないがどちらの動作が先に起きているかが明確になる。元の文は He had no sooner gotten on the train ～ という形だったが，否定の意味を持つ副詞句が文頭に移動したことで，主語 he と助動詞 had が倒置となる。no sooner ～ than … の構文は hardly ～ when … と置き換えることも可能である。

3 　解答

31—(D)　32—(A)　33—(C)　34—(D)
35—(D)　36—(A)　37—(C)　38—(B)

―◆全　訳◆―――――――――――――

[ア]≪新興国や発展途上国への支援をめぐって≫

　新興国や発展途上国の人々は先進国の人々が享受している生活水準を達成するという渇望を確かに持っている。誰も彼らの渇望をないがしろにすべきではない。

　現実には，彼らが自らの渇望を実現させることはいかなる短期間においても実行可能ではない。またそのような目的のために財政的援助や技術的援助を開始したり移転したりすることも容易ではない。しかしながら，受益国とも言われる新興国や発展途上国が，ある水準に到達した後，より良い生活に向けての願望を放棄するようにと先進国から言われたとすれば，同意して首を縦に振るような国はほとんどないだろう。

　これらの国々が先進国の生活水準に追いつくことができるようにと，国際社会は資金援助，技術支援，そしてこれらの国々に対する実際的知識の提供を拡充させる方法について何年間にもわたって議論し続けている。そのような援助はもちろん，誠実で効果的な方法でそういった目標に向かって進む受益国の努力を絶対条件とするものである。

　先進国によって与えられる協力的解決策の背後にある動機は様々である。しかしながら，第二次世界大戦の終結に続き，その時点で存在していた極端な不平等は手つかずの状態で放置されるべきではない，という見解を国々は共有していた。国際的協力の具現化として，先進国は多国間組織による発展途上国への経済開発協力や2国間の資金援助を提供するようになった。

　1945年，合衆国は困窮している国々に対して財政的支援を与えるあり余るほどの能力と相まって圧倒的な経済力を誇っていた。だが，その力は

その後徐々に低下し始めた。それから，合衆国の努力を補完するために，日本と当時の西ドイツは両国とも戦後の復興を成し遂げていたので，発展途上国への経済支援を増加し始めた。実に，日本は一時的に世界最大の経済支援の提供国として頭角を現したのである。

　20 世紀末以降，中国は主に政治的理由により，財政支援の受益国から提供国へと変身を遂げており，かなり大がかりな外国向け財政支援策を打ち出した。

　このようにして，近年は多くの国が資金援助を強化し，受益国の経済的発展プログラムを策定する援助をするための資金の全体額を引き上げた時期があったのだ。

[イ]≪年齢によって変化する脳が同調する対象の声≫

　幼い子供の脳は特に母親の声に同調されている。10 代の脳は，彼ら特有の反抗期という栄誉の期間であり，断固として母親の声に同調されることはない。そのような結論は，『ジャーナル・オブ・ニューロサイエンス』誌 4 月 28 日号に記載されたものだが，10 代の子供の親にとっては，一笑に付すほど明らかなことであるように思えるかもしれない。スタンフォード大学医科大学院の神経科学者であるダニエル＝エイブラムズもその 1 人だ。「私自身 2 人の 10 代の男の子がいるので，それは言ってみればおもしろい結果です」と彼は言う。

　しかしその発見は，この話の聞かせ所（落ち）以上に何かもっと深いものを反映しているのかもしれない。子供が成長して家族より他に社会的つながりを広げると，彼らの脳はその拡大する世界に適合される必要がある。「乳児が母親に同調されていくのとまさに同じように，思春期の若者たちは自らが同調していかなくてはならないこの全く別の部類の音や声を持っているのです」とエイブラムズは言う。彼と彼の同僚は，母親または面識のない女性の声を聞いたときの 7 〜16 歳の人たちの脳を精査した。その実験を音声だけに突き詰めて単純化するために，言葉は意味不明なものにした。例えば teebudieshawlt, keebudieshawlt, peebudieshawlt というように。子供たちや 10 代の若者が聞くと，彼らの脳のある部分が活発になった。

　エイブラムズと彼の同僚によって行われたそれ以前の実験では，7 〜12 歳の子供の脳のある領域——特に報酬を推測したり注意を払ったりするこ

とを認識する部分——は面識のない女性の声よりも母親の声のほうにより強く反応することが示された。「思春期の被験者では，それとはまさしく反対の結果を我々の実験は示しました」とエイブラムズは言う。これらの 10 代の同じ脳領域において，馴染みのない声は自らの親愛なる母親の声よりも大きな反応を引き出したのだ。母親から他者への移行は 13〜14 歳の間に起こるようである。

■■■■■■■■■ ◀解　説▶ ■■■■■■■■■

③1第 1 段では，先進国の人々によって享受されている生活水準を新興国や発展途上国の人々が手に入れたがっているという客観的事実を述べている。その内容を受けた第 2 段（In reality, it is…）では，短期間でも達成は現実的ではないという 1 つ目の問題点をまず提示し，空所を含む文で 2 つ目の問題点を挙げる文脈なので，「〜もまた容易ではない」の意味を成立させる(D)Nor を選ぶ。文頭に否定の副詞がくると後の SV は倒置を起こすので，空所の後が is it の語順になっていることも大きなヒントとなる。

③2第 1 段での新興国や発展途上国が先進国の生活水準に追いつきたいと思っているという記述や，第 2 段でのその実現や支援が難しいとする記述から判断するとよい。国際社会が何年にもわたってやり方を議論しているのは，新興国や発展途上国に何に追いついてもらうためかというと，(A)「先進国の生活水準」以外ありえない。

③3発展途上国への財政的な支援を行っていた合衆国の経済力に衰えが見え始めた頃，戦後の復興を成し遂げた日本と当時の西ドイツが，その補佐をするために発展途上国に対して行ったことは何かと考えると，(C)「財政的援助を増やすこと」が最適となる。(A)「輸入品に対する規制を緩和すること」，(B)「入国制限を強化すること」，(D)「自らの政治力を弱めること」はこの文意に合わない。

③4change O from A to B で「O を A から B へと変化させる」という構文。20 世紀末から現在に至るまでの間に中国が政治的理由のために行い，「大がかりな海外向け財政援助新構想を発動させている」結果となったのはどういう変革なのかと考える。本問における(A)は「財政支援の受益者」なので，それと反対の意味を持つ(D)「提供者」が構文と文脈に合致することになる。

③5tune A to B の元々の意味は「A（歌など）を B（音・周波数など）に

合わせる」なので，その受動態である本問の空所には *B* に相当する「音波を発するもの」が入らなくてはならない。選択肢の中でこの条件に合っているのは(D)「声」である。第 2 段（But the finding may …）で思春期に入った被験者の説明をする際に，第 2 文で「思春期の若者たちが同調していかなくてはならないこの全く別の部類の音や声」，第 3 文で「その実験を音声だけに突き詰めて単純化するために」と説明されていることからも，声に対する同調が本文のテーマであることがわかる。

36 幼い子供は母親の声に同調するという第 1 段の内容を，第 2 段では子供が成長するにつれて社会的つながりがどの程度まで拡大するのかを説明している。直後の主節（their brains need to …）「子供の脳はその拡大する世界に適合される必要がある」と，第 3 文（"Just as an infant …）に記述されている「乳児が母親に同調されていくのとまさに同じように，思春期の若者たちは自らが同調していかなくてはならないこの全く別の部類の音や声を持っている」を合わせて考えると，(A)「家族を超えて」が最適だとわかる。

37 第 2 段第 4 文（He and his colleagues …）で説明されているように，この実験では意味不明な言葉を母親と面識のない女性に読み上げてもらうことによって，被験者の脳内の反応の違いを検証するというものである。(C)「活発になる」を選ぶことによって，子供たちが声を聞いたときにその活発度の度合いを比較検討することで実験データとして利用できるようになる。(A)「悪化する」，(B)「不足する」では客観的な数値の比較検討ができないので不可。(D)「大きくなる」は脳内組織の伸縮を問う文意ではないので不可。

38 第 3 段第 1 文（Previous experiments by …）では 7 ～12 歳の子供の脳の測定結果として，「特に報酬を推測したり注意を払ったりすることを認知する脳の領域」が母親の声に強く反応したとある。第 2 文（"In adolescence, …）では，10 代の被験者の脳の測定結果は「馴染みのない声は自らの親愛なる母親の声よりも大きな反応を引き出した」と対照的な内容を示しているので，青年期においては(B)「それとはまさしく反対の結果を我々の実験は示した」となるとわかる。

4 解答 39 —(C) 40 —(D) 41 —(B) 42 —(C) 43 —(B) 44 —(D)

◆全 訳◆

≪移民と教授のアイデンティティの融合まで≫

コロナ禍以前のある日，私はセミナーを行うために旅をしていた。私が朝食を取るためにホテルのロビーを歩いていたとき，別の宿泊客が私を呼び止めて苦情を言った。オートミールが切れているとのことだ。その口調は横柄できつく，軽蔑的だった。彼女は私をホテルの従業員と間違えていたのだと私が気づくのには少し時間がかかった。熱い憤慨が私の体中を駆け抜けた。私は高校時代ウエイトレスのアルバイトをしていたフィリピン人の移民の少女から出発して長い道のりを歩んできた。そのとき私は自分自身の研究室を運営する教授であった。後になり，その女性との遭遇がそれほどにも強く私に突き刺さったのには別の理由があるのだということを理解することになったのである。

合衆国に住むフィリピン人の移民として，私の家族の多くと私は「エッセンシャルワーカー」として出発し，何人かは現在もそのままである。私の母はファストフード店のレジ係だった。私の祖母，おば，そしていとこは介護士として働いていた。私の祖父はレストランで皿を洗っていた。私の家族は誠実に熱心に働いた。しかし私が幼かった頃，私はそのことに自意識過剰になっていた。私が願ったのは，貧しいという恥ずかしさから逃れることだった。私はもはや補助的栄養支援プログラムのカードを持って店に行きたくなかったし，学校で無料の昼食の列に並びたくもなかった。

私の母は私と弟によりよい暮らしを望み，教育の力を信じていた。よって彼女の指示の下で私は熱心に勉強し，一方で家族は調理し，掃除し，そして他の家族の面倒を見た。私が大学への学費全額免除の奨学金を受けたとき，それは単に私だけでなく私の家族に対しても，貧困から抜け出す黄金のチケットであるような気がした。そして私が大学院に受け入れられたとき，科学者になるために勉強することと訓練を受けることで給料を受け取るということは，贅沢であるように私は感じた。初めて，私は自活した上でさらに時々家族を助けるのに十分な金を手にしたのだ。私はついに脱出口を見つけたのだと感じた。

家を離れて学術界に入ったことから，私は移民の労働者階級という出自

からますます遠くへと離れていくことになった。しかしながら，そのような中でも，大学内では校務員，建物の整備員，荷物の受け渡しの作業員，実験助手として働いている他のフィリピン人の移民と私は出会ったものであった。私が彼らと交流するとき，私は常に幼い移民の自分に戻り，フィリピンの国語であるタガログ語を話し，より丁寧にふるまうのだった。学術的な役割に戻ると，私は自信に満ちあふれた積極的な科学者の役を演じた。ある時点から，私は1人でいるときだけしか他のフィリピン人の移民と話をするために立ち止まることはないのだ，ということに気づき，そのことが私に罪悪感を覚えさせた。しかし私は，ただ実験室の同僚たちに対して気をつかっているだけなのだと自分に言い聞かせていた。結局のところ，彼ら同僚が周りにいるときに他の言語で会話をすることは無礼なのだということだ。私はどこかで労働者階級の出身だということを恥ずかしく思っている，ということを認める心の準備が私にはできていなかったのだ。

　大学院にいる間は，私の出自に関するものを思い起こさせるものはほとんどなかったが，博士研究員を始めたとき，この状況は変わった。そこで私は，研究室で助手として働く2人のフィリピン人の移民の女性たちと出会った。20年もの間，研究員や彼らの仕事を支えるために彼女たちは掃除，皿洗い，高圧蒸気滅菌器の操作というような必要不可欠な，でも地味な仕事に取り組んでくれていたのだ。彼女たちがタガログ語を話すのを聞いた後，私ははにかみながら自己紹介をするために彼女たちに近づいた。彼女たちはすぐに私を迎え入れてくれ，そして私はほぼ毎日彼女たちと昼食を共にするようになった。彼女たちはいつもフィリピンの食べ物をシェアするために持参して，私に故郷を思い出させてくれた。

　最終的に，わが研究所のメンバーたちはランチのとき，私たちに加わり始めた。最初の頃，そのことはおかしな感じだった。科学者はたいてい科学のことについて話すというお決まりがあるのに，私は科学のことについてフィリピン人と話すことはほぼなかった。そしてこの私の違う側面を見ることに対して科学者の同僚たちが心の準備ができている，ということに私は確信が持てなかった。私たちの（移民と科学者の2つの）集団と私の（移民と科学者の2つの）アイデンティティの融合は常に円滑であるわけではなかった。けれども時間の経過とともに，私たちは食という共通項を見出し，私たちの多彩な文化から生まれた食事をシェアしたり交換したり

した。私は科学者たちとフィリピン人の研究助手たちを取り持つ架け橋となり，私の移民としての出自は徐々に再出現して，私の学問的アイデンティティと心地よく融合するようになった。それらはそもそも分離すべきものでは決してなかったのだと，私は理解したのだった。

　あのホテルでの経験を振り返ると，ホテルの給仕係に間違えられたことが本当に私の心に突き刺さったことではなかったのだと私は今では理解している。私の家族や他のすべてのエッセンシャルワーカーたちのように，私はホテルの給仕係であろうと教授であろうと，見くびられたり，追いやられたりするのではなく，敬意や尊厳を持って扱われるのにふさわしいのである。

■━━━━━━ ◀解　説▶ ━━━━━━■

39第２段（As Filipino immigrants …）では，筆者が少女期にフィリピン人の移民として家族とともに合衆国で労働者階級の貧しい生活を送っていたときのことが書かれ，第３段（My mom, wanting …）では母親からの指示で貧困から抜け出す手段として勉強に励んだ様子が描かれている。そのような筆者が奨学金を得て大学へ進学し，大学院で給与を得て自活と家族への援助ができるようになったとき，何からの逃げ道を見つけたと感じたのかというと，(C)の「貧困」が最適である。

40第４段第６文（But I convinced myself that …）で，研究室の同僚が周囲にいるときに英語ではない言語で話すことが失礼なのだと自分を納得させた，と筆者は述べている。その理由は同段最終文（I wasn't ready to …）「自分がどこかで労働者階級の出身だということを恥ずかしく思っている，ということを認める心の準備が私にはできていなかった」で述べられているので，この内容に一番近い(D)が正解となる。

41「私のこの別の側面」が何を指すのかを問う問題。苦学してアメリカで科学者の地位を得た筆者が，どこかでフィリピン人移民であるという出自を恥ずかしく思っているという状況から考えればよい。自分から話しかけてフィリピン人移民の実験助手の昼食のメンバーに入ったが，新たに研究室のメンバーも加わり始めたときに，筆者は科学者たちに自分のどのような面を見せる心の準備ができていなかったのかと考えると，(B)が適しているとわかる。(A)は現在の筆者に関する記述であり，(D)は筆者は研究補助のアルバイトはしていないので不適。(C)は筆者が料理好きであるという側面

については記述がない上に，料理の話題はその後第6段第5文（But in time, …）で初めて出てくるので不適。

42 they が「私の移民としての出自」に属する者と「私の学問的アイデンティティ」に属する者を指していることを見抜く。前者はフィリピン人の研究助手，後者は同僚の科学者に相当する。この2つの集団が昼食を共にするようになり，筆者は彼らの間を取り持っているうちに自らの考えを変えていったという流れと一番合致する内容を選ぶ。

43 下線部直後の文（Whether I am …）に，最初はフィリピン人移民であることをどこかで恥じていたが，昼食で異文化の交流の架け橋となるうちに，出自にかかわらず人間は誰でも平等に扱われなくてはいけないと考えるようになったというところから判断して，その内容に一番近い(B)を選ぶ。

44 第3段第3文（When I received …）より，奨学金を得たのは大学入学時だとわかる。高校時代までの学費についての記述はない。同段第4文（And when I was accepted …）に大学院へ進学したときに研究員としての給料の支払いを受けて自活や実家への援助が可能になったとの記述はあるが，第1段第6文（I have come a …）よりウエイトレスのアルバイトをしたのは高校生時代だとわかるので(D)は不一致である。(A)は第3段第1・2文（My mom, … for others.）と一致。(B)は文全体のテーマと一致しているが，特に第2段第1～6文（As Filipino immigrants … being poor.）と一致。(C)は第5段第1文（While I was in grad school, …）に「大学院にいる間は，私の出自に関するものを思い起こさせるものはほとんどなかった」とあるのと，同段第2～最終文（There, I met … me of home.）でフィリピン人の研究助手たちと打ち解けるようになった様子が書かれていることと一致。

5 解答 45—(A) 46—(D) 47—(B) 48—(A) 49—(C) 50—(D)

━━━◆全　訳◆━━━

≪時間貧困がもたらす負の諸相≫

　あなたが世界で最も貧しい人々の中の1人になる見込みは80％だ。あなたは貧しいと言うとき，あなたの銀行口座のことについて話しているのではない（物質的貧困は社会における差し迫った問題ではあるが）。とい

うよりもむしろ，あなたは「時間貧困」だと言っているのだ。つまり，しなければいけないことがあまりにもたくさんあり過ぎて，それらをする十分な時間があなたにはないのである。合衆国，ドイツ，そして日本においては，時間貧困は常に高い割合で存在する。

　時間貧困という胸が押しつぶされるような感情に免疫のある人はいない。私が我が家の台所のテーブルに座りキーボードを叩いているとき，私もまた時間貧困を感じていて圧倒されている。私にとって，それは胃が締め付けられるような感覚だ。今朝，１人の学生が私にメールを送ってきて，レポートに関する緊急の助けを要請し，私がすぐにでも取りかかりたいと思っていたこの章を書き始めることを妨害した。たとえ書き始めたとしても，私は電話から目を離せない。いかなる時に──（ため息）──差し迫った締め切りに関して同僚が助けを求めてメールしてくるかもしれないのだ。私は医者の予約のために仕事を早めに切り上げなくてはならない。その後は家に急いで帰ってサラダと他の何かの遅い夕食を作るが，それはメールの受信ボックスや「すぐやることリスト」に戻る前に済ませる。「すぐやることリスト」とは，私のパソコン上で開いたままになっているドキュメントの題名だ。それは何ページにもなっている。

　私は終わらせる必要のあるすべてのことに対応できない。私はパートナーと会話しようとするだろう。私はおそらく友達とおしゃべりをする機会を得ることはないだろう。私は急速に年老いていく両親に話しかける時間を見つける必要がある。

　今日のことは私にとっていつもと違うというわけではないし，おそらくあなたにも思い当たるだろう。時間貧困はすべての文化に影響を与え，すべての経済階級に行き渡っている。私たちの大部分はこのように感じているのだ。

　時間貧困は本当にそれほど悪いことなのだろうか？

　その通り。それは本当にそれほど悪いことなのだ。2012 年に約 50％の働くアメリカ人は「常に急かされている」と，そして 70％は十分な時間を持つことは「決して」なかったと報告した。2015 年，80％以上の人が必要とする時間が持てないと言った。そのようなわけで，私はあなたが時間貧困だと推測したのだ。

　もしあなたがこれは何らかの世界で一番の問題であり，とにかく困難を

受け入れてそれに対処すべきだと憂慮しているならば，そうするのは止めるのだ。時間貧困の広播性は深刻な問題であり，個人と社会にとって深刻な対価を伴うものなのだ。私や他の者が集めてきたデータは，時間貧困と惨めさの間の相互関係を示している。時間貧困にある人々は幸福度がより低く，生産性がより低く，そしてストレスでより疲れ切っている。彼らは運動量がより低く，高カロリーな食べ物をより多く食べ，心臓血管の病気になる事例がより高くなっている。時間貧困のために，私たちは栄養価の高い夕食を準備する代わりに，妥協することを余儀なくされる。私たちはコンビニからジャンクフードをつかみ取り，そして私たちの（スマホやパソコンの）画面を見つめながら無心に食べるのだ。物事を処理するために自分の時間を最大限に使おうとすることが私たちを不活発にし，そして塩，脂肪，ファストフードというような不健康なものを食べる傾向にするのだ。

　時間貧困の社会は法外な代償もまた求めている。時間貧困に陥っているというストレスは，合衆国の保険制度に 1900 億ドルの経費を計上していて，それは各年度に保険治療にかかる全体額の 5 ～ 8 ％にあたるのだ。不幸な従業員は毎年 4500 億ドルから 5500 億ドルを，失われた生産性に無駄遣いしているのだ。オフィスで働く 1000 人の従業員を抱える組織には，負担に耐えられず病気による欠勤の電話をかけてくる 200 人の従業員がいつもいるのだ。

　時間貧困の影響や経費はひどく深刻なものなので，現在科学者たちは飢餓（社会全体に影響を及ぼす時間不足）に例えており，自然災害がもたらすような多くの付随する悪影響をもたらすのだ。

━━━━━━━━━━ ◀解　説▶ ━━━━━━━━━━

⎣45⎦ immune to ～ はラテン語由来の表現で「～に対して免疫性がある」という意味。これに最も近いのは(A)safe from ～「～の危険や心配がない」である。(B)anxious about ～「～のことについて案じて」(C)subject to ～「～を被りやすい，～を条件とする」(D)not content with ～「～に満足していない」

⎣46⎦(A)は第 2 段第 4 文（This morning, a student …），(B)は第 2 段第 6 文（At any moment …），(C)は第 2 段第 7 文（I have to stop …）に記述がある。(D)は第 2 段第 7 文（I have to stop …）に「家に急いで帰ってサラダと何かで遅い夕食を作るが，それはメールの受信ボックスや『すぐやる

ことリスト』に戻る前に済ませる」とあるので，順番が逆である。

<u>47</u>他動詞 rush は「～を駆り立てる」という意味であるので，受動態の本問は「いつも急かされている」という意味。それに一番近いのは(B)「常時忙しい」である。(A)charged on all occasions「すべての機会に請求される」(C)seldom hurried up「ほとんど急がされることはない」(D)working every weekend「毎週末働いている」

<u>48</u>Time poverty forces us to compromise:「時間貧困は私たちに妥協を強要する」のコロン（：）に続く文なので，その具体例であると推測できる。空所を含む文は「栄養豊かな夕食を準備する」と「ジャンクフードをつかみ取る」という対照的な内容が並んでいるので，(A)instead of ～「～の代わりに，～ではなくて」を選ぶと，文意に合った副詞節を形成することができる。

<u>49</u>(C)第 8 段第 2 文（The stress of being …）の記述内容と一致している。(A)第 6 段第 2 文（In 2012, about …）では，2012 年では約 50%の働くアメリカ人がいつも急かされていると感じ，70%の人が十分な時間を持つことは決してなかったとあるのと不一致。(B)第 6 段第 3 文（In 2015, more than …）で，2015 年では 80%以上の人が必要な時間が確保できていないと言っている。(D)第 7 段第 4 文（People who are time poor …）に時間貧困にある人は生産性が劣っていて，ストレスでより疲れ切っていると書かれているが，それによって賃金が下がったとの記述はない。

<u>50</u>(D)最終段（The effects and costs …）の内容に一致。(A)第 1 段第 2 文（When I say …）に「あなたの銀行口座のことについて話しているのではない」とあるのと不一致。(B)第 4 段第 2 文（Time poverty affects …）に「時間貧困はすべての文化に影響を与え，すべての経済階級に行き渡っている」とあるが，解決策については記述がない。(C)時間貧困が減少しているという記述はない。第 1 段第 1 文（There is an …）に 10 人中 8 人が時間貧困にあると書かれ，第 6 段第 3 文（In 2015, more than …）に 2015 年では 80%以上の人が必要な時間が確保できないと言っていると記述されていることと，すべての文化や経済階級にわたる時間貧困の深刻な状況を論じることが本文全体のテーマであることから一致しない。

日本史

1 **解答**　[A]問 1．① 　問 2．③ 　問 3．① 　問 4．④ 　問 5．② 　問 6．①

[B]問 7．② 　問 8．② 　問 9．① 　問 10．③ 　問 11．④ 　問 12．①
問 13．③ 　問 14．④

[C]問 15．① 　問 16．③ 　問 17．③ 　問 18．④ 　問 19．③ 　問 20．②

━━━━━━━◀解　説▶━━━━━━━

≪原始・古代社会，藤原氏，キリスト教の伝来≫

問 3．①誤文。倭国王帥升の記述が掲載されているのは，『後漢書』東夷伝。帥升は生口（奴隷）160 人を後漢の安帝に献じたとされている。②・③・④正文。

問 4．④誤文。円筒埴輪や家形埴輪は古墳時代前期にはみられた。「古墳時代後期」は誤り。①・②・③正文。

問 5．②が正解。X．正文。Y．誤文。伴造のもと，さまざまな職業に従事したのは，「官戸」ではなく，品部。

問 6．①正文。②誤文。太政官のもとに置かれた八省とは，中務省・式部省・治部省・民部省・兵部省・刑部省・大蔵省・宮内省を指す。また律令では「神祇省」ではなく，神祇官が正しく，太政官は行政全般を，神祇官は神々の祭祀をつかさどった。

問 7．②正文。①誤文。皇極天皇の譲位を受けて即位したのは，「天智天皇」ではなく，孝徳天皇。③誤文。大化改新に際して，孝徳天皇は飛鳥板蓋宮から難波長柄豊碕宮に遷都した。「難波から飛鳥に移され」は誤り。また，中臣（藤原）鎌足は，天智朝に死去しており，のちの天武朝で造営が開始（遷都は持統朝）された藤原京には関与していない。④誤文。「国・郡・里が各地に設置された」のは，大宝律令制定（701 年）による。

問 8．②が正解。X．正文。Y．誤文。「国分寺建立の詔を出し」たのは，「持統天皇」ではなく，聖武天皇。

問 10．③が正解。清和天皇が在位しているときに起こったのは「応天門の変」。応天門の変の結果，清和天皇の外戚であった藤原良房が正式に摂

政に就任したことも合わせて押さえておきたい。

問 11.　④誤文。『和漢朗詠集』を編纂したのは，「藤原実資」ではなく，藤原公任。藤原実資は，日記『小右記』の作者として知られる人物。①・②・③正文。

問 12.　①誤文。陣定とは，国政に関わる重要な問題について話し合う会議のこと。会議の決裁を審議する立場であった摂政・関白は，陣定には臨席していない。②・③・④正文。

問 13.　③正文。①誤文。白河上皇が配置したのは，「西面の武士」ではなく，北面の武士。②誤文。「院近臣」とは上皇の側近のことで，主に上皇・天皇の乳母の血縁者や受領出身者が多かった。「摂関」は，天皇の政務を代行・補佐する職で，上皇の側近ではない。

問 16.　③が正解。a．誤文。b．正文。南蛮人と呼ばれたのは，ポルトガル人とスペイン人。オランダ人は，イギリス人とともに紅毛人と呼ばれた。c．正文。d．誤文。奉書は，「将軍」ではなく，老中発行の海外渡航許可証で，特権商人などに発行された。朱印船貿易において，幕府は 1631 年に従来の朱印状に加えて奉書の所持を命じた。

問 18.　④が正解。並べ替えると，Ⅱ.「『日本開白以来，土民蜂起是れ初め』といわれた」正長の土一揆が起こったのは 1428 年→Ⅲ.「赤松満祐が将軍を暗殺した」嘉吉の変が起こったのは 1441 年→Ⅳ.「コシャマインが蜂起した」のは 1457 年→Ⅰ.「加賀の門徒が…富樫政親を滅ぼした」加賀の一向一揆が起こったのは 1488 年，の順となる。

問 19.　③正文。①誤文。ザビエルは「プロテスタント」ではなく，カトリックの宣教師。②誤文。教会堂は「セミナリオ」ではなく，南蛮寺と呼ばれた。④誤文。「少年使節をローマに派遣した」（天正遣欧使節）キリシタン大名は，大村純忠・有馬晴信・大友義鎮（宗麟）の 3 名。「細川忠興」は誤り。

問 20.　②が正しい。史料文の「比叡の山」「焼き払って灰燼に帰せしめた」などから，織田信長による比叡山延暦寺の焼打ちと判断できる。

2 解答　［A］問 21.　④　問 22.　③　問 23.　②　問 24.　②
問 25.　④　問 26.　①　問 27.　④　問 28.　③
問 29.　①　問 30.　②

[B]問 31.　③　　問 32.　③　　問 33.　①　　問 34.　③　　問 35.　②　　問 36.　④

問 37.　①　　問 38.　③　　問 39.　④　　問 40.　②

━━━━━━━━　◀解　説▶　━━━━━━━━

≪江戸時代後期の対外関係，大正期の出来事≫

問 22.　③誤文。公事方御定書が編纂されたのは，田沼意次の時代ではなく，徳川吉宗（享保の改革）の時代。①・②・④正文。

問 27.　④正文。プチャーチンと幕府との間で結ばれた条約は日露和親条約。①誤文。「日露両国民の雑居地」とされたのは，「択捉島」ではなく，樺太。②誤文。日露和親条約では，択捉島以南を日本領，得撫島以北をロシア領とした。③誤文。「沿海州・カムチャツカにおける日本の漁業権」が認められたのは，ポーツマス条約でのこと。

問 30.　老中水野忠邦は，天保の改革を主導した。②誤文。「山東京伝」が処罰されたのは，老中松平定信が主導した寛政の改革時のこと。なお，寛政の改革では山東京伝・恋川春町らが，天保の改革では為永春水・柳亭種彦らが処罰された。①・③・④正文。

問 31.　③が正解。第一次護憲運動は，立憲政友会の尾崎行雄と立憲国民党の犬養毅を中心に展開された。

問 32.　③が正解。X．誤文。軍部大臣現役武官制を定めたのは，「第 2 次伊藤博文内閣」時ではなく，第 2 次山県有朋内閣時。Y．正文。

問 33.　①誤文。寺内正毅内閣が巨額の経済借款を与えたのは，「張作霖政権」ではなく，段祺瑞政権。②・③・④正文。

問 34.　③正文。①誤文。原敬内閣は，陸・海相と外相を除くすべての閣僚を立憲政友会員が占めた。「憲政会員が占めた」は誤り。②誤文。原敬首相は普通選挙導入には消極的であった。「前向き」は誤り。④誤文。原敬内閣は大戦景気による好景気を背景に，積極政策をとった。「財政支出を極力抑えるとともに…」は誤り。

問 37.　①誤文。ワシントン会議では「補助艦」ではなく，主力艦の保有量について話し合われた。②・③・④正文。

問 39.　④誤文。日本共産党は，「中国共産党」ではなく，ソ連共産党の指導下に結成された。①・②・③正文。

問 40.　②が正解。X．正文。Y．誤文。護憲三派は，清浦内閣打倒や普通選挙実現，貴族院・枢密院改革などを掲げて護憲運動を展開した。「憲

政擁護」「衆議院改革」は誤り。

3 解答
問 41. ④ 問 42. ③ 問 43. ② 問 44. ③
問 45. ② 問 46. ① 問 47. ③ 問 48. ④
問 49. ① 問 50. ② 問 51. ② 問 52. ④ 問 53. ② 問 54. ③
問 55. ③ 問 56. ④ 問 57. ④ 問 58. ③ 問 59. ② 問 60. ③

◀解 説▶

≪第二次世界大戦≫

問 46. ①が正解。下線部(b)(〔ドイツとの〕外交基盤を強化)に該当する
時期が第 2 次近衛文麿内閣時のことであると想起したい。新体制運動の結
果発足した大政翼賛会は同内閣時に組織された。

問 50. ②が正解。空欄ウ(日独伊三国同盟)や北部仏印進駐に対する制
裁として,アメリカはくず鉄・鉄鋼・航空機用ガソリンの対日輸出を禁止
した。問 55 と比較して覚えておきたい。

問 51. 難。②が正解。一部の教科書に記されているが,日米交渉の発端
が,「日米の民間人同士の交渉」であったという判断は難しい。

問 55. ③が正解。日本の南部仏印進駐に対する制裁として,アメリカは
対日石油輸出禁止と在米日本資産の凍結を実施した。

問 57. ④が正解。ハル゠ノートでは,中国・仏印からの全面的無条件撤
退,満州国・汪兆銘政権の否認,日独伊三国同盟の実質的廃棄など,満州
事変以前の状態への復帰が求められた。「蔣介石政権の否認」は誤り。

問 60. ③正文。①・②・④誤文。日米交渉の打ち切り通告は,奇襲攻撃
開始後にずれ込んだことを把握しておきたい。①「通告の後」,②「一切
準備しなかった」,④「奇襲攻撃開始と同時」は誤り。

世界史

1 **解答**　設問 01.　D　設問 02.　D　設問 03.　B　設問 04.　C
　　　　　設問 05.　A　設問 06.　B　設問 07.　B　設問 08.　C
設問 09.　C　設問 10.　B

◀解　説▶

≪ユダヤ教とキリスト教関係史≫

設問 01.　正解はD。Aのアトンは古代エジプトの太陽神。Bのアーリマンは暗黒と悪を象徴する神，Cのアフラ゠マズダは光と善を象徴する神で，いずれもゾロアスター教のもの。

設問 03.　イスラエル王国は前 722 年に，のちにオリエントを統一するアッシリアによって滅ぼされた。

設問 05.　A．誤文。最後の審判の思想は，マニ教ではなくゾロアスター教由来のものである。

設問 06.　B．正文。A．誤文。ヘレニズム時代は，プトレマイオス朝エジプトがローマ帝国に滅ぼされて終わる。

C．誤文。アレクサンドリアには，大図書館を併設したムセイオンが設置され，多くの科学者を輩出した。

D．誤文。禁欲を説くストア派と快楽を説くエピクロス派などの哲学が発展した。

設問 08.　C．誤文。同盟市戦争により，イタリア半島の全自由人にローマ市民権が付与された。属州も含め帝国内の全自由人にローマ市民権が与えられるのは，3 世紀初めのカラカラ帝のときである。

設問 09.　C．誤文。313 年のミラノ勅令により，コンスタンティヌス帝がキリスト教を公認した。キリスト教が国教となったのは，392 年テオドシウス帝による。

2 **解答**　設問 11.　B　設問 12.　A　設問 13.　D　設問 14.　C
　　　　　設問 15.　B　設問 16.　A　設問 17.　B　設問 18.　D
設問 19.　D　設問 20.　B　設問 21.　C　設問 22.　C　設問 23.　B

設問 24.　A　　設問 25.　B　　設問 26.　A　　設問 27.　D　　設問 28.　A
設問 29.　B　　設問 30.　B

━━━◀解　説▶━━━

≪イスラーム帝国の成立≫

設問 12.　A．正解。オアシスの道は，中国西北部から地中海東岸につながる交通路。別名絹の道（シルクロード）とも呼ばれる。また海の道は中国南部から東南アジア〜インド洋〜アラビア海〜地中海にいたる海上交易路である。

設問 14.　C．誤文。イスラーム教の聖典である『コーラン（クルアーン）』は第 3 代の正統カリフであるウスマーンの時代に現在の形にまとめられたといわれる。

設問 15.　B．誤文。イェルサレムはムハンマド昇天の地とされ，聖地とされた。

設問 19.　D．誤文。ジズヤは征服地のすべての異教徒に課された。

設問 20.　B．誤り。ウマイヤ朝はフランク王国内に侵入したものの，732 年トゥール・ポワティエ間の戦いで，カール＝マルテルに敗れた。

設問 25.　B．正解。ガーナ王国は，サハラの岩塩とニジェール川流域産の金との交易により栄えた。Aのアクスム王国は，エチオピアに栄えた王国で，コプト派キリスト教を受容した。Cのクシュ王国は 4 世紀までナイル川上流のヌビア地方に栄えた黒人国家。Dのアワド王国はムガル帝国から自立し，18 世紀に事実上独立国となった北インドの藩王国。19 世紀中頃イギリス東インド会社に併合された。

設問 26.　A．誤文。ムワッヒド朝とムラービト朝が逆になっている。

設問 27.　D．正解。ラシード＝アッディーンはイル＝ハン国第 7 代君主ガザン＝ハンに仕えた宰相である。

設問 28.　アズハル学院は，カイロにあり世界最古の大学。もともとはアズハル＝モスクの附属のマドラサであった。

$\boxed{3}$　**解答**　設問 31.　A　設問 32.　A　設問 33.　A　設問 34.　B
　　　　　　設問 35.　B

━━━━━━━　◀解　説▶　━━━━━━━

≪北宋と周辺民族≫

設問 31.　A．誤文。唐の滅亡後から宋の建国までの五代十国時代は，おもに唐代の節度使が自立したものである。漢民族以外の五民族が華北に流入して建国したのは五胡十六国時代のことである。

設問 33.　A．誤文。新羅は，935 年高麗の建国者である王建によって滅ぼされた。遼（契丹）が滅ぼしたのは，朝鮮半島北部にあった渤海である。

設問 34.　B．誤文。西夏は，1227 年チンギス＝ハンによって滅ぼされた。

設問 35.　正解はB。A．誤り。金属活字は 13 世紀に高麗で作られ使用された。C．誤り。唐代末頃にはすでに火薬の軍事的使用が始まっていた。D．誤り。亀船（亀甲船）は朝鮮王朝の李舜臣が考案した軍船である。

設問 36.　B　設問 37.　C　設問 38.　A　設問 39.　B
設問 40.　D　設問 41.　D　設問 42.　B　設問 43.　D
設問 44.　D　設問 45.　A　設問 46.　C　設問 47.　A　設問 48.　D
設問 49.　D　設問 50.　A

━━━━━━━　◀解　説▶　━━━━━━━

≪15〜17 世紀のヨーロッパとアジアの関係≫

設問 36.　正解はB。靖難の役は，第 2 代皇帝建文帝の諸王への抑圧策に対し，燕王であった朱棣が 1399 年に挙兵し南京を占領，即位した事件。Aの紅巾の乱は，1351 年韓山童・韓林児らが起こした大農民反乱。Cの土木の変は 1449 年明の第 6 代皇帝正統帝がオイラトのエセン（＝ハン）に土木堡で捕虜とされた事件。Dの三藩の乱は，清の中国平定に功績のあった呉三桂らが 1673 年に起こした反乱。

設問 40.　正解はD。ロディー朝はアフガン系のイスラーム王朝。1526 年バーブルにパーニーパットの戦いで敗れ滅亡した。Aのサイイド朝はデリー＝スルタン朝の 4 番目，Bのトゥグルク朝は 3 番目，Cのハルジー朝は 2 番目である。

設問 41.　D．誤文。第 6 代皇帝とはアウラングゼーブ帝である。アグラに遷都し，ムガル帝国を再興したのは，第 3 代皇帝アクバルである。

設問 43.　D．正解。デリー＝スルタン朝，ムガル帝国ともインド在来の勢力ではない。

設問 45.　A．正解。アユタヤ朝は 1351 年にアユタヤを都として建国され，15 世紀にスコータイ朝から政権を奪い支配下に入れるなど，強力な国家を作り上げたが，18 世紀にビルマのコンバウン朝により滅ぼされた。

設問 46.　Cが正解。マジャパヒト王国は 13 世紀末ジャワ島に成立したヒンドゥー国家。Aのアステカ王国は，14 世紀にメキシコで成立した王国。スペインのコルテスに征服された。Bのバンテン王国とDのマタラム王国は，16 世紀にマジャパヒト王国の衰退を受け，台頭している。

5	解答	設問 51.　C　設問 52.　A　設問 53.　D　設問 54.　C
		設問 55.　A　設問 56.　B　設問 57.　D　設問 58.　B

設問 59.　D　　設問 60.　C

◀解　説▶

≪19 世紀のオスマン帝国関連史≫

設問 52.　A．誤文。コンスタンティノープルは第 4 回十字軍により占領され，ラテン帝国が建てられている。

設問 54.　C．誤文。ロシアは地中海への南下を狙いオスマン帝国を支援した。

設問 55.　A．誤文。東西両教会が完全に分裂したのは，1054 年におたがいに破門しあったことによる。

設問 56.　B．誤文。ビザンツ帝国を滅ぼしたのは，メフメト 2 世である。

設問 57.　D．誤文。シベリア鉄道は露仏同盟を結び，フランスの支援を受けた 1891 年から工事が始まっている。

設問 59.　D．誤文。ビスマルクの政策は鉄血政策と呼ばれた。

設問 60.　C．誤り。1878 年ベルリン条約でボスニア・ヘルツェゴヴィナの統治権はオーストリアに認められた。

数学

◀理工学専攻▶

1	解答	(1)—ⓕ　(2)—ⓐ　(3)—ⓒ　(4)—ⓐ　(5)—ⓑ　(6)—ⓖ
		(7)—ⓔ　(8)—ⓑ

◀解　説▶

≪小問 8 問≫

(1) $f(x)=(\tan x)\log|\sin x|$ を微分して

$$f'(x)=\frac{1}{\cos^2 x}\log|\sin x|+\tan x\cdot\frac{\cos x}{\sin x}$$

$$=\frac{\log|\sin x|}{\cos^2 x}+1$$

したがって

$$f\left(\frac{\pi}{4}\right)=\frac{\log\left(\frac{1}{2}\right)^{\frac{1}{2}}}{\left(\frac{1}{\sqrt{2}}\right)^{2}}+1=1-\log 2$$

(2) ∠A の二等分線と辺 BC の交点を D
とする。

BD：CD＝AB：AC＝2：3 であるから

$$\overrightarrow{BD}=\frac{2}{5}\overrightarrow{BC}$$

と表せる。

P は直線 AD 上にあるから，実数 t を用いて

$$\overrightarrow{BP}=(1-t)\overrightarrow{BA}+t\overrightarrow{BD}$$

$$=(1-t)\overrightarrow{BA}+\frac{2}{5}t\overrightarrow{BC}　\cdots\cdots①$$

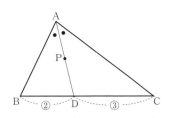

と表せる。これと，$\overrightarrow{BP}=\frac{1}{2}\overrightarrow{BA}+k\overrightarrow{BC}$ を比較して，$\overrightarrow{BA}$，$\overrightarrow{BC}$ は 1 次独立

なので

$$\begin{cases} 1-t=\dfrac{1}{2} \\[2mm] \dfrac{2}{5}t=k \end{cases} \qquad \therefore \quad \begin{cases} t=\dfrac{1}{2} \\[2mm] k=\dfrac{1}{5} \end{cases}$$

(3)
$$\int_a^{2a}\frac{x-a}{(x-3a)^2}dx=\int_a^{2a}\frac{x-3a+2a}{(x-3a)^2}dx$$

$$=\int_a^{2a}\left\{\frac{1}{x-3a}+\frac{2a}{(x-3a)^2}\right\}dx$$

$$=\left[\log|x-3a|-\frac{2a}{x-3a}\right]_a^{2a}$$

$$=\log\frac{a}{2a}+\frac{2a}{a}-\frac{2a}{2a}$$

$$=1-\log 2$$

(4) 点 w が描く図形を F とする。点 w が F 上にある条件は, $w=\dfrac{z}{3z-3i}$

によって, 点 w に移る点 z が円 $|z-i|=\dfrac{1}{2}$ 上にくることである。

$w=\dfrac{z}{3z-3i}$ より

$$w(3z-3i)=z$$
$$(3w-1)z=3iw$$

$w=\dfrac{1}{3}$ は上式を満たさないから

$$z=\frac{3iw}{3w-1}$$

したがって, 求める w が F 上にある条件は

$$\left|\frac{3iw}{3w-1}-i\right|=\frac{1}{2}$$

$$\left|\frac{i}{3w-1}\right|=\frac{1}{2}$$

$$|3w-1|=2$$

$$\left|w-\frac{1}{3}\right|=\frac{2}{3}$$

したがって，w が描く図形 F は，中心が点 $\dfrac{1}{3}$，半径 $\dfrac{2}{3}$ の円である。

(5) $\displaystyle f(x)=\int_{x-2}^{x+1} t(t-1)\,dt$

$$=\left[\dfrac{t^3}{3}-\dfrac{t^2}{2}\right]_{x-2}^{x+1}$$

$$=\dfrac{1}{3}\{(x+1)^3-(x-2)^3\}-\dfrac{1}{2}\{(x+1)^2-(x-2)^2\}$$

$$=(3x^2-3x+3)-\dfrac{1}{2}(6x-3)$$

$$=3(x-1)^2+\dfrac{3}{2}$$

したがって，$f(x)$ の最小値は

$$\dfrac{3}{2}$$

(6) $f(x)=x^2-2ax+2$ とおく。$f(x)=(x-a)^2+2-a^2$ であり，$f(x)$ の $0\le x\le 1$ における最小値を m とすると

・$0<a\le 1$ のとき

$$m=f(a)=2-a^2>0>-a$$

であるから，$m=-a$ にはならない。

・$a>1$ のとき

$$m=f(1)=3-2a$$

であり，$m=-a$ のとき

$$-a=3-2a \qquad \therefore\quad a=3 \quad (a>1\text{ を満たす})$$

以上より，求める a の値は

$$a=3$$

(7)   2 つの放物線 $y=x^2+x$，$y=-x^2+1$ の交点の x 座標は

$$x^2+x=-x^2+1$$

$$2x^2+x-1=0$$

$$2(x+1)\left(x-\dfrac{1}{2}\right)=0$$

$$x=-1,\ \dfrac{1}{2}$$

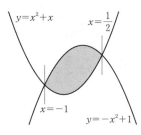

よって，求める面積 S は

$$S=\int_{-1}^{\frac{1}{2}}\{(-x^2+1)-(x^2+x)\}dx$$

$$=-2\int_{-1}^{\frac{1}{2}}(x+1)\left(x-\frac{1}{2}\right)dx$$

$$=-2\cdot\left(-\frac{1}{6}\right)\left\{\frac{1}{2}-(-1)\right\}^3$$

$$=\frac{9}{8}$$

(8)　$\tan15°=\tan(45°-30°)$

$$=\frac{\tan45°-\tan30°}{1+\tan45°\tan30°}$$

$$=\frac{1-\dfrac{1}{\sqrt{3}}}{1+1\cdot\dfrac{1}{\sqrt{3}}}$$

$$=\frac{\sqrt{3}-1}{\sqrt{3}+1}$$

$$=2-\sqrt{3}$$

2　解答　(1)—ⓒ　(2)—ⓒ　(3)—ⓐ

◀解　説▶

≪正三角形の内部に作られる三角形≫

(1)　$\overrightarrow{AB}=\vec{b}$, $\overrightarrow{AC}=\vec{c}$ とすると

$$|\vec{b}|=|\vec{c}|=1$$

$$\vec{b}\cdot\vec{c}=1\cdot1\cdot\cos\frac{\pi}{3}=\frac{1}{2}$$

$\overrightarrow{AP}=\dfrac{3}{5}\vec{b}+\dfrac{2}{5}\vec{c}$ であるから

$$|\overrightarrow{AP}|^2=\left|\frac{3}{5}\vec{b}+\frac{2}{5}\vec{c}\right|^2$$

$$=\frac{9}{25}|\vec{b}|^2+\frac{12}{25}\vec{b}\cdot\vec{c}+\frac{4}{25}|\vec{c}|^2$$

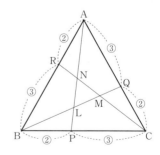

$$= \frac{9}{25} + \frac{12}{25} \cdot \frac{1}{2} + \frac{4}{25}$$

$$= \frac{19}{25}$$

よって

$$|\overrightarrow{\mathrm{AP}}| = \frac{\sqrt{19}}{5}$$

(2)　点 L は直線 AP 上にあるから，実数 k を用いて

$$\overrightarrow{\mathrm{AL}} = k\overrightarrow{\mathrm{AP}} = \frac{3k}{5}\vec{b} + \frac{2k}{5}\vec{c} \quad \cdots\cdots①$$

と表せる。点 L は直線 BQ 上にもあるから，実数 t を用いて

$$\overrightarrow{\mathrm{AL}} = (1-t)\overrightarrow{\mathrm{AB}} + t\overrightarrow{\mathrm{AQ}} = (1-t)\vec{b} + \frac{3}{5}t\vec{c} \quad \cdots\cdots②$$

とも表せる。①，②および $\vec{b}$，$\vec{c}$ は 1 次独立であることから

$$\begin{cases} \dfrac{3}{5}k = 1-t \\ \dfrac{2}{5}k = \dfrac{3}{5}t \end{cases} \quad \therefore \quad \begin{cases} k = \dfrac{15}{19} \\ t = \dfrac{10}{19} \end{cases}$$

したがって

$$|\overrightarrow{\mathrm{AL}}| = \frac{15}{19}|\overrightarrow{\mathrm{AP}}| = \frac{3\sqrt{19}}{19}$$

(3)　(2)より

$$\triangle \mathrm{ABL} = \frac{15}{19}\triangle \mathrm{ABP} = \frac{15}{19} \cdot \frac{2}{5}\triangle \mathrm{ABC} = \frac{6}{19}\triangle \mathrm{ABC}$$

同様にして，$\triangle \mathrm{BCM} = \triangle \mathrm{CAN} = \dfrac{6}{19}\triangle \mathrm{ABC}$ であるから

$$\triangle \mathrm{LMN} = \triangle \mathrm{ABC} - \triangle \mathrm{ABL} - \triangle \mathrm{BCM} - \triangle \mathrm{CAN}$$

$$= \left(1 - \frac{6}{19} \cdot 3\right)\triangle \mathrm{ABC}$$

$$= \frac{1}{19} \cdot \frac{1}{2} \cdot 1^2 \cdot \sin\frac{\pi}{3}$$

$$= \frac{\sqrt{3}}{76}$$

③ 解答　(1)—ⓒ　(2)—ⓔ　(3)—ⓑ

━━━◀ 解　説 ▶━━━

≪極大となる x の値の列≫

(1)　$f(x)=e^{-x}\sin x$ を微分して

$$f'(x)=e^{-x}\cos x+(-e^x)\sin x=e^{-x}(\cos x-\sin x)$$

よって

$$f'\left(\frac{\pi}{4}\right)=e^{-\frac{\pi}{4}}\left(\cos\frac{\pi}{4}-\sin\frac{\pi}{4}\right)=0$$

(2)　$\cos x-\sin x=\sqrt{2}\sin\left(x+\frac{3}{4}\pi\right)$ であるから，$f'(x)$ の符号は

$\sin\left(x+\frac{3}{4}\pi\right)$ の符号と一致し，$f(x)$ の $0\leqq x\leqq2\pi$ における増減は下のようになる。

x	0	$\cdots$	$\dfrac{\pi}{4}$	$\cdots$	$\dfrac{5}{4}\pi$	$\cdots$	2π
$f'(x)$		+	0	−	0	+	
$f(x)$		↗	極大	↘	極小	↗	

よって，$a_1=\dfrac{\pi}{4}$ である。また，$\sin\left(x+\dfrac{3}{4}\pi\right)$ は周期が 2π の周期関数であるから，数列 $\{a_n\}$ は公差 2π の等差数列となる。したがって

$$a_n=\frac{\pi}{4}+2\pi(n-1)=\left(2n-\frac{7}{4}\right)\pi$$

したがって

$$a_2=\frac{9}{4}\pi$$

(3)　$b_n=e^{\frac{\pi}{4}}f(a_n)=e^{\frac{\pi}{4}}\cdot\sin\left(2n-\frac{7}{4}\right)\pi\cdot e^{-\left(2n-\frac{7}{4}\right)\pi}=\frac{\sqrt{2}}{2}\cdot(e^{-2\pi})^{n-1}$

であるから，数列 $\{b_n\}$ は初項 $\dfrac{\sqrt{2}}{2}$，公比 $e^{-2\pi}$ の等比数列となる。

$|e^{-2\pi}|<1$ であるから，無限級数 $\displaystyle\sum_{n=1}^{\infty}b_n$ は収束して，その和は

$$\frac{\dfrac{\sqrt{2}}{2}}{1-e^{-2\pi}}=\frac{e^{2\pi}}{\sqrt{2}\,(e^{2\pi}-1)}$$

4 解答 (1)—ⓓ　(2)—ⓒ　(3)—ⓖ

◀解　説▶

≪様々な数列とその和≫

(1)　$a_5=a_1+4\cdot\dfrac{1}{2}=a_1+2,\ a_{13}=a_1+12\cdot\dfrac{1}{2}=a_1+6$

であるから

$$\sum_{n=5}^{13}a_n=\frac{9}{2}(a_5+a_{13})=\frac{9}{2}(2a_1+8)$$

と表せる。これが 0 に等しいから

$$\frac{9}{2}(2a_1+8)=0\qquad\therefore\quad a_1=-4$$

(2)　$a_n=-4+\dfrac{1}{2}(n-1)=\dfrac{1}{2}(n-9)$ であり，$\log_4\!\left(b_n-\dfrac{1}{3}\right)=a_n$ であるから

$$\log_4\!\left(b_n-\frac{1}{3}\right)=\frac{1}{2}(n-9)$$

$$b_n-\frac{1}{3}=4^{\frac{1}{2}(n-9)}=2^{n-9}$$

$$\therefore\quad b_n=\frac{1}{3}+2^{n-9}$$

よって

$$b_{10}=\frac{1}{3}+2^{10-9}=\frac{7}{3}$$

(3)　$\displaystyle\sum_{k=1}^{n}b_k=\sum_{k=1}^{n}\left(\frac{1}{3}+2^{k-9}\right)=\frac{n}{3}+\frac{2^{-8}(2^n-1)}{2-1}=\frac{n}{3}+\frac{2^n-1}{2^8}$

$S_n=\dfrac{n}{3}+\dfrac{2^n-1}{2^8}$ とおくと，n が増加すると S_n は増加し

$$S_{18}=6+\frac{2^{18}-1}{2^8}=6+1024-\frac{1}{2^8}<2023$$

$$S_{19} = \frac{19}{3} + \frac{2^{19}-1}{2^8} = \frac{19}{3} + 2048 - \frac{1}{2^8} > 2023$$

したがって，$S_n > 2023$ となる最小の n の値は

$$n = 19$$

5 解答 (1)—ⓒ (2)—ⓑ (3)—ⓕ

◀解　説▶

≪対数を係数にもつ２次方程式≫

$$(\log_2 3)x^2 + (\log_{\frac{1}{2}} a^2)x - (\log_3 2)(\log_{\frac{1}{2}} a) + \log_3 64 = 0 \quad \cdots\cdots(*)$$

(1)　$(*)$ において解と係数の関係より

$$\alpha + \beta = -\frac{\log_{\frac{1}{2}} a^2}{\log_2 3} = -\frac{1}{\log_2 3} \cdot \frac{\log_2 a^2}{\log_2 \frac{1}{2}} = \frac{2\log_2 a}{\log_2 3} = 2\log_3 a$$

であるから，$\alpha + \beta = -\dfrac{1}{2}$ のとき，$2\log_3 a = -\dfrac{1}{2}$ となる。よって，$\log_3 a = -\dfrac{1}{4}$ であるから

$$\log_3 a^{-4} = -4\log_3 a = 1 \quad \therefore \quad a^{-4} = 3$$

(2)　$a = 64$ のとき

$$\log_{\frac{1}{2}} a^2 = 2\log_{\frac{1}{2}} a = 2\log_{\frac{1}{2}} 2^6 = -12$$

$$\log_{\frac{1}{2}} a = -6, \ \log_3 64 = \log_3 2^6 = 6\log_3 2$$

であるから，$(*)$ において解と係数の関係より

$$\frac{1}{\alpha} + \frac{1}{\beta} = \frac{1}{\alpha\beta} \cdot (\alpha + \beta)$$

$$= \frac{\log_2 3}{6\log_3 2 + 6\log_3 2} \cdot \frac{12}{\log_2 3}$$

$$= \frac{1}{\log_3 2}$$

$$= \log_2 3$$

(3)　α，β がともに虚数となる条件は

$$((*)\text{の判別式}) < 0$$

$$(\log_{\frac{1}{2}}a^2)^2 - 4(\log_2 3)\{-(\log_3 2)(\log_{\frac{1}{2}}a) + \log_3 64\} < 0$$

$\log_{\frac{1}{2}}a = -\log_2 a,\ \log_{\frac{1}{2}}a^2 = -2\log_2 a$ より

$$4(\log_2 a)^2 - 4(\log_2 3)(\log_3 2)(\log_2 a + 6) < 0$$

$$(\log_2 a)^2 - (\log_2 a) - 6 < 0$$

$$-2 < \log_2 a < 3$$

$$\therefore \quad \frac{1}{4} < a < 8$$

以上より，求める最大の整数 a の値は

$$a = 7$$

◀人文・社会科学専攻▶

1 **解答** (1)—ⓒ　(2)—ⓖ　(3)—ⓑ　(4)—ⓖ　(5)—ⓒ　(6)—ⓔ

――――――― ◀解　説▶ ―――――――

≪小問 6 問≫

(1) $\dfrac{(7+i)(3+i)^2}{1-i} = \dfrac{(1+i)(7+i)(3+i)^2}{1^2+1^2}$

$\qquad\qquad\qquad = \dfrac{(6+8i)(8+6i)}{2}$

$\qquad\qquad\qquad = 50i$

(2)・(3)　◀理工学専攻▶①(6)・(8)に同じ。

(4) $P(x)$ を $(x-1)(x+1)$ で割った商を $Q(x)$，余りを $ax+b$ とおくと

$\qquad P(x)=(x-1)(x+1)Q(x)+ax+b$

と表せる。剰余の定理より

$\qquad P(1)=-2,\ P(-1)=4$

であるから

$\qquad a+b=-2,\ -a+b=4$

$\qquad \therefore\ a=-3,\ b=1$

求める余りは

$\qquad -3x+1$

(5) $\log_2 45+\log_2\dfrac{1}{15}=\log_2\left(45\cdot\dfrac{1}{15}\right)=\log_2 3$

$\qquad \log_9\dfrac{64}{7}+\log_3 2\sqrt{7}=\dfrac{1}{\log_3 9}(\log_3 2^6-\log_3 7)+\log_3 2+\dfrac{1}{2}\log_3 7$

$\qquad\qquad\qquad\qquad\qquad =4\log_3 2$

であるから，求める積の値は

$\qquad \log_2 3\cdot 4\log_3 2=4$

(6)　◀理工学専攻▶①(7)に同じ。

2 ◀理工学専攻▶②に同じ。

3 ◀理工学専攻▶④に同じ。

物理

1 **解答** (1)(a)(ア)—④　(イ)—⑤　(ウ)—①
(b)—①
(2)(a)—②　(b)—⑤　(c)—⑧　(d)—⑥　(e)—⑤　(f)—⑦

◀解　説▶

≪摩擦のある斜面をすべり落ちた物体が斜面下部にとりつけたばねによっ
て跳ね返されたときの運動≫

(1)(a)(ア)〜(ウ)　質量 m〔kg〕の物体にはた
らく重力の大きさは mg〔N〕であり，重力
の斜面に垂直な成分 $mg\cos\theta$ と垂直抗力
はつりあいの関係にあるので，垂直抗力を
N〔N〕とすると

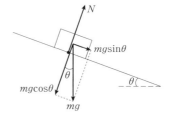

$$N=mg\cos\theta$$

重力と垂直抗力の合力は，重力の成分 $mg\cos\theta$ と $mg\sin\theta$ と垂直抗力 N
の合力である。斜面に垂直な方向の力はつりあいの関係にあるので，重力
と垂直抗力の合力の大きさは $mg\sin\theta$ となる。

(b)　物体と斜面の間の動摩擦力の大きさを f'〔N〕，動摩擦係数を μ' とす
ると

$$f'=\mu'N=\mu'mg\cos\theta$$

である。物体の運動方程式は

$$ma=mg\sin\theta-\mu'mg\cos\theta$$

$$\therefore\quad \mu'=\frac{g\sin\theta-a}{g\cos\theta}$$

(2)(a)　斜面が水平面となす角を θ，物体が斜面から受ける動摩擦力の大き
さを f'〔N〕とすると，(1)(b)より

$$5.0\times1.6=5.0\times9.8\times\sin\theta-f'$$

ここで $\sin\theta=\dfrac{1.0}{3.5}$ なので

$$5.0\times1.6=5.0\times9.8\times\frac{2}{7}-f'$$

$$f' = 5.0 \times \left(9.8 \times \frac{2}{7} - 1.6 \right)$$
$$= 5.0 \times (2.8 - 1.6)$$
$$= 6.0 [\text{N}]$$

(b)　物体が最初にばねの上端に達するまでの時間を $t[\text{s}]$ とおくと，等加速度運動の公式より

$$1.8 = 0 + \frac{1}{2} \times 1.6 \times t^2$$
$$t^2 = \frac{36}{16}$$
$$\therefore \quad t = \frac{6.0}{4.0}$$
$$= 1.5 [\text{s}]$$

(c)　ばねは 0.20 m 縮むので，物体の到達する最下点に対する手放した位置の高さを $h[\text{m}]$ とすると

$$h = (1.8 + 0.20) \cdot \sin\theta$$
$$= 2.0 \times \frac{1.0}{3.5} = \frac{4.0}{7.0}$$

となる。ばね定数を $k[\text{N/m}]$ とすると，物体が動摩擦力から受ける力の大きさは，$6.0 \times 2.0 = 12[\text{N}]$ なので，エネルギーと仕事の関係より

$$5.0 \times 9.8 \times \frac{4.0}{7.0} - 12 = \frac{1}{2} \times k \times 0.20^2$$
$$28 - 12 = \frac{1}{2} \times k \times 0.040$$
$$k = \frac{16 \times 2}{0.040} = 8.0 \times 10^2 [\text{N/m}]$$

(d)　ばねの縮みが $x[\text{m}]$ のときの物体の速さを $v[\text{m/s}]$ とする。エネルギーと仕事の関係より

$$\frac{1}{2} \times 800 \times 0.20^2 - 6.0 \times (0.20 - x)$$
$$= \frac{1}{2} \times 5.0 \times v^2 + 5.0 \times 9.8 \times (0.20 - x) \times \sin\theta + \frac{1}{2} \times 800 \times x^2$$
$$16 - 1.2 + 6.0x = \frac{5}{2}v^2 + 49(0.20 - x) \times \frac{2}{7} + 400x^2$$

$$14.8 + 6.0x = \frac{5}{2}v^2 + 2.8 - 14x + 400x^2$$

$$\frac{5}{2}v^2 = 12 + 20x - 400x^2$$

$$\frac{5}{2}v^2 = 4(3 + 5x - 100x^2)$$

v が最大となるのは, $3 + 5x - 100x^2$ が最大のときである。

$$3 + 5x - 100x^2$$

$$= -100\left(x^2 - \frac{1}{20}x\right) + 3$$

$$= -100\left(x - \frac{1}{40}\right)^2 + 3 + \frac{1}{16}$$

よって v が最大となるのは

$$x = \frac{1}{40} = 0.025 = 2.5 \times 10^{-2}\,(\mathrm{m})$$

別解 物体の運動の向きが上昇に転じた後からばねを離れるまでの間の運動は単振動の一部である。また単振動では振動の中心を通過するときに速さは最大となる。このときのばねの縮みを $x\,(\mathrm{m})$ とし，動摩擦力の向きは斜面に沿って下向きであることに注意して，力のつりあいの式は

$$8.0 \times 10^2 \times x = 6.0 + 5.0 \times 9.8 \times \sin\theta$$

$$8.0 \times 10^2 \times x = 6.0 + 5.0 \times 9.8 \times \frac{2}{7}$$

$$x = 2.5 \times 10^{-2}\,(\mathrm{m})$$

(e) ばねを離れた後，物体は斜面に沿って上向きに進むので，物体にはたらく動摩擦力は斜面に沿って下向きである。物体には，重力の斜面に平行な成分も斜面に平行に下向きにはたらくので，物体の加速度を $a\,(\mathrm{m/s^2})$ とすると，運動方程式は

$$5.0 \times a = 5.0 \times 9.8 \times \frac{2}{7} + 6.0$$

$$a = 4.0\,(\mathrm{m/s^2})$$

(f) 物体の運動の向きが上昇に転じた後，最高点に達するまでに物体が進んだ距離を $x_1\,(\mathrm{m})$ とする。物体にはたらく動摩擦力の大きさは 6.0 N なので，エネルギーと仕事の関係より

$$\frac{1}{2}\times 800\times 0.2^2 - 6.0\times x_1 = 5.0\times 9.8\times x_1\sin\theta$$

$$16 - 6.0x_1 = 49\times x_1\times\frac{2}{7}$$

$$20x_1 = 16$$

$$x_1 = 0.80$$

よって，点 A からの距離は

$$2.0 - 0.80 = 1.20\,[\mathrm{m}]$$

2 **解答** (1)—⑥　(2)(a)—④　(b)—①
(3)(a)—⑥　(b)—④　(c)—③　(4)—⑧

◀解　説▶

≪コンデンサーのつなぎかえ≫

(1)　電気容量 $C\,[\mathrm{F}]$ のコンデンサーの極板間に $V\,[\mathrm{V}]$ の電圧を加えたとき，コンデンサーに蓄えられる電気量 $Q\,[\mathrm{C}]$ は $Q=CV$ で与えられるので，求める電気量を $Q_0\,[\mathrm{C}]$ とおくと

$$Q_0 = C_1 V_0\,[\mathrm{C}]\quad\cdots\cdots ①$$

(2)(a)　スイッチを b 側に入れて十分時間が経過したとき，C_1，C_2 に蓄えられる電気量を右図のようにそれぞれ $Q_1\,[\mathrm{C}]$，$Q_2\,[\mathrm{C}]$ とし，C_1，C_2 の極板間電圧は等しいので $V_1\,[\mathrm{V}]$ とすると，$Q=CV$ より

$$\begin{cases}Q_1 = C_1 V_1 & \cdots\cdots ②\\ Q_2 = C_2 V_1 & \cdots\cdots ③\end{cases}$$

また，電荷は保存されるので

$$Q_1 + Q_2 = Q_0$$

①・②・③式を代入して

$$C_1 V_1 + C_2 V_1 = C_1 V_0$$

$$\therefore\quad V_1 = \frac{C_1}{C_1+C_2}V_0\,[\mathrm{V}]\quad\cdots\cdots ④$$

(b)　電気容量 $C\,[\mathrm{F}]$ のコンデンサーの極板間に $V\,[\mathrm{V}]$ の電圧を加え，

Q〔C〕の電気量が蓄えられたとき，コンデンサーの蓄える静電エネルギー U〔J〕は $U = \dfrac{1}{2}QV = \dfrac{1}{2}CV^2 = \dfrac{1}{2} \cdot \dfrac{Q^2}{C}$ で与えられる。C_2 に蓄えられた静電エネルギーを U_1〔J〕とおくと

$$U_1 = \dfrac{1}{2} \times C_2 \times \left(\dfrac{C_1}{C_1 + C_2} V_0 \right)^2$$

$$= \dfrac{C_1{}^2 C_2}{2(C_1 + C_2)^2} V_0{}^2 \text{〔J〕}$$

(3)(a)　コンデンサーの電気容量は，極板間隔に反比例するので，極板間隔を 3 倍にすると，電気容量は $\dfrac{1}{3}$ になる。

$$\therefore \quad \dfrac{1}{3} C_2 \text{〔F〕}$$

(b)　スイッチは接続されていないので，(2)の電荷はそのままである。③・④式より，$Q_2 = \dfrac{C_1 C_2}{C_1 + C_2} V_0$〔C〕である。$C_2$ に蓄えられている静電エネルギーを U_2〔J〕とすると，$U = \dfrac{1}{2} \cdot \dfrac{Q^2}{C}$ より

$$U_2 = \dfrac{1}{2} \cdot \dfrac{\left(\dfrac{C_1 C_2}{C_1 + C_2} V_0 \right)^2}{\dfrac{1}{3} C_2}$$

$$= \dfrac{3 C_1{}^2 C_2{}^2 V_0{}^2}{2 C_2 (C_1 + C_2)^2}$$

$$= \dfrac{3 C_1{}^2 C_2}{2(C_1 + C_2)^2} V_0{}^2 \text{〔J〕}$$

(c)　C_1 の電荷，電気容量は不変なので，外力のした仕事は C_2 の静電エネルギーの変化で与えられる。外力のした仕事を W〔J〕とすると

$$U_1 + W = U_2$$

$$W = U_2 - U_1$$

$$= \dfrac{3 C_1{}^2 C_2}{2(C_1 + C_2)^2} V_0{}^2 - \dfrac{C_1{}^2 C_2}{2(C_1 + C_2)^2} V_0{}^2$$

$$= \dfrac{C_1{}^2 C_2}{(C_1 + C_2)^2} V_0{}^2 \text{〔J〕}$$

(4)　スイッチを b 側に入れて十分に時間が経過したときの C_1，C_2 の電気量をそれぞれ Q_3[C]，Q_4[C]，極板間電圧を V'[V] とおくと，$Q=CV$ より

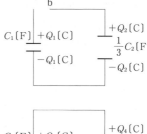

$$\begin{cases} Q_3=C_1V' \\ Q_4=\dfrac{1}{3}C_2V' \end{cases}$$

また，電荷は保存されるので

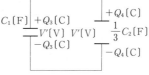

$$Q_3+Q_4=Q_1+Q_2$$

$$C_1V'+\frac{1}{3}C_2V'=C_1V_1+C_2V_1$$

$$3C_1V'+C_2V'=3(C_1+C_2)V_1$$

$$V'=\frac{3(C_1+C_2)}{3C_1+C_2}V_1$$

④式を代入して

$$V'=\frac{3(C_1+C_2)}{3C_1+C_2}\cdot\frac{C_1}{C_1+C_2}V_0$$

$$=\frac{3C_1}{3C_1+C_2}V_0\,[\text{V}]$$

$\boxed{3}$　解答

(1)(a)—②　(b)—②　(c)—⑥　(d)—⑧

(2)(a)—⑤　(b)—④

(3)(a)—①　(b)—③

◀解　説▶

≪ばねにつながれたピストンをもつシリンダーに閉じ込められた単原子分子理想気体の状態変化≫

(1)(a)　ピストンにはたらく力（右図）のつりあいより

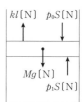

$$p_0S+Mg=p_1S+kl$$

$$\therefore\quad p_1=p_0+\frac{Mg-kl}{S}\,[\text{Pa}]$$

(b)　はじめの状態からピストンが上向きに距離 x[m] 変位したとき，気体の圧力と体積をそれぞれ p_x[Pa]，V_x[m^3] とする。このときのばねの伸びは $l-x$ であり，ピストンにはた

らく力のつりあいの式より

$$p_x S + k(l-x) = p_0 S + Mg$$

また気体の体積は

$$V_x = V_1 + Sx$$

以上より p_x と x は 1 次関数の関係があり，V_x と x も 1 次関数の関係があるので p_x と V_x は 1 次関数の関係とわかる。また p_x と x および V_x の増減は一致するので p-V 図におけるグラフは傾きが正の直線となる。

(c) 気体が外部にした仕事は，p-V 図の面積で求まる。この過程で気体が外部にした仕事を W〔J〕とすると，右図の網かけ部分の面積より

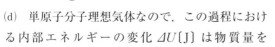

$$W = \frac{1}{2} \cdot (p_1 + p_2)(V_2 - V_1) \,〔\text{J}〕$$

(d) 単原子分子理想気体なので，この過程における内部エネルギーの変化 $\varDelta U$〔J〕は物質量を n〔mol〕，気体定数を R〔J/(mol·K)〕，温度変化を $\varDelta T$〔K〕とすると $\varDelta U = \dfrac{3}{2} nR\varDelta T$ で与えられる。理想気体の状態方程式より

$$\begin{cases} p_1 V_1 = 1 \cdot R T_1 \\ p_2 V_2 = 1 \cdot R T_2 \end{cases}$$

$$\varDelta T = T_2 - T_1$$
$$\qquad = \frac{1}{R}(p_2 V_2 - p_1 V_1)$$

$$\therefore \quad \varDelta U = \frac{3}{2} \cdot 1 \cdot R \cdot \frac{1}{R}(p_2 V_2 - p_1 V_1)$$
$$\qquad\qquad = \frac{3}{2}(p_2 V_2 - p_1 V_1)\,〔\text{J}〕$$

(2)(a) (1)(c)より

$$W = \frac{1}{2}(p_1 + p_2)(V_2 - V_1)$$

$$\quad = \frac{1}{2}(p_1 V_2 - p_1 V_1 + p_2 V_2 - p_2 V_1)$$

$$\quad = \frac{1}{2}(p_2 V_2 - p_1 V_1)\,〔\text{J}〕$$

(b)　熱力学第一法則より，この過程で気体に加えた熱量を Q〔J〕とすると

$$Q = \frac{3}{2}(p_2 V_2 - p_1 V_1) + \frac{1}{2}(p_2 V_2 - p_1 V_1)$$

$$= 2(p_2 V_2 - p_1 V_1) \quad \cdots\cdots①$$

モル比熱を C〔J/(mol・K)〕とすると，$Q = nC\varDelta T$ なので

$$Q = 1 \times C \times \frac{1}{R}(p_2 V_2 - p_1 V_1) \quad \cdots\cdots②$$

①＝② より

$$2(p_2 V_2 - p_1 V_1) = C \cdot \frac{1}{R}(p_2 V_2 - p_1 V_1)$$

$$\therefore \quad C = 2R〔\text{J/(mol・K)}〕$$

(3)(a)　この過程の前後でポアソンの法則を用いると

$$p_2 V_2^{\frac{5}{3}} = p_3 V_1^{\frac{5}{3}} \quad \cdots\cdots③$$

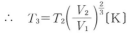

理想気体の状態方程式より

$$\begin{cases} p_2 V_2 = RT_2 \\ p_3 V_1 = RT_3 \end{cases}$$

$$RT_2 \cdot V_2^{\frac{2}{3}} = RT_3 V_1^{\frac{2}{3}}$$

$$\therefore \quad T_3 = T_2 \left(\frac{V_2}{V_1} \right)^{\frac{2}{3}} 〔\text{K}〕$$

(b)　おもりの合計質量が m〔kg〕になったとき気体の体積は V_1〔m^3〕なので，ばねの自然長からの伸びは l〔m〕である。ピストンにはたらく力のつりあいは

$$p_0 S + (m+M)g = p_3 S + kl$$

また，(1)(a)より

$$p_0 S + Mg = p_1 S + kl$$

両式の辺々を引くと

$$mg = p_3 S - p_1 S \quad \cdots\cdots④$$

③式に $p_2 = \frac{5}{4}p_1$，$V_2 = \frac{3}{2}V_1$ を代入すると

$$\frac{5}{4}p_1 \cdot \left(\frac{3}{2}V_1 \right)^{\frac{5}{3}} = p_3 V_1^{\frac{5}{3}}$$

$$\frac{5}{4}p_1 \cdot \left(\frac{3}{2}\right)^{\frac{5}{3}} = p_3$$

$(1.5)^{\frac{5}{3}} \fallingdotseq 2.0$ なので

$$\frac{5}{4}p_1 \cdot 2.0 = p_3$$

$$p_3 = \frac{5}{2}p_1$$

④式に代入して

$$mg = \frac{5}{2}p_1 S - p_1 S$$

$$= \frac{3}{2}p_1 S$$

$$= \frac{3}{2}p_0 S$$

化学

$\boxed{1}$ **解答** Ⅰ．問 1．① 問 2．⑦ 問 3．② 問 4．⑤
問 5．⑤ 問 6．②
Ⅱ．問 1．② 問 2．③ 問 3．③ 問 4．④ 問 5．④

◀解　説▶

≪理論・無機の小問集合≫

Ⅰ．問 1．水素原子の同位体の存在比は，質量数 1 の軽水素 ^1H が 99.9% 以上を占めるので，水素の原子量は ^1H の相対質量と一致すると考えられる。^1H では陽子数 1 個，中性子数 0 個，電子数 1 個で構成されており，電子 1 個の質量は陽子 1 個の質量に対して十分に小さく無視できるので，水素のモル質量 1.0 g/mol は陽子のモル質量といえる。よって，陽子 1 個の質量は，モル質量 1.0 g/mol とアボガドロ定数 $6.0×10^{23}$/mol を用いて

$$\frac{1.0}{6.0×10^{23}}=1.66×10^{-24}≒1.7×10^{-24}〔g〕$$

問 2．非金属元素の原子どうしが結びついてできたものが分子で，化学式は分子式で表され，分子量を用いる。ただし，黒鉛 C，ダイヤモンド C，ケイ素 Si，二酸化ケイ素 SiO_2，炭化ケイ素 SiC は非金属元素の原子から構成されるが，原子が共有結合により連続的に結びついた共有結合の結晶で，化学式は組成式で表され，式量を用いる。また，金属元素からなるナトリウム Na，金属元素と非金属元素が結びついてできる塩化銀 AgCl，塩化ナトリウム NaCl，酸化鉄（Ⅲ）Fe_2O_3，イオンであるアンモニウムイオン $NH_4{}^+$ はいずれも組成式で表され，式量を用いる。

問 3．①誤文。貴ガスのうち，ヘリウム He の最外殻電子の数は 2 個である。

③誤文。イオン結晶は自由電子をもたない。

④誤文。原子番号が 7 の窒素原子 N は，L 殻に 5 個の価電子をもつ。

⑤誤文。オキソニウムイオンは 1 対の非共有電子対をもつ。

⑥誤文。水分子の酸素原子と水素原子の間で共有されている電子は，酸素

原子側に引きよせられている。

問4．下線部の酸化数は次の通り。

①$\underline{S}O_2$　　②$Na_2\underline{S}_2O_3$　　③$\underline{S}O_3{}^{2-}$　　④$\underline{N}_2$　　⑤$H\underline{N}O_3$　　⑥$\underline{N}H_3$
　+4　　　　　　+2　　　　　　+4　　　　　0　　　　+5　　　　−3

よって，酸化数が最も大きいのは⑤。

問5．貴ガスの電子配置は安定で陽イオンになりにくい。一方，アルカリ金属元素の原子は，電子1個を放出して陽イオンになりやすい。よって，原子のイオン化エネルギーの値は，貴ガスでは大きく，アルカリ金属の原子では小さくなるので，正解は⑤。

問6．②誤文。25℃における水のイオン積は $1.0\times10^{-14}(\mathrm{mol/L})^2$ より，純水の $[H^+]=1.0\times10^{-7}[\mathrm{mol/L}]$ である。また水の密度 $1.0\,\mathrm{g/cm^3}$ から，$1[\mathrm{cm^3}](=1[\mathrm{mL}]=10^{-3}[\mathrm{L}])$ あたり $\frac{1}{18}$ mol の水が存在するので，純水のモル濃度を C とおくと

$$C=\frac{\dfrac{1}{18}}{10^{-3}}=\frac{1000}{18}=55.5\fallingdotseq56[\mathrm{mol/L}]$$

純水の電離度を α とすると $[H^+]=C\alpha$ と表されるので，電離度 α は

　　$10^{-7}=56\times\alpha$

　　$\alpha=1.78\times10^{-9}\fallingdotseq1.8\times10^{-9}$

以上より②は誤文。

Ⅱ．問1．マグネシウムとアルミニウムに希塩酸を加えると，以下の反応がそれぞれ起こり，水素が発生する。

　　$Mg+2HCl \longrightarrow MgCl_2+H_2$

　　$2Al+6HCl \longrightarrow 2AlCl_3+3H_2$

問2．それぞれの記述で起こる反応は次の通り。

①銀に塩酸を加えても反応は起こらない。

②$2H_2O_2 \longrightarrow 2H_2O+O_2$

③$2Al+2NaOH+6H_2O \longrightarrow 2Na[Al(OH)_4]+3H_2$

④$2NaHCO_3 \longrightarrow Na_2CO_3+CO_2+H_2O$

⑤$CuCl_2 \longrightarrow Cu+Cl_2$

よって，水素が発生するのは③。

問 3 ．発生する水素の体積は，はじめ希塩酸量に依存して増加する。やがてマグネシウム片がすべて反応しきって希塩酸があまると発生する水素量は一定となる。希塩酸の濃度を 2 倍にすると，1 次関数的に増加する直線の傾きが 2 倍となる。また，発生する水素量の上限はマグネシウム片の量に依存して一定なため，こちらは変化しない。よって正解は③。

問 4 ．この反応で発生した水素が 44.8 mL より元々のマグネシウム片は

$$\frac{44.8 \times 10^{-3}}{22.4} \times 24 = 48 \times 10^{-3} \text{[g]}$$

これと同じ質量のアルミニウム片を十分な希塩酸と反応させると，発生する水素の体積は

$$\frac{48 \times 10^{-3}}{27} \times \frac{3}{2} \times 22.4 = 59.7 \times 10^{-3} \fallingdotseq 60 \times 10^{-3} \text{[L]} = 60 \text{[mL]}$$

問 5 ．混合物 21.6 mg 中のマグネシウムを x[mol]，アルミニウムを y[mol] とし金属片がすべて反応したとすると，混合物の質量および発生する水素の物質量は次のように表される。

$$24x + 27y = 21.6 \times 10^{-3}$$
$$x + \frac{3}{2}y = 1 \times 10^{-3}$$

これを解くと，$x = 6 \times 10^{-4}$[mol]，$y = \frac{8}{3} \times 10^{-4}$[mol] となり，物質量比は 9 : 4 となる。

$$9 : 4 = 2.25 : 1 \fallingdotseq 2 : 1$$

より選択肢の④が該当する。

---

2 **解答**　Ⅰ．問 1 ．③　問 2 ．⑤　問 3 ．④　問 4 ．③
　　　　　　　問 5 ．④　問 6 ．⑦　問 7 ．④
Ⅱ．問 1 ．③　問 2 ．④　問 3 ．③　問 4 ．②

━━━━━━━━━━　◀解　説▶　━━━━━━━━━━

≪無機・理論の小問集合≫

Ⅰ．問 1 ．①誤文。水酸化亜鉛にアンモニア水を加えると，錯イオンとなって溶ける。

$$Zn(OH)_2 + 4NH_3 \longrightarrow [Zn(NH_3)_4]^{2+} + 2OH^-$$

②誤文。テトラアンミン銅（Ⅱ）イオン $[Cu(NH_3)_4]^{2+}$ の価数は $+2$ である。

④誤文。ハロゲン化銀のうち，AgCl はアンモニア水に容易に溶ける。

$$AgCl+2NH_3 \longrightarrow [Ag(NH_3)_2]^+ +Cl^-$$

⑤誤文。塩化鉛は熱水に溶ける。

問 2．⑤誤文。次亜塩素酸 HClO と過塩素酸 HClO₄ では，過塩素酸のほうが酸性が強い。

問 3．④誤文。水酸化アルミニウムと塩酸は反応する。

$$Al(OH)_3+3HCl \longrightarrow 3H_2O+AlCl_3$$

問 4．ニッケルに当てはまるのは A），D），銅に当てはまるのは A），C），亜鉛に当てはまるのは A）〜D）のすべてなので，正解は③。

問 5．④誤文。水に対する気体の溶解度は，温度が高くなるほど小さくなり，気体の圧力が高くなるほど大きくなる。

問 6．濃度未知の酢酸水溶液 A を x〔mol/L〕とおく。これを 10 倍希釈してできる $\dfrac{x}{10}$〔mol/L〕の水溶液 B 10.0 mL と，0.120 mol/L の水酸化ナトリウム水溶液 9.50 mL との中和反応より

$$\frac{x}{10} \times 10 \times 1 = 0.120 \times 9.50 \times 1$$

$$x = 1.14 \text{〔mol/L〕}$$

問 7．④誤文。純水とスクロース水溶液を半透膜で仕切り，液面の高さをそろえて放置すると，水溶液の濃度が高いほうに水分子が浸透するため，純水側からスクロース水溶液側へ水が移動し，スクロース水溶液側の液面のほうが高くなる。

Ⅱ．問 1．体心立方格子における，原子の最近接粒子数（配位数）は 8。

問 2．単位格子一辺の長さを a，鉄原子の半径を r とすると

$$a = \frac{4r}{\sqrt{3}} = \frac{4\sqrt{3}\,r}{3}$$

問 3．鉄の式量は 56，体心立方格子の単位格子内の鉄原子の数は 2 個である。単位格子一辺の長さ $a=3.0 \times 10^{-8}$〔cm〕とすると，この結晶格子における密度は

$$\frac{2\times56}{(3.0\times10^{-8})^3\times6.0\times10^{23}}=6.91\fallingdotseq6.9\,[\text{g/cm}^3]$$

問4．鉄の構造が体心立方格子から面心立方格子（単位格子内の鉄原子数は4個）へ変化したとき，同一原子数あたりの体積比は

$$\frac{\text{面心立方格子の体積}}{\text{体心立方格子の体積}}=\frac{\left(\dfrac{4}{\sqrt{2}}r\right)^3\times\dfrac{1}{4}}{\left(\dfrac{4}{\sqrt{3}}r\right)^3\times\dfrac{1}{2}}=\frac{3\sqrt{6}}{8}=0.914\,[\text{cm}^3]$$

体心立方格子構造をもつ鉄 $1.00\,\text{cm}^3$ が面心立方格子構造へ変化すると体積が $0.914\,\text{cm}^3$ となるので，正解は②。

3 解答 Ⅰ．問1．⑤ 問2．① 問3．④ 問4．④ 問5．③

Ⅱ．問1．② 問2．③ 問3．③ 問4．③ 問5．①

◀解　説▶

≪理論の小問集合≫

Ⅰ．問1．⑤誤文。コロイド粒子は，水酸化鉄(Ⅲ)やタンパク質は正に帯電しているが，それ以外の粘土や硫黄，金，デンプン，セッケンなどは負に帯電している。

問2．①誤文。活性化エネルギーが大きいほど，反応が起こるのに必要なエネルギーが大きく，反応速度は小さくなる。

問3．質量モル濃度が $C\,[\text{mol/kg}]$ の溶液では，溶媒 $1\,\text{kg}$ あたり溶質が $C\,[\text{mol}]$ 含まれている。密度が $d\,[\text{g/cm}^3]$，溶質のモル質量が $M\,[\text{g/mol}]$ であるとき，溶液のモル濃度を表す式は

$$\frac{C\,[\text{mol}]}{\dfrac{1000+CM}{d}\times10^{-3}\,[\text{L}]}=\frac{1000Cd}{1000+CM}\,[\text{mol/L}]$$

問4．アンモニアを合成する反応において，$400°\text{C}$ から $500°\text{C}$ に温度を上昇させると，反応速度が大きくなり平衡に達するまでの時間が短くなる。一方，アンモニア合成の反応は発熱反応なので，温度を上げると平衡は逆方向へ移動し，アンモニア生成率は減少する。よって正解は④。

問5．ステアリン酸（モル質量 $M\,[\text{g/mol}]$）$a\,[\text{mg}]$ を溶かしたシクロヘ

キサン溶液 V〔mL〕の濃度は，$\dfrac{\dfrac{a}{M}}{V}=\dfrac{a}{MV}$〔mol/L〕で表される。これを x〔mL〕滴下してできる単分子膜 A〔cm^2〕中に含まれるステアリン酸分子の数と，ステアリン酸分子 1 個の断面積 s〔cm^2〕との関係式を，アボガドロ定数 N〔/mol〕を用いて表すと

$$\frac{a}{MV}\times x\times 10^{-3}\times N:A=1:s \qquad \therefore \quad N=\frac{10^3 MVA}{axs}\,\text{〔/mol〕}$$

Ⅱ．問 1．沸点とは，大気圧と蒸気圧が等しくなる温度なので，大気圧 1.013×10^5〔Pa〕$=101.3$〔kPa〕におけるプロパンの沸点は，グラフよりおよそ 230 K。

問 2．プロパン（モル質量 44 g/mol）が液化し始めたとき，300 K におけるプロパンの分圧はプロパンの蒸気圧と等しく，グラフより 1000 kPa。

このときプロパンの m〔g〕はすべて気体とみなせるので，$PV=\dfrac{m}{M}RT$ より

$$m=\frac{PVM}{RT}=\frac{1000\times10^3\times10\times44}{8.31\times10^3\times300}=176.4\,\text{〔g〕}$$

よって，正解は③ 175。

問 3．プロパンの燃焼熱 Q は，各生成熱を用いて

$$Q=（生成物の生成熱の総和）-（反応物の生成熱の総和）$$
$$=(3\times394.0+4\times286.0)-107.0=2219\,\text{〔kJ/mol〕}$$

問 4．メタンとプロパンの混合ガス 0.400 mol において，メタン x〔mol〕とすると，混合ガスの完全燃焼で生じた発熱量 600 kJ は

$$802\times x+2219\times(0.400-x)=600 \qquad \therefore \quad x=0.20\fallingdotseq0.2\,\text{〔mol〕}$$

問 5．600 kJ の熱がすべて 0℃ の氷から 25℃ の水への変化に用いられたとすると，状態変化する氷の質量 x〔g〕は

$$6.0\times\frac{x}{18}+4.2\times x\times25\times10^{-3}=600 \qquad \therefore \quad x=1368.8\,\text{〔g〕}$$

よって，正解は① 1370。

$\boxed{4}$ **解答**　Ⅰ. 問1. ⑤　問2. ⑤　問3. ①　問4. ②
問5. ②　問6. ⑥　問7. ③　問8. ③

Ⅱ. 問1. ②　問2. ④　問3. ①　問4. イー⑤　ウー①　問5. ⑤
問6. [47]ー①　[48]ー②

━━━━━━━━ ◀解　説▶ ━━━━━━━━

≪有機・高分子の小問集合≫

Ⅰ. 問1. エステル A を加水分解して得られるアルコール B はヨードホルム反応陽性のため，$CH_3-CH(OH)-$ の部分構造をもつ。選択肢の中でエタノールがそれに相当する。また，このアルコール B（エタノール）を酸化すると得られるカルボン酸 C は酢酸のため，元のエステル A は酢酸エチルで，正解は⑤ $CH_3COOC_2H_5$。

問2. この油脂の分子量を M とすると，けん化反応で必要な水酸化ナトリウムの量より

$$\frac{100}{M} \times 3 = \frac{13.6}{40} \quad \therefore \quad M = 882.3 \fallingdotseq 882$$

問3. 不飽和脂肪酸を含む油脂では，ヨウ素の付加反応が起こる。

問4. o-キシレンの側鎖の酸化によりテレフタル酸が得られる。

問5. ポリエチレンテレフタラートは，テレフタル酸とエチレングリコールの縮合重合で合成される。

問6. ポリエチレンテレフタラートの構造式は以下の通りで，その構成単位の式量は 192。

$$\left[O-(CH_2)_2-O-\underset{O}{\overset{\displaystyle C}{\|}}-\!\!\left\langle\!\!\!\bigcirc\!\!\!\right\rangle\!\!-\underset{O}{\overset{\displaystyle C}{\|}} \right]_n$$

重合度を n とすると，平均分子量より

$$192n = 4.00 \times 10^4 \quad \therefore \quad n = 208.3$$

ポリエチレンテレフタラート 1 分子鎖に含まれるエステル結合の数は $2n$ 個より

$$2n = 2 \times 208.3 = 416.6 \fallingdotseq 417 〔個〕$$

Ⅱ. 問1. フェノールの製法であるクメン法では，触媒を用いてベンゼンとプロペン（プロピレン）からクメンをつくり，これを酸素で酸化したのち，硫酸で分解するとフェノールとアセトンが得られる。

問2. $-NO_2$ をスズ Sn で還元し $-NH_3Cl$ とするので,スズは還元剤としてはたらく。

問3. フェノールと水酸化ナトリウムの中和反応により,ナトリウムフェノキシドを得る。

問4. サリチル酸に無水酢酸を作用させると,アセチル化が起こりアセチル基 CH_3-CO- をもつアセチルサリチル酸が得られる。一方,サリチル酸にメタノールと少量の濃硫酸を触媒として作用させるとエステル化が起こり,サリチル酸メチルが得られる。

国語

| 1 ～ 6 | 出典 | 佐伯啓思「『ロシア的価値』と侵略」（『朝日新聞』二〇二二年三月二六日朝刊〈異論のススメスペシャル〉） |

解答
1　① (3)
2　① (1) (2)
3　① (4)
4　① (1) (2)
5　① (5) (2) (4)
6　① (4) (5)

━━━━━━━◀解　説▶━━━━━━━

1　第四段落に「ヨーロッパが生みだした近代文明の典型は、アメリカ文明とソ連社会主義であった」とある。1 つ目の空欄 a と同趣旨の一文であるため、「生みだした」に該当する「人工的」が適当。「人工」は「自然」の対義語であり、“人間が作り出すさま”を表す言葉である。

2　空欄 b 直後の「アイデンティティー」は〈自己同一性〉とも訳し、“自分が自分であることを社会から認められる感覚”という意味を表す言葉。冷戦の敗北によって社会主義を失ったロシア（の人々）は、「ロシア的なもの」（第十段落）が欠落してしまったのである。したがって、「民族的」が適当。

3　直後の第十一段落において、ロシアの知識人たちがヨーロッパに散らばっていたことが述べられているため、空欄 c にはヨーロッパを指す語が入ると見当がつく。第十二段落や第十三段落の「西洋（的・普遍主義的価値観）とは一線を画す」という表現から「西洋的」が入りそうだが、「西洋」にはアメリカも含まれているので不適。第九段落に「アメリカやヨーロッパ（西欧）の価値」という表現があることからも、ヨーロッパのみを指す「西欧的」が適当。

4　⑴は英語教育という冒頭の問題意識をふまえるが、第二十段落の内容と照らし合わせると、「（日本の）『精神的な風土』を喪失した」は言い過ぎ

であり、不適。⑵は第三段落の「戦後、もっぱら米国の軍事的安全保障のもとで平和を満喫し」第三十段落「戦後の日本は……米国流の歴史観、世界秩序観の信奉者であった」に合致し、「日本をめぐる筆者の見方」の説明として適当である。⑶は「中華帝国の再来を図った膨張路線」とあるが、第十六段落で「中華帝国の再来とばかりに」と筆者は比喩的にこの言葉を用いており、不適。⑷は「日本としてはこうした行為を許容するわけにはいかない」が本文になく、不適。⑸は「命がけでも自衛する覚悟が必要である」が本文になく、不適。筆者はこの文章を通じて、日本がどうすべきかを説いているのではなく、あくまで読者に問いかける姿勢を貫いている。

⑤　「最も不適当なもの」を選ぶ。⑴は第四段落の内容に合致。⑵は第七・八段落の内容に合致。⑶は第十一段落の内容に合致。⑷は第十五段落の内容に合致。⑸は第十八・十九段落の内容をふまえるが、トルストイのいう「人間の意思や理性でははかることのできない何らか」（第十九段落）とは、「人間の自由意思」（第十八段落）を超えて歴史を動かしていく大きな力。筆者の言葉では「『精神的な風土』の交錯」を指すものであり、ナポレオンを打ち負かした「冬将軍」（＝厳しい冬の気候）という自然の力を指したものではないため、不適。

⑥　⑴は「ウクライナでも……アイデンティティーのロシア化」とあるが、第十三段落の「ウクライナのヨーロッパへの接近は一種の背信行為」と合致しないため不適。ウクライナ侵略が起こった原因は、ウクライナがヨーロッパ化したことにあると筆者は分析している。⑵は「プーチンが狂気をなし病気に陥ったことに起因したもの」とあるが、この表現は第三段落で「あえて理解しようとすれば」とたとえ話で用いられたものであり、不適。⑶は第十三段落にNATOへの言及はあるものの、「加盟を阻止すべく」とは述べられておらず、不適。⑷は第十段落から第十三段落の要旨をとらえており、適当。⑸は「プーチンは……『ロシア的価値』が否定されることを恐れていた」が本文になく、不適。⑤でも確認したように、筆者は人間の「自由意思」によって歴史が動くとは考えておらず、それゆえウクライナ侵攻についてもその背後の「精神的な風土」を解き明かしていくという立場をとっている。

7〜9

出典　辰井聡子「平らな鏡で世界を見れば」(『書斎の窓』二〇二〇年七月号・九月号　有斐閣)

解答
7—(2)
8—(4)
9—(1)

◀解説▶

(形式段落の番号は(1)〜(3)の見出しは数えないものとし、全体を三十九段落とみなしたものである)

7　第十八段落にある、一般に信じられている人類の発展の歴史をふまえて解答する。「封建的身分秩序」の下にあった人類は、「都市や商業が発達」し、「経済活動の自由」を勝ち取ることで「自由で民主的な社会を作り上げた」というのが、一般的な理解である。また、直後には「これが真実なら……同国において、複合家族から核家族へという流れが確認できる」とあり、こうした流れに合致する(2)が適当。第三十一段落以降、筆者はトッドの発見を支持しながら、こうした一般的な理解に対する批判を展開している。

8　「核家族」が良いと思った(=日本の前近代性を恥じた)人にとっての「よい知らせ」を読み取る。(1)はすでに前半で述べられた内容であり、ここで改めて「よい知らせ」にはなりえないため不適。また「核家族」に憧れる日本人にとって「経済発展」の価値の否定は「よい知らせ」とは言い切れない。(2)・(3)は本文の趣旨に反するため不適。(4)は最終段落の内容に合致し、「核家族」に憧れる日本人に対して「革新の結果として得られたものではない(ので、憧れる必要はないし、日本が前近代的というわけではない)」と応答しており、適当である。

9　(1)は本文全体の主旨、また最終段落の内容に合致するため適当。(2)は「平等主義的構造ゆえに……保護主義的な経済行動を好み、そのような政府に対する支持が継続された」「結果として……政権交代が起こりにくくなった」とあるが、第三十段落に「有権者は政府と多数派に票を投じ続けるため、政権交代は滅多に起こらない」とあるように「直系家族」の国々で政権交代が起こらないのは、「安定的な継承」(第三十九段落)を好む心性ゆえである。因果関係を取り違えているため不適。(3)は第三十七段落・第三十三段落の二つの家族形態の共通点を述べているが、「兄弟間の

相続規則が平等だ」はフランスのみに当てはまる特徴であり、不適。「外婚性共同体家族」では確かに兄弟間は平等だが、「相続規則」についての言及はない。(4)は第八段落で筆者は「『遺伝情報』のたとえが大げさでないほどの……情報の層」と述べているように、「遺伝情報」とはあくまでたとえ話であるため、不適。

10〜13 **出典** 磯前順一『喪失とノスタルジア』＜エピローグ　二隻の舟──過去に向き合うということ、そして表現行為＞（みすず書房）

解答 10 ─ (1)
11 ─ (3)
12 ─ (2)
13 ─ (4)

◀**解説**▶

（形式段落の番号は、引用部も一段落と数えたものであり、全体を十四段落とみなしている）

10 空欄A直後にある「自分にとってかがえのない人間」、あるいは四行前にある「まったく同じことは二度とは起こらない」をふまえた(1)の「一回性」が当てはまる。(3)「同一性」は「自己同一性」のような意味なら当てはまりそうだが、「歴史的」とのつながりが不適。空欄Bは「表現者」が「今ここという時には現存しない亡霊」となり、「読者」を過去のトラウマから解放させる役割を担っていることを指すため、(1)「触媒的」が適当。「触媒」とは化学用語であるが、評論文などでは、自身は変化せず他のものの変化を促進させるもの、と比喩的に用いられることがある。「核兵器の非人道性への認識が、国際社会を結束させる触媒となる」等。(4)「想起的」、(5)「対話的」と言わんとすることは間違いではないが、Aと合わせると(1)が正解だとわかる。

11 「最も不適当なもの」を選ぶ。(3)「過去を差異化し隠蔽すること＝忘却＝過去からの解放を生む」とあるが、第一段落の「過去の隠蔽は未来も現在も生み出さない。忘却も都合よくは働かない」と合致せず、不適。

12 (1)は「他者の理解が全く不要になる」が第二段落「わたしとあなたがまったくわかりえないということを意味するものではない」に合致せず、

不適。⑵は第六段落の「生きる勇気も湧いてくる」、また第一段落の「過去……に対して、向き合ってゆかなければならない」にあるような筆者の主張に合致するため適当。⑶は「自分の過去を消去し」が本文の趣旨に合致せず、不適。⑷は「自己は、他者が抱えている過去に憑依されて」が本文になく不適。第二段落に「(他者は)憑依をされていない」とあるように、自己と他者との関係性に「憑依」は起こりえない。⑸は「自己と他者が完全に同一化して」が第二段落にあるような「非共約性」の前提となる自己と他者とが差異のある存在であることをふまえておらず、不適。

⑬ ⑴は「覆すという行為は……不変の固定された意味となり」が、第一段落「たえず意味づけを変えながら」と合致しないため不適。⑵は「翻訳は、本質的に原作の起源へと志向するものであり」とあるが、第四段落に「(翻訳は)原作の意味のあり方に従いつつ、みずからの言語でおのれを形成」するものだと述べられており、不適。⑶は「表現行為は……表現者の側から主体的に贈与する」が第七段落の「受容の美学」「読み手は表現者のテクストから自分自身の抱える想いと共鳴するものを感じとり」と合致せず、不適。主体は読み手の側にある。⑷は第十一段落のデリダの引用部、第十二段落の内容に合致する。⑸は「村上龍の小説」には「個人の衝動が社会と軋轢を起こす様」が描かれているが、映画『異人たちとの夏』には描かれていないため不適。『異人たちとの夏』は、「読み手にも自分の歴史的制約を忘却させるような錯覚」(第九段落)が起こることを説明するために言及されている。

　出典　佐佐木信綱「恋歌について」(『明治文学全集』第63　筑摩書房)

解答 ⑭―⑵
⑮―⑷
⑯―⑷
⑰―⑶

━━━━◆ 解　説 ▶━━━━

⑭ (一)の「あやなき」は漢字で「礼無き」と書く。そのことを知らなくても、お思いになったことを言わないのはかえって「あや」が「なき」ことであるので、とりあえず(自分の考えを)述べよう、という文脈に合

致するものを選ぶ。（2）の「さはり」は漢字で「障り」と書き、"支障、障害"の意。（3）の下の「侍ら」は丁寧語の補助動詞として用いられているので、副詞「互に」では不適。動詞「違ひ」で"違う"の意。（4）の「あづかる」は漢字で「与る」と書き、"かかわる、関与する"の意。「更に〜ず」の呼応の副詞（陳述の副詞）とあわせて、"全く関係がない"の意。

⑤ A、主語は「さる情」＝「"恋しとおもひ、なつかしと"の心情」であり、「深き」に繋がるものを選ぶ。「こひ」では意味が重なってしまうため不適。「あはれ」は"しみじみとおもむきがある、すばらしい"の意。後半の本居宣長の引用文の内容と同じ趣旨。B、「心のままに」で"思うのに任せて"の意。本居宣長の文章では、心に浮かんだことをそのまま詠む和歌の尊さが説かれている。D、傍線（1）の二行後に「又世々の勅撰の集になる恋歌のその多くしたるは……」と速水の考えを批判する箇所があり、これと同じ趣旨。勅撰集を指す「集」が適当。

⑥ （1）は宣長の引用文の内容に合致。（2）は本文全体の主旨に合致。（3）は傍線部（2）の直後の内容に合致。（5）は宣長の引用文の内容に合致。（4）は傍線部（3）直前にある『歌のしをり』に恋歌を載せなかったことくの弁明の内容をふまえるが、選択肢の「初心の若者には解答があると考えるのには全く同意できない」が本文になく不適。筆者は『歌のしをり』を初心者用に書いたために恋の歌を収めなかったと釈明しているが、これは自分の主張（＝恋の歌は重要なものである）と実際の行動とが「うらうく」＝"矛盾"にならないよう述べているのであり、速水の意見くの批判からくるものではない。

⑦ 二重波線部の前後は、"歌おうとするならば、何の支障があるでしょうか"の意であり、「む」は仮定を表す。「むは」「むに」のように助詞を伴うと、仮定の意味になることが多い。（3）も仮定であり、これが答えとなる。（2）は「修せむこと」＝"修行しようとすること"の意で、意志を表す。（1）は婉曲、（4）は適当で、"子というものはいない方がよい"の意。（5）は「帰り」に尊敬語「給ふ」がついているため、自身の動作とは解せない。勧誘の意で、"お帰りになりましょう"と貴人を誘う文脈。

18〜21

出典　源為憲『世俗諺文』

解答　18―(4)
19―(3)
20―(2)
21―(4)

◀**解説**▶

18　空欄直前の内容をふまえると、「良薬」と「忠言」に〈受け入れがたいが、確かに効果のあるもの〉という共通点があることがわかる。また(注)によれば、「武王」とは聖王であり、「紂」は暴君であることがわかる。よって、「武王」は「忠言」によって栄えた一方、「紂」は「忠言」をしなかったために衰えたのだという文意に当てはまる(4)が適当。

19　「若」は「ごとシ」と訓読し、〝〜のようだ〟という比況を表す。「賢士之処世」＝〝優れた人材が世の中にいる〟ことが、「錐之処嚢中」＝〝錐が袋の中にある〟ことのようだ、の意。錐は先端が尖っているため、自然と袋を突き破って外に出て来るように、優れた人材も必ず頭角を現す、ということである。前提の説明にある「毛遂は……特に目立った功績はなかった」も手掛かりになる。このことを説明した(3)が適当。「嚢中の錐」という故事成語として知られる逸話である。

20　「焉」は文頭にあるとき「いづクンゾ」と訓読する疑問詞であり、どうして〜か（いや、〜ない）、という疑問または反語を表す。「如」は肯定文のとき「ごとシ」と訓読して比況を表すが、否定形になると「しカず」と訓読し、「A不如B」で〝AはBに及ばない〟という意を表す。「百聞不如一見」など。この二つの字の句法、また〝年少者をおそれ敬うべきだ〟という文意にも合致する(2)が適当。

21　空欄直後の「氷……」の一文と同じ文構造になっていることに注目する。置き字として扱う「於」は、それ自体を訓読しないが、続く補語に「ヨリモ」という送り仮名を送って比較を表すことがある。「青」は青色の染料、「藍」は原料の植物である。弟子が師匠よりも優れていることを指す「出藍の誉れ」という故事成語として有名な一節である。

//////////////// · *memo* · ////////////////

//////////////// · **memo** · ////////////////

//////////////// · **memo** · ////////////////

//////////////// · **memo** · ////////////////

//////////////// · **memo** · ////////////////

//////////////// · memo · ////////////////

//////////////// · **memo** · ////////////////

教学社 刊行一覧

2025年版　大学赤本シリーズ

国公立大学（都道府県順）

374大学556点 全都道府県を網羅

全国の書店で取り扱っています。店頭にない場合は，お取り寄せができます。

いつも受験生のそばに──赤本

大学入試シリーズ＋α
入試対策も共通テスト対策も赤本で

2025 年版　大学赤本シリーズ　No. 178

防衛大学校

編　集　教学社編集部
発行者　上原　寿明
発行所　教学社
　　　　〒606-0031
　　　　京都市左京区岩倉南桑原町56
　　　　電話　075-721-6500
　　　　振替　01020-1-15695
　　　　印　刷　共同印刷工業

2024 年 7 月 10 日　第 1 刷発行
ISBN978-4-325-26255-8
定価は裏表紙に表示しています